瀬川聡 の

大学入学共通テスト
地理B
［系統地理編］

超重要問題の解き方

瀬川　聡

＊　本書は，小社より2018年に刊行された『改訂版
　　瀬川聡の　センター試験　地理Ｂ［系統地理編］超
　　重要問題の解き方』に大幅な加筆・修正を加えた大
　　学入学共通テスト対応版です。

＊　本書には「赤色チェックシート」がついています。

 はじめに

　こんにちは，河合塾地理科講師の瀬川です。お待たせしました！　この[系統地理編]，と姉妹版の[地誌編]とあわせて最強の地理B対策問題集が完成しました。

　本書は，地理学習にとって基本であり土台となる地形，**気候などの自然環境，農業や工業などの産業，民族問題，都市問題，貿易などの現代社会の諸課題**について，そして，最後に人口問題や環境問題など地球的課題を含む系統地理分野を扱います。そして，姉妹版の[地誌編]で，地域の特性や相互の関連性を学ぶ地誌分野を扱います。

　本書は本気の自信作です！　いつも受験生に言ってますが，**地理は最高に面白い学問であり，楽しめる受験科目です。**[系統地理編]と[地誌編]の最強コンビ，そして参考書『**大学入学共通テスト　地理Bの点数が面白いほどとれる本**』（以下，「黄色本」）を使って，大学入学共通テストで大成功を収めましょう！

\\\\ 本書の使い方 ////

💡 知識・技能の整理

大学入学共通テスト（以下共通テスト）対策の重要テーマに沿って，頻出事項をあげつつ解説をしています。この部分を使ってしっかりと学習して，共通テストで高得点をとるための実力を身につけてください。すでに「黄色本」で十分に学習が進んでいる人は，問題からチャレンジしてもいいですよ！　でも，すごく重要なことを書いているので，必ずあとで読んでくださいね。

問題

センター試験などの過去問（データは，できるかぎり最新のものに更新してあります）と，今後出題されそうなテーマや受験生が誤りに陥りそうな部分を題材に**オリジナル問題**も掲載しています。絶対に単なる答え合わせだけに終わらせず，**正答に至る道筋をしっかりと確認しましょう。**また，**短文正誤問題**で仮に①が正答だったとしても，残る②〜④のどの部分が誤っているのかを考えることが実力アップの秘訣です。**データの分析**についても同様で，表で「日本」が問われていたとして，表中の②が日本だと簡単に答えられた場合でも，残る①，③，④がどの国に該当するのかをしっかりと考えましょう！　そうすれば，めちゃめちゃ実力がつきますよ！

解答・解説

ここでは 問題 のところで話したように，**単なる答え合わせや，クイズ的なテクニックの伝授はしません**（面白くないし，力がつかないからね）。

完全理論武装で，最低限必要な知識を使って，完膚（かんぷ）なきまでに 問題 をたたきのめします（もちろん，オレと君が力を合わせてですが）。君が苦しいときは，必ず援軍を派遣しますから，素直に（^_^）アドバイスに従ってみてください。もちろん，正答への導き方はいろいろなやり方がありますから，君の**地理的思考力**を最大限に尊重し，**学校や予備校・塾の先生方の授業を思い出しながら解説を読みましょう**。

授業をしていて，毎年のように気になることがあるので，君たちへのアドバイスにもなると思うからちょっとだけ聞いてください。

受験生の多くは過去問などをたくさん解いて，本番の試験への準備をしているのですが，❶ **同じ問題でも，別の選択肢を選ばせると誤答する！**
❷ **同じ問題でも，ちょっと聞き方を変えたり，図やデータを別のものに変えると誤答する！** という傾向が見られるのです。つまり，**1つひとつの設問を本当に理解しないまま，答え合わせだけをして，たくさんの問題を解いたことに自己満足をしてしまう傾向があるのです**（先に進みたいって気持ちはわかるんだけどねえ）。君は本書に本気でチャレンジして，地理の真の実力者になってくださいね！

地図帳を チェック ✔

頻出事項にしぼっているので，**必ず地図帳を開いて**，マーカーなどではっきりとチェックしましょう！ きっと君の心の地図帳に重要地名が刻まれるはずです。

重要用語を 確認 ✔

丸暗記をする必要はありませんが，必ず一度は読んでください。きっと本番で君を助けてくれるはずです。

\\\\ 最愛の受験生諸君へ //

知識・技能の整理 ➡ 問題 ➡ 解答・解説 と進んだら，少なくとも 解答・解説 だけはもう一度読んでください。そして，疑問に感じること，不安な部分が見つかったら，「黄色本」で完璧に補強しておきましょう。

受験は結果を求められるから，苦しいと思います。でも，なんにもせずに入試当日が近づいてきて苦しむより，残りの時間を思いっきり戦ったほうが

気分もすっきりするし，君自身が必ず大幅にレベルアップします。なかなか伸びないなぁと思う時期があるのも，人間だから当たりまえ！ **苦しいと思ったときに，投げ出さずに君ができることを精一杯やってごらん。必ず勝利の女神がほほえむはずです。そして，君は1人で戦っているのではありません。どこにいても，君にはオレがついています！**

　最後に，本書作成に協力してくれた河合塾地理科の先生方，KADOKAWAの原賢太郎さん，全国の高等学校の先生方，イラストレーターのたはら ひとえさんに心から感謝します。

がんばれ，日本全国の地理受験生!!

瀬川　聡

＊この本がもとづいているデータは，2020年7月現在の情報が最新です。

⚓ CONTENTS

本文デザイン：井土　由紀子（熊アート）
本文イラスト：たはら　ひとえ

目　次

本書の特長と使い方

①
共通テスト地理Bで問われる重要知識と理論を板書形式で完全に網羅しています

②
地図，図版，統計・資料も豊富。ビジュアルで理解できます

③
地理の基礎力をつけるために，地図帳で確認しておくべきことを示しています

④
共通テスト地理Bで高得点をとるために必要不可欠な重要用語の確認です

🧭 知識・技能の整理

📍 衣・食・住の文化

②**住の文化**　地形や気候条件との関わりが大。自然環境により得られる建材の種類にも注意！

　a　高温湿潤地域➡熱帯地域では湿気や猛獣を避けるため高床式住居。通気性をよくするため壁は薄く開口部は大きい。建材は樹木の幹，枝，葉を利用。

　b　乾燥地域➡強い日射や外気を遮断するため，壁が厚い。樹木が乏しいため，石，日干しレンガ，泥を建材として利用。平屋根で開口部が小さい。

　c　寒冷地域➡寒冷な外気を遮断するため窓など開口部が小さい。半地下式や二重窓。タイガ地域では木造住宅。

石材
れんが
土(日干しレンガを含む)
芝，芝土
テント
木材
木材，その他
木の支柱,竹,草,木の皮
灌木，草屋根

農村部の伝統的な家屋の材料

📔 地図帳をチェック ✓
ET（ツンドラ気候）の分布地域を確認しておこう！

📔 重要用語を確認 ✓
▶日干しレンガ：乾燥地域では木材などの建材に乏しいため，泥をこねて，天日で乾燥させ固めた日干しレンガ（アドベと呼ばれる）が使用されている。水を節約するために家畜の糞を混ぜ粘土状にして壁に塗るこ

本書は，共通テスト「地理Ｂ」の「系統地理」頻出テーマを43回で網羅し，参考書並みの詳細な解説を展開しています。近年，「地理的思考力」の有無を問う手ごたえのある出題が多い「地理Ｂ」も，この本で対策は万全です。

問題 **32-3**　　　標準 ⬜⬜⬜⬜⬜⬜⬜⬜分

問1　次の図中のア～ウは，伝統的に米，トウモロコシ，肉・魚のいずれかを主食としている地域を示したものである。ア～ウと主食名との正しい組合せを，下の①～⑥のうちから一つ選べ。

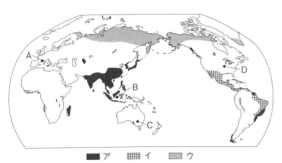

■■ ア　▦ イ　▨ ウ

石毛直道編『地球時代の食の文化―食のシンポジウム'82』などにより作成。
図

5
9割とるための系統地理の良問を厳選し，4段階の難易度と解答目標時間（１目盛が１分）を表示してあります

6
赤文字になっている重要用語は赤色フィルムで隠れます。理解するうえでのキーワードとなる重要記述は黒の太字で表されています

問題 **32-3**　世界の食生活

問1

① ② ③ ④ ⑤ ⑥

解説　**伝統的な主食文化**

　世界の伝統的な主食文化を問う設問だ。主食とは，人が主たるエネルギー源とする食べ物のことで，ほとんどは穀物（米，小麦，トウモロコシなど）とイモ類（キャッサバ，ヤムイモ，タロイモ）だね。特に穀物は熱量も大きくて，栄養価も豊富で，**貯蔵しやすい**から，世界中で主食になってきたんだ。イモ類は**やせ地で栽培できる**のはすごいメリットだけど，な

地図の発達と世界地図

本書の 2 ～ 4 ページ

⚓ はじめに，\\ **本書の使い方** //を必ず
読んでから学習を始めてね！！

🧭 知識・技能の整理

📍 地球儀と地図

①地球儀（ちきゅうぎ）　地球と同様に球体であるため，<u>地表面の面積，距離（きょり），角度，方位を正しく表現</u>。作業や携帯に不便。

②地　　図　球体を平面で表すため，面積，距離，角度，方位のすべてを正しく表すことは不可能。作業や携帯に便利。

📍 現代世界の地図

①リモートセンシング（Remote Sensing）　人工衛星や航空機を利用し，<u>遠く離れたところから地球の現象を探るための技術</u>。電磁波などを利用。気象衛星「ひまわり」，地球観測衛星「ランドサット」(NASA：アメリカ航空宇宙局)

②全地球測位システム（GNSS:Global Navigation Satellite System）　人工衛星の電波を受信し，<u>地球上の正確な位置をとらえるしくみ</u>。アメリカ合衆国では GPS（Global Positioning System），ロシアでは GLONASS と呼ばれる。航空機，自動車（カーナビゲーション）や携帯電話にも搭載。正確な地図測量も可能。

③地理情報システム（GIS:Geographic Information System）<u>コンピュータ上で地理情報を管理・表示する情報システム</u>。さまざまな地理情報を重ね合わせて地図を作ることができるため，商業目

的や各種の学術的研究に利用。

世界観の変化

①**古代の地図**　プトレマイオスの世界地図（球体である地球を円錐面（えんすい）に投影，経緯線を記入）

②**中世の地図**　TO図（**キリスト教的世界観**を反映，聖地エルサレム中心，地球球体説が否定され円盤説）

③**大航海時代から近世の地図**　ヨーロッパでは十字軍の遠征によるイスラム文化との接触，東方貿易の発展により地球球体説が復活。16世紀後半には，航海に適したメルカトルの世界地図（北アメリカ大陸が誇大に表現，オーストラリア大陸と南極大陸は結合）が考案。

地図投影法　　投影する面によって3つに分類。

①**円筒図法**（えんとう）　地球を円筒に投影し，平面に展開。メルカトル図法。
②**円錐図法**（えんすい）　地球を円錐に投影し，平面に展開。ボンヌ図法。
③**平面図法**　地球を平面に投影。正射図法，平射図法，心射図法，正距方位図法（せい・きょ）。

投影法と世界地図

①**正積図法**（せいせき）　面積が正しく表されるため，分布図や統計図などに利用。

＊経線がサインカーブ
サンソン図法

＊経線が楕円
モルワイデ図法

グード（ホモロサイン）図法

＊低緯度がサンソン図法，高緯度がモルワイデ図法。おもに海洋部分で断裂

②**正角図法**　角度が正しく表されるため，航海図などに利用。

　メルカトル図法　任意の２点を結ぶ直線は等角コースを示す。高緯度になるほど**距離や面積が著しく拡大**（下の左図を参照）。

③**正距図法**　距離が正しく表されるため航空図などに利用。

　正距方位図法　**中心からの距離と方位が正しい**（下の右図を参照）。

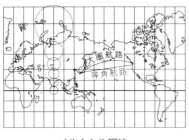

メルカトル図法

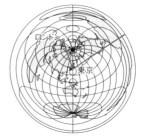

東京からロンドンまでは約1万km，
東京から外周までは約2万km

正距方位図法（東京中心）

④**そ の 他**

　ミラー図法　メルカトル図法を修正。極を描けるが，面積，方位，距離のいずれも正しくない。

 時　　差　経度15度につき１時間の時差。

①**標準時**　特定の経線を基準として定めた時刻。国家または地域で共有できるように設定。**一般には標準時は１つ**だが，アメリカ合衆国（6）やロシア（11）のように広大な国土をもつ国では**複数の標準時**を採用。中国では標準時が１つ。

　a　世界標準時➡世界各国や地方の標準時を定める際の基準となる時刻。ロンドンの旧グリニッジ天文台付近を通過する本初子午線を利用。このため世界標準時は GMT（Greenwich Mean Time：グリニッジ標準時）と呼ばれることが多い。

　b　日本標準時➡兵庫県明石市付近を通過する東経135度の経線を標準時に採用。JST（Japanese Standard Time）。

②**本初子午線**　経度０度を示す経線。これより東を東経，西を西経。

③**日付変更線**　太平洋を通る経度180度（領土の関係などから一部変更）で，これより**西から１日は始まり**，右ページの図のように時計回りに時刻は進むため，日付変更線を東から西へ通過するときは日付を１日進め，西から東へ通過するときは１日遅らせる必要がある。

④時差の計算

（　）内の経度数値は標準時を示す。

a　東半球（東経）どうしの時差計算

　　東京（東経135度）とカイロ（東経30度）の時差は，（135－30）÷15＝7時間となり，東京の時刻が7時間進んでいる。

b　西半球（西経）どうしの時差計算

　　ロサンゼルス（西経120度）とニューヨーク（西経75度）の時差は，（120－75）÷15＝3時間となり，ニューヨークの時刻が3時間進んでいる。

c　東半球（東経）と西半球（西経）の時差計算

　　大阪（東経135度）とサンフランシスコ（西経120度）の時差は，（135＋120）÷15＝17時間となり，大阪の時刻が17時間進んでいる。

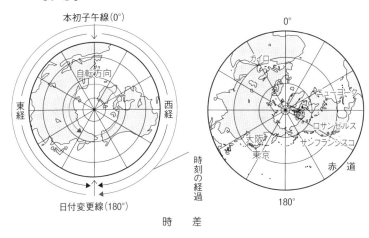

時　差

⑤サマータイム

昼の時間が長い夏季に時刻を1時間進める制度で，季節による日照時間の差が大きい高緯度のヨーロッパ諸国などで見られる。

世界地図で，赤道，本初子午線（経度０度），経度180度の線をマーカーでチェックしよう！

日本が標準時子午線に採用している東経135度の経線を北から南まで「ずばっ」となぞっておこう！　オーストラリアのほぼ中央部を通過していることもわかるはず。

重要用語を 確認 ✓

▶正距方位図法：中心からの距離と方位が正しく表される図法。世界全図を描いた場合には，中心から外周までがおよそ２万kmとなり，外周は中心の対蹠点（真裏）となる。中心を通過しない直線の距離は正しく表されていないことに注意しよう！　また，方位も中心から以外は正しく表されていないので騙されないこと！

▶メルカトル図法：すべての経緯線を直交させているため，任意の点を結ぶ直線とすべての経線がなす角度は同位角となり等しい。したがって，任意の点を結ぶ直線は等角航路となるため航海図として優れている。メルカトル図法は赤道に接する円筒に投影する図法であるが，日本の地形図作成に利用されているユニバーサル横メルカトル図法（UTM）は，中央子午線（経線）に接する円筒に投影したものである。

正距方位図法は，図の中心からの距離と方位を正しく表した地図だよ。「中心からの」というところに注意しようね！

問題 1-1

標準 ▢▢▢▢▢▢▢▢分

さまざまな投影法で世界地図は作成されている。投影法と世界地図について述べた次の文①～④のうちから，**適当でないもの**を一つ選べ。

① サンソン図法は正積図法で，中低緯度の形が比較的正確であるが，高緯度でのひずみが大きい。

② グード（ホモロサイン）図法は正積図法で，低緯度から高緯度までの形が比較的正確であるが，世界のタンカー航路を示すのには適していない。

③ 心射図法は正方位図法で，任意の2点間を示す直線が大圏となるが，周辺部ほど面積と距離が拡大する。

④ ボンヌ図法は正角図法で，周辺部の形が比較的正確なため，世界地図を描くのに適している。

問題 1-2

易 ▢▢▢▢▢▢▢▢分

正距方位図法とメルカトル図法の地図について述べた文として最も適当なものを，次の①～④のうちから一つ選べ。

① 正距方位図法の地図では，大圏航路が任意の2点間の直線で表される。

② 正距方位図法の地図では，等角航路が任意の2点間の直線で表される。

③ メルカトル図法の地図では，大圏航路が任意の2点間の直線で表される。

④ メルカトル図法の地図では，等角航路が任意の2点間の直線で表される。

次の図中に引かれたア～ウの太線のうち、地球上の距離が最長のものと、およその距離との正しい組合せを、下の①～⑥のうちから一つ選べ。

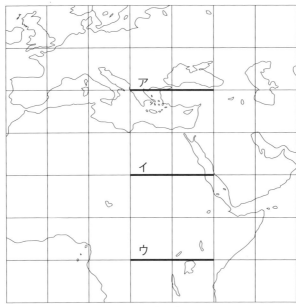

緯線・経線は10度間隔。正距円筒図法による。

図

	①	②	③	④	⑤	⑥
距離が最長のもの	ア	ア	イ	イ	ウ	ウ
およその距離(km)	1,100	2,200	1,100	2,200	1,100	2,200

問題 1-4

標準 □□□□□□□□分

　次の表は，Aさんがシンガポールで乗り換えた飛行機の時刻表である。発着時刻は，現地時刻で示されている。シンガポールでは東経120度，ヨハネスバーグでは東経30度の標準時が採用されている。この便の所要時間として正しいものを，下の①～④のうちから一つ選べ。

便名	運航日	シンガポール発	ヨハネスバーグ着
XX000	一火水一金土一	午前1：00 →	午前6：00

表

①　5時間　　　②　8時間　　　③　11時間　　　④　14時間

解答・解説

問題 1-1　投影法と世界地図

① 　② 　③ 　**④**

解説

　図法は「苦手！」という人が多いよね。でもけっこう面白くて，共通テストではそれほど難しいものは出題されないから安心してね。

　① 　サンソン図法が，「正積図法」だというのは正しいよ。

知識・技能の整理　(▶p.11) の図を見るとわかるようにアフリカ，東南アジア，オーストラリアなどはとっても見やすいよね。でも「ロンドンを見てください！」って言われるとかなり困るんじゃないかな。高緯度地方はかなり形がゆがんでいて見にくいから，これは正文だ。

　② 　グード（ホモロサイン）図法は，低緯度をサンソン図法，高緯度をモルワイデ図法で接合したものだよ。p.11の図のようにかなり陸地の形が正確だよね。欠点は，海洋部分が断裂してあるから，選択肢の文のように船舶航路，航空路線は示しにくいよね。また，等温線図や流線図なんかにも使いにくいかな。ということでこの文も正しいよ。

　③ 　心射図法は，視点を地球の中心において平面に投影した地図で，図の中心からの方位が正しくて，任意の２点間を結ぶ直線が大圏航路（最短航路）を示すこともできるんだ。でも周辺部になるほどめちゃめちゃに距離や面積が拡大することが欠点だね。これも正文だ。『大学入学共通テスト　地理Ｂの点数が面白いほどとれる本』第１節「地球と地図」を参照。

　④ 　ボンヌ図法は，「正角図法」だったかなぁ??? 　違うよね。ボンヌ図法は正積図法だ。緯線が等間隔の同心円になっているのが特徴で，中心部の形はかなりいいんだけど，周辺部は豪快に形がゆがんで，世界地図を描くと，な・な・なんと……ハート型になってしまうから周辺部は何がなんだかわからなくなってしまう！ 　だから世界地図ではなく，ロシア，アフリカというように地方図に用いられることが多いよ。特にロシアはこの図法で見ることが多いんじゃないかな？ 　この文が誤りだ。

地理情報と地図

問題 1-2　正距方位図法とメルカトル図法

① 　② 　③ 　❹

 解説

　正距方位図法とメルカトル図法は，共通テストで頻出のテーマなので絶対得意になろうね！

　① 　正距方位図法では，**図の中心からの方位と距離が正しく表される**んだったよね。つまり中心と任意の点を結ぶ直線は大圏航路（最短航路）になるんだ。

　ということはこの文は正文かな？ ……違うよね。選択肢の文には「任意の2点間」となってるもん。任意の2点間ということは中心とは関係なく，どこでもいいから直線を引けば大圏航路になるということなので，これは誤りだ。危ない，危ない(^o^)。任意の2点間が大圏航路になるのは，**問題1-1**③の心射図法だったね。

　② 　正距方位図法は，名前のとおりに「正角図法」ではないから，**等角航路を直線で表すことはできない**よ。もちろん，この文は誤りだ。

　③ 　メルカトル図法では，経線は等間隔の平行直線，緯線は赤道と同長の直線で，**経緯線は直交している**よね。そのため，**高緯度になればなるほど距離や面積は拡大していくので，大圏航路を任意の2点間の直線で表すことはできない**んだ。だからこの文も誤りだね。ただし……君たちには次のことがわかってほしいな。「**赤道上と同一経線上では，大圏航路を直線で表すことが可能！**」

　④ 　メルカトル図法っていうのはね，16世紀の後半にオランダのメルカトルが，「これこそ**航海図として最適**の世界地図だ！」って作った図法なんだ。航海の際に，出発点と到着点を直線で結んで，この直線が経線（子午線）となす角度に船の針路を決めておけば，ちゃ～んと到着できるという画期的な地図だったんだ。だから「**等角航路が任意の2点間の直線で表される**」というのは，もちろん正しい文になるよ。ただし，赤道とすべての緯線の長さが同じであるということは，**高緯度になればなるほど距離と面積が拡大していく**んだということを忘れないでね。**緯度60度で距離は2倍，面積は4倍**にもなっているんだよ。『**大学入学共通テスト　地理Bの点数が面白いほどとれる本**』【1】をしっかり読んでおこう！

	1
	2
	3
	4
地形	5
	6
	7
	8
地形図	9
	10
	11
	12
気候	13
	14
	15
	16
	17
農業	18
	19
	20
水産業	21
林産資源	22
エネルギー資源	23
鉱産資源	24
	25
工業	26
	27
	28
環境問題	29
	30
村落	31
衣・食・住	32
	33
都市	34
	35
人口・食料問題	36
	37
国家・人種・民族	38
	39
交通・情報通信システムの発達	40
	41
貿易で結びつく世界	42
	43

第1回　地図の発達と世界地図　19

問題 1-3　地球上の距離

① ② ③ ④ ⑤ **❻**

解説

　図中のア〜ウのうち地球上の距離が最も長いのは，赤道の一部に当たるウだね。図の正距円筒図法では，同じ経度幅のア〜ウが同じ長さで示されているけど，**実際の距離は赤道上にあるウが最も長く，イの北緯20度，アの北緯40度の順で短くなっていることに注意しよう。**

　赤道上での緯線の長さ（経度幅のこと）は4万km（赤道全周の距離）÷360度×経度幅で求められるから，赤道上での経度1度分の距離は約111kmとなり，ウの距離は111km×20度＝2,220kmになるよ。間違った人は必ず『**大学入学共通テスト　地理Bの点数が面白いほどとれる本**』【1】を読み直しておこう！

問題 1-4　時差計算

① ② **❸** ④

解説　時差

　時差は2地点間の経度差を求めて，15で割れば算出できるんだったね。あとは，太平洋のど真ん中を通過するほぼ**経度180度の日付変更線**の西側から1日が始まり，東側で終わることを忘れなければ大丈夫！　ここではシンガポール（120°E）と南アフリカ共和国のヨハネスブルグ（30°E）の経度差だから，（120－30）÷15で**6時間の時差**（シンガポールのほうが6時間時刻が進んでいる）となるよ。シンガポール時間午前1時に出発し，南アフリカ共和国時間の午前6時に到着するんだから，シンガポール時間をヨハネスブルグ時間に直すと，前日の午後7時に出発し，午前6時に到着するということになるから**所要時間は11時間**ということになるな。ちゃんとできたかな？

　時差は一度ものにすれば絶対に間違えないけど，いつもいつも間違える人がいるよね。数値を覚えるんじゃなくて自分で納得ができるまでやり直そう！　わかってはいるだろうけど，**東経と西経での時差を求める場合**，たとえば東京（135°E）とロサンゼルス（120°W）では必ず（135＋120）÷15と**経度を足して15で割る**ことを忘れないように！

計算問題は丸暗記する
のではなく，理由を考
えながら解こう！

地図で見る世界（各種統計地図）

知識・技能の整理

📍 統計と統計地図

①統計資料の地図化（とうけい しりょう）

　統計数値などのデータを地図化することによって，<u>データをよりわかりやすくするために作成されたものが統計地図</u>。データの内容を読み手が容易に理解できるように，目的に合った統計地図を作成する必要がある。たとえ作成できてもわかりにくくなるような統計地図は×！

②絶対分布図と相対分布図（ぜったいぶんぷず そうたいぶんぷず）

　特定の統計資料を地図化する際，そのままの数値を表現する場合には絶対分布図，割合や密度を表現する場合には相対分布図。

📍 絶対分布図

①ドットマップ　数値の分布地点の数量をドット（点）で表現。人口や家畜の分布図，農作物の分布図などに使用。

②等値線図（とうちせん）　等しい数値の地点を線で結んで表現。等温線図，等雨量線図，等圧線図などに使用。

③図形表現図　地域の数量を円，球，棒などの図形の大小によって表現。国，地域，都市の人口，資源の産生量，工業出荷額，商業販売額，貿易額などを示す図として使用。

④流線図（りゅうせん）　人や物の移動方向を矢印で，数量を幅で表現。<u>農産物，資源，工業製品の輸出入，観光客の移動，企業の海外進出</u>などを示す図として使用。

📍 相対分布図

①階級区分図（かいきゅう）　統計数値を統計区（統計を調査した地域）ごとに割合や密度によっていくつかの階級に区分し，<u>色の濃淡や模様の粗密によって分布の特色を示す。単位面積当たりの収穫量，１人当たりのGNI（国民総所得），人口密度など統計区の面積に影響されないもの</u>

地理情報と地図

1
2
3
4
地形 5
6
7
8
地形図 9
10
11
12
気候 13
14
15
16
17
農業 18
19
20
水産業 21
林産資源 22
エネルギー資源 23
鉱産資源 24
25
工業 26
27
28
環境問題 29
30
村落 31
衣・食・住 32
33
都市 34
35
人口・食料問題 36
37
国家・人種・民族 38
39
交通・情報通信システムの発達 40
41
貿易で結びつく世界 42
43

を表現するのに適している。

②**メッシュマップ**　地図に等面積のメッシュ（方眼・網目）をかけて、1マスごとの平均値を階級区分して示す。

★階級区分図を作成してみよう！（完成図は p.31を参照）

国　名	1人当たりGNI(ドル)
アルゼンチン	12,390
ウルグアイ	15,650
エクアドル	6,110
ガイアナ	4,760
コロンビア	6,180
スリナム	5,210
チリ	14,670
パラグアイ	5,670
ブラジル	9,140
ベネズエラ	13,080
ペルー	6,470
ボリビア	3,370

統計年次は2018年。

出典：世界銀行「世界開発指標」GNI アトラスメソッド(2018)
The World Bank-World Development Indicators
database-GNI, Atlas method(2018年)

南アメリカ諸国の1人当たりGNI（国民総所得）

　表中の1人当たり GNI を、9,800ドル以上は ■■■ ，6,000ドル〜9,800ドル未満は ■■■ ，6,000ドル未満は ▢▢▢ ，データなしは ▢▢▢ の凡例に従って、次ページの白地図を塗ってみよう！　南アメリカ諸国の経済水準が手に取るようにわかるよ！

　知識は、活用できてはじめてホンモノだと言えるね。この「階級区分図の作成」は、地理的技能を試す絶好の機会だよ！

南アメリカ諸国の1人当たり GNI

地図 地理情報と

1
2
3
4
地形 5
6
7
8
地形図 9
10
11
12
気候 13
14
15
16
17
農業 18
19
20
水産業 21
林産資源 22
エネルギー資源 23
鉱産資源 24
25
工業 26
27
28
環境問題 29
30
村落 31
衣・食・住 32
33
都市 34
35
人口・ 36
食料問題 37
国家・人種 38
・民族 39
交通・情報通信 40
システムの発達 41
貿易で結び 42
つく世界 43

地図帳を チェック ✔

　君たちが愛用している地図帳には，必ずドットマップ，階級区分図，図形表現図が載っているから，それを探してその地図を見ながら何でもよいので，何かを読み取ろう！　たとえば，オーストラリアの内陸部には羊が多いとか，日本やアメリカ合衆国やヨーロッパなどの先進国は1人当たりのGNI（国民総所得）が高いとか……。

重要用語を 確認 ✔

▶統計地図：さまざまな統計数値を地図化することによって，視覚的にわかりやすくしたものが統計地図である。したがって，たとえ無理矢理作成することが可能であったとしても，読み手にとってわかりにくければ意味がないということに注意したい。たとえば，気温の分布をドットマップで示してもわかりにくい地図になるし，階級区分図では階級の設定の仕方で地図の印象が著しく変わってしまうため，注意して作成する必要がある。

統計地図は，大学生や社会人になってからも役に立つよ！

　地図は，作成目的に応じて一般図と主題図に分けられる。主題図について述べた文として**適当でないもの**を，次の①～④のうちから一つ選べ。

① 　海図は，海域における生物の種類と分布を示した地図である。

② 　鉄道の路線図は，駅の順番や路線の接続などを示した地図である。

③ 　人口分布図は，人口の規模や密度などの地域的差異を示した地図である。

④ 　災害予想図（ハザードマップ）は，災害被災地となり得る範囲や避難場所などを示した地図である。

　統計地図について説明した次の文①～⑥のうちから，下線部が**適当でないもの**を二つ選べ。

① 　区域間の数値の大小を濃淡で表す階級区分図（コロプレスマップ）は，行政区画別に人口密度などを示す場合に用いられる。

② 　分布状況を点の密度によって表すドットマップは，降水量や気温の地域差を図化するのに用いられる。

③ 　地域を方眼に区切って表すメッシュマップは，行政区画にとらわれず区域の事象の数値を表現できるという利点がある。

④ 　等しい数値の地点を線で結んだ等値線図は，等高線図や等圧線図がなじみ深いが，桜の開花日や地価の分布の表現などにも利用される。

⑤ 　物質や人などの移動の量や方向を線によって表す流線図は，鉄道の駅ごとの貨物取扱量や乗降客数を示すのに用いられる。

⑥ 　国や都道府県などの形を変形させたカルトグラム（変形地図）は，所得や人口など各地域の統計値を視覚的に理解するのに有効である。

問題 2-3

やや難 □□□□□□□□□分

　統計地図は，地域についてのいろいろな統計データを視覚的に表現する。その中で階級区分図は，単位となる領域の面積に大小の差がある場合，面積が増加するとそれにつれて増加する性質のある指標に用いるのは不適当とされている。都道府県別階級区分図に用いる指標として適当でないものを，次の①〜④のうちから一つ選べ。

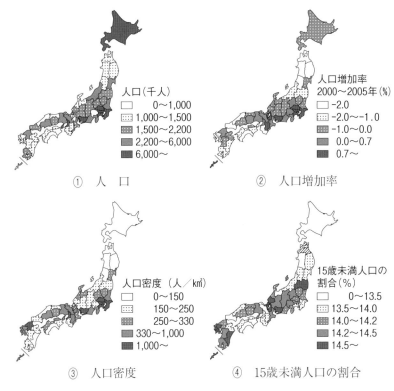

① 人　口

人口（千人）
- 0〜1,000
- 1,000〜1,500
- 1,500〜2,200
- 2,200〜6,000
- 6,000〜

② 人口増加率

人口増加率
2000〜2005年(%)
- -2.0
- -2.0〜-1.0
- -1.0〜0.0
- 0.0〜0.7
- 0.7〜

③ 人口密度

人口密度（人／km²）
- 0〜150
- 150〜250
- 250〜330
- 330〜1,000
- 1,000〜

④ 15歳未満人口の割合

15歳未満人口の割合(%)
- 0〜13.5
- 13.5〜14.0
- 14.0〜14.2
- 14.2〜14.5
- 14.5〜

統計年次は2005年。国勢調査により作成。

次の図中のア～ウは，1991年から2010年の期間における火山噴火，地震・津波，熱帯低気圧のいずれかによる自然災害の発生数*を，国・地域別**に示したものである。ア～ウと災害をもたらした自然現象名との正しい組合せを，次の①～⑥のうちから一つ選べ。

*　　死者10名以上，避難者100名以上，非常事態宣言の発令，国際援助の要請のいずれかの状況をもたらした自然災害の合計。

**　海外領土での自然災害はその地点に示した。

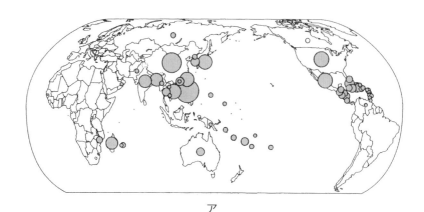

ア

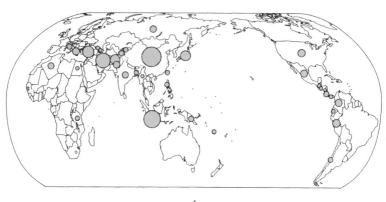

イ

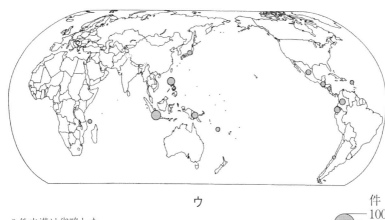

ウ

件
100
50
10

３件未満は省略した。
旧ソ連のデータを含まない。
Université catholique de Louvainの資料により作成。

図

	ア	イ	ウ
①	火山噴火	地震・津波	熱帯低気圧
②	火山噴火	熱帯低気圧	地震・津波
③	地震・津波	火山噴火	熱帯低気圧
④	地震・津波	熱帯低気圧	火山噴火
⑤	熱帯低気圧	火山噴火	地震・津波
⑥	熱帯低気圧	地震・津波	火山噴火

問題 2-5

　児童による労働は多くの国で禁止されているが，児童が労働力とみなされている国もある。次の図は，10〜14歳の児童が就労している割合を国・地域別に示したものであり，A〜Cは，児童の就労する割合が高位・中位・低位のいずれかである。A〜Cと児童の就労する割合の高低との正しい組合せを，下の①〜⑥のうちから一つ選べ。

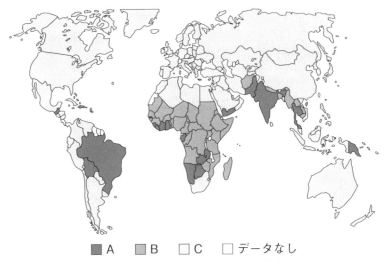

■A　■B　□C　□データなし

統計年次は2003年。*World Development Indicators* により作成。

図

	A	B	C
①	高 位	中 位	低 位
②	高 位	低 位	中 位
③	中 位	高 位	低 位
④	中 位	低 位	高 位
⑤	低 位	高 位	中 位
⑥	低 位	中 位	高 位

★ p.24の完成図

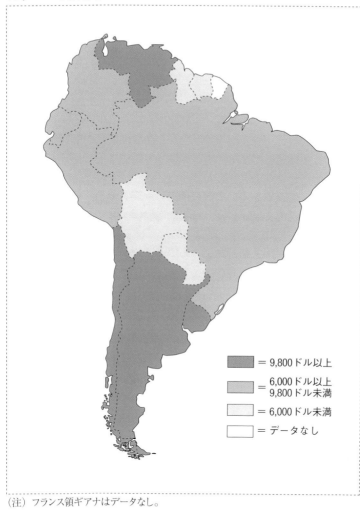

■	= 9,800ドル以上
■	= 6,000ドル以上 9,800ドル未満
□	= 6,000ドル未満
□	= データなし

(注) フランス領ギアナはデータなし。

南アメリカ諸国の1人当たりGNI

解答・解説

問題 2-1 各種の主題図

❶　②　③　④

解説

　地図は，用途によって一般図と主題図に大別されているよ。一般図は，地形図のように地形，水系，土地利用など**多様な事柄**を地図化したものだ。これに対して主題図とは，ある**特定の事柄や数値**を取り上げて読み手にわかりやすく表現したものなんだね。

　①　海図は，**等深線**を用いて**海底地形**や**水深**を示し，航海に利用される主題図だから，この文は誤りだ。一般に海図は，**メルカトル図法**を用いて作成してあるよ。

　②　鉄道路線図，③人口分布図，④災害予想図（ハザードマップ）は典型的な主題図だ。国土交通省のウェブサイトには，全国の自治体が作成したハザードマップが公開されているので，君たちの居住地のハザードマップを探してごらん。

問題 2-2 統計地図

①　❷　③　④　❺　⑥

解説

　統計数値は，表やグラフにすると国や地域の具体的な数値はわかりやすいよね。でも**数値と位置の関係**がわかりにくいこともあるだろう？　統計地図は**数値を地図化**したものだから，統計の分布の傾向などを**視覚的に理解**するのに便利だよ。統計地図を見ると本当に面白いから，チャレンジしてごらんよ。今まで気づかなかったことが感動的にわかるから。

　①　階級区分図は共通テストで最も頻出の統計地図の１つだよ。**人口密度**などのように，絶対値ではなく**相対値（割合）**を表すのに適していることを絶対に忘れないこと！！！（お願いだぁ〜！）下線部は正しいね。

　②　ドットマップは分布地点の数量を**ドット（点）**で表現した統計地図で，家畜の頭数（１点１万頭とか），人口分布，農作物の収穫量などを表すのに使用されることが多いけど，降水量や気温の地域差を表すには不適

32

だ。ということは下線部は誤りだね。降水量や気温の地域差を示すには，**等温線図や等降水量線図などの等値線図を使用する**ことが多いよ。

③　メッシュマップは**行政区分にとらわれず**，人口密度などの相対値を示すことができる便利な**統計地図**だ。たとえば，メッシュマップで東京都千代田区の人口密度を示すと，千代田区内の地域差まで表現することができるんだ。下線部は正しいよ。

④　等値線図は，等温線，等降水量線，等高線，等圧線などを表現するときに用いられることが多いけど，**桜前線**（桜の開花日）や**地価の分布**などにも利用されるから，下線部は正しいね。

⑤　流線図は，**出発地から目的地への物や人の移動方向を矢印で，量を流線の太さで示す**から，都市間の乗客移動数（福岡から東京へなど）は表せるけど，**鉄道の駅ごとの貨物取扱量や乗降客数を示すには適していない**よ。駅ごとの貨物取扱量や乗降客数を示すには図形表現図を使うのがいいかな。

⑥　カルトグラム（変形地図）は，データの数値によって国や地域を変形させたもので，**GNI（国民総所得）や人口などを示すのに適している**よ。ひと目で国や地域の特徴がつかめるのが長所だね。ただし，変形させてあるので，元の形を知らないとわかりにくいよ。

問題2-3　階級区分図

　❶　②　③　④

解説

　階級区分図は，統計数値（相対値）をいくつかの階級に分け，**色の濃淡や模様の粗密**によって表す**統計地図**で，**地域差を理解**するのに適しているよ。一般に数値が高い場合には濃・密，低い場合には淡・粗で示すから注意しようね。とてもシンプルな地図なんだけど，１つだけ注意しなくちゃいけないことがあってね，それは**面積の大小によって数値に大きな変化が表れる指標には使わないほうがいい**んだ（設問文にも不適当だと書いてあるよ）。

　したがって①は人口という絶対値を示しているから，階級区分図には不適当だね。②～④はすべて相対値（割合）だから，階級区分図にはOKだ！　人口や生産量などの絶対値をわかりやすく表現したいときには，次の**問題2-4**で説明している図形表現図を使ったほうがいいよ。

地理情報と地図

1
2
3
4
地形　5
6
7
8
地形図　9
10
11
12
気候　13
14
15
16
17
農業　18
19
20
水産業　21
林産資源　22
エネルギー資源　23
鉱産資源　24
25
工業　26
27
28
環境問題　29
30
村落　31
衣・食・住　32
33
都市　34
35
人口・　36
食料問題　37
国家・人種　38
・民族　39
交通・情報通信　40
システムの発達　41
貿易で結び　42
つく世界　43

問題 2-4　図形表現図

①	②	③	④	⑤	**❻**

解説

　階級区分図と並んでセンター頻出の統計地図が，図形表現図だ。図のように図形を使って（この場合は円の大きさだね）自然災害の発生数などを示すんだよ。ひと目でどの国や地域で発生数が多いかわかるから便利だね。じゃあ，実際に判定をしてみよう。

　図は，自然災害の発生数という絶対値を示した図形表現図だね。図の下にある凡例を見て，単位の「件」に注目すると判定がしやすいよ。設問文にあるように，**わずか20年間で火山噴火が何百回も起こるはずはないから，最も発生件数が少ないウが火山噴火だ。イ**は，新期造山帯（しんきぞうざんたい）の分布にほぼ対応しているから，地震・津波になるよ。アと少し分布が似てるけど，**ア**は**アンデス山脈周辺とかアフガニスタン以西でまったく発生していないから，**地震じゃないよ。アは熱帯低気圧による自然災害の発生数だ。日本や東南アジア，中国などは**台風**，バングラデシュ，インド，マダガスカル，オーストラリアなどはサイクロン，北アメリカではハリケーンと呼ばれているよね。**南アメリカ大陸の西岸やアフリカ大陸の西岸で熱帯低気圧による自然災害が発生していないのは，**優勢な寒流が低緯度海域を流れているから，海水温が低めで，熱帯低気圧が発生しにくいからだよ。気候（第11～15回）のところで，このあたりについてはしっかりと勉強しようね！　ということで正解は⑥だ。**火山噴火による災害は頻度が少ないことを忘れないようにしよう。

問題 2-5　階級区分図

①	②	**❸**	④	⑤	⑥

解説

　児童（じどう）の就労率（しゅうろうりつ）っていわれてもあんまりピンとこないだろう？　だって日本をはじめとする先進国では児童による労働は禁止されているもんね。でも，発展途上国（はってんとじょうこく）ではね，まだまだ多くの児童が労働に従事しているんだ。特にアフリカなど経済発展が遅れた**後発の発展途上国**ほどその傾向は強くて，学校への就学率も低くなってるよ。最近は，ILO（国際労働機関）や

各国の削減努力によって，危険な仕事や違法行為に従事する児童も減少傾向にあるんだ。

　図中の階級区分図の凡例のうちＢが最も経済発展が遅れている国々だよ。マリ，ニジェール，チャドなどの**サヘル諸国**，**中南アフリカ諸国**，**アフガニスタン**，**ミャンマー**，**カンボジア**などは，経済発展が遅れていて，児童の就労する割合が**高位**の国々だ。Ｃは日本，アメリカ合衆国，ヨーロッパ諸国など**先進国**が含まれているから，就労する割合が**低位**の国々で，残るＡが**中位**の国々だね。

センター地理Ｂには，統計資料を用いた問題が多いから，しっかりマスターしよう！

地理情報と地図

1
2
3
4
地形　5
6
7
8
地形図　9
10
11
12
気候　13
14
15
16
17
農業　18
19
20
水産業　21
林産資源　22
エネルギー資源　23
鉱産資源　24
25
工業　26
27
28
環境問題　29
30
村落　31
衣・食・住　32
33
都市　34
35
人口・食料問題　36
37
国家・人種・民族　38
39
交通・情報通信システムの発達　40
41
貿易で結びつく世界　42
43

第3回

大地形

🧭 知識・技能の整理

📍 大地形
造山運動の時期によって，安定陸塊，古期造山帯，新期造山帯に分類。

①**安定陸塊** 先カンブリア時代に造山運動を受けたのち，長期間の侵食により大平原や高原（台地）を形成。

②**古期造山帯** 古生代に造山運動を受けたのち，侵食により<u>丘陵性の山地</u>を形成。

③**新期造山帯** 中生代末～新生代にかけて造山運動を受ける。<u>急峻な山地</u>が多く，火山活動や地震活動も活発。

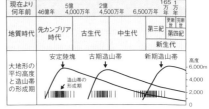

現在より何年前		46億年	5億4,000万年	2億4,500万年	6,500万年	165万年	1万年
地質時代	先カンブリア時代	古生代		中生代	第三紀	新生代 第四紀	更新世 完新世

地質時代の区分と造山帯の形成期

📍 大地形の分布

①**安定陸塊** かつてのゴンドワナランド（アフリカ大陸，アラビア半島，インド半島，オーストラリア大陸，南アメリカ大陸，南極大陸），カナダ楯状地，バルト楯状地など。

②**古期造山帯** アパラチア山脈，ウラル山脈，スカンディナヴィア山脈，ドラケンスバーグ山脈，グレートディヴァイディング山脈，テンシャン山脈など。

③**新期造山帯** アルプス＝ヒマラヤ造山帯，環太平洋造山帯。

大地形の分布

📍 資源の分布

▶**安定陸塊** 鉄鉱石，金鉱

▶**古期造山帯** 石炭

▶**新期造山帯** 銅鉱，銀鉱，石油

地図帳を チェック ✅

　古期造山帯のアパラチア山脈，ウラル山脈，スカンディナヴィア山脈，ドラケンスバーグ山脈，グレートディヴァイディング山脈，テンシャン山脈をチェックしよう！

　新期造山帯のアルプス＝ヒマラヤ造山帯と環太平洋造山帯の色を変えて塗り，どのあたりを通過しているのか確認しよう！

重要用語を 確認 ✅

▶ゴンドワナランド（大陸）：中生代にはパンゲアと呼ばれる超大陸が存在したが，徐々に分裂し，北にローラシアランド，南にゴンドワナランドを形成した。さらにそれぞれの大陸は分裂し，現在の大陸配置となった。

▶テンシャン山脈：古期造山帯の山脈は一般に長期間の侵食を受けているため，丘陵性の低い山脈となる。現在の中国北西部に位置するテンシャン山脈や北部のアルタイ山脈は古期造山帯だが，インド＝オーストラリアプレートとユーラシアプレートの衝突による断層運動で，再び隆起を始め，例外的に高峻な山脈となっている。参考までに，テンシャン山脈の最高峰は7,000mを超え，アルタイ山脈でも4,000mを超える。

次の図1に関して，次ページの問い（**問1・2**）に答えよ。

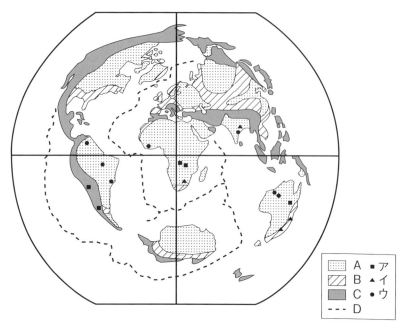

A	■ ア
B	▲ イ
C	● ウ
--- D	

赤道上，東経20度の地点を中心にした正距方位図法。
貝塚爽平ほか編『日本の平野と海岸』などにより作成。

図1

問1 図1は，世界の大地形の分布を示したものであり，A～Dは安定陸塊，海嶺（かいれい），古期造山帯，新期造山帯のいずれかである。古期造山帯に該当するものを，次の①～④のうちから一つ選べ。

① A   ② B   ③ C   ④ D

問2 図1中のア～ウは，かつてゴンドワナ大陸を構成していた地域における石炭，鉄鉱石，銅鉱のいずれかの資源のおもな産地を示している。ア～ウと資源名との正しい組合せを，次の①～⑥のうちから一つ選べ。

	①	②	③	④	⑤	⑥
ア	石　炭	石　炭	鉄鉱石	鉄鉱石	銅　鉱	銅　鉱
イ	鉄鉱石	銅　鉱	石　炭	銅　鉱	石　炭	鉄鉱石
ウ	銅　鉱	鉄鉱石	銅　鉱	石　炭	鉄鉱石	石　炭

下の図2中の①〜④は，次の図1中の線A〜Dのいずれかに沿った地形断面を示したものである。線Bに該当するものを，図2中の①〜④のうちから一つ選べ。

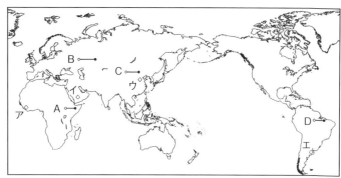

線A〜Dの実距離は等しい。

図1

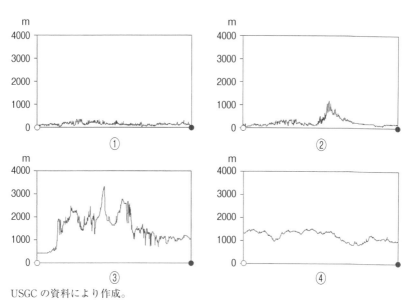

USGC の資料により作成。

図2

1
2
3
4
地形 5
6
7
8
地形図 9
10
11
12
気候 13
14
15
16
17
農業 18
19
20
水産業 21
林産資源 22
エネルギー資源 23
鉱産資源 24
25
工業 26
27
28
環境問題 29
30
村落 31
衣食・住 32
33
都市 34
35
人口・ 36
食料問題 37
国家・人種 38
・民族 39
交通・情報通信 40
システムの発達 41
貿易で結び 42
つく世界 43

解答・解説

問題 3-1　大地形と資源の分布

問1

① **❷** ③ ④

解説 大地形

　大地形とは，地形を地球的規模でとらえたもので，**造山運動の時期**により，**安定陸塊**，**古期造山帯**，**新期造山帯**に大別することができるんだ。安定陸塊は，**先カンブリア時代に造山運動を受けて以降**，激しい造山運動を受けていないので，長期間の侵食で**大平原**（ただし，安定陸塊といっても，低地とは限らず，高原状のものもある）となっているよ。

　図中のAは，北アメリカ北東部（**カナダ楯状地**），バルト海沿岸（バルト楯状地）〜ヨーロッパロシア，かつての**ゴンドワナランド**であるアフリカ大陸，南アメリカ大陸，アラビア半島，インド半島，オーストラリア大陸，南極大陸を指しているため，安定陸塊であることがわかるよね。これらの地域は，安定地域だから，**火山や地震が少ない**ところだ。

　次は，図中のBを見てみよう！　北アメリカ東部（アパラチア山脈），ヨーロッパロシアとシベリアの境界（ウラル山脈），アフリカ南部（ドラケンスバーグ山脈），オーストラリア東部（グレートディヴァイディング山脈）が含まれているので古期造山帯であることがわかるよ。古期造山帯は，古生代の造山運動以降は，侵食を受け，**低くなだらかな山脈**となっているんだね。

　さらに，Cは新期造山帯で，**問題4-1**（▶p.50）でくわしく説明するけど，プレートの「せばまる境界」にあたるんだ。まだ造山運動が続いている地域なので，現在でも隆起が続いているところもあるよ。新期造山帯は，ヨーロッパからアジアの南部を東西に走るアルプス=ヒマラヤ造山帯と太平洋を取り囲む環太平洋造山帯からなるんだね。もちろん，日本は新期造山帯に属しているので，**火山活動や地震活動も活発**だ。

　大地形については，ただ分布や地名を覚えるだけでなく，安定陸塊，古期造山帯，新期造山帯の特徴をしっかりとらえておこう！

　Dは，**問題4-1**（▶p.50）でくわしく説明するけど，海底山脈の海嶺だ。プレートの「広がる境界」にあたるところだよ。

問2

| ① | ② | ③ | ④ | ❺ | ⑥ |

解説 大地形と資源の分布

　次は，大地形と資源の分布との関係だね。図中の■アは，南アメリカの**アンデス山脈**沿いに分布しているから，**新期造山帯**に多い**銅鉱**だ。**安定陸塊であるアフリカ中南部**（カッパーベルトと呼ばれてるんだ）にも分布しているけど，これは，**問題4-1**で説明するリフトヴァレーの影響を受けているからだよ。

　▲イは，**アフリカ南部**，**オーストラリア東部**に分布しているね。もちろん，**古期造山帯**に多い**石炭**だ。アパラチア山脈付近を見て「あれっ？　▲がない！」と思った人がいるんじゃないかなぁ？　設問をよく読もう。「かつてゴンドワナ大陸」における分布って書いてあるよ！　北アメリカはゴンドワナ大陸じゃないもんね。こういうところでゴンドワナランド（大陸）の学習が武器になるんだ。

　●ウは，**鉄鉱石**。安定陸塊が広がる南米の**ブラジル**付近や**オーストラリアの北西部**に注意しよう！　ブラジルもオーストラリアも世界的な鉄鉱石産出国だよ。ということで，解答は⑤だ。

　ちゃんとできてたかな？　資源分布の背景についてまでは，共通テストでは要求されないけど，ここからの説明を聞いておくと，当日忘れたり，勘違いしたりしなくなるので，がんばって読んでね！

　鉄鉱石は，古い岩石に多く含まれているんだよ。だから，侵食が進み，古い岩石が地表に露出していると，鉄鉱石の採掘が簡単なんだ。ということは……そうだね，侵食が進んだ**安定陸塊**，特に先カンブリア時代の岩石が露出している**楯状地**に埋蔵が多いんだ。

　石炭は，**陸生植物**が地熱・地圧の影響を受けて炭化したものなので，森林が多く繁茂していた古生代の造山運動の熱で生成されたものが多いよ。

　だから，古期造山帯には，良質な石炭（炭化が進んでいると熱量が大きいんだけど，炭化が進んでないと薪とたいして変わらない熱しか発生させない）が豊富に埋蔵されているんだ。もちろん，**石炭は古期造山帯に限らず，世界に広く分布している**ので，「石炭＝古期造山帯」という丸暗記はやめたほうがいいよ！

　石油は，いくつかの説があるけど，海洋性のプランクトンが深海底で熱や圧力を受け生成されたと考えよう。だから，海洋が隆起して陸地となった部分，つまり新期造山帯などに分布していることになるね。

でも，石油は海洋のプランクトンなど微生物の遺骸が大量に堆積し，分解されずに地層中に残っていないといけないことに加え流体で，しかも軽いから地表に向かって移動しようとするため，褶曲の背斜部に埋蔵されていることが多いんだ。ペルシャ湾，カスピ海，メキシコ湾など一部の地域に偏って分布していることは知ってるよね？

だから，「石油＝新期造山帯だ！」と考えると誤った理解をしてしまうので注意しようね。もちろん君たちは，「日本は新期造山帯だけど，石油は産出しないから，ほとんどを輸入に依存している」ということを知っているから，問題はないはずだ。

最後に，銅鉱の話をしよう！　銅鉱床は，マグマの上昇にともなって地表付近で形成されるので，火山活動との関連が深いよ。だから，火山活動が活発な環太平洋造山帯などでは，銅鉱の埋蔵が多いもんね。このことを考えると，チリで銅鉱の産出が多いことも簡単に理解できるよね。

問題3-2　世界の4地域の地形断面

①　❷　③　④

解説

地図中の4つの線分における地形断面を判定する問題だ。頻出が予想されるよ。

①　低平な平野が分布していることから，構造平野が広がるD（アマゾン盆地）と判定しよう。

②　中央部に低くなだらかな山地が位置し，両サイドに低平な平野が広がっているから，B（東ヨーロッパ平原〜ウラル山脈〜西シベリア低地）と判定できるね。西側の東ヨーロッパ平原は，安定陸塊に属する構造平野で，古期造山帯のウラル山脈によって，ヨーロッパとシベリアは境されているよ。超有名な話しだから説明する必要もなかったかな（笑）。

③　かなり標高が高いねー。ということは，アフリカ東部のAになるな。アフリカは高原状の大陸で，特に東部のリフトヴァレー（大地溝帯）付近はプレートの「広がる境界」に当たり隆起量が大きいんだったね。アフリカの東西断面は東高西低の地勢であることは，絶対に，絶対に忘れないように。

④　標高1,000m前後の高原が大半を占めていることから，C（モンゴル高原付近）と判定したい。モンゴル高原は古期造山帯に属するなだらかな高原だ。

 頻出　第4回

プレートテクトニクス

知識・技能の整理

プレートテクトニクス

大地形の形成や分布はプレートの運動によるという考え方。

地球表面はプレートで覆われており，プレート中央部は安定陸塊などが分布する安定地域，プレート境界は地震などの地殻変動が活発に起こる変動帯。

プレート境界

①せばまる境界　プレートが互いに近づき合う境界で新期造山帯に該当。

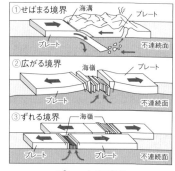

プレートの境界

- 重い海洋プレートが軽い大陸プレートの下に沈み込むところには，海溝に並行して弧状列島や山脈が形成。
  - ・太平洋プレートと北アメリカプレート➡日本海溝➡東北日本弧
  - ・フィリピン海プレートとユーラシアプレート➡南海トラフ，南西諸島海溝➡西南日本弧
  - ・ナスカプレートと南アメリカプレート➡ペルー海溝，チリ海溝➡アンデス山脈
- 大陸プレート同士が衝突するところでは，大規模な褶曲山脈を形成。
  - ・インド＝オーストラリアプレートとユーラシアプレート➡ヒマラヤ山脈，チベット高原

②広がる境界　プレートが互いに遠ざかる境界。海洋部分ではマグマの上昇によって海嶺と呼ばれる海底山脈を形成。陸上部分では地溝帯を形成。
  - ・大西洋➡大西洋中央海嶺，アフリカ➡リフトヴァレー（アフリカ大地溝帯）

③**ずれる境界**　プレートが互いにすれ違う境界。**横ずれ断層**を形成。

・北アメリカプレートと太平洋プレート　➡サンアンドレアス断層（カリフォルニア）

📍 地震と火山活動

①**地　　震**　海溝などのプレート境界付近や活断層で発生。津波や液状化などを引き起こし，家屋の倒壊や人命にも被害。

②**火　　山**　「せばまる境界」の沈み込み部分や「広がる境界」の海嶺で火山活動が活発。ハワイ諸島はマントル深部からマグマが上昇するホットスポット。

③**火山災害と恩恵**　火山は溶岩流，火砕流，降灰などの災害をもたらすが，マグマの上昇によって銅などの金属鉱床が形成されたり，地熱発電への利用も行われる。火山地形による雄壮な景観や温泉は重要な観光資源。山麓には豊富な地下水が存在。

地図帳をチェック ✓

　プレートの「広がる境界」に当たる大西洋中央海嶺，インド洋中央海嶺，東太平洋海嶺をチェックしよう！

　プレートの「せばまる境界」に当たる日本付近の千島＝カムチャツカ海溝，日本海溝，伊豆＝小笠原海溝，南西諸島海溝をチェックしよう！

　糸魚川＝静岡構造線をチェックしよう！　新潟県西部の糸魚川市～諏訪湖～静岡市付近をゆるやかにマーカーで結べばOK！

標準 □□□□□□□□分

　図中のA～Cは，特徴の異なるおもな海洋底のプレート境界を示したものである。また，次のア～ウの文は，A～Cのいずれかの特徴を述べたものである。A～Cとア～ウとの正しい組合せを，下の①～⑥のうちから一つ選べ。

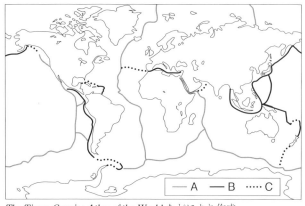

The Times Concise Atlas of the World などにより作成。

図

ア　相対するプレートが横にずれる境界であり，場所によっては断層運動による地震が頻発する。

イ　相対するプレートが広がる境界であり，場所によっては割れ目に沿ってマグマの噴出が見られる。

ウ　相対するプレートがせばまる境界であり，場所によっては海溝が形成されている。

	①	②	③	④	⑤	⑥
A	ア	ア	イ	イ	ウ	ウ
B	イ	ウ	ア	ウ	ア	イ
C	ウ	イ	ウ	ア	イ	ア

$$\boxed{問}\boxed{題}\ 4-2 \qquad \boxed{標準}\ \boxed{\square\square\square\square\square\square\square\square}分$$

　地球には多様な海底地形が見られる。図2中の①〜④は，図1中の線A〜Dのいずれかに沿った海底の地形断面を示したものである。線Bに該当するものを，図2中の①〜④のうちから一つ選べ。ただし，深さは強調して表現してある。

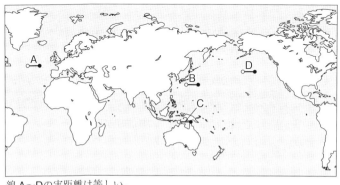

線A〜Dの実距離は等しい。

図1

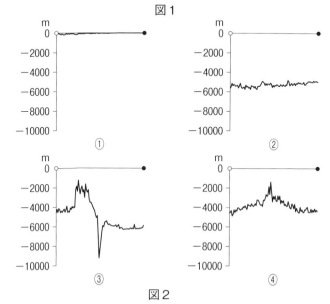

図2

問題 4-3 標準 ☐☐☐☐☐☐☐☐分

　日本列島は，新期造山帯に属しており，降水量も多いため，さまざまな自然災害が起こる。日本で発生する自然災害とその原因について述べた文として最も適当なものを，次の①〜④のうちから一つ選べ。

① 日本の太平洋沿岸では，沖合のプレート境界であるフォッサマグナで発生する地震により，津波被害が生じる。

② 日本列島では，海溝に直交する向きに火山が列状に分布しており，噴火による災害がたびたび発生する。

③ 日本列島では，前線が停滞しているときに台風が接近すると集中豪雨が発生することがあり，地すべりなどの土砂災害が生じる。

④ 日本の東北地方では，冬に寒冷な季節風が吹くと，日本海側では雪害，太平洋側では冷害が生じる。

問題 4-4 やや難 ☐☐☐☐☐☐☐分

　火山は自然災害を引き起こす一方で，人間生活を豊かにする側面もある。火山地域に関する事象について述べた文として**適当でないもの**を，次の①〜④のうちから一つ選べ。

① 美しい風景や温泉などに恵まれているため，観光地化が見られる。

② 地熱エネルギーが豊富であるため，地熱発電による電力供給が見られる。

③ 噴火直後の火山灰に有機物が多く含まれるため。穀物生産に適している。

④ 豊富な地下水が存在するため，生活用水としての利用が見られる。

問題 4-5

標準 □□□□□□□□分

　自然災害にともなう被害の規模は，地域の自然条件とともに社会条件ともかかわりがある。次の図中の**ア～ウ**は，1986 年から2015年の間に世界で発生した自然災害*の，発生件数，被害額，被災者数のいずれかについて地域別の割合を示したものである。**ア～ウ**と指標名との正しい組合せを，下の①～⑥のうちから一つ選べ。

*自然現象に起因する災害で，10名以上の死者，100名以上の被災者，非常事態宣言の発令，国際援助の要請のいずれかに該当するもの。

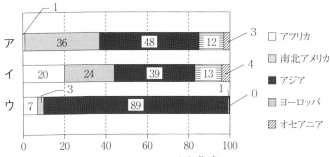

*Natural Disaster Data Book 2015*により作成。

図

	ア	イ	ウ
①	発生件数	被害額	被災者数
②	発生件数	被災者数	被害額
③	被害額	発生件数	被災者数
④	被害額	被災者数	発生件数
⑤	被災者数	発生件数	被害額
⑥	被災者数	被害額	発生件数

問題 4-1　プレート境界

| ① | ② | ③ | **❹** | ⑤ | ⑥ |

解説

　地球表面は十数枚のプレート（岩盤）で覆われていて，プレートの下にあるマントルの上に浮いているんだ。プレート内部の安定地域に対して，プレート境界は変動帯となり，地震や火山活動が見られるんだね。

　Aは大西洋を南北に連なる大西洋中央海嶺に対応していることからイの「広がる境界」だ。プレートの「広がる境界」は，**プレートが互いに離れていく境界**で，海嶺と呼ばれる**海底山脈**が連なり火山活動が活発なんだよ。かつてはアフリカ大陸と南アメリカ大陸が一つの大陸（ゴンドワナランド）であったことを思い出せば，Aが「広がる境界」であることを判定できるよね。「広がる境界」の大部分は海嶺と一致するけど，アフリカの「リフトヴァレー」とアイスランドは陸上にある「広がる境界」だから注意しよう！　Bは**新期造山帯**に対応するためウの「**せばまる境界**」だ。日本列島の東側に分布する海溝部分を含んでいることから判定は容易だね。ウの記述にもあるように，海洋プレートが沈み込む部分には海溝が形成され，大地震が発生しやすいよ。日本付近では，太平洋プレートとフィリピン海プレートが沈み込み，**日本海溝**や**南西諸島海溝**などが形成されているんだ。残るCはアの「**ずれる境界**」だ。**プレートが互いにすれ違うような移動**をする場合には，このようなタイプの境界が形成されるよ。特に注意したいのは，北アメリカプレートと太平洋プレートの境界だ。

問題 4-2　海底の地形断面図

| ① | ② | **❸** | ④ |

解説

　4地点の海底地形を地形断面図から判定させる問題だよ。**浅海底である大陸棚**，海底大山脈である**海嶺**，プレートの沈み込みに当たる海溝の分布に注意しよう。Aはアイスランド南方の海域で，大西洋の中央部には，海底大山脈である大西洋中央海嶺が南北に走っているから，④が該当するよ。

海嶺は，**プレートの広がる境界**に当たるんだったね。Bは日本列島南東の海域で，太平洋プレートがフィリピン海プレートに沈み込む伊豆＝小笠原海溝付近だから，③だ。これは簡単かな。Cはオーストラリア北方の**アラフラ海**で，ニューギニア島から連なる大陸棚が広がっているから①だね。日ごろから地図帳を見ていると，オーストラリアの北方の海は，白っぽいはず。つまりすごく浅いってことだね。**大陸棚（水深200m未満の浅海底）**は，更新世の氷期に海面が低下していたときは，な・な・なんと平野だったところだよ（つまりは陸地だった）！　残るDはアラスカ南方の**北太平洋海域**で，大陸棚も海溝もみられず，大洋底が広がるため，②が該当するよ。日本付近の太平洋には，海溝が分布していることさえわかれば，判定は容易だ。

問題 4-3　日本の自然災害とその原因

①　　②　　**❸**　　④

解説

　このあたりで日本の地形についてもプレートテクトニクスを思い出しながら，勉強しておこう！　日本列島は地形的にも**4枚のプレート**がひしめき合う新期造山帯で，気候的にも四季が明瞭で**梅雨，台風，秋霖（秋雨）**などの特色ある気象現象も多く見られるためさまざまな自然災害が起きることは君たちも知っているね（自然の恩恵も大きいんだけど）。日本の自然災害は頻出テーマなので要注意だ！

　①　「フォッサマグナ」は「太平洋側の沖合にあるプレート境界」じゃないよねえ。フォッサマグナは北アメリカプレートとユーラシアプレートの境界で，東北日本と西南日本に分けている**大地溝帯**だ。この文は誤り！

　②　**日本列島は弧状列島（島弧）**だから，火山も海溝と直交ではなく，**並行して分布**しているはずだ。だから，この文も誤りだね。でも，後半の「噴火による災害がたびたび発生する」という部分は正文だよ。

　③　この文は気象災害に関するものだから，直接プレートには関係ないけど，重要なテーマなので読んでおこうね！　日本列島付近に梅雨前線や秋雨前線が停滞しているときに，台風が接近すると**海洋からの湿潤な空気が前線に向かって吹き込む**ため，集中豪雨が発生しやすく，その集中豪雨によって「地すべり」などの自然災害が生じるよ。この文が正文だ。

　④　後半の「太平洋側では**冷害**が生じる」という部分が誤りだね。東北

地方の太平洋岸は**冬季に晴天が多いため**，十分に日照時間があることから**冷害は起きにくいんだ**。「冷害」については，初夏の「やませ」による太平洋岸の冷害に注意しよう！

問題 4-4　火山の恩恵

① 　② 　**❸** 　④

解説

　火山って言ったら，「降灰ってイヤだなあ。」とか「火砕流って怖い！」というイメージばかりが先行しがちだけど（もちろん**防災に対する高い関心は必要！**），火山のおかげで助かってることもいっぱいあるからね！**『大学入学共通テスト　地理Ｂの点数が面白いほどとれる本』**でしっかりとマスターしておいてね。

　①　火山がつくる壮大で**雄大な景観**は，自然の偉大さを感じてしまうよね。富士山とか何度見ても「きれいだなぁ」って思うし。火山地域は，温泉にも恵まれるから，すごい観光資源だ。もちろん，この文は正しいよ。

　②　地熱発電は，地下でマグマと触れた地下水から生じる高温の蒸気を利用するから，やっぱり火山地域は有利だよね。**日本の場合は，火山地域**が国立公園などになっていることもあって，いろいろな規制があるから**地熱発電の開発が遅れている**けど，世界を見てみると地熱発電量が多いのは，アメリカ合衆国（もちろん新期造山帯が広がる西部），フィリピン，ニュージーランド，インドネシアなど**新期造山帯で火山が分布している国**だよ。この文も正しいな。

　③　火山灰起源の古い土壌は，有機物が適度に分解した微粒子である腐植（ふしょく）を多く含むため，**肥沃な土壌**（日本では**黒ボク土**）になるんだけど，**噴火直後の火山灰に，有機物が多く含まれているわけがないので，明らかな誤り！**　ほとんどギャグのような問題なんだけど，中途半端な地理学習をしていると，「火山灰起源の土壌は肥沃だから○」みたいに③を正しいと判断して，④を選びがち。俺の本の読者には失敗してほしくないなぁ。

　④　火山分布地域の地下には，**豊富な地下水層が存在**していることが多いんだ。火山の周辺には大きい粒径の岩石や砂礫（されき）がたくさん分布していたり，岩盤に亀裂が入っていたりして，地下に降水が浸透しやすいんだね。**富士山の周囲には豊富な地下水があること**は，聞いたことがあるんじゃないかな。もちろん，この文も正しいよ。

問題 4-5　自然災害にともなう被害の規模

① ② ❸ ④ ⑤ ⑥

解説

　東大などの国公立二次試験などでも，出題されることが多い**自然災害にともなう被害の地域差**を問う問題だ。地震，火山噴火などの地形的な災害や洪水，高潮，干ばつなどの気象災害は世界中で発生し，被害をもたらすよねえ。もちろん，**プレート境界やモンスーンアジア**など自然災害が発生しやすいところもあれば，比較的自然災害が生じにくいところもあるのは確かだ。また同じような自然災害が発生しても，その**被害の規模は経済発展などの社会的条件の違いによっても差が出てくる**よ。このことを問題にチャレンジしながら学んでみよう！

　設問文にある1986年から2015年までの「**自然災害の発生件数**」は，地域別ではあまり大きな差がないと考えると，やっぱり**面積が大きいところでは発生件数が多くなる**と考えられないかなぁ？　ということは，アジア，アフリカ，南北アメリカの面積が大きく，ヨーロッパ（ここではロシアをヨーロッパ部分とアジア部分に分けてある），オセアニアの面積が小さいことから，**発生件数はイ**と判定しよう。

　でもいちばん易しいのは，アジアが89％を占めている**ウ**かな。もちろん，**アジアは世界の総人口の約60％を占めている**ので，**ウが被災者数**だね。アジアは地形的に新期造山帯の高峻な山地が多いし，モンスーンや熱帯低気圧の影響による集中豪雨などもあるので，自然災害による被災者も多くなるしね。だから**ウ**から判定してもいいよ。

　南北アメリカやヨーロッパが発生件数の割に被災者数が少ないのは，経済発展している先進国が多く，防災意識の高さ，防災施設の整備，耐震工法の普及など災害に対する備えが十分に行なわれているからだね。被災後の死者が少ないのも特徴で，医療体制が整っていることがその背景にあるんだ。

　ということで，残る**ア**が**被害額**になるんだけど，こっちはさっきの被災者数と逆で，**アメリカ合衆国を含む南北アメリカとヨーロッパの割合が大きめ**だね。経済発展が進むと**高速道路，鉄道，送電線，水道管などのインフラや高層ビル**など各種施設が倒壊したり損壊したりで，被害額がめちゃめちゃ大きくなってしまうんだ。何もないところで地震や洪水が起きても被害額は0だもんね。

平　野

知識・技能の整理

📍 **平野**　侵食，堆積などの**外的営力によって形成**された平坦地で，人間の生活の中心的な場。

📍 **平野の成因別分類**

① **侵食平野**　流水や氷河の侵食作用で形成された平野で，大陸の広大な平坦面をなす。

② **堆積平野**　流水などの堆積作用で形成された平野で，厚く堆積した土砂からなる。

📍 **侵食平野**　ヨーロッパや北アメリカなど大陸の大規模な平野。

① **準平原**　山地が長期間の侵食作用で平坦化した平野。

② **構造平野**　侵食された岩盤の上に，古い地質時代の**地層がほぼ水平に堆積**した平野。ケスタ(非対称の丘陵)，メサ(テーブル状の丘)などが分布。

📍 **堆積平野**　日本などの小規模な平野。

① **沖積平野**　河川の堆積作用により，**完新世（沖積世）の堆積物**で形成された平野。河川の侵食力は傾斜が急な上流で大きく働くため，山地を侵食し谷を形成（Ｖ字谷）。平地に出ると運搬力が小さくなるため，上流から下流へ向けて**堆積物の粒子が大➡小へと変化**。

(1)　**扇状地**　**山麓の谷口**に形成され，**粗粒な礫や砂から構成**。緩傾斜をなす扇形の平野。

    a　扇　頂➡扇状地の扇形の頂点で，谷口集落が発達。

    b　扇　央➡扇状地の中央部で，河川は伏流し水無川となる。

    c　扇　端➡扇状地の末端部で，湧水帯となる。

(2)　**氾濫原**　河川の中下流に形成され，洪水時にあふれ出た土砂が堆積した低地。河川は大きく蛇行し，三日月湖として分離。

    a　自然堤防➡河川両岸に堆積した**砂質の微高地**。

    b　後背湿地➡自然堤防の背後に堆積した**泥質の低湿地**。

(3)　**三角州**　河口部では流速が急激に遅くなり，運搬力が低下す

るため、<u>粒子の小さい砂や泥</u>が堆積した低地。ほぼ<u>海面標高</u>。

② **(洪積) 台地**　更新世（洪積世）の平野が、海面の低下や陸地の隆起によって<u>台地状になった平野</u>。河川沿いの河岸段丘や海岸に平行した海岸段丘も同種の平野。台地上は<u>水が得にくい</u>ため開発が遅れるが、近年は住宅地などの開発が進展。

③ **海岸平野**　遠浅の海底面が隆起した<u>砂浜海岸</u>。

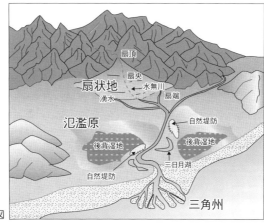

扇頂
扇央
水無川
扇状地
湧水
扇端
氾濫原
自然堤防
後背湿地
後背湿地
自然堤防
三日月湖
三角州

沖積平野の模式図

地図帳を チェック ✓

　日本地図を見て、日本の**平野はすべて**堆積平野であること、ヨーロッパの地図を見て、**ヨーロッパからロシア**の大陸部分は大部分が侵食平野であることを実感しよう！　地図帳の緑で着色してある部分が平野（低地）だ。

重要用語を確認 ✓

▶ 更新世（洪積世）と完新世（沖積世）：新生代第四紀の前半を更新世または洪積世と呼ぶ（約170万年前〜1万年前）。**更新世は地球の寒冷期**で、数度にわたる氷期がおとずれたが、氷期と氷期の間の間氷期に人類は出現したといわれる。また、新生代第四紀の後半を完新世または沖積世と呼ぶ（約1万年前〜現在）。

▶ 谷底平野：河川の側方侵食によって谷底が広がって形成されるものと山地の谷底に土砂が堆積して形成されるものがある（埋積谷）。

問題 5-1　易　□□□□□□□分

平野の成因と平野について述べた文として**適当でないもの**を，次の
①〜④のうちから一つ選べ。

① 侵食平野は，長期間の侵食により山地が平坦化されてできた平野
で，日本の平野は大部分が侵食平野である。
② 構造平野では，ケスタやメサなどの地形が見られることがある。
③ 堆積平野のうち河川の堆積作用によって形成されたものを沖積平
野といい，扇状地や三角州が含まれる。
④ 沖積平野では一般に河川の上流域で構成物質の粒径が大きく，下
流で小さい。

問題 5-2　標準　□□□□□□□分

図1（ヨーロッパ）中のX付近の地形を表す断面図として最も適当
なものを，図2中の①〜④のうちから一つ選べ。

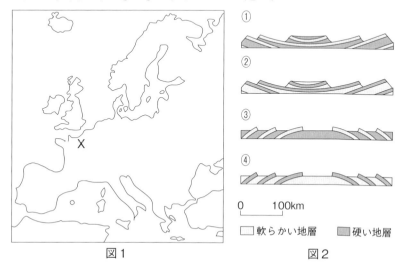

図1　　　　　　　　　図2

問題 5-3　　　　　　易　□□□□□□□□分

　日本では，山地から多量の土砂が運搬され，山麓部に扇状地が形成されることが多い。扇状地の特徴やその利用について説明した文として**適当でないもの**を，次の①〜④のうちから一つ選べ。

① 　扇状地を流れる河川では，氾濫から住居や耕地を守るために堤防を高くした結果，天井川が形成されることがある。

② 　山間部を流れてきた河川は，山麓部において流速が小さくなるので，扇状地の堆積物はおもに粘土で構成されている。

③ 　桑畑や果樹園に利用されてきた扇央部には，灌漑用水路の整備により，水田が造成されたところもある。

④ 　河川は扇央部において伏流することがあり，扇端では湧水がみられることが多い。

問題 5-4

易 ☐☐☐☐☐☐☐☐分

　人々の生活の場は，自然の特性を生かして形成されていることがある。次の図は，日本の河川の上流から下流にかけての地形を模式的に示したものであり，下のア〜ウの文は，図中の地点Ａ〜Ｃにおける典型的な地形と土地利用の特徴について述べたものである。Ａ〜Ｃとア〜ウとの正しい組合せを，下の①〜⑥のうちから一つ選べ。

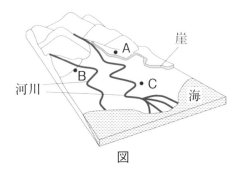

図

ア　河川近くの砂などが堆積した微高地は古くからの集落や畑などに，河川から離れた砂や泥の堆積した水はけの悪い土地は水田などに利用されてきた。

イ　砂や礫が堆積して形成された土地で，地下にしみこんだ伏流水が湧き出しやすく，水が得やすいため集落が形成されてきた。

ウ　3地点の中では形成年代が古く，平坦な地形で，水が得にくいため開発が遅れる傾向があり，用水路の整備にともない水田や集落の開発が進んだ。

	①	②	③	④	⑤	⑥
A	ア	ア	イ	イ	ウ	ウ
B	イ	ウ	ア	ウ	ア	イ
C	ウ	イ	ウ	ア	イ	ア

解答・解説

問題 5-1　平野の成因

❶　　②　　③　　④

解説

　平野を成因別に分類すると，侵食平野と堆積平野に分けることができるよ。侵食平野は，長期間の侵食により山地が削り取られて形成された広い平野なんだ。古い岩盤でできた大規模な平野で，自然災害なんかには強いけど，残念ながら……**日本にはないんだ！**

　①　この文は誤っているね。日本は新期造山帯だから山地が形成されたばかりで，侵食されてできた平野がほとんどないんだよ。日本の平野はすべて土砂が堆積してできた堆積平野だ！

　②　侵食平野は，準平原と構造平野に大別できる。準平原は，**山地が長期間の侵食を受け平坦化した平原**で，構造平野は，いったん侵食によって平坦化した平野が，海面の上昇などによって浅海底に沈み，海底で**古い地層が水平に堆積して再び陸上で侵食を受けた平野**だ。難しく感じても，入試では深く掘り下げては出ないから大丈夫！　でも，ほぼ水平に地層が堆積していると，ケスタと呼ばれる斜面が連続した地形（**問題5-2**）やメサと呼ばれるテーブルみたいな形の山地ができやすいことは忘れないでね。

　③　堆積平野は，土砂が堆積してできた平野で，沖積平野，洪積台地，海岸平野などに分類されるよ。沖積平野は河川が砂礫や土砂を堆積してできた平野のことで，堆積の場所によって**山麓には扇状地**，中下流域には氾濫原，河口付近には三角州が形成されるんだ。ということはこの文も正しいね。（洪積）台地は，更新世（洪積世）に形成された扇状地，氾濫原，三角州などが隆起してできた台地だったね。知識・技能の整理 をしっかり読んで再確認をしておこう！　日本の台地状の平野は，ほとんどが洪積台地で，**関東平野もその大部分が洪積台地だ！**

　④　河川の運搬能力は流速にほぼ比例するから，傾斜が急で流速が速い上流では大きな粒径の土砂や砂礫を運べるけど，下流は傾斜が小さくて流速が遅いから，粘土など粒径の小さい物しか運べないよね。ということは，河川の上流にある平野では砂礫などの粗粒物質，**下流にある平野ではシルト（砂より小さい堆積物）や粘土などの細粒物質から構成されている**ということになるから，この文は正しいね。

問題 5-2 ケスタ地形

┌─────────────────────────────┐
│ ①　❷　③　④ │
└─────────────────────────────┘

解説

　X付近の地形を判断する問題だね。問題を見ただけで「な〜んだ，ケスタじゃないか！」と思う人も多いだろうけど，ミスをしないためにもじっくりやってみよう。まずX付近だけど，パリ周辺だってわかったかなぁ？北西部の半島（ブルターニュ半島）の東側にパリがあるよ。パリ盆地はロンドン盆地とならんでケスタの発達で知られているよね。ケスタは，**問題5-1の②**で説明したように，構造平野でよく見られる地形で，図2の②のように，**硬い地層と軟らかい地層が交互に堆積している場合にその侵食差**（当然軟らかいほうが早く削れてしまうよね）によってできるんだ。すると**軟層の部分は侵食されて低地になり，硬層の部分は丘陵となる**波状の地形が形成されることになるね。ケスタについては次の2点に注意しよう！　①　ケスタの急崖は，古くは外敵からの防御に優れていた。②　パリ盆地のケスタの緩斜面は，ブドウや小麦の栽培に利用されている。

問題 5-3 扇状地の特徴とその利用

┌─────────────────────────────┐
│ ①　❷　③　④ │
└─────────────────────────────┘

解説 扇状地

　日本には急傾斜の山がたくさんあるから，その麓には多数の扇状地が発達しているよ。

　①　河川の沿岸は，いつ何時洪水が起きるかわからないよね。つまり水害の危険性大だ！　そこで人々は古くから人工堤防を徐々に高くし，洪水の被害を防いできたんだね。でも人工堤防を建設すると，河床に土砂が堆積するだけではなくて，**堤防内にも土砂を堆積し，周囲より河床が高くなってしまう**ことがあるんだ。これを**天井川**と呼んでいるよ。ということは，これは正しい文だね。

　②　山麓部では傾斜が緩やかになるから，急に流速が衰え，麓に粒子の大きな砂礫を堆積するようになるよ。でも「粘土」はまずくないかなぁ……。だって「粘土」っていうのはものすごく粒子が小さい堆積物のことを指すもんね。この文が誤りだな！

　③　**扇央部は河川が伏流して，地下水になりやすいから水が得にくい**よ。

だから，古くから桑畑や果樹園に利用されてきたんだけど，灌漑用水路やため池の整備によって水田となっているところもあるから，正しい文だね。

④ ③でも説明したように，河川は扇央部で伏流し，水無川（平時は流水が見られない河川）となることがあり，扇端部では湧水することが多いよ。だから，扇端部には古くからの集落や水田が立地しているんだね。これも正しい文だ。

問題 5-4　日本の河川の上流から下流にかけての地形

① 　② 　③ 　④ 　⑤ 　**❻**

解説

　日本の山麓から下流にかけての典型的な地形と土地利用を問う問題だね。図をよく見ながら判定しよう。図中の A は，河川が流れている低地から崖を隔てて山地側に位置しているので，台地上だと考えたらいいよ。日本の台地は，扇状地，氾濫原，三角州が形成された完新世より古い時代（更新世）に形成されたんだ。平坦だけど，河川からも遠く，地下水面も深いので乏水地になってるよ。水が得にくいから開発が遅れたため，江戸時代以降に用水路などが整備されるようになると，やっと集落や水田，畑などができるようになったんだ。ということは，ウが該当！　A は台地上だけど，台地の崖下は湧水（台地上に降った雨が地下に浸透し，崖から湧出）がみられるところがあって，こういう崖下では古くからの集落も立地していたんだよ。B は山地の麓に位置していることから，扇状地だということがわかるね。おもに砂礫が堆積して形成されたので，河川は砂礫の粒の間隙をぬって，地下に浸透（伏流）していくから水無川になってることが多いよ。でも全部の河川が水無川になっているわけではないので注意して！

　そして扇状地が終わるあたり，つまり扇端では地表に湧水してくるから，水が得やすくて，古くからの集落（農村）や水田が立地してるんだったね。もちろん，該当するのはイ！　残る C は，三角州が形成されている河口よりちょっとだけ上流なので，ちょうど氾濫原あたりだ。氾濫原は，河川の両岸にできる微高地の自然堤防とその外側に広がる後背湿地からなってたよね。氾濫原は，台地なんかと違って豊水地（水がありあまるほど存在しているとこ）なので，洪水の被害を受けにくい自然堤防上に集落や畑，果樹園が立地していて，低湿な後背湿地には水田があるはず。ということで，アが該当するよ！

海岸の地形

📍 海岸地形

海岸付近では波や沿岸流による侵食，運搬，堆積だけでなく，<u>氷河性海面変動</u>により各種の海岸地形が形成。

📍 海岸の成因別分類

①**離水海岸**　海面の低下や地殻変動による<u>土地の隆起</u>によって形成。
②**沈水海岸**　海面の上昇や地殻変動による<u>土地の沈降</u>によって形成。

📍 離水海岸　海岸線が単調で水深が浅い。

①**海岸平野**　遠浅の海底面が隆起した砂浜海岸。大西洋岸平野（アメリカ合衆国），九十九里平野（千葉県）。
②**海岸段丘**　波の侵食作用でできた海食台や海食崖が隆起して形成。

📍 沈水海岸　海岸線が複雑で水深が深い。

①**リアス海岸**　<u>起伏の大きい山地</u>が沈水して形成された<u>鋸歯状の海岸</u>。沈水した山地の尾根が岬，谷が湾となり複雑な海岸線を成す。スペイン北西部のリアス地方が語源。
　（例）三陸海岸，若狭湾，志摩半島，中国南岸，朝鮮半島南西岸。
②**フィヨルド**　<u>氷河の侵食</u>によってできたU字谷に海水が浸入して形成。氷期に大陸氷河に覆われた高緯度の西岸で発達。
　（例）ノルウェー西岸，アラスカ・カナダ太平洋岸，チリ南西岸，ニュージーランド南島南西岸。
③**エスチュアリー(三角江)**　河川の河口部分が沈水し，<u>ラッパ状の入り江</u>となった海岸。北西ヨーロッパや南北アメリカ大陸東岸で発達するが，土砂の運搬量が多い<u>日本の河川には見られない</u>。港湾都市が発達。
　（例）テムズ川（ロンドン），セーヌ川（ルアーヴル），エルベ川（ハンブルク），ラプラタ川（ブエノスアイレス）。（　）内は代表的な港湾都市。

砂の堆積地形

　陸地から河川などによって運搬された砂は，再び波や沿岸流により運搬され各種の地形を形成。

①沿岸州　海岸と並行する砂の堆積地形。

②砂　嘴　鳥の嘴のように突き出た砂の堆積地形。

③砂　州　陸地が湾曲した部分に形成される砂の堆積地形。

④陸繋島　砂州と連結した島。連結した砂州の部分がトンボロ（陸繋砂州）。

⑤ラグーン（潟湖）　砂州の成長により海が塞がれて形成された湖。

⑥海岸砂丘　波が運搬した砂を風が吹き上げて形成。<u>冬の季節風が強い日本海側</u>に多く分布。

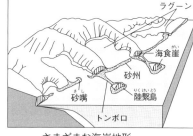
さまざまな海岸地形

⑦干　潟　内湾では細かい粘土が満ち潮で陸側に移動し，三角州などの上面に堆積したもの。<u>引き潮のときは陸化</u>する。

地形の成因と特徴・分布をしっかりマスターしておこう！

地図帳を チェック ✔

　スペイン北西部（リアスバハス海岸付近），三陸海岸，若狭湾，志摩半島のリアス（式）海岸をチェックしよう！

　ノルウェー西岸，アラスカ・カナダ太平洋岸，チリ南西岸のフィヨルドをチェックしよう！

重要用語を 確認 ✔

▶氷河性海面変動：氷期には降水が積雪や氷河となって陸上にとどまり，海水の量は減少し**海面が低下**する。海面が低下すると今まで三角州，氾濫原であった部分では，低下した海面の高さまで侵食が進むため河床は低下し，河川の両側は掘り込まれ段丘（**河岸段丘**）ができることもある。氷期が終わり**温暖期**になると**海面は上昇**し，海岸付近は沈水し，沈水海岸が形成される。日本では縄文時代に海面上昇が最も著しかった（**縄文海進**）。

▶海岸段丘：海岸に沿って発達する階段状の地形で，海岸平野や三角州などが陸地の隆起または海面の低下によって相対的に隆起し，従来の**海食崖や海食台が海面上に姿を現したもの**である。段丘面（隆起海食台）は海側に緩やかに傾斜し，日本では古くから重要な生活の場として農業などに利用されてきた。

自然環境

解けなかった問題は
できるまでくり返し
解こう！

次の図と文に関して，次ページの問い（**問1～4**）に答えよ。

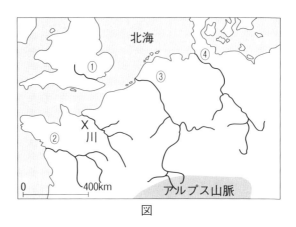

図

　沈水海岸の代表的な地形には，エスチュアリー・フィヨルド・リアス海岸があり，それぞれ異なった条件のもとで形成される。エスチュアリーは，地殻運動が小さく，河川の勾配が緩やかで，土砂の流入の少ない河口部につくられ，たとえば⒜イギリス・フランス・ドイツなどの北海や大西洋の沿岸に見られる。⒝この地域の大河川のエスチュアリーには，大きな港が立地していることがある。北ヨーロッパなどに見られるフィヨルドは，氷河によってつくられた　1　に海水が浸入して形成されたもので，陸地の奥深くまで入り，水深が深いので良港となる。

　リアス海岸は，河川によってつくられた多くの谷に海水が浸入して　2　ができ，出入りの多い海岸になったものである。

問1 下線部ⓐに関して，図中の河川①～④のうちから，顕著なエスチュアリーが見られるものとして**適当でないもの**を一つ選べ。

問2 下線部ⓑに関して，図中のＸ川のエスチュアリーに立地する都市名を，次の①～④のうちから一つ選べ。

① ダンケルク ② ナント ③ ボルドー ④ ルアーブル

問3 文章中の空欄 1 に該当する語句を，次の①～④のうちから一つ選べ。

① カール ② ドリーネ ③ Ｕ字谷 ④ Ｖ字谷

問4 文章中の空欄 2 に該当する語句を，次の①～④のうちから一つ選べ。

① 溺(おぼ)れ谷 ② 海食崖(かいしょくがい) ③ 谷底平野 ④ 三日月湖

問題 6-2

　次ページの図2中のア〜ウは，下の図1中のA〜Cにおける海岸付近の衛星画像を示したものである。ア〜ウとA〜Cとの正しい組合せを，①〜⑥のうちから一つ選べ。ただし，図2のア〜ウは上が北を指しているとは限らない。

図1

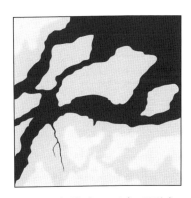

ア 三角州（デルタ）が形成
　されている

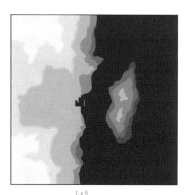

イ サンゴ礁が形成されてい
　る。

ウ フィヨルドが形成されている。

黒色の部分が水面に当たる。
United States Geological Survey の資料により作成。

図２

	①	②	③	④	⑤	⑥
ア	A	A	B	B	C	C
イ	B	C	A	C	A	B
ウ	C	B	C	A	B	A

解答・解説

問題 6-1　沈水海岸

問1

| ① | ② | **❸** | ④ |

解説　エスチュアリー（三角江）

　海岸には，陸地の隆起や海面の低下によって形成された離水海岸と陸地の沈降や海面の上昇によって形成された沈水海岸があるんだ。離水海岸は海岸線が単調で，沈水海岸は複雑であることに注意しよう！　それから，沈水海岸は一般に**水深が大きい**から，大型の船舶が進入しやすいので，港としては優れていることが多いよ。

　エスチュアリー（三角江）は河川の河口付近が沈水しラッパ状の河口になった入り江だ。中下流まで水深が大きく，平野部分にも恵まれるから**大貿易港や工業都市を発展させやすい**という長所をもっているよ。大平原を緩やかに流れるヨーロッパの河川には多く見られるけど，急峻（きゅうしゅん）な山地を流下する**日本の河川ではエスチュアリーは発達していない**んだ。日本の河川のように山地を侵食し，多くの土砂を運搬してくる河川は，河口部をすぐに埋積（まいせき）してしまうから，三角州はできてもエスチュアリーは発達しないんだね。だから，ヨーロッパの河川でも新期造山帯（しんきぞうざんたい）の険しい山地から流れ出る地中海沿岸の河川は，エスチュアリーがあんまり発達していないんだ。逆に**バルト海や北海に流出する河川は，エスチュアリーを河口にもつ河川が多い**はずだ。

　①テムズ川（ロンドン➡イギリス最大の貿易港），②ロアール川（ナント），④エルベ川（ハンブルク➡ドイツ最大の貿易港）はエスチュアリーが河口に発達する河川だ。ところが「EU の玄関」と呼ばれるユーロポート（ロッテルダム）が位置する③ライン川は，エスチュアリーでなく三角州が発達しているんだ。ヨーロッパの大動脈であるライン川は**アルプスを源流とし，流域面積が広いから多くの土砂を運搬してくる**ためエスチュアリーではないんだね。だからユーロポートは**掘り込み式の港湾**（こうわん）になっていて，遠浅の海岸の場合は海底を掘り込まないと大きな船舶が接岸できないんだよ。

問2

① ② ③ **④**

解説 **エスチュアリーと貿易港**

　X川はフランスのパリを流れるセーヌ川で，河口はやっぱりエスチュアリーだよ。河口付近にはこの国第2の貿易港である④ルアーヴル（ルアーブル）が位置しているんだ（ついでだけど**フランス最大の貿易港は地中海沿岸のマルセイユ**だよ）。

　選択肢の都市も説明しておこう。

　①のダンケルクはフランス北部の北海に面する工業都市で**臨海の製鉄所**があることで知られているね。②のナントはロアール川（この河川もエスチュアリー）河口の工業都市，③のボルドーはガロンヌ川（フランス南西部）河口の工業都市で石油化学工業やワイン醸造が発達してるんだ。ガロンヌ川も河口はエスチュアリーだよ（下流部での呼び名はジロンド川）。

　図中の①テムズ川河口には**ロンドン➡イギリス最大の貿易港**，④エルベ川河口付近には**ハンブルク➡ドイツ最大の貿易港**が位置していることを忘れないでね。

問3

① ② **❸** ④

解説 **フィヨルド**

　フィヨルドは**氷河の侵食**によってできた③U字谷に海水が浸入して形成された狭長な湾で，氷期に氷河が海面近くまで発達していた**高緯度地方**の海岸部に見られるよ。特に注意したい地域は**ノルウェー西岸，アラスカ・カナダ太平洋岸，チリ南西岸**だ（**大陸西岸で発達！**）。

　①のカールは，山岳氷河が山頂付近を侵食して形成した**半椀状の凹地**で，日本アルプスや北海道の日高山脈でも見られるよ。②のドリーネはカルスト凹地で，雨水に含まれた二酸化炭素により**石灰岩が溶食**されてできた地形だ。④のV字谷は河川の侵食で形成される谷だ。

自然環境

1
2
3
4
地形　5
6
7
8
地形図　9
10
11
12
気候　13
14
15
16
17
農業　18
19
20
水産業　21
林産資源　22
エネルギー資源　23
鉱産資源　24
25
工業　26
27
28
環境問題　29
30
村落　31
衣・食・住　32
33
都市　34
35
人口・　36
食料問題　37
国家・人種　38
・民族　39
交通・情報通信　40
システムの発達　41
貿易で結び　42
つく世界　43

問4

❶	②	③	④

解説 リアス海岸

①の溺れ谷が正解だ。溺れ谷は，河川の侵食によって形成されたＶ字谷などが沈水してできた湾で，この溺れ谷による入江と山地の尾根に当たる岬が鋸歯（のこぎりの歯）状になった海岸をリアス海岸というんだ。「リアス」の語源はスペイン語の「湾（入り江）」で，スペイン北西部（リアス地方）に典型的な海岸線が見られ，日本にも三陸海岸や志摩半島などで発達しているよ。

②の海食崖は，打ち寄せる波の力で侵食されてできた崖だよ。海食崖の下には平坦な海食台ができたり，軟らかい岩石がさらに侵食されると海食洞ができたりすることもあるんだ。③の谷底平野は，山地の谷底にできた平坦地だよ。④の三日月湖は，ものすごく蛇行した河川が一部蛇行切断されたり，堤防によって河道を固定すると蛇行した部分が堤防外に取り残されてできる河跡湖のことだね。

問題 6-2 　世界の海岸地形

①　　②　　**❸**　　④　　⑤　　⑥

解説

　キャプション（説明）がついているのでわかりやすいよ。アは三角州（デルタ）なので，アンデス山脈から流出し低平なアマゾン盆地を流れ，大西洋に流出する**アマゾン川河口（B）**だ。アマゾン川は，多くの支流が流入し**世界最大の流域面積**（2位のコンゴ川のなんと2倍もあるんだよ！！！　マジにすごい！）を誇っているからね。イは**サンゴ礁**なので，低緯度に位置する**ユカタン半島沿岸部（A）**と判定しよう。メキシコのユカタン半島が面するカリブ海には暖流（北赤道海流の延長に当たるカリブ海流）が流入するから，**サンゴ礁の発達が著しく，**世界のサンゴ礁の約1割が分布しているといわれているんだ。でも**熱帯低気圧のハリケーン**と温暖化によるサンゴ礁死滅問題も危惧されているんだよ（サンゴはとってもデリケートな生物で，**温暖な浅海を好む**けど，暑くなりすぎると共生する植物が死んでしまって，サンゴ自身も死滅してしまうんだ）。ウは**フィヨルド**なので，**チリ南西岸（C）**だ。この地域は偏西風に対し**アンデス山脈**の風上側に位置するため，水蒸気を含んだ大気が流入しやすく，アンデス山脈で強制的に上昇気流が発生するから，**世界的な多雨地域**なんだ。共通テストでめちゃめちゃ頻出の地域なので要注意！

　更新世の氷期には，降水量ではなく降雪量が極めて多かったため，氷河の発達が顕著で，多数の大規模なU字谷が形成され，氷期後の海面上昇で，U字谷に海水が浸入してフィヨルドが形成されたって話したことあるよね。ノルウェーも同様の背景でフィヨルドが形成されたことを忘れないように！　近年はサケ・マスの公海上における漁獲が規制されているため（母川国主義といって，サケのように河川を遡上して産卵する魚類については，遡上する河川が属する国に漁獲の権利があるという考え方が国際的に主流となってるよ），ノルウェーやチリではおだやかな**フィヨルドの湾で，寒海魚のサケ・マスを養殖し，日本などに輸出している**よ。みんなの食卓にも登場してるはず（笑）。

氷河地形・カルスト地形・乾燥地帯・サンゴ礁海岸

🧭 知識・技能の整理

📍 氷河地形　氷河の侵食・堆積作用によって形成された地形。

📍 氷河

　寒冷な気候下で，万年雪が圧縮されて形成された氷で，形を変えながら<u>流動する</u>。地表との接触面全体を侵食する。

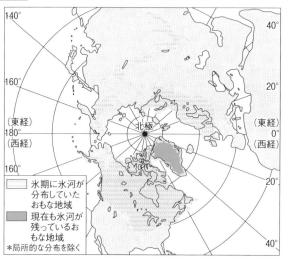

氷期と現在の氷河の分布

①**山岳氷河**（谷氷河）　寒冷な高山地域で形成された氷河。アルプス，ヒマラヤなど高山地域に分布。
②**大陸氷河**（氷床）　陸地を広く覆う氷河で，南極大陸とグリーンランドに分布。氷期には，<u>ヨーロッパ北部，北アメリカ北部にも拡大</u>。

氷河地形

①**U字谷** 山地の氷河が谷を流下する際，谷底だけでなく谷壁も侵食し形成された**氷食谷**。

②**カール**（圏谷） 山頂付近の氷河の移動にともない，半椀状に侵食された凹地。日本アルプスにも分布。

③**ホルン**（ホーン） 山頂付近に複数のカールが形成されることによってできた尖峰。

④**フィヨルド** U字谷に海水が浸入した奥行きの長い湾。

⑤**氷河湖** 氷食によって形成された凹地に水がたまったり，氷河堆積物によって流水がせき止められてできた湖沼。北欧の湖や五大湖。

⑥**モレーン** 氷河が侵食してできた**岩くずが堆積して形成された丘**。

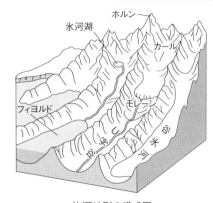

氷河地形の模式図

 カルスト地形 　二酸化炭素が溶け込んだ**雨水**などによって石灰岩が化学的に溶食された地形。

　石灰岩は，灰白色または白色の岩石で，大部分が炭酸カルシウムからなる堆積岩。

　石灰岩地域では，雨水や**地下水**によって石灰岩が溶かされるため，地表には大小の凹地，地下には鍾乳洞や地下河川が形成。

$$CaCO_3 + H_2O + CO_2 \longrightarrow Ca(HCO_3)_2$$

さまざまなカルスト地形

① **ドリーネ**　石灰岩が溶食され形成された凹地。
② **ウバーレ**　複数のドリーネが連結して形成された凹地。
③ **ポリエ**　ドリーネ，ウバーレの連結や落盤によって形成された**溶食盆地**。
④ **鍾乳洞**　地下水が石灰岩を溶食して形成された洞窟。
⑤ **タワーカルスト**　**熱帯から亜熱帯の多雨地域**では，石灰岩台地の溶食が進み，**搭状の小山が林立**。コイリン（桂林）のものが有名。

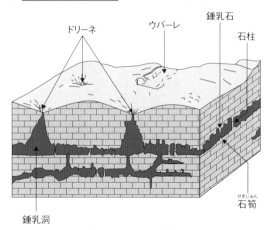

カルスト地形の模式図

 ## 乾燥地形

　降水量が少なく，植生が乏しい砂漠の地形は，風の影響を強く受ける。また，**降水量の年変動率が大きい**ため，たまに降る豪雨によって**面的な侵食**を受けることから，平坦な谷や河原が形成。
① **砂漠**　岩盤が露出する岩石砂漠，礫が地表を覆う礫砂漠，砂丘が連なる砂砂漠。**砂砂漠の割合は小さい。**
② **外来河川**　**湿潤地域から流出し，乾燥地域を貫流**する河川。ナイル川，ニジェール川，ティグリス・ユーフラテス川，インダス川。乾燥地域での重要な水資源。
③ **ワジ（涸れ川）**　**降水時のみ流水**が見られる河川。
④ **内陸湖**　流出河川をもたない湖で，おもに**塩湖**。カスピ海，アラル海，死海。

サンゴ礁海岸

　造礁サンゴが形成する石灰質の海岸。サンゴは，**熱帯から亜熱帯に**かけての**温暖で透明度が高い浅海**に生息。標高が低いため，温暖化による水没への懸念や海岸侵食の進行。
① 裾　礁　陸地を縁取るように発達。**日本近海のサンゴ礁。**
② 堡　礁　陸地との間に**礁湖（ラグーン）**をもつ。**オーストラリア**北東部の大堡礁（グレートバリアリーフ）。
③ 環　礁　環状に発達し，**赤道付近に多く分布。**

地図帳を チェック ✔
　p.74 の図にある大陸氷河の最大範囲を地図帳にマーカーで記入しよう！
　氷河地形が分布している日本アルプス（飛騨山脈，木曽山脈，赤石山脈）をチェックしよう！

重要用語を 確認 ✔
▶ 氷期と間氷期：新生代第四紀は寒冷期（氷期）と温暖期（間氷期）をくり返してきた。特に**更新世（洪積世）**の氷期には大陸氷河が p.75 の図のように広範囲に拡大していたことに注意したい。

地形を勉強するときは，必ず地形図を確認し，その特徴を把握しよう！

氷河とその影響に関して述べた次の文章を読んで，下の問いに答え
よ。

　氷河は侵食作用が活発で，ⓐ特徴のある侵食地形を形成する。ま
た，氷河の侵食で生産された岩屑（がんせつ）は，氷河の末端部まで運ばれ堆積（たいせき）地
形を形成する。これらの氷河地形の分布から，過去の氷河の空間的広
がりを復元することができる。その結果，今から約2万年前の最終氷
期には，高緯度地域に巨大な大陸氷河が発達し，地球上の全陸地の約
30％が氷河で覆われていたことがわかっている。この値は現存する氷
河の面積の約3倍に当たる。氷河の氷の量が増大し，海水量が減少す
るため，氷期には著しい海面の低下が生じた。氷期が終わると，氷河
が融けて海面は上昇し，現在のレベルに達した。現存する氷河がすべ
て融けると，現在より海面は50〜60m上昇すると考えられる。

　下線部ⓐの例に該当するものとして適当でないものを，次の①〜④
のうちから一つ選べ。

　　① カール　　② ケスタ　　③ ホーン（ホルン）　　④ U字谷

問題 7-2

標準 □□□□□□□□□ 分

　次の図を見て，世界の自然環境と自然災害に関する下の問いに答えよ。

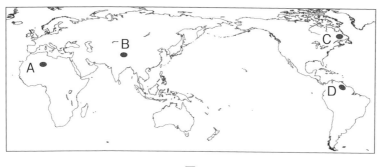

図

　次の①～④の文は，図中の A～D のいずれかの高地にみられる自然環境の特徴について述べたものである。C に該当するものを，次の①～④のうちから一つ選べ。

① 　標高が約500～1000m で，氷河の削った侵食地形がみられる。

② 　標高が約900～3000m で，ワジやオアシスがみられる。

③ 　標高が約2000～3000m で，テーブル状の山が分布している。

④ 　標高が約4000～5000m で，永久凍土が分布している。

次の図中の①〜④で示した2万5千分の1地形図（84％に縮小，一部改変）には，河岸段丘，火山地形，カルスト地形，氷河地形のいずれかが見られる。カルスト地形がみられるものを，図中の①〜④のうちから一つ選べ。

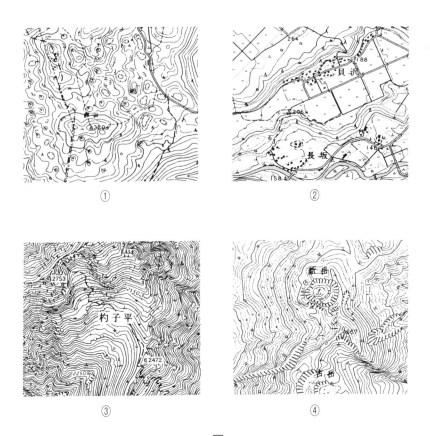

図

問題 7-4

やや難　□□□□□□□□分

　次の図１は，サンゴ礁(しょう)の形態別分布を示したものであり，次ペー
ジの図２のア～ウは，図中のＡ～Ｃの代表的な地点を撮影したもので
ある。ア～ウとＡ～Ｃとの正しい組合せを，①～⑥のうちから一つ選
べ。

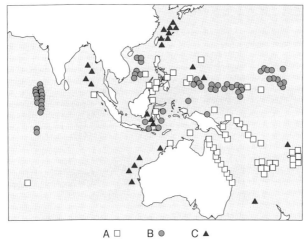

Ａ□　　Ｂ●　　Ｃ▲

貝塚爽平編『世界の地形』により作成。

図１

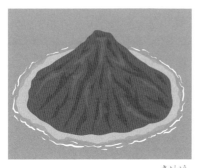

ア　島の陸地に接する形態の裾礁。

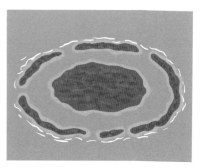

イ　島や陸地との間にラグーン
（礁湖）のある堡礁。

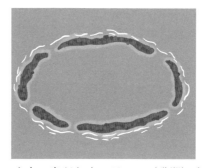

ウ　中央の島がなくラグーン（礁湖）を取
り巻く環礁。

図2

	①	②	③	④	⑤	⑥
ア	A	A	B	B	C	C
イ	B	C	A	C	A	B
ウ	C	B	C	A	B	A

解答・解説

問題 7-1　氷河地形・カルスト地形

① **❷** ③ ④

解説　氷河地形

　氷河地形を得意になるためには、氷河についての基本的な理解ができていないと力がつかないから、少しだけ復習をしておこう！　氷河は、万年雪がどんどん堆積していって、下層の雪を圧縮することにより、氷河氷に変わることによって形成されるんだったね。ということは、寒冷で、しかも積雪が多くないと氷河はできないということになるなぁ。

　氷河には大陸氷河（氷床）と山岳氷河があって、現在、**大陸氷河は南極大陸とグリーンランド**くらいにしかないね。**山岳氷河は標高が高い山地**では世界各地に見られるよ。氷河が消失した跡にはさまざまな**氷河地形**が形成されるからしっかりと復習しておこうね！

　①　**カールは氷河の侵食地形**だから、これは正しいよ。氷食で山頂付近がえぐり取られるときに形成される**半椀状の凹地**だ。全体としては緩やかな斜面を形成するんだけど、カールの内部には窪みが形成されているよ。ヨーロッパのアルプス山脈などの高峰や日本アルプスにもあるから注意しようね！「日本にも氷河地形があるの？」って思った人もいるんじゃないかな。**氷期には日本アルプスなどに山岳氷河が発達していた**から、氷河地形は残っているんだよ。

　②　ケスタは、**硬層と軟層が交互に堆積**している場合に、**選択（差別）侵食で硬層が取り残され**、連続した丘陵を形成したもので、構造平野に見られる地形だ。ケスタは氷河の侵食ではなく、流水（雨、河川）による侵食地形だから、②が誤っているね。

　③　**ホルン（ホーン）は、山頂付近に複数のカールが形成されたときにできる尖峰**だよ。きっとどこかで、アルプスのマッターホルンの写真を見たことがあるんじゃないかなぁ？　カールと違って**鋭く尖った峰**が印象的な氷河地形だよ。これも正しいよね。

　④　**U字谷は、氷河の侵食作用で形成された氷食谷**で、河食によるV字谷より谷幅が広いのが特徴だね（谷底で農業が営まれている場合もあるんだ）。**U字谷に海水が浸入したものがフィヨルド**だよ。

問題 7-2　世界の高地にみられる自然環境の特徴

❶　②　③　④

解説

　高地にみられる自然環境の特徴に関する問題だ。A は**アルジェリア**から**ニジェール**にかけてのアハガル高原，B は中国南西部のチベット高原，C はカナダのラブラドル高原，D はベネズエラから**ガイアナ**，**スリナム**にかけてのギアナ高地だね。

　①　標高が「約500～1,000m」とあまり高くないこと，「氷河の削った侵食地形」から，C のラブラドル高原だ。先カンブリア時代の岩石が広く露出したカナダ楯状地の一部で，**更新世の氷期には大陸氷河に覆われていた**ことに注意！

　②　「ワジ」，「オアシス」から乾燥気候が広がる A のアハガル高原だね。高原の名前はわからなくてもいいんだけど，アフリカ大陸は大半が安定陸塊で，アハガル高原にみられるように高原状をなしているため，**平均標高も南極，アジアに次いで高い**ことは重要だよ。特に東部はリフトヴァレー（アフリカ大地溝帯）が通過しており，**リフトヴァレー周辺は隆起量が大きい**ことに注意しようね！　もう聞き飽きた？（笑）

　③　「標高が2,000～3,000m」とかなり高いが，「テーブル状の山」から，D のギアナ高地だ。ギアナ高地は長期間の侵食を受けたのちに，ゆっくりと隆起を続けたため，**新期造山帯並みに標高が高く**，周囲を崖に囲まれたテーブルマウンテンが分布しているんだよ。写真でも出題される可能性があるかも。

　④　「標高が4,000～5,000m」ということで，新期造山帯に属する B のチベット高原だね。これは超簡単！標高が極めて高く気温も低いため，山岳氷河や永久凍土もみられるよ。**チベット高原や中央アンデスの高地は，最暖月平均気温が10℃を下回る**高山ツンドラが分布していることも忘れないようにねー。

問題 7-3 河岸段丘、火山地形、カルスト地形、氷河地形

❶　②　③　④

解説

　小凹地（等高線の中に矢印）や凹地（等高線の内側に小突起）記号があり、凹地が多数見られる①が**カルスト地形**だね。カルスト地形は、石灰岩の台地を二酸化炭素を含んだ雨水が**溶食**してできる特異な地形で、日本や地中海沿岸に多く見られるんだ（カルスト地方の位置は大丈夫だよねえ？　東欧の**スロベニア**にあるよ）。カルスト凹地はドリーネとかウバーレと呼ばれていて、地下には地下水によって溶食され空洞となった鍾乳洞も発達していることが多いよ。日本でも山口県の秋吉台や福岡県の平尾台で見られるんだ。

　②は河川とほぼ平行して**等高線が密集している段丘崖**と緩やかな平坦地の段丘面が読み取れるから**河岸段丘**だよ。

　③は**氷河地形**だ。図の中央から南側の**等高線の谷がUの字を描いている**のがわかるかな？　しかも山頂付近の**等高線間隔がやや開いている**よね。これは**カール**だよ。すんなり理解できた人はOK！　ちょっとやばい人は、知識・技能の整理 や『**大学入学共通テスト　地理Bの点数が面白いほどとれる本**』でしっかり復習しておこうね。

　④は**火山地形**で、山頂付近や谷に溶岩の流出によって**火山岩**〰 が分布していることが読み取れるよ。（〰岩崖が連続している部分に注意！）次ページの図をよく確認しておいてね。

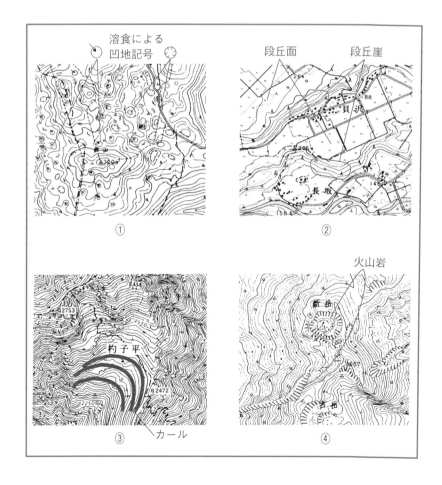

① 溶食による凹地記号

② 段丘面　段丘崖

③ カール

④ 火山岩

問題 7-4　サンゴ礁海岸

① ② ③ ④ ❺ ⑥

解説

　サンゴ礁は，サンゴの遺骸や分泌物などからなる石灰質の海岸だ。サンゴは**亜熱帯から熱帯地域にかけての海域**，つまり**海水温が高い海域**に分布しているよ。さらに共生する藻類は光合成をする必要があるから，日光が到達する**浅くて透明度が高い海域**の岩盤上（島など）に発達するということを『大学入学共通テスト　地理Bの点数が面白いほどとれる本』で説明したはずなんだけど……。覚えているよね〜？　忘れてたら瀬川先生はかなりのショック！！！（笑）

　一般的に，島など陸地の裾にへばりつくように発達する裾礁（fringing reef），サンゴ礁と基盤となる島との間にラグーンを形成する堡礁（barrier reef），島などの陸地が水没しサンゴ礁だけが環状に発達する環礁（atoll）の順に発達するんだ。サンゴ礁が海面に向かって発達していくスピードは，**海水温にほぼ比例**するから，水温が高い赤道付近では環礁（島が水没してもサンゴ礁が上方に成長），日本などのように**海水温が低い分布限界付近では裾礁**（島が水没するとサンゴ礁が上方に発達できない）が中心になるよ。説明を完璧に覚える必要はないけど，**高緯度から低緯度に向かって，裾礁（C）→堡礁（A）→環礁（B）が分布**していると考えよう。もちろん，**オーストラリア北東岸**には世界自然遺産に登録されている世界最大規模のサンゴ礁であるグレートバリアリーフ（Great Barrier Reef：大堡礁）からAを堡礁と判定してもOK！　グレートバリアリーフは大学生になったらぜひとも見に行ってほしいな。

地形図読図の基本

知識・技能の整理

📍 地形図

等高線と地図記号によって地表の起伏や土地利用などを正確に表現した地図。国土地理院発行。

1万分の1（都市部のみ），2万5千分の1，5万分の1の3種類。近年は，新たな基本図として，デジタルデータをもとにした電子国土基本図を整備。

📍 地形図の読図をするための基本事項

① 縮尺　分母が小さいものほど大縮尺。2万5千分の1＞5万分の1。

② 等高線　標高が等しい地点を結んだ線で，主曲線，計曲線からなるが，より詳細な情報を表現するときは補助曲線を使用。

③ 等高線の種類

種類＼縮尺	あらわし方	1：25,000（数値を表示）	1：50,000
計曲線	———	50m間隔	100m間隔
主曲線	———	10m 〃	20m 〃
補助曲線 {	— — —	{ 5m 〃 2.5m 〃	10m 〃
	- - - - - -		5m 〃

④ 等高線の性質

(1) 主曲線・計曲線は閉曲線となる。

(2) 閉曲線の内側は外側より高い。

(3) 等高線間隔が広い場合は緩傾斜，狭い場合は急傾斜を表現する。

(4) 標高が高い方から低い方に突出している地点を結んだものが尾根，逆に低い方から高い方へ突出している場合は谷を示す。

⑤ 距離　2万5千分の1地形図の図上で，ある地点A～B間が4cmの場合，実際の距離は4cm×25,000＝1km。

⑥ 面積　5万分の1地形図の図上で，2cm×2cmの運動場があった場合，実際の面積は（2cm×50,000）×（2cm×50,000）＝1km²

自然環境

1
2
3
4
地形 5
6
7
8
地形図 9
10
11
12
気候 13
14
15
16
17
農業 18
19
20
水産業 21
林産資源 22
エネルギー資源 23
鉱産資源 24
25
工業 26
27
28
環境問題 29
30
村落 31
衣・食・住 32
33
都市 34
35
人口・ 36
食料問題 37
国家・人種 38
・民族 39
交通・情報通信 40
システムの発達 41
貿易で結び 42
つく世界 43

⑦ **平均勾配** 比高／水平距離で算出。比高とは２地点間の標高差。

⑧ **土地利用**

(1) 水が得にくい地域では、取水が容易な場所に集落が立地。

   (例) 扇状地では、湧水に恵まれる扇端部に集落が列状に配置。
   （洪積）台地や海岸段丘では、湧水に恵まれる崖下に集落が配置。

(2) 水害の恐れがある地域では、周囲より高いところに集落が立地。

   (例) 氾濫原では、洪水の際に冠水しにくい自然堤防上に、集落が列状に配置。

※図式は平成14年図式。ただし、▨▨は平成25年図式では使用されなくなった。

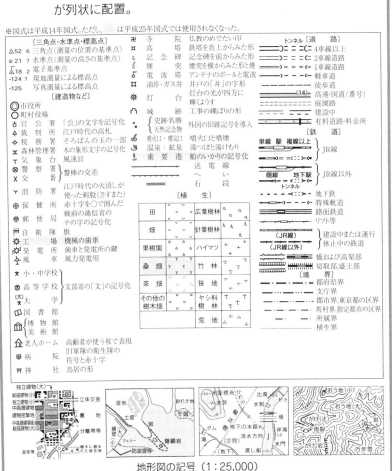

地形図の記号（1：25,000）

重要用語を確認 ✓

▶護岸と堤防：**護岸（擁壁）**は海岸や河岸の侵食を防ぐための構造物，堤防は海や河川の水が浸入するのを防ぐための構造物である。堤防には河川の洪水を防ぐための**河川堤防**，高潮や津波を防ぐための**防潮堤**，波浪を防ぐ**防波堤**などがある。

▶河川の右岸と左岸：河川の上流から下流に向かって，右側を右岸，左側を左岸という。

地図をたくさん見て，そこに示されている情報を読み取る練習をしてね！

自然環境

1
2
3
4
地形 5
6
7
8
地形図 9
10
11
12
気候 13
14
15
16
17
農業 18
19
20
水産業 21
林産資源 22
エネルギー資源 23
鉱産資源 24
25
工業 26
27
28
環境問題 29
30
村落 31
衣・食・住 32
33
都市 34
35
人口・ 36
食料問題 37
国家・人種 38
・民族 39
交通・情報通信 40
システムの発達 41
貿易で結び 42
つく世界 43

問題 8-1

標準 ☐☐☐☐☐☐☐☐分

次の図は，ある地域の２万５千分の１地形図（原寸，一部改変）である。図３中に示した地点Ａ～Ｄに大雨が降った場合，地表面を流れる雨水が地点Ｘに達する地点として最も適当なものを，下の①～④のうちから一つ選べ。

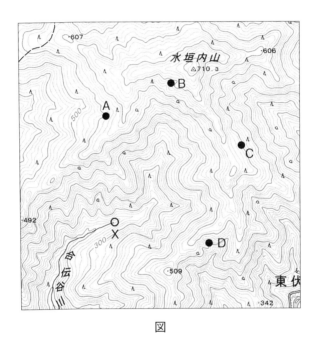

図

① Ａ ② Ｂ ③ Ｃ ④ Ｄ

問題 8-2

標準　□□□□□□□□分

　八戸市の市街地とその周辺地域における土地利用の変化を調べるため，新旧の地形図を比較した。次の図1，2は，1971年と2003年に発行された5万分の1地形図（80％に縮小，一部改変）である。図1，2から読み取れることを述べた文として**適当でないもの**を，①〜⑦のうちから二つ選べ。

図1

図２

① 馬淵川の護岸工事が進み，河川敷にゴルフ場ができた。

② 図の北西部の砂浜海岸は，大規模に開発され，工場が建設された。

③ 図の中央部の魚市場へは，引き込み線路があったが廃止された。

④ 図の南部の新井田川左岸に広がっていた水田は，畑に転換された。

⑤ 図の南東部の畑が広がっていた地域には，住宅地が造成された。

⑥ 八戸港の整備が進み，航行の安全のために，多くの灯台が設置された。

⑦ 海上にポートアイランドが建設され，対岸とは道路と鉄道で結ばれた。

次の図1は，2万5千分の1地形図を一部改変して，ある島の地形の様子を示したものであり，下の図2は図1中の①～④のいずれかの海面上の地点から見た島の形を示したものである。図2に示された島の形を見ることができる地点として最も適当なものを，図1中の①～④のうちから一つ選べ。ただし，高さは強調して表現してある。

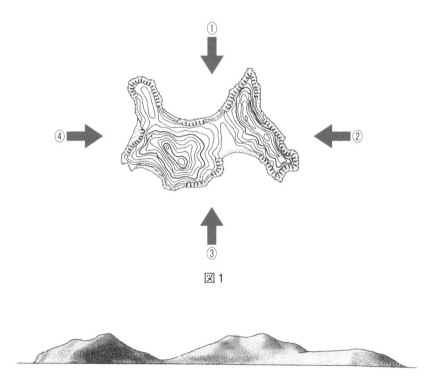

図1

図2

解答・解説

問題 8-1 　集水域

① ❷ ③ ④

解説

　集水域（流域）とは，降った雨が集められる範囲のことで，雨は谷を流れるから，まずは等高線が標高の高い方へ食い込んでいる谷を見つけなくちゃね。もちろん等高線が標高の低い方に向かって出っ張っている尾根を見つけるのも１つの方法だな。尾根をまたいで水は移動できないということから判定してもいいんだよ（水が山を登って下ったら怖いだろ？）。尾根（図中の破線）を使っても，谷（図中の実線）を使っても判定できるようにしようね。『大学入学共通テスト　地理Ｂの点数が面白いほどとれる本』でも説明した尾根と谷をしっかり練習して，地形図で判定できるようにしておこう！

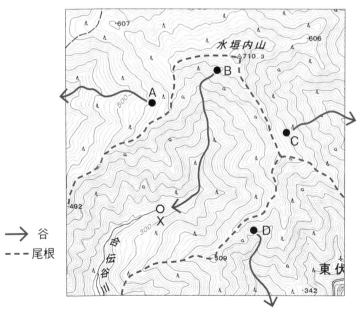

1
2
3
4
地形　5
6
7
8
地形図　9
10
11
12
気候　13
14
15
16
17
農業　18
19
20
水産業　21
林産資源　22
エネルギー資源　23
鉱産資源　24
25
工業　26
27
28
環境問題　29
30
村落　31
衣・食・住　32
33
都市　34
35
人口・
食料問題　36
37
国家・人種
・民族　38
39
交通・情報通信
システムの発達　40
41
貿易で結び
つく世界　42
43

問題 8-2　八戸市の新旧地形図読図

> ①　②　③　❹　⑤　⑥　❼

(解)(説)

　基本的な問題なので正解したいな。

　①　馬淵川沿岸には護岸（擁壁）が施され，河川敷にはゴルフ場が建設されているよ。

　護岸とは，**海岸や河岸が侵食されるのを防ぐための構造物**のことだ。したがって，この文は正しいよ。**護岸**や堤防（土堤）の地図記号はしっかりと覚えておこう。

　②　北西部の砂浜海岸付近は，2003年の地形図では**埋め立て**による大規模開発が行われ，複数の工場が建設されているよ。したがって，この文も正しいね。

　③　1971年の地形図では**魚市場へ鉄道の引き込み線路が見られる**けど，2003年の地形図では鉄道の線路は見られないので，引き込み線路は廃止されていることがわかるね。したがって，この文も正しいな。

　④　新井田川**左岸**に広がっていた水田は，畑地ではなく宅地に転換されているから，この文は誤っているよ。

　⑤　南東部の**畑地**には**住宅地が造成**されているため，この文も正しいね。

　⑥　灯台が多く設置されているから，この文も正しいよ。

　⑦　海上にポートアイランドが建設されていて，対岸とは道路でだけ結ばれているね。鉄道は敷設されていないから，この文は誤ってるね。

　基礎的な問題だけど，地図記号を学習していないとまったく答えられないので，**地図記号の確認をしておこう！**　〔**知識・技能の整理**〕　▶p.89）。

問題 8-3　地形図と断面図の判定

❶　②　③　④

解説

　このタイプの問題も，しばしば出されているので，**図1**を実際に回転させながら，**図2**を見ると判定しやすいかも。

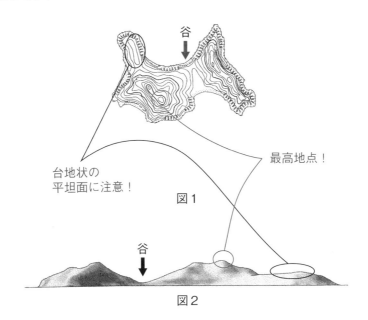

台地状の
平坦面に注意！

最高地点！

図1

図2

扇 状 地

🧭 知識・技能の整理

📍 **扇状地**　<u>山麓の谷口</u>に形成される扇状の平野。

- **扇頂**　河川が山地から低地に出る部分。
- **扇央**　扇状地の中央部分で，河川は網状に流れたり，伏流して水無川になっていることが多い。一般に乏水地であることに注意！
- **扇端**　扇状地の末端部分で，湧水帯となり早くから集落や水田が立地。

📍 扇状地の読図

①**山地の麓に注意！**

　砂礫の運搬作用が活発な急斜面を流れる流水が，山麓の谷口で急に速度を落とすため，麓に土砂や砂礫を堆積して扇状地を形成。特に<u>等高線間隔が狭い断層山地の麓に注目</u>！

②**扇状地は緩やかな傾斜をもつ平野であることに注意！**

　等高線間隔が狭い山地の麓に，ほぼ<u>等間隔</u>かつ<u>等高線間隔が広い</u>部分があれば扇状地と判断。

③**扇状地の構成物質に注意！**

　粗い砂礫からなるため，水が透過しやすく**高燥地**。扇状地を流れる河川は<u>扇央で伏流</u>することが多いため，**水無川** --- となり，扇端で湧水。

④**扇頂，扇央，扇端の土地利用に注意！**

　河川が山間部を出たばかりの扇頂と湧水が見られる扇端は，<u>水に恵まれる</u>ため集落▪▪や水田╷╷╷が立地。扇央は平時に水無川となっているため<u>水が得にくい</u>が，水はけの良さを利用して桑畑ᵧᵧᵧ，果樹園˚ᵒ˚が分布したり，広葉樹林 ₒᵒₒ，針葉樹林 ᴧᴧᴧ が残る。

⑤**天井川に注意！**

　天井川は周囲より河床が高い河川で，人工堤防の建設によって，河床が上昇すると形成される。扇状地では多くの土砂や砂礫が運搬されてくるため，各地で天井川が見られることがある。<u>河川を横切る等高線が下流側に屈曲</u>しているときは天井川と判断！

自然環境

1
2
3
4
地形 5
6
7
8
地形図 9
10
11
12
気候 13
14
15
16
17
農業 18
19
20
水産業 21
林産資源 22
エネルギー資源 23
鉱産資源 24
25
工業 26
27
28
環境問題 29
30
村落 31
衣・食・住 32
33
都市 34
35
人口・
食料問題 36
37
国家・人種
・民族 38
39
交通・情報通信
システムの発達 40
41
貿易で結び
つく世界 42
43

河川は伏流し，水無川　　扇端に立地した集落

等高線間隔の違いに注意！　　土砂災害を防ぐための砂防ダム（堰）

扇状地　２万５千分の１地形図『養老』（原寸）の一部

重要用語を確認 ✓

▶**扇央と扇端**：扇状地を流れる河川は，一般に扇頂から**扇央付近で伏流し**，**水無川**となることが多い（地図記号では破線になる）。扇状地の大部分を占める扇央は取水が不便なため，**古くは桑畑**などに利用されてきたが，のちに**果樹園**や灌漑用水路の建設によって，**水田開発**が行われているところもある。扇端では砂礫の堆積層がなくなり，**湧水**するため地表水となることから，**古くから農家や水田**が立地している。

▶**天井川**：河床に土砂が堆積し，**周囲の平野部より河床が高くなった河川**。土砂の流入・堆積量が多く，さらに洪水防止のために堤防を建設した場合に形成される。中国の**黄河**は，古くから治水のため堤防が建設されたため，下流部では大規模な天井川が形成されている。日本でも琵琶湖に注ぐ河川には天井川が多い。

次の地形図に関して，次ページの問い（**問1・2**）に答えよ。

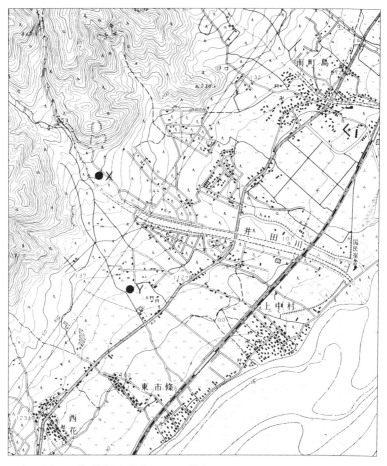

2万5千分の1地形図より作成。85％に縮小。

図

問1 図中の2地点X・Yを含む扇状地での洪水による堆積物の特徴
について述べた次の文①〜④のうちから，最も適当なものを一つ
選べ。

① X付近とY付近は何日にもわたって水没し，扇状地のほぼ全域に
厚い粘土層が堆積した。

② X付近には一時的に湖沼ができ，厚い粘土層が堆積したが，Y付
近には粘土層は堆積していない。

③ 急激に大きな礫が移動してきて扇状地に堆積したが，一般に，礫
の大きさはX付近の方がY付近より大きい。

④ 通常は流されないような大きな礫が移動してきたが，特に大きな
礫はY付近より下流側に多い。

問2 図中の井田川は，その下流部では，周囲の水田より高いところ
を流れている。その理由として最も適当なものを，次の文①〜④
のうちから一つ選べ。

① 井田川付近は最近になって地殻変動（地殻運動）によって隆起し
た。

② 井田川は洪水のたびごとに扇状地を深く侵食してきた。

③ 人間が住居や耕地を洪水から守るために，堤防を高くしてきた。

④ 人間が河原で砂利取りを行い，多量の土砂を取り去った。

扇状地が得意になれば，もう
こっちのもの！
扇頂，扇央，扇端の構成物質
と土地利用に注意してね！

解答・解説

問題9-1　扇状地の読図
<small>せんじょうち</small>

問1

① ② **❸** ④

解説 扇状地の堆積物

　まず，図を見て，「これは，典型的な扇状地だな！」というのがわかれば君はもう扇状地がわかっているよ。扇状地とは，山麓にできる緩傾斜地で，河川が急勾配の山地から平坦地に流れ出る際に，急に流速が衰えて，山麓に粒子の粗い砂礫などが堆積した沖積平野の一つだね。緩やかな傾斜地だから，地形図では**緩やかに開いた等高線が等間隔に広がっている**んだ。これは今回の最重要ポイントだよ。河川には堰（砂防ダム）の地図記号が見られることからも，**土砂の運搬が盛んに行われている**ことがわかるね。では選択肢を見てみよう。

　①　扇状地では，河川が頻繁に河道を変えるため，洪水が起こりやすいけど，**緩やかに傾斜しているから，何日も水没することはない**よね。特にX付近は南東に見える湖面から100m以上標高が高いところにあるからますます水没しにくい。また，粘土層は粒子が小さいんだから，扇状地の構成物質には該当しないよねえ。三角州じゃないんだから粘土層からできているはずがないよ。明らかに誤り。

　②　X付近は，扇状地の中でも**上流に位置するから，より粒の大きな砂礫層でできている**はずだよ。これまた明らかに誤り。

　③　前述のように，上流は粒子が大きい礫が堆積するけど，**下流に向かうほど粒子は小さくなる**ため，これが正しい文だ。

　④　Y付近より下流はますます粒子が小さくなるはずだよ。とんでもない誤り（^o^）。

問2

① ② **❸** ④

解説 天井川

　周囲より高いところを流れる河川を天井川というんだ。土砂の流入が多い河川に，人工堤防を建設すると天井川になりやすいよ（黄河は世界的に

102

有名な天井川だったね）。自然状態では絶対に天井川はできないから注意してね！　まずここでは，井田川を通過する**等高線が下流側に屈曲している**ことから天井川だと判定しよう。天井川の判定を河川の下に**トンネルが通過しているか否か**だけに頼るのはちょっと恐いから。ということで，正しい文は③だね。

　　①　**地殻変動**で最近隆起したなら，**断層運動**などによる**崖**が見られるはずだし，図のようななだらかな等高線にはならないよ。この文は誤りだね。

　　②　図中の地形は扇状地なので，洪水を起こすたびに河道からあふれた**土砂を堆積**させているはずだから，「深く侵食」は誤り。

　　④　砂利とは砂礫のことだよ。鉄道の線路建設や，道路建設などの土木工事で使用するために，河床に堆積した砂利取りを行うことはあるだろうけど，もし多量の砂利を取り去ったら，**河床は低くなるから**天井川にはなりにくいんじゃないかなぁ。ということは，この文も誤りだ。**扇状地は入試最頻出の地形図**なのでがんばってね！

扇状地の形態と土地
利用に注意しよう！

氾濫原と（洪積）台地

知識・技能の整理

📍 氾濫原（はんらんげん）

河川の中下流域に形成される平野。洪水（こうずい）時にあふれた河川水が砂礫（されき）や泥土（でいど）を堆積。

① 河川は蛇行！

ほぼ平坦な地形を流れる河川は蛇行（だこう）し，降水時には洪水が発生。人工堤防（ていぼう）‥‥‥の建設によって洪水防止を図る。

a　連続堤防➡洪水の被害はほとんど生じないが，破堤（はてい）した場合の被害が大きい。

b　非連続堤防➡洪水を完全には防止できないが，堤防間から流出した水は，河川に戻ることができるため，大きな被害は生じにくい。河川による河岸の侵食（しんしょく）を防ぐため護岸（ごがん）━━━工事。

② 河跡湖（かせきこ）（三日月湖（みかづきこ））

洪水防止のための河川改修による河川の直線化や洪水時の流路短絡（ショートカット）によって取り残されたものが河跡湖（三日月湖）。

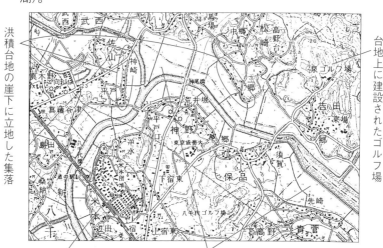

洪積台地の崖下に立地した集落

台地上に建設されたゴルフ場

洪積台地上の集落

河川が台地を侵食して形成した沖積低地

洪積台地　5万の1地形図『佐倉』（原寸）の一部

③自然堤防

　河川の洪水時に流水が両側にあふれ，洪水が治まると<u>両側に堤防状に土砂が堆積</u>した数mの微高地を形成。周囲に比べて砂礫質で高燥なため，集落 ■■，畑 ⌣ˇ⌄，道路 ＝＝ などに利用。

④後背湿地

　洪水時に<u>自然堤防の背後に形成される低湿地</u>。洪水の際に河道からあふれ出た水が，細粒な物質を堆積させてできるため排水が悪いが，水田 ॥"॥ には古くから利用。

📍 （洪積）台地

<u>沖積低地（河川の堆積作用でできた低地）</u>より数m〜数十m高いことから，<u>等高線で判断</u>。また台地面は乏水地であるため土地利用にも注意！

　畑 ⌣ˇ⌄，果樹園 ᵒ˳ᵒ など。古くからの集落は，湧水が見られ<u>る台地の崖下に立地</u>。河川が台地を侵食し，一部では谷底に沖積低地を形成していることにも注意。

重要用語を確認 ✅

▶洪水防止：洪水には肥沃土を運搬し，農地に水を供給するなどプラスの側面もあるが，家屋，人間，農地に大きな被害も与える。そこで古くから人々は遊水池（河川からあふれ出た水を一時的に貯留して流量の調整をしてくれる湖）や竹林などの水害防備林を建設していた。その後，土木技術も進み連続堤防建設による河川改修（蛇行していた河川の直線化など），放水路，大規模なダム建設なども行われるようになった。しかし，近年はこのような人為的な水の管理による各種の弊害に対して批判も生じている。

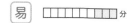易

次の図に関して，下の問い（**問1・2**）に答えよ。

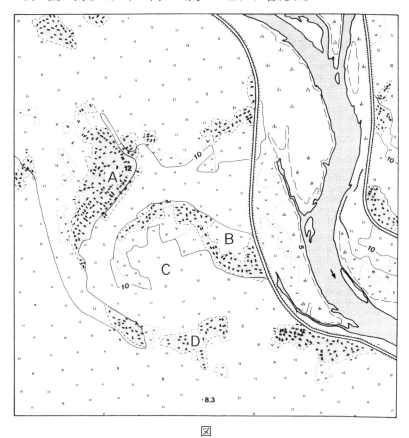

図

問1 図（２万５千分の１地形図より作成，85％に縮小）は，旧河道や自然堤防，後背湿地が見られる低地の地形を示したものである。図中の４地点Ａ〜Ｄのうち，洪水時に最も深く冠水すると考えられる地点を，次の①〜④のうちから一つ選べ。

① Ａ   ② Ｂ   ③ Ｃ   ④ Ｄ

問2 図に見られる旧河道とその洪水堆積物について述べた次の文章①〜④のうちから，最も適当なものを一つ選べ。

① 勾配が緩やかなために，川は蛇行していた。洪水時には，Ｂ付近には砂質の，その背後のＣ付近には泥質の物質が堆積していた。

② 勾配が緩やかなために，川は蛇行していた。洪水時には，Ｂ付近には泥質の，その背後のＣ付近には砂質の物質が堆積していた。

③ 勾配が急なために，川は直線的に流れていた。洪水時には，Ｂ付近には砂質の，その背後のＣ付近には泥質の物質が堆積した。

④ 勾配が急なために，川は直線的に流れていた。洪水時には，Ｂ付近には泥質の，その背後のＣ付近には砂質の物質が堆積した。

自然環境

地形

地形図

気候

農業

水産業
林産資源
エネルギー資源
鉱産資源

工業

環境問題

村落
衣・食・住

都市

人口・
食料問題
国家・人種
・民族
交通・情報通信
システムの発達
貿易で結び
つく世界

1
2
3
4
5
6
7
8
9
10
11
12
13
14
15
16
17
18
19
20
21
22
23
24
25
26
27
28
29
30
31
32
33
34
35
36
37
38
39
40
41
42
43

地域調査に関して，下の問い（**問1・2**）に答えよ。

問1　次ページの図1は，松本盆地のある付近を調査する際に使用した2万5千分の1地形図（59%に縮小，一部改変）である。図1から読み取れることを述べた文として最も適当なものを，下の①〜④のうちから一つ選べ。

①　梓川の右岸に位置する波田の集落周辺には，洪水の流れを抑制する効果をもつ竹林が広く見られる。

②　梓川南方に位置する上波田の集落周辺には，川からの距離が遠く，水の便が悪いため，水田がほとんどない。

③　梓川に北から合流する穴沢には，水力発電に利用されているダムが見られる。

④　梓川沿いには，洪水の被害を軽減するために，堤防を不連続にした場所がある。

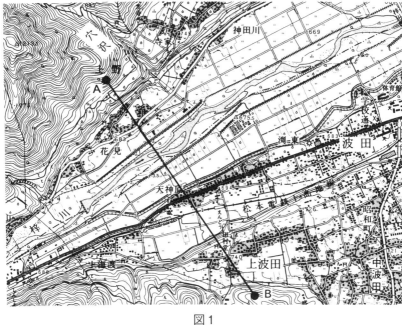

図1

問2 梓川に沿って河岸段丘が発達していることから，図1中に示したA地点とB地点と結んだ線に沿って地形断面図を作成した。その地形断面図として最も適当なものを，次ページの図2中の①～④のうちから一つ選べ。ただし，水平距離に対して垂直距離は約3倍で表現してある。

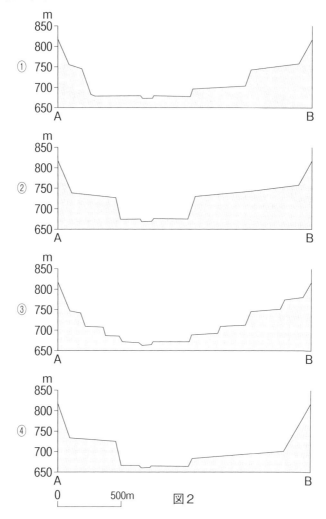

図2

解答・解説

問題 10-1　氾濫原の読図

問1

①　②　**❸**　④

解説　洪水時の冠水地域

　図のように河川の中下流域では傾斜が小さく河川が蛇行することから，洪水が生じやすいんだったよね。あふれ出た水は土砂を周囲に堆積し氾濫原ができるんだ。河川の両側には砂礫質からなる自然堤防が，その背後には泥質の後背湿地が形成されているということを思い出しながら読図しよう。図の・8.3(8.3mの標高点)からもわかるように，後背湿地部分は7〜8mの標高だね。図中のA，Bは等高線から判断して，10m以上のところにある自然堤防(つまり周囲の低地より2〜3m程度高い微高地)だと考えよう。河川沿いの人工堤防が建設されるまでは，かなり蛇行が著しくAとBの間を流れていた(旧流路)ようだね。A，B付近の集落は樹木に囲まれた居住地の記号(▦)が示すように古くから立地している集落で，人工堤防建設以前に形成された自然堤防上に立地していると考えられるよ。

　残るCとDはともに10m未満で，洪水時に冠水(水をかぶること)しやすい地域だけど，水田が広がるC(後背湿地)に対し，Dは集落が立地しているため，Cよりもやや高い微高地だ(自然堤防)と考えられるな。したがって，洪水時に最も深く冠水するのは，後背湿地のCだ。

問2

❶　②　③　④

解説　旧河道と洪水堆積物

　5mの補助曲線と10mの主曲線以外入っていないことからも，「勾配が緩やか」で「蛇行」していたことがわかるので，①か②が適当だけど，Bは自然堤防なので砂質(水はけがよい)の，Cは後背湿地なので泥質(水はけが悪い)の物質が堆積していると考えられるから，①が適当だね。

問題 10-2　河岸段丘の読図

問1

① 　② 　③ 　**④**

解説　河岸段丘

　①　梓川(あずさがわ)の流水の方向は等高線(とうこうせん)を見て起伏の高低を判定するか，河川内に示してある流水方向を示す**矢印「→」**をみつけよう！　すると梓川は**南西から北東**に流れていることがわかるよね。「波田」の集落は右岸（河川の上流から下流を見て，右岸，左岸を判断する）にあることがわかるから，ここまでは正しいな。

　でも，波田の集落周辺に「竹林」 🎋 はあるかなぁ？　ないよね！ここには果樹園 ᷂ᶿᶿ と畑 ᵛᵛ しかないため誤りだ。

　②　梓川の南方（当たり前のことだけど，特別の指示がない限り，**地図の上が北，下が南，右が東，左が西を示す**）に位置する「上波田」集落周辺は，ほとんど「水田」 〓 だよ。ということはこの文も誤りだね。「上波田」の集落のように河岸段丘(かがんだんきゅう)上に位置していると，洪積台地上と同様に水は得にくいけど，**灌漑用の水路を建設**すれば水田としての利用もできるようになるよ。

　③　「穴沢」に水力発電用のダムは，ないみたいだから，この文も誤りだ。でも「堰(せき)」 ------ は建設されているよ。「堰」とは**灌漑用水を取水**したり，**上流からの土砂をせき止める**ために，河川に建設されたコンクリートなどの構造物のことをいうんだ。

　④　連続した堤防は，**洪水の被害を防ぐには効果的**だよね。特に河川の周辺の家屋や農地は，これで安心！　でも万が一堤防が決壊したときは，一度に水があふれ出すからものすごく大きな被害が発生するよ。しかもいったん堤防外に流出した水は，堤防がじゃまをして河川には戻れないから長時間冠水してしまうんだ。そこで，堤防に切れ目を入れ，**堤防を非連続にする**ことによって少しずつ流水や土砂を周囲に流し出す努力が行われているところもあるんだね。したがって，正文だ。

問2

❶ ② ③ ④

解説 河岸段丘の地形断面図

　センター試験頻出の地形断面図だ。あわてずに地形図のA～B間を見れば、そんなに難しい断面図じゃないよ。この手の断面図が出題された場合には、まず選択肢①～④のA，B（地形断面図の両端）それぞれの標高を確認しよう。この場合には同じ高さだけど、これを見るだけで選択肢を減らすことができるときもけっこうあるからね。河岸段丘であることを考えつつ、問題を解いてみよう！　図1中のA付近は急斜面で、750m付近から平坦な段丘面になっているよ。このあたりでは果樹栽培が行われているなぁ。さらに急斜面があり、**段丘崖下に集落がある**ことがわかるよ。線に沿って進み、道路や堤防を通過すると河川が流れているね。この平野は梓川が流れる**沖積低地**で、**自然堤防上は果樹園や畑が分布**しているよ。河川を越えると平坦面が続き、天神原付近で小河川（水路）があり、天神原の集落を過ぎ（集落は小河川より一段高いところに立地していると思われるので、断面図ではここで低い段丘となる）水田を通過した後、田村堂の手前の段丘崖を登り、段丘面上の集落を通過し、急斜面を登るとBに到着！よって、①が正しい地形断面図だ。

河岸段丘の段丘面は、平野に恵まれない日本にとって重要な生活の場なんだよ。等高線が密になっているところが段丘崖なので要注意！

気　温

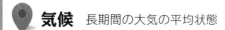

知識・技能の整理

📍 **気候**　長期間の大気の平均状態

📍 **気候要素と気候因子**

①**気候要素**　気候を構成する大気の現象。気温，降水量，風，湿度，気圧，日照時間，日射量など。

②**気候因子**　気候要素の地理的分布に影響を与えるもの。緯度，海抜高度，隔海度，地形，水陸分布，海流など。

📍 **気温**

①**気温と緯度**　低緯度ほど単位面積当たり受熱量が大きいため高温，高緯度ほど低温。

②**等温線図**　等温線は緯度とほぼ平行。現地観測気温か海面更正気温（海抜０m 地点での気温に修整したもの）のいずれかを使用。

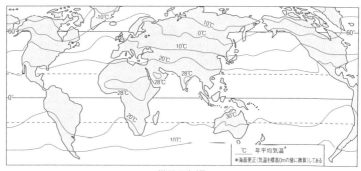

世界の気温

③**気温と海抜高度**
海抜高度が100m上昇すると，気温は約0.6℃低下（気温の逓減率）。

④**気温の日較差**　日最高気温と日最低気温の差。砂漠地域，低緯度地域，内陸地域で大。

⑤**気温の年較差**　最暖月平均気温と，最寒月平均気温の差。高緯度で

大，低緯度で小。大陸内部で大，沿岸部で小。

⑥**西岸気候と東岸気候**　冬季，中高緯度の大陸西岸では暖流や偏西風の影響を受けるため，緯度の割に温暖で年較差小，東岸は夏季に高温，冬季に低温となるため年較差大。

都市名（緯度）	位置	平均気温（℃）		年較差（℃）
		最暖月	再寒月	
東京（36°N）	東岸	26.4	5.2	21.2
サンフランシスコ（37°N）	西岸	18.2	10.1	8.1
ペキン（40°N）	東岸	26.7	−3.1	29.8
リスボン（38°N）	西岸	23.1	11.4	11.7

東岸気候と西岸気候（理科年表より作成）

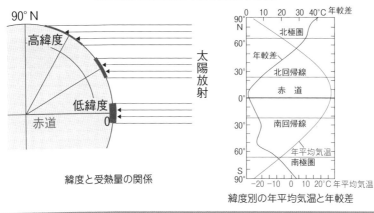

緯度と受熱量の関係

緯度別の年平均気温と年較差

地図帳をチェック ✓

　ラテンアメリカの高山都市をチェックしよう！➡メキシコシティ（メキシコ），ボゴタ（コロンビア），キト（エクアドル），ラパス（ボリビア）。

重要用語を確認 ✓

▶**気温の逓減率**：海抜高度が100m上昇するごとに気温は約0.6℃ずつ低下することを忘れないように！

▶**高山都市**：低緯度の熱帯地域では酷暑を避けるため，高山や高原に都市が立地することがある。気温の年較差は小さいが，垂直的な隔海度が大きいため，水蒸気の流入が少なく，気温の日較差は大きくなる。

　下の図2は，乾燥地域にあるいくつかの地点について，最暖月と最寒月の月平均気温を示したものであり，①～④は，図1中の地点A～Dのいずれかである。Bに該当するものを，図2中の①～④のうちから一つ選べ。

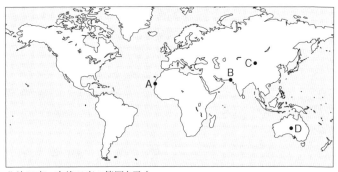

北緯80度～南緯60度の範囲を示す。

図1

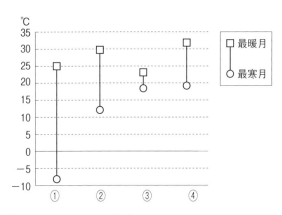

『理科年表』などにより作成。

図2

問題 11-2

標準 □□□□□□□□分

下の図2は、いくつかの地点における最寒月と最暖月の月平均気温、および最少雨月と最多雨月の月降水量を示している。図2中のA～Dは、図1中に示した地点ア～エのいずれかである。エに該当するものを、下の①～④のうちから一つ選べ。

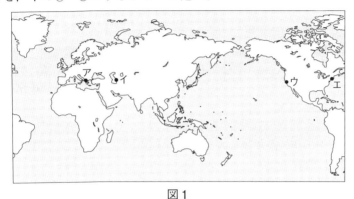

図1

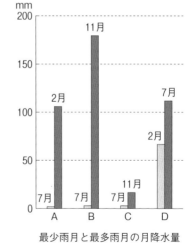

最寒月と最暖月の月平均気温　　　最少雨月と最多雨月の月降水量

気象庁の資料により作成。

図2

① A　　② B　　③ C　　④ D

解答・解説

問題 **11-1** 乾燥地域の4地点における最暖月と最寒月の平均気温

①	②	③	**④**

解説

　ちょっとだけ難しいので，気合いを入れてチャレンジしよう！

　4地点における最暖月と最寒月の気温が示してあるので，最暖月平均気温－最寒月平均気温＝気温の年較差を考えようという問題だね。気温の年較差を考える場合には，季節による太陽高度と日照時間を考慮しなくちゃいけないな。太陽高度と日照時間は，低緯度ほど季節による変化が小さく，高緯度ほど大きい。

　ということで，まずは緯度を確認しよう！　Cは最も高緯度に位置するから，気温の年較差が最も大きい①と決定していいね。A，B，Dはほぼ同緯度に位置するから，困ったなぁ……。もう一度，図2を見てごらん。③だけ最暖月の気温が低くない？　図1中のAは，沿岸を寒流のカナリア海流が南下しているから，同緯度の他地域より最暖月の気温が低いんだ。そこでAを③と判定しよう。さぁ，残ったのはB，Dで，ともにほぼ同緯度で乾燥気候だから判定に迷うけど，大陸内部に位置するDのほうが年較差が大きくなるため，②がD，④がBになるよ。やや難しいけど，地理教育的にはとってもよい問題なので，対応できるようになろうね。とにかく，最頻出の気温の年較差を判定する問題では，まず❶緯度を見る！　そして高緯度は年較差が大，低緯度は年較差が小ということを判定し，同緯度なら❷隔海度を見る！　大陸内部に位置する大陸性気候は年較差が大，海洋性気候は年較差が小と考えるようにしよう。参考までに，Aはセネガルの首都ダカール，Bはパキスタン最大の都市カラチ，Cは中国西部のユイメン，Dはオーストラリア内陸部のアリススプリングス付近だ。

問題 11-2　4地点における気温と降水量

① ② ③ **④**

解説

　4地点における最寒月と最暖月の月平均気温のグラフと最少雨月と最多雨月の月降水量のグラフから，エ（ニューヨーク）を判定させる問題だ。図1中のア〜エは，ほぼ北緯40度付近に位置していて，アとウは大陸西岸，イは大陸内部，エは大陸東岸にあることに注目しよう。まずは，アとウの判定だ。アとウは**大陸西岸に位置するから，気温の年較差が小さい**はずだよね。図2中のAかBに該当するはずだ。図1中のアは**地中海沿岸のアルバニア〜ギリシャ付近，ウはアメリカ合衆国のサンフランシスコ付近**で，ともにCs（地中海性気候）だけど，サンフランシスコ付近は寒流のカリフォルニア海流が沿岸を流れるため，夏季の気温が低くなるんだ。したがって，ウがA，アがBになるよ。イはトルクメニスタン西部のカスピ海沿岸付近で，**大陸内部に位置するため気温の年較差が大きく，最少雨月，最多雨月ともに降水量が少ない**ことから，**C**が該当するんだ。残るエはニューヨーク付近で，**大陸東岸に位置することから西岸よりは気温の年較差が大きい**けど，最少雨月と最多雨月の降水量の差はそんなに大きくなく，Cfa（温暖湿潤気候）が分布するため，**D**が該当するよ。ニューヨークの判定はやさしいけど，そのことに満足しないで，他の3地点の判定もできるようになれば，かなりのレベルアップだ！

降水量

知識・技能の整理

📍 **降水**　水蒸気を含む**空気が上昇**すると，雲が発生し降水が生じる。

📍 **降水量**　上昇気流が生じるところでは多雨，下降気流が生じるところでは少雨。

①**対流性降雨**　熱帯のスコール，日本の夕立。

②**低気圧性降雨**　温帯低気圧，熱帯低気圧にともなう雨。

③**前線性降雨**　梅雨，秋霖（秋雨）。

④**地形性降雨**　山地の風上側で多雨。

📍 年降水量の緯度分布

①**多雨地域**　緯度0〜20度の赤道低圧帯（熱帯収束帯），緯度40〜60度の亜寒帯低圧帯。

②**少雨地域**　回帰線付近の亜熱帯（中緯度）高圧帯，極付近の極高圧帯。

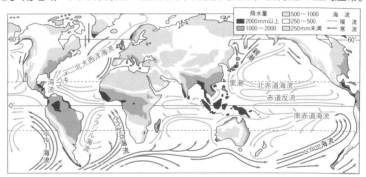

世界の降水量・海流

📍 降水量の季節変化

地球の自転軸は約23.4度傾いていることから，同一地点でも季節によって受熱量が変化し，気圧帯が移動。

①**7月は気圧帯が北上。**

②**1月は気圧帯が南下。**

📍 砂漠の成因別分類

①**中緯度砂漠**　年中，亜熱帯高圧帯の影響下にあるため生じる砂漠。サハラ砂漠，アラビア砂漠（ネフド砂漠，ルブアルハリ砂漠），**大インド砂漠，オーストラリアの砂漠。**

②**内陸砂漠**　<ruby>隔海度<rt>かくかいど</rt></ruby>が大きく，水蒸気の供給が少ないため生じる砂漠。タクラマカン砂漠，ゴビ砂漠，カラクーム砂漠。

③**地形性（雨陰）砂漠**　<ruby>卓越風<rt>たくえつふう</rt></ruby>に対し山地の風下側に位置するため生じる砂漠。パタゴニア砂漠。

④**海岸砂漠**　優勢な寒流が沿岸を流れると，大気が安定するため生じる砂漠。中低緯度の大陸西岸で発達。ペルー海岸～アタカマ砂漠（ペルー海流），アンゴラ海岸～ナミブ砂漠（ベンゲラ海流）。

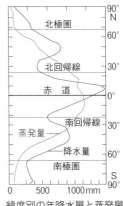

緯度別の年降水量と蒸発量

地図帳をチェック ✔

　南アメリカ大陸に赤道（緯度0度），南緯40度線をマーカーで書き込もう！　ユーコン川，コロラド川，ミシシッピ川をチェックしよう！　ついでにコロラド川が作った大峡谷のグランドキャニオンもマークしておこう！

重要用語を確認 ✔

▶**海岸砂漠**：中低緯度の**大陸西岸**で，**寒流**が沿岸を流れると砂漠を形成することがある。一般に海岸部は内陸部に比べ水蒸気の流入が多いため砂漠にはなりにくいが，寒流が流れていると①下層が低温，上層が高温となることから**大気が安定**し上昇気流が起きにくい。　②寒流は水蒸気を大気にあまり多く供給しないため，たとえ上昇気流ができても雨が降りにくいなどの理由から，**ペルーの海岸～アタカマ砂漠**（ペルー海流），**ナミブ砂漠**（ベンゲラ海流）などでは海岸砂漠が形成されている。

▶**グランドキャニオン**：**コロラド川**が**コロラド高原**を侵食して形成した大峡谷。アリゾナ州にあり古くから**国立公園**に指定されているほか，世界自然遺産にも登録されており，多くの観光客が訪れる。

問 題 12-1

やや難 □□□□□□□□分

　気候には，緯度・地形・海流等の影響を受けた地域差が認められる。次の図1中の①〜④は，南アメリカ大陸を示した図2中のA〜Dのいずれかのルートについて，ルート上の5地点における年降水量を表したものである。ルートDに該当するものを，図1中の①〜④のうちから一つ選べ。

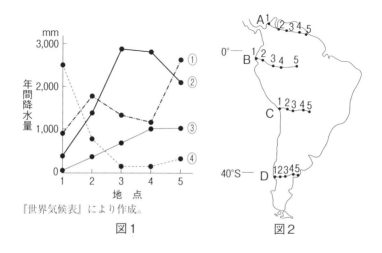

『世界気候表』により作成。

図1　　　　　　　　　図2

問 題 12-2

やや難 □□□□□□□□分

　次ページの図2は，図1中のX，Yの経線上の月降水量を示したものであり，図2中の①〜④は，Xの1月，Xの7月，Yの1月，Yの7月のいずれかである。Xの1月に該当するものを，図2中の①〜④のうちから一つ選べ。

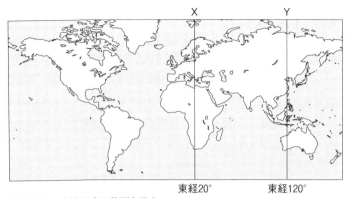

北緯80度〜南緯60度の範囲を示す。

図1

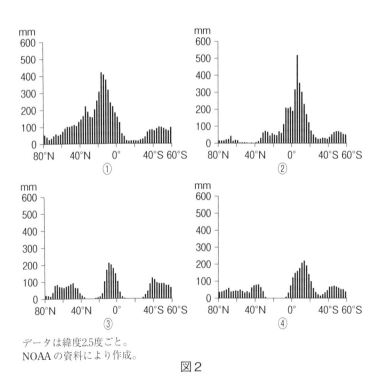

データは緯度2.5度ごと。
NOAA の資料により作成。

図2

自然環境

1
2
3
4
地形 5
6
7
8
地形図 9
10
11
12
気候 13
14
15
16
17
農業 18
19
20
水産業 21
林産資源 22
エネルギー資源 23
鉱産資源 24
25
工業 26
27
28
環境問題 29
30
村落 31
衣・食・住 32
33
都市 34
35
人口・ 36
食料問題 37
国家・人種 38
・民族 39
交通・情報通信 40
システムの発達 41
貿易で結び 42
つく世界 43

標準 □□□□□□□分

河川流量の年変化は，流域の気候環境などを反映する。次の図1は
エニセイ川，コンゴ川，ミシシッピ川の流域と主な河道および流量観
測地点を示したものであり，下の図2中のA〜Cは，図1中のいずれ
かの河川の流量観測地点における月平均流量を示したものである。河
川名とA〜Cとの正しい組み合わせを，下の①〜⑥のうちから一つ選
べ。

◯ 流域　⌒ 主な河道　■ 流量観測地点

それぞれの地図は，同縮尺で，正積図法で描かれている。
World Wildlife Fund の資料などにより作成。

図1

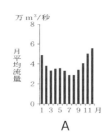 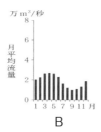 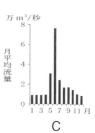

A　　　　　　　　B　　　　　　　　C

Global Runoff Data Centre, University of New Hampshireの資料により作成。

図2

	①	②	③	④	⑤	⑥
エニセイ川	A	A	B	B	C	C
コンゴ川	B	C	A	C	A	B
ミシシッピ川	C	B	C	A	B	A

解答・解説

問題 12-1 南アメリカ大陸の4ルート上の降水変化

① ② ③ **④**

解説

　降水量に関する問題なので，「降水のメカニズム」について確認をしておこう！　水蒸気を含んだ空気が上昇すると，雲が発生し，雨が降るんだったよね。高得点をとるためには，①赤道低圧帯や亜寒帯低圧帯の影響を受けているかどうか？　②水蒸気を含んだ空気が流入し，上昇気流ができる山地の風上側に位置しているかどうか？　の2点に注意しながら問題を解くといいよ。

　まず，Dのルートに注目してみよう。Dは南緯40度付近に沿うため，年中偏西風が卓越しているはずだね。そこで，D1には太平洋から水蒸気を供給された偏西風が吹きつけ，アンデス山脈の風上側で上昇気流を発生させるから，かなり降水量が多いんじゃないかと考えると④が該当するよ。

　D3〜5まではアルゼンチンのパタゴニア地方で，D1とは逆にアンデス山脈の風下になるため著しく乾燥しBW（砂漠気候）〜BS（ステップ気候）になってるんだ。

　次はCのルートを見てみよう。C1はペルーとチリの国境付近だね。ペルーの海岸部からチリ北部では，亜熱帯高圧帯の影響を受けることに加えて，寒流のペルー海流の影響を受けて，大気が安定するから，めちゃめちゃ降水量が少ない海岸砂漠になっているんだ。だから③と判定できるね。C2〜5では寒流の影響が少なくなるから降水量が増加していってることからもわかるよ。

　AとBの判定はちょっと難しいけど，赤道直下に位置するためAf（熱帯雨林気候）が分布し，降水量が多いBが②，AはAw（サバナ気候）が分布し，Bよりやや降水量が少なく，沿岸部の5で降水量が多くなるため①と判定できるよ。

問題 12-2　2つの経線上の月降水量

解説

　東経20度と東経120度上の**月降水量**の分布図は目新しいタイプの出題なので，ちょっとだけ設問の意図を読み取るのに時間がかかるかも。でも時間をかけて図１と図２を対応させていけば判定できるよ。ただし，本番でものすごく時間がかかりそうなら，とりあえずの解答でよいので，マークをしておいて，時間が残ればきちっとやり直すのも手かもしれないね。すごく時間がかかる問題は，多少達成感がなくても，とりあえず解答をしておかないと，時間をかけすぎてしまって，せっかく正答しても，他の問題を解答する時間がなくなって後半のやさしい問題でボロボロになるというのだけは，絶対に避けよう！。

　東経120度上の赤道付近は赤道低圧帯と夏季のモンスーンの影響で極めて雨が多いこと，東経20度上の回帰線付近は乾燥気候（砂漠）が広がっていることなどを考慮すると，①と②が東経120度（低緯度の降水量がめちゃめちゃ多いことに注目！　モンスーンアジアは，世界的な多雨地域だ。それからユーラシア大陸の東岸は，モンスーンの影響が強いから，東岸には砂漠ができないよ！　要注意！），③と④が東経20度であることがわかるはず。アフリカ大陸は，赤道を挟んで，A→B→Cと南北対称的に気候帯が分布しているから，南北25度付近には BW が広がっていることには注意しておきたいな。残る①②，③④の判定は，季節による気圧帯や風系の移動を考えるといいよ。まずは①と②だけど，『大学入学共通テスト地理Bの点数が面白いほどとれる本』で説明したように，夏至（６月下旬）のころには赤道低圧帯が北上するため，赤道よりやや北側で降水が多くなり，逆に冬至（12月下旬）のころには南下するため，赤道より南側で降水が多くなるよね。また，ユーラシア大陸の東側では**夏季のモンスーン**が極めて優勢になるため，海上から運搬された水蒸気により多量の降水が見られるはず。したがって，①がYの７月，②がYの１月になるよ。次に③と④をやっておこう。①②と同様にアフリカでも夏至には赤道より北側が，冬至には南側が降水量が増加することから，③がXの７月，④がXの１月となるんだ。ちょっと疲れたかな？　大丈夫だよ。もうかなり実力がアップしてます。

問題 12-3 エニセイ川，コンゴ川，ミシシッピ川の流量

① ② ③ ④ **⑤** ⑥

解説

エニセイ川，コンゴ川，ミシシッピ川の月平均流量を判定させる問題だ。これも頻出が予想されるタイプなので日頃から練習をしておこうね。

エニセイ川は，**ユーラシア大陸最大の流域面積を持つ大河**で，河口には大規模な三角州を形成しているよ。地図帳を見たら，「おー，すごい三角州だ！」って実感できるはず。**寒冷なシベリアと北極海沿岸を流れる**ため，**年間の1/2は凍結するから冬季の流量はすごく少ない**んだ（河床付近は流れるが，表面が凍結）。春から初夏にかけてどっと融雪水が流入するけど，河川の下流側はまだ凍結しているため，降水量はたいしたことないのに大洪水が生じやすいということも忘れないでね！　（初夏の融雪洪水）。困ったロシアは，河川の氷を爆発物を用いて破砕し，下流への流水を促すなどの努力を行っているんだ。大変だよ！　したがって，**5〜6月に極端なピークを示すCがエニセイ川**だ。

コンゴ川は，**アマゾン川に次いで流域面積が大きく**，熱帯雨林気候（Af）など熱帯地域を流れるため流量もすごく多いよ。**本流が赤道を二度超える**ことに加え，多くの支流が赤道を挟んで南北に分散しており，雨季の時期が各支流によって異なるため，**増水期が分散し本流の流量がほぼ一定となる**のが特徴かな。したがって，**Aがコンゴ川**だ。

ミシシッピ川は，本流が五大湖西方のイタスカ湖付近から流出し中央平原を流れ，メキシコ湾で鳥趾状三角州を形成していることはかなり有名な話しだよね。流域の気候が冷帯湿潤気候（Df），温暖湿潤気候（Cfa）だから，流量は年間を通じてあまり大きな変化が見られないけど，最大の支流である**ミズーリ川がロッキー山系から流出**することもあって，3〜5月には融雪により増水していることが読み取れるね。したがって，**Bがミシシッピ川**だ。流量が出題された場合には，**流域の気候（特に降水量）と融雪に注意**するんだよ。

風

知識・技能の整理

風 <u>高圧</u>から<u>低圧</u>に向かう空気の移動。自転の影響を受け，北半球では進行方向に対し<u>右</u>，南半球では<u>左</u>に曲がる。

大気の大循環 地球的規模の低圧帯，高圧帯の分布により大規模な風の流れが生じる。<u>太陽高度の季節変化</u>によって<u>気圧帯は移動</u>。北半球では，<u>高日季（夏季）には北上</u>，<u>低日季（冬季）には南下</u>。

①**赤道低圧帯（熱帯収束帯）** 赤道付近では，受熱量が大きいため上昇気流が活発。スコール性の降水。

②**亜熱帯（中緯度）高圧帯** 緯度20〜30度付近では下降気流が卓越。

③**亜寒帯低圧帯** 緯度40〜60度付近では上昇気流が卓越。

④**極高圧帯** 極付近では，受熱量が小さく，下降気流が活発。

恒常風(惑星風) 年間を通じ，ほぼ<u>一定方向</u>への空気の移動。

①**貿 易 風** 亜熱帯高圧帯 ➡ 赤道低圧帯

②**偏 西 風** 亜熱帯高圧帯 ➡ 亜寒帯低圧帯

③**極 東 風** 極高圧帯 ➡ 亜寒帯低圧帯

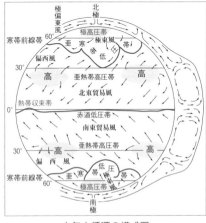

大気大循環の模式図

季節風（モンスーン）

海陸の比熱差により発生。季節により風向が逆転。モンスーンアジアで顕著。夏季に多量の降水。

①東アジア　夏は南東風，冬は北西風。

②東南アジア・南アジア　夏は南西風，冬は北東風。

 ## 熱帯低気圧

熱帯の海洋上で発生する暴風雨。強風，洪水，高潮の被害。

①台　　風　太平洋で発生し，日本など東アジアを襲う。

②ハリケーン　カリブ海で発生し，西インド諸島からメキシコ湾岸を襲う。

③サイクロン　ベンガル湾やアラビア海で発生し，南アジアを襲う。

地方風（局地風）　局地的に卓越する風。

①フェーン　アルプス地方の山地から吹き下ろす高温乾燥風。同種の気象現象が「フェーン現象」。

②ボ　　ラ　冬に，ディナルアルプス山脈からアドリア海沿岸に吹く寒冷乾燥風。

③ミストラル　冬に，フランス中央高地からリヨン湾に吹く寒冷乾燥風。

④シロッコ　春から初夏に，サハラ砂漠から地中海北岸に吹く高温湿潤風。

⑤やませ　初夏に，東北日本の太平洋岸に吹く冷涼湿潤風で，冷害をもたらす。

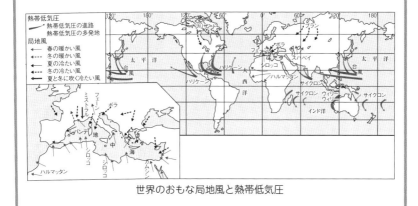

世界のおもな局地風と熱帯低気圧

地図帳を チェック ✓

　ハワイ諸島のオアフ島とハワイ島をチェックしよう！

　バングラデシュの位置をチェックして，ガンジス川の三角州（ガンジスデルタ）上にあることを確認しよう！

重要用語を 確認 ✓

▶貿易風：亜熱帯高圧帯から赤道低圧帯（熱帯収束帯）に向けて吹く恒常
　　　風で，帆船時代にはヨーロッパから新大陸（アメリカ大陸）へ向かう
　　　際に利用されたことから貿易風と呼ばれるようになった。北東貿易風
　　　の風上側に当たるハワイ諸島のハワイ島やカウアイ島の東部，南東貿
　　　易風の風上側に当たるマダガスカル島東部は世界的な多雨地域となっ
　　　ていることに注意！

「風」については，種類
だけでなく，発生場所も
おさえておこう！

自然環境

1
2
3
4
地形 5
6
7
8
地形図 9
10
11
12
気候 13
14
15
16
17
農業 18
19
20
水産業 21
林産資源 22
ｴﾈﾙｷﾞｰ資源 23
鉱産資源 24
25
工業 26
27
28
環境問題 29
30
村落 31
衣・食・住 32
33
都市 34
35
人口・
食料問題 36
37
国家・人種
・民族 38
39
交通・情報通信
システムの発達 40
41
貿易で結び
つく世界 42
43

問題 13-1

標準 〔　　　　　〕分

　アジアでは，モンスーンの影響により降水量に季節的な変化がみられる地域がある。下の図２中のア～ウは，図１中のＡ～Ｃのいずれかの地点における月降水量を示したものである。ア～ウとＡ～Ｃとの正しい組合せを，下の①～⑥のうちから一つ選べ。

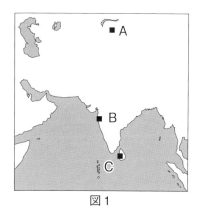

図１

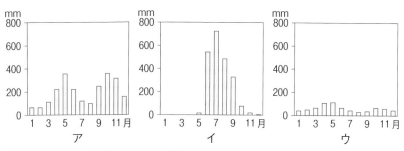

mm 800 600 400 200 0

1　3　5　7　9　11月
ア

mm 800 600 400 200 0

1　3　5　7　9　11月
イ

mm 800 600 400 200 0

1　3　5　7　9　11月
ウ

統計年次は1971～2000年。NOAAの資料により作成。

図２

	①	②	③	④	⑤	⑥
ア	A	A	B	B	C	C
イ	B	C	A	C	A	B
ウ	C	B	C	A	B	A

　ハワイ島では，おもに北東貿易風と地形によって，さまざまな気候が生まれている。次の図中の雨温図ア～ウは，地図上の地点A～Cのいずれかに対応する。これらの組合せとして正しいものを，下の①～⑥のうちから一つ選べ。

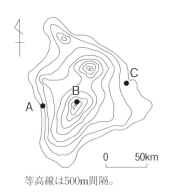

等高線は500m間隔。

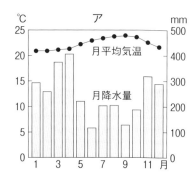

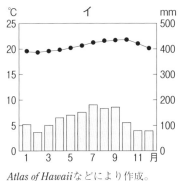

*Atlas of Hawaii*などにより作成。

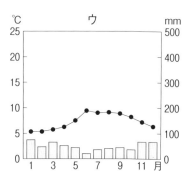

図

	①	②	③	④	⑤	⑥
ア	A	A	B	B	C	C
イ	B	C	A	C	A	B
ウ	C	B	C	A	B	A

問題 13-3

標準 ☐☐☐☐☐☐☐☐分

次の図の ☐☐ 部分は，熱帯低気圧の主要な発生域を示したものである。熱帯低気圧について述べた下の文①～④のうちから，**適当でない**ものを一つ選べ。

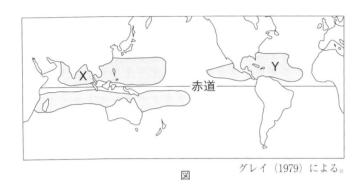

グレイ（1979）による。

図

① 熱帯低気圧の発生域は，熱帯収束帯（赤道低圧帯）の形成域とほぼ一致している。

② 熱帯低気圧は，低緯度から中緯度に移動する途中，回帰線付近を通過すると，上空の偏西風に流されて向きを変えることが多い。

③ 熱帯低気圧のうちで，地図上の地点X付近に発生するものをサイクロンと呼ぶ。

④ 地図上の地点Y付近に発生する熱帯低気圧は，ヨーロッパ大陸まで被害を及ぼす大規模なものが多い。

やや難 □□□□□□□□分

　次の表1は，いくつかの国における1人当たり水資源賦存量*と，国外水資源賦存量**の割合を示したものであり，①〜④はエジプト，中国，チリ，バングラデシュのいずれかである。エジプトに該当するものを，表1中の①〜④のうちから一つ選べ。

* 理論上，人間が最大限利用可能な水の量を指す。国内水資源賦存量と国外水資源賦存量の合計。

** 隣接国から流入する河川水・地下水および国境をなす河川水の量。

	①	②	③	④
1人当たり水資源賦存量（m³）	722	2,017	7,932	52,849
国外水資源賦存量の割合（％）	97	1	91	4

統計年次は2008年〜2012年のいずれか。
AQUASTATにより作成。

表1

解答・解説

問題 13-1　アジアの３地点の降水量

① ② ③ ④ ⑤ **❻**

解説

　設問文にもあるように，アジアはモンスーン（季節風）の影響が大きいから，**降水量が多い**し，**季節による降水の変化が大きい**よね。特に，**夏季**には海洋上で水蒸気を供給されたモンスーンが東アジア，東南アジア，南アジアに**多量の降水**をもたらすし，逆に**冬季**には大陸から乾燥したモンスーンが吹き出てくるので降水量が減るからね。もう一度，　知識・技能の整理　や『**大学共通テスト　地理Ｂの点数が面白いほどとれる本**』でモンスーン（季節風）のメカニズムや地域の特色をしっかり復習していこう！

　この問題のように，年降水量や降水量の季節的変化をグラフから判定できるようになることは，地理の受験者にとってめちゃめちゃ大切なことだから頼んだよ！　図１中のＡは**バルハシ湖南方の中央アジア**だ。**カザフスタン**の旧首都アルマティ付近（現在の首都はヌルスルタン）だろうけど，共通テストでは地名まで覚える必要はないよ。ただし中央アジアが**内陸**にあること，さらにヒマラヤ山脈が障壁となって**夏季のモンスーンがほとんど到達しない**から乾燥気候（BW〜BS）が分布していることだけはわかってほしいな。だから，Ａは最も降水量が少ないウになるよ。

　図１中のＢは**インド半島西岸**に位置するムンバイ付近だ。ムンバイは**インド最大の都市**だね。夏季にはインド洋からの湿潤な南西モンスーンが吹くから，降水量がものすごく多くなるので，グラフの**イ**になるよ。冬季は大陸内部から乾燥した北東モンスーンの影響を受けるから**明瞭な乾季**が見られるね。

　残るＣは**スリランカ南西部**にある大都市コロンボ付近だ。スリランカもインドと同じように**夏季の南西モンスーン**の影響で多くの降水が見られるけど，**冬季の北東モンスーン**がベンガル湾で水蒸気を供給され，降水の原因となるから（つまり年中雨が多くなるということだ）コロンボの気候は熱帯雨林気候（Af）になるんだね。グラフの**ア**をもう一度見てごらん。夏季と冬季の２回降水のピークがあることが読みとれるはずだ。したがって，Ｃが**ア**になるよ。スリランカは周囲を海に囲まれているから，「年中雨が降りそうだなぁ！」って考えてもいいけどね。

問題 13-2 　北東貿易風

①　　②　　③　　④　　**❺**　　⑥

解説

　まず，ハワイ島では「北東貿易風と**地形**によって，さまざまな気候が生まれている」とあるので，貿易風について確認しておこう！　貿易風は**亜熱帯高圧帯から赤道低圧帯に向けて吹く風**で，亜熱帯高圧帯から亜寒帯低圧帯に向けて吹く偏西風，極高圧帯から亜寒帯低圧帯に向けて吹く極東風とともに**恒常風**と呼ばれているよ。貿易風は北半球では北東風，南半球では南東風となるから，ハワイ島では北東の海洋上から貿易風が吹くため，風上側ではそうとう雨が多くなると考えられるな。

　じゃあ，次に地図でA〜Cの位置を確認してみよう。Aは**北東貿易風に対して山地の風下側**になるから，あまり降水量は多くないはずだね。逆にCは風上側になるから，降水量が最も多い雨温図のアをCと判定し，比較的降水量が少ないイをAと判定しよう。Bは**山頂付近**に位置し，海抜高度が4,000m近くもあるため，**気温の逓減率**（−0.6℃／100m）によって気温がかなり低下するはずなので，最も気温が低いウがBになるね。なかなか面白い問題なので，完璧に正答できるようになろう！

問題 13-3 　熱帯低気圧

①　　②　　③　　**❹**

解説

　熱帯低気圧は，**熱帯海域で発生する低気圧**で，猛烈な暴風雨をともなうことが多いよ。恵みの雨ももたらしてくれるけど，家屋や人命にも大きな被害を及ぼすからなぁ……。

　①　熱帯低気圧は**赤道周辺の海域が高温となり発生**するから，赤道低圧帯の形成域とほぼ一致するよ。ただし，図に見られるように赤道直下では**自転の影響による渦（北半球では反時計回り，南半球では時計回り）**が生じないから，熱帯低気圧は発生していないね。このほか，赤道付近であっても寒流の影響を強く受ける地域でも発生しないことに注意しようね（ベンゲラ海流➡アフリカ南西岸，ペルー海流➡南米西岸）。

　②　一般に熱帯低気圧は低緯度では貿易風に流され**西へ進む**けど，回帰

線（緯度23度26分）付近から高緯度では，偏西風の影響を受け**東に進むこ**とが多いよ（天気予報でみる日本付近の台風進路を思い出してね）。

③　地点X（ベンガル湾）付近に発生する熱帯低気圧はサイクロンと呼ばれ，**インドやバングラデシュに洪水や高潮の被害を与える**んだ。特に低平なガンジスデルタは危ない！

④　地点Y（メキシコ湾～カリブ海）付近に発生する熱帯低気圧はハリケーンと呼ばれ，メキシコ湾岸からアメリカ合衆国の大西洋岸を襲うけど，ヨーロッパは緯度が高いため，影響は及ばないよ。この文が誤りだ。

問題 13-4　いくつかの国における1人当たり水資源賦存量と国外水資源賦存量の割合

❶　　②　　③　　④

解説

　共通テストで，しばしば出題される水資源賦存量のデータ分析問題だね。1人当たり水資源賦存量は，**年降水量×国土面積÷人口**によって算出されるよ。表中の単位を見ればわかるけど，意外に本番では見逃してしまうので注意！　**エジプト**は，国土のほぼ全域が**BW**（砂漠気候）で極めて降水量が少なく，人口規模も約1.0億人と多いことから，**1人当たり水資源賦存量は少なくなる**はずだ。これに対し，**チリ**は南部での降水量が多く**Cfb**（西岸海洋性気候），しかも人口が約1,900万人と表中の4か国で最も少ないことから，1人当たり水資源賦存量はかなり大きくなると考えればいいんじゃないかな。よって，**①がエジプト，④がチリ**だね。さらに**国外水資源賦存量の割合**とは，**自国内で利用する水のうち，国外から流入する河川水の量**と考えていいから，赤道直下から流出する外来河川のナイル川による取水量が多いエジプトでは，97%と利用可能な水資源量の大半を占めていることが読み取れるよね。面白いなぁ。**中国**は，**東部が湿潤気候**だけど，**西部は乾燥気候**が広がっているんだ。これはかなり重要だけど，理解できていない受験生が多い！　一方，**バングラデシュ**は大半が**Aw**（サバナ気候）で，降水量は多いよ。**国土面積と人口は圧倒的に中国が大きく**②か③かの判定は迷うけど，中国は長江，黄河などの大河川が**国内のチベット・ヒマラヤ山系**を水源としているのに対し，バングラデシュに流入する**ガンジス川**は，**国外のチベット・ヒマラヤ山系を水源**とするため，国外水資源賦存量の割合が91%と高い**③がバングラデシュ**，残る**②が中国**だね。表を見た直後はよくわからなくても，データを解析できたときの喜びは最高！！

最頻出　　第14回

世界の気候

知識・技能の整理

ケッペンの気候区分

植生分布（しょくせいぶんぷ）を重視。気温の年変化（こうすいりょう）と降水量の季節的配分により5つの気候帯に区分。

①樹林気候
(1) 熱帯（ねったい）(A)　最寒月平均気温18℃以上。
(2) 温帯（おんたい）(C)　最寒月平均気温−3℃以上18℃未満。
(3) 冷帯（亜寒帯）（れいたい）(D)　最寒月平均気温−3℃未満かつ最暖月平均気温10℃以上。

②無樹林気候
(1) 乾燥帯（かんそうたい）(B)　蒸発量が降水量を上回る。
(2) 寒帯（かんたい）(E)　最暖月平均気温10℃未満。

＊A〜Dは最暖月平均気温10℃以上。

世界の気候区

①熱　　帯　赤道（せきどう）を中心とする低緯度地方（ていいどちほう）に分布。年間を通じて気温が高くスコール性の降雨。植生豊富。
　a　熱帯雨林気候（Af）➡赤道周辺に分布。赤道低圧帯の影響を受け年中高温多雨。密林の熱帯雨林を形成。
　b　熱帯モンスーン気候（Am）➡弱い乾季が見られるが，年降水量が多いため熱帯季節風林が分布。
　c　サバナ気候（Aw）➡Af の周辺に分布。高日季（夏季）には赤道低圧帯の影響で雨季，低日季（冬季）には亜熱帯高圧帯の影響で乾季。疎林（そりん）と長草草原（ちょうそうそうげん）が分布。
②乾 燥 帯　回帰線（かいきせん）を中心とする緯度20〜30度付近に分布。
　a　砂漠気候（BW）➡年降水量がほぼ250mm 未満の地域。植生に乏しい。
　b　ステップ気候（BS）➡BW の周辺に分布。年降水量がほぼ250mm 以上500mm 未満の地域。短草草原（たんそう）が分布。
③温　　帯　四季が明瞭で中高緯度地方に分布。

138

　　a　温暖冬季少雨気候（Cw）➡モンスーンの影響を受ける<u>夏季に降水が集中</u>。<u>インド北部から中国南部</u>のように Aw 気候の高緯度側に分布。

　　b　地中海性気候（Cs）➡夏季は亜熱帯高圧帯の影響で乾燥，冬季は偏西風の影響で湿潤。<u>緯度30〜40度付近の大陸西岸</u>に分布。地中海沿岸，カリフォルニア，チリ中部。

　　c　温暖湿潤気候（Cfa）➡夏季は高温多雨，冬季はやや寒冷。<u>緯度30〜40度付近の大陸東岸</u>に分布。<u>最暖月平均気温22℃以上</u>。

　　d　西岸海洋性気候（Cfb）➡年間を通じて偏西風の影響を受けるため，<u>平均した降水</u>。緯度40〜60度の大陸西岸に分布。緯度のわりには冬季温暖。北西ヨーロッパ。<u>最暖月平均気温22℃未満</u>。

④**冷帯（亜寒帯）** 北半球の高緯度地方に分布。

　　a　冷帯冬季少雨気候（Dw）➡冬季シベリア高気圧に覆われる<u>ユーラシア大陸北東部にのみ分布</u>。<u>年較差が大きく</u>冬季は極寒（北の寒極）。

　　b　冷帯湿潤気候（Df）➡<u>北アメリカ北部，ユーラシア北西部</u>に分布。

⑤**寒　　帯** 寒冷で植生に乏しい。

　　a　ツンドラ気候（ET）➡<u>最暖月平均気温0℃以上10℃未満</u>。夏季にはコケ，草が成育。北極海沿岸，チベット高原。

　　b　氷雪気候（EF）➡最暖月平均気温<u>0℃未満</u>。<u>植生はなく</u>アネクメーネ（非居住地域）。<u>グリーンランド内陸部，南極大陸</u>。

気候の分野は，成因など理論的な部分が重要だけど，ケッペンの気候区分ばかりは覚えてないとどうしようもないよ。どんなにがんばってもケッペンにはなれないから（笑）

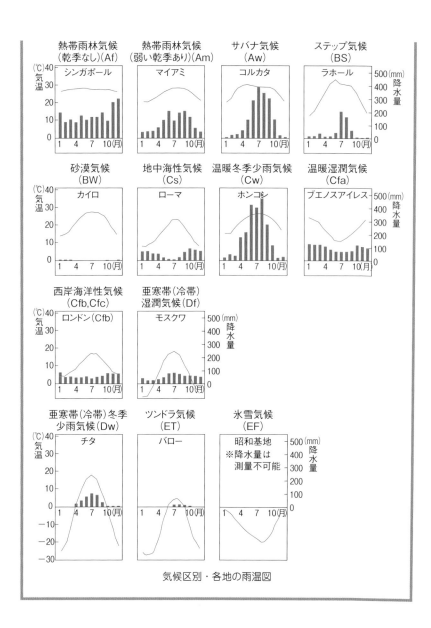

気候区別・各地の雨温図

地図帳を チェック ✔

　コンゴ盆地，アマゾン盆地，カリマンタン島が赤道直下に位置すること
を確認しよう！
　サハラ砂漠，ゴビ砂漠，パタゴニア砂漠，ナミブ砂漠をチェックしよう！

重要用語を 確認 ✔

▶アマゾン盆地：北は**ギアナ高地**，南は**ブラジル高原**に囲まれた**アマゾン
　川流域**の広大な盆地。赤道直下は熱帯雨林気候で**セルバ**と呼ばれる大
　密林に覆われるが，赤道からやや離れるとサバナ気候も分布している。
　近年はセルバの**熱帯林破壊**が問題となる。

▶パタゴニア地方：アンデス山脈東麓の台地で，大部分が**アルゼンチン領**
　である。乾燥気候が卓越するが一部では**牧羊**も行われ，近年は**石油**や
　天然ガスの開発が進められている。

▶フェーン：もとはアルプス北麓を吹く**高温乾燥風**のことを指したが，近
　年は山地の風下側を高温乾燥風が吹き下ろす一般的な気象現象として
　「**フェーン現象**」が用いられている。

問 題 14-1

標準 □□□□□□□分

　地形と気候との関係について述べた文として最も適当なものを，次の①〜④のうちから一つ選べ。

① 　同じ日射量を受けたとき，陸地は海洋よりも温まりにくいので，夏季には通常，陸から海に向かって季節風が吹く。

② 　低緯度であっても，アンデス山脈にある高地では比較的涼しく，気温の年較差が大きい。

③ 　東西に連なるヒマラヤ山脈では，夏の季節風がさえぎられるので，山脈の南側よりも北側で降水量が少ない。

④ 　ヨーロッパアルプス北麓では，春先にアルプスを越えて湿った熱風（フェーン）が吹くと，気温・湿度ともに上昇し，雪解けが急激に進む。

問 題 14-2

易 □□□□□□□分

　熱帯雨林気候（Af）が広く分布している地域として適当でないものを，次の①〜④のうちから一つ選べ。

① 　コンゴ盆地　　　② 　アマゾン盆地
③ 　カリマンタン島　　④ 　メキシコ高原

問 題 14-3

易 □□□□□□□分

　砂漠気候（BW）の分布地域について述べた文として適当でないものを，次の①〜④のうちから一つ選べ。

① 　サハラ砂漠は，年中亜熱帯高圧帯の影響を受けているため形成さ

れた砂漠である。

② パタゴニア砂漠は，季節風のアンデス山脈風下側に位置するため形成された砂漠である。

③ ゴビ砂漠は，隔海度が大きいため形成された砂漠である。

④ ナミブ砂漠は，沿岸を寒流が流れているため形成された砂漠である。

問題 14-4

標準 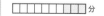分

次ページの図２中の①〜④は，次の図１中のア〜エのいずれかの地点における月平均気温と月降水量をハイサーグラフで示したものである。イに該当するものを，図２中の①〜④のうちから一つ選べ。

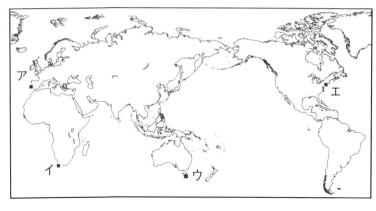

図1

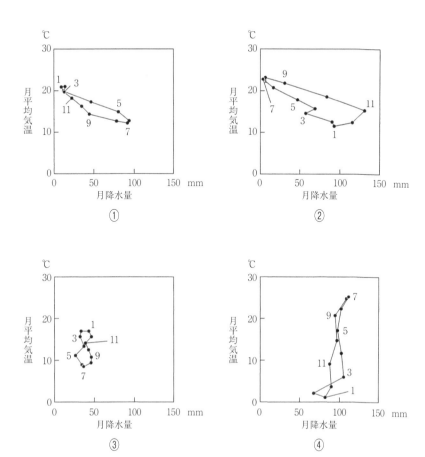

気象庁の資料により作成。

図2

解答・解説

問題 14-1　世界の地形と気候の関係

①　②　**❸**　④

解説

①　同じ日射量を受けたとき（つまり同じだけの熱量が与えられたとき），陸地はほぼ岩石でできているので，水でできている海洋より**温まりやすく冷めやすい**よね。すると**夏季には陸地が高温**になって，陸地の空気は膨張して低圧になるんだ。そうすると，相対的に海洋上の空気は低温で高圧になり，**季節風は高圧の海洋から低圧の陸地に向かって吹く**ことになるだろう？　ということはこの文は誤っているね。

②　**低緯度とは赤道に近い**ということだよね。すると，たとえアンデス山脈の高地（海抜高度が高く気温は低下）であっても，低緯度ならば，**気温の年較差は小さい**はずだ。ということはこの文も誤り。気温の年較差は低緯度では小さくなり，高緯度で大きくなることを忘れないように！

③　ヒマラヤ山脈はインドの北を東西に連なる**新期造山帯**の山脈だったよね。新期造山帯って久しぶりだけど，なんか懐かしくない？（^o^)　インド付近を吹く夏季の季節風は南西風なので，**インド洋からヒマラヤ山脈に向けて吹く**から，ヒマラヤ山脈の南側で降水量が多くなり（アッサム地方なんかすごいよ！），北側のチベット高原やタリム盆地（タクラマカン砂漠）などは降水量が少なくなるんだ。この文が正しいよ。

④　ヨーロッパのアルプス山脈北麓では，春先にアルプス越えの「高温乾燥風」が吹くことがあるよ。もちろんこれが**フェーン**だ。フェーンは「湿った熱風」ではなく「**乾燥した熱風**」なので，この文は誤り。

問題 14-2　熱帯気候の分布地域

①　②　③　**❹**

解説

熱帯雨林気候は，ほぼ赤道直下に分布し，年中赤道低圧帯の影響を受ける地域だよね。

①　コンゴ盆地はアフリカのほぼ中央に位置する盆地で，**赤道が通過し**

ているよ。年中高温多雨の気候だから，ジャングルと呼ばれる**熱帯雨林**が繁茂しているんだ。

　②　アマゾン盆地も間違えた人はいないだろう？（＾o＾）　ここも南アメリカ大陸の赤道直下に位置していて，セルバと呼ばれる広大な**熱帯雨林**が分布しているよ。

　③　カリマンタン島ってどこにあるかわかる？　**東南アジア**だよ。大部分がインドネシア領だけど，北部はマレーシア領とブルネイが位置しているんだ。カリマンタン島も赤道が通過していて熱帯雨林気候だよ。

　④　メキシコ高原は熱帯雨林気候じゃないよね。メキシコ高原の大部分は北緯20度以上に位置しているからなぁ。大部分が<ruby>乾燥帯<rt>かんそうたい</rt></ruby>（B）〜<ruby>温帯<rt>おんたい</rt></ruby>（C）だね。もちろん例外はあるけど，気候帯や気候区の分布を考えるときに，最も重要なポイントとなるのは緯度なので，おおよその緯度分布は日ごろから地図帳を使ってチェックしておこう！　特に赤道には注意！

問題 **14-3**　砂漠気候の分布地域

①　**❷**　③　④

解説

　砂漠は**降水量を蒸発量が上回る**地域で，ほとんど植生も見られないんだ。砂漠が形成されるにはいくつかの要因が複雑に絡み合っているんだけど，特に注意したいのは回帰線付近の砂漠だよ。地図を見ると回帰線（<ruby>緯度23<rt>かい せん</rt></ruby>度26分）付近に砂漠が多いことに気づくはずだ。たとえば，世界最大のサハラ砂漠，アラビア半島のネフド砂漠やルブアルハリ砂漠，インド〜パキスタン間の**大インド（タール）砂漠**など言い出せばきりがない（＾o＾）。

　つまり砂漠形成に最も大きな影響を及ぼしているのは，<ruby>亜熱帯高圧帯<rt>あ ねったいこうあったい</rt></ruby>の影響なんだ。注意してね！

　①　これは正解だね。サハラ砂漠は北緯20〜30度付近に位置しているよ。

　②　パタゴニア砂漠はアルゼンチン南部のパタゴニア地方にある砂漠だ。南緯40〜50度付近とかなり**高緯度に位置**しているのが特徴だね。パタゴニアは「アンデス山脈風下側」に位置するから砂漠になっているというところは正しいんだけど，「季節風」じゃなくて「偏西風」だよ。ちょうど偏西風が優勢な緯度帯だもんね。**風上側のチリではものすごく雨が多い**（Cfb）ことにも注意しておこう！

　③　ゴビ砂漠は，**モンゴルから中国北部**に分布する砂漠だ。北緯40〜45

度付近だから，年中亜熱帯高圧帯の影響を受ける地域と比べるとちょっと緯度が高いよね。砂漠になるのは，ものすごく海から離れているから水蒸気の流入が少ないためだよ。「隔海度（かくかいど）が大きい」というのは正しいね。

④　ナミブ砂漠は**アフリカ南西部**のナミビアの海岸に位置する砂漠で，寒流のベンゲラ海流の影響を受けて形成された海岸砂漠だから，この文も正しいよ。

問題 14-4　ほぼ同緯度に位置する4地点のハイサーグラフ

❶　②　③　④

 解説

　緯度35〜40°付近の4都市における**ハイサーグラフ**の判定だ。本問のハイサーグラフには観測月が記入してあるので，まずは**南北半球**を判定したら楽になるね。①と③は，1月あたりの気温が高いため南半球，②と④は7月あたりの気温が高いため北半球だよ。ここまでは，簡単だね。次に①のハイサーグラフは，summer dry を示していることから，大陸**西岸に位置する**ケープタウン（Cs，南アフリカ共和国）と判定したらいいな。③は**年間を通じて平均的な降水**がみられるから，偏西風帯に位置する**ホバート**（Cfb，**オーストラリア**）だね。同様に②も summer dry を示していることから大陸西岸に位置する**リスボン**（Cs，**ポルトガル**）で，残る④はリスボンに比べ気温の年較差が大きく，比較的平均的な降水がみられることから，大陸**東岸に位置する**ニューヨーク（Cfa，**アメリカ合衆国**）と判定しよう。いろいろなアプローチの方法があると思うけど，まずは俺と同じようにやってみてね！　summer dry は大陸西岸にしか分布していないことを忘れない！！

植生・土壌

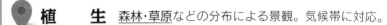

知識・技能の整理

📍 **植　生**　森林・草原などの分布による景観。気候帯に対応。

①**熱　帯**　樹種が豊富。
- ●Af　常緑広葉樹の熱帯雨林を形成。沿岸部にはマングローブ林。
- ●Am　常緑広葉樹と落葉広葉樹が混在する熱帯季節風林（雨緑林）。
- ●Aw　落葉広葉樹の疎林（アフリカではバオバブ，南米ではアカシアなど）と長草草原。

②**温　帯**
- ●Cw　くす，かし，しいなどの常緑広葉樹林（照葉樹林）。
- ●Cs　オリーブ，コルクがしなどの硬葉樹林。
- ●Cfa　高緯度側は混合林，低緯度側は常緑広葉樹林。
- ●Cfb　ぶな，ならなどの落葉広葉樹林。

③**冷　帯**　単一樹種からなる純林を形成。タイガと呼ばれる針葉樹林。
- ●Df　低緯度側は混合林，高緯度側は常緑針葉樹林。
- ●Dw　落葉針葉樹林。

④**乾燥帯**
- ●BS　ステップと呼ばれる短草草原。
- ●BW　オアシスを除きほとんど植生なし。

⑤**寒　帯**
- ●ET　夏季に凍土が融解し，コケ類や草，低木からなるツンドラ。
- ●EF　年間を通じ氷雪に覆われるため，ほとんど植生なし。

📍 **土　壌**　岩石が風化した粒子が有機物を含み堆積。

土壌の化学的性質と肥沃度 ➡ 著しく降水が多い場合（ラトソル）や低温で蒸発が少ない場合（ポドゾル）には酸性土壌，乾燥地域ではアルカリ性土壌。強酸性，強アルカリ性土壌は農耕に不適。
　腐植に富むチェルノーゼムなどの黒色土は肥沃だが，ラトソル，ポドゾルは生産力が低い。

　土壌中の微生物によって，動植物の遺骸が適度に分解された有機物の微粒子を腐植と呼び，**腐植に富む土壌は肥沃度が高い**。

①**成帯土壌**　気候・植生の影響を受け生成。**気候帯・植生帯に対応**。

- ●**Af・Am・Aw**　**赤色**のやせたラトソル。
- ●**BS**　肥沃な**黒色土**（チェルノーゼム，プレーリー土）
- ●**BW**　腐植に乏しい砂漠土。
- ●**Cfa・Cfb**　腐植に富む褐色森林土。
- ●**Df・Dw**　**灰白色**のやせたポドゾル。
- ●**ET**　生産力の低いツンドラ土。
- ●**EF**　年間を通じて凍結した永久凍土。永久凍土は D や ET の地中にも存在。

②**間帯土壌**　母岩の影響を受け生成。**局地的に分布**。

- ●**テラロッサ**　石灰岩が風化して形成された**赤色**の土壌。薄い腐植層をもち，地中海沿岸や石灰岩台地などに分布。
- ●**テラローシャ**　玄武岩，輝緑岩が風化して形成された**赤紫色**の土壌。ブラジル高原に分布。**肥沃でコーヒー豆栽培に好適**。
- ●**レグール**　玄武岩が風化して形成された黒色の土壌。デカン高原に分布。**肥沃で綿花栽培に好適**。
- ●**レ　ス**　砂漠の細粒物質や氷河堆積物が風化した細粒物質が，**風で運搬され堆積した土壌**。堆積後に多くの腐植を含むため肥沃。黄河流域，ドイツ中南部，ハンガリー盆地に分布。

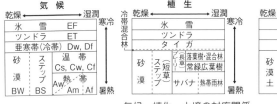

気候・植生・土壌の対応関係

成帯土壌の（　）内はケッペンの気候区を示したものだよ。気候区に対応する土壌名をしっかりと復習しておこう！

1
2
3
4
地形 5
6
7
8
地形図 9
10
11
12
気候 13
14
15
16
17
農業 18
19
20
水産業 21
林産資源 22
エネルギー資源 23
鉱産資源 24
25
工業 26
27
28
環境問題 29
30
村落 31
衣・食・住 32
33
都市 34
35
人口・ 36
食料問題 37
国家・人種 38
・民族 39
交通・情報通信 40
システムの発達 41
貿易で結び 42
つく世界 43

問題 15-1 　やや難 　□□□□□□□分

　次ページの図2中のア～ウは、下の図1中のA～Cのいずれかのルートについて、ルート上のそれぞれの5地点における気温と植生の変化を表したものである。ア～ウとA～Cとの正しい組合せを、次ページ下の①～⑥のうちから一つ選べ。

○ 気温と観測と
　植生の観察地点

図1

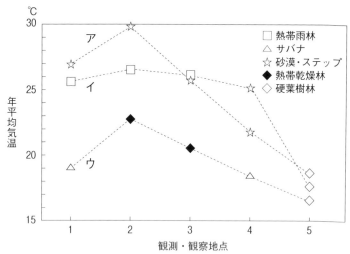

°C

	熱帯雨林
△	サバナ
☆	砂漠・ステップ
◆	熱帯乾燥林
◇	硬葉樹林

横軸は地点間の距離を示すものではない。
Diercke Weltatlas などにより作成。

図2

	①	②	③	④	⑤	⑥
ア	A	A	B	B	C	C
イ	B	C	A	C	A	B
ウ	C	B	C	A	B	A

問|題 15-2

標準 ⬜⬜⬜⬜⬜⬜⬜⬜分

　下の図2中の①〜④は，次の図1中のA〜Dのいずれかの経線に沿った樹木の高さ*を示したものである。Bに該当するものを，図2中の①〜④のうちから一つ選べ。

＊その地域の植生を構成する樹木の最大の高さ。樹木の生育していない地域では0mとなる。

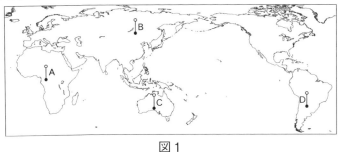

図1

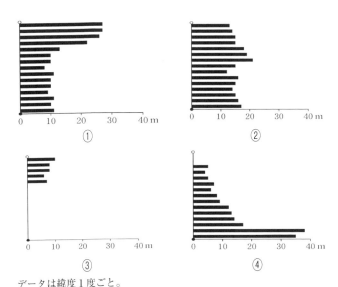

①

②

③

④

データは緯度1度ごと。
NASAの資料により作成。

図2

問題 15-3

　次の図中のA～Dで見られる土壌の特徴と成因を述べた文として適
当でないものを，下の①～④のうちから一つ選べ。

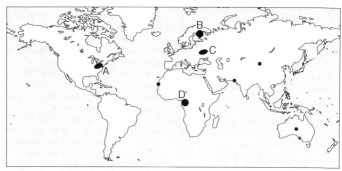

北緯80度～南緯60度の範囲を示す。

図

① 　Aでは，腐植の集積や，風化作用にともない，褐色の土壌が形成
される。
② 　Bでは，鉄分の溶脱が進み，灰白色の土壌が形成される。
③ 　Cでは，水分の蒸発により塩類が集積し，灰色の土壌が形成され
る。
④ 　Dでは，鉄やアルミニウムが集積し，赤色の土壌が形成される。

問題 15-4

やや難 □□□□□□□□□分

次の図を見て，赤道から北緯20度までの範囲に見られる土壌や植生の特徴を述べた文として**適当でないもの**を，下の①〜④のうちから一つ選べ。

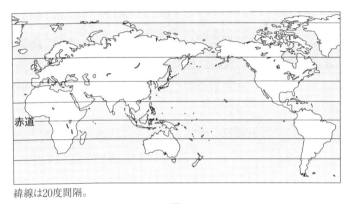

緯線は20度間隔。

図

①　アフリカには，栗色土が見られるステップ地域が分布する。

②　南アジアには，砂漠土が見られる無植生地域が分布する。

③　東南アジアには，ラトソルが見られる熱帯雨林地域が分布する。

④　南アメリカには，ラトソルが見られるサバナ地域が分布する。

間帯土壌について述べた文として最も適当なものを，次の①～④の
うちから一つ選べ。

① テラロッサは，玄武岩質の赤紫色土壌で，インドのデカン高原に
分布している。

② レスは，砂漠や氷河堆積物から生じた細かい砂が風で運ばれ堆積
した黄褐色の土壌で，黄河流域などに分布している。

③ テラローシャは，玄武岩質の黒色土壌で，エチオピア高原に分布
している。

④ レグールは，石灰岩質の赤色土壌で，地中海沿岸地域に分布して
いる。

解答・解説

問題 15-1 　アフリカの3ルート上の5地点における気温と植生の変化

① 　② 　**❸** 　④ 　⑤ 　⑥

解説

　図2は，年平均気温を縦軸で，植生を横軸の観測・観察地点ごとに □ 熱帯雨林，△サバナ，☆砂漠・ステップ，◆熱帯乾燥林，◇硬葉樹林というように記号で表しているよ。A〜Cまでのルートがすべて**低緯度から高緯度への移動**なので，ルート上の年平均気温だけでは判定が難しいから，植生の記号（□〜◇）が大きな手がかりになるんだ。

　図1中のルートAはアフリカ大陸西岸のほぼ赤道直下（図中の1〜3）で赤道低圧帯と夏季の南西モンスーンの影響で熱帯雨林が分布してるよ。4は緯度25度付近で亜熱帯高圧帯の影響を受け，砂漠やステップが広がっているんだ。5はラバト（モロッコ）付近で，地中海ではなく大西洋に面しているんだけど，気候的には地中海性気候（Cs）だから植生はオリーブやコルクがしなどの硬葉樹林だ。したがって，この植生に該当するのは図2中のイだよ。

　次にルートBを見てみよう。ソマリア南部の1はほぼ赤道直下だけど，例外的に赤道低圧帯の影響が弱いところで，年間を通じて降水が少ないんだ。だからソマリア付近は大部分がBW〜BSで，砂漠やステップが分布しているんだね。2〜4は亜熱帯高圧帯の影響が強い地域で，特に3〜4はエジプト（国土の大部分が BW）だから判定は簡単だね。残る5は地中海沿岸のチュニス（チュニジア）付近で，Cs だから硬葉樹林だ。したがって，ルートBに該当するのがアになるよ。

　最後にルートCだけど，東アフリカは Aw が南北に広く分布しているから，1〜4までがサバナか熱帯乾燥林（サバナよりやや降水量が少ない地域で，熱帯の低木が分布）が分布し，残る5はケープタウン（南アフリカ共和国）付近で Cs が分布するから硬葉樹林になるんだね。ルートCはウが該当するよ。東アフリカは全体的に海抜高度が高いので，年平均気温が低いからウだと判定してもいいかな。

問題 15-2 経線沿いの樹木の高さ

① **❷** ③ ④

解説

　4つの経線に沿った樹木の高さを判定させる問題だよ。

　図1中におけるAの○付近は，アフリカのサヘル付近でBWとBSの境界付近だね。したがって，○付近に樹木はほとんどみられないと考え，図2中の④を選ぼう。●の位置する赤道に向かうにつれ降水量が増加し，Aw→Afになるんだから，落葉広葉樹→高木の常緑広葉樹が分布していることが，④から読み取れるね。

　Bは，経線上のすべてがロシアの東シベリア付近で，Df～Dwが広がっているから，針葉樹林のタイガが分布していると考えよう。タイガは**樹高がそろった純林**（単一樹種からなる森林）である場合が多いので，②が該当するよ。

　Cはオーストラリアの北部（○）から南部（●）にかけての地域で，**北部にはAwなどの熱帯気候が分布**するけど，それ以外はBWやBSの乾燥気候が分布しているため，樹木はないはず！　したがって③だ。

　残るDは南アメリカの**カンポセラードからグランチャコ**にかけての地域で，ともにAw（●付近では一部Cw）が分布しているよ。○→●に向かって気温が低下し，降水量も減少するため，経線上の全てで樹木はみられるけど，**徐々に樹高が低くなっているから①と判定**できるね。**地図と樹木の高さの図という複数の資料をもとに考えさせるので，地理的思考力を磨くには良い問題！**

問題 15-3 土壌の特徴と成因

① ② **❸** ④

解説

①　Aは，アメリカ合衆国の五大湖より南側の地域だね。**五大湖付近は，冷帯湿潤気候（Df）に属し，土壌は灰白色のポドゾルが分布している**けど，その南側では温暖湿潤気候（Cfa）が広がり，落ち葉による腐植が集積した褐色森林土が分布しているんだ。したがって，正文だね。

②　Bは，フィンランドで高緯度に位置するため冷帯湿潤気候（Df）に属しているよ。低温なため針葉樹の落ち葉の分解が進まず，土中の有機酸で金属が溶脱（溶けて流れてしまうことだよ）され，地中深くに移動するため，地表面は酸に強い石英が残ることから，**灰白色で酸性が強い**土壌が形成されているんだ。この土壌はもちろん……ポドゾルだ。これも正文だよね。

③　Cは，ウクライナ北部からロシアにかけての地域で，ステップ気候（BS）から Df が広がっているよ。これらの地域の植生は，おもに短草草原で，乾季に枯死した草が**多量の腐植を形成**し，降水量も少ないため腐植が流出しないこともあって，世界で最も**肥沃な黒色土**を形成しているんだ。もちろん，土壌の名称は，チェルノーゼムだよ。これを忘れてたら，今日の夕飯は抜き！（笑）③の説明文は，砂漠土の説明（砂漠土は赤色か灰色のやせた土壌）なので，明らかに誤り！

④　Dは，赤道直下に位置し，熱帯雨林気候（Af）が広がっている地域だ。これらの地域では，多量の落ち葉が土中で有機物になるけど，年中高温だから微生物の活動がすごく活発で，**分解の速度が速く腐植が形成されにくい**しね。しかも**多量の降水**により水溶性物質は溶けて流されてしまうため，表層には**鉄とアルミニウムの酸化物**が集積したラトソルと呼ばれる赤色土が分布しているんだよな。もちろん，正文だ。「腐植の形成」は，これまでも『大学入学共通テスト　地理Bの点数が面白いほどとれる本』で何回も説明してきたけど，とっても大切なテーマだから理解しておこうね。腐植は，有機物が適度に分解され，植物が吸収しやすくなったもので，熱帯では完全に分解されてしまうため，有機物が多量にある割には，腐植が形成されにくいんだよ。

問題 **15−4** 　赤道から北緯20度までの範囲に見られる土壌と植生の特徴

① 　❷ 　③ 　④

解説

　この問題は，図をしっかりと見ないと，地理力がある受験生でもミスをしてしまうので，図中の赤道と（注）にあるように，「緯線は20度間隔」なので，北緯20度と赤道の線をチェックしてから，選択肢の文を読もう。

　①　図中のアフリカの範囲にはBSが分布しているし，BSとBWの境界付近には栗色土が分布しているから，この文は正しいよね。

　②　「南アジア」っていうのは，［地誌編］の 第50回・第51回 でくわしくやるけど，インド，パキスタン，バングラデシュ，スリランカなどを含む地域だ。インドからパキスタンにかけては，年中亜熱帯高圧帯の影響を受けて大インド（タール）砂漠が広がっているよ。ということは，「南アジアには，砂漠土が見られる無植生地域が分布する」は正しい！　でも……**この文は間違っている！！！**

　ほとんどの読者は，「瀬川先生はかなり疲れているので，なんだか訳がわからないこと言ってる……」と思ってるだろ？（笑）　ところが，②は本当に誤っているんだ。図を見てごらん！　図中の赤道から北緯20度付近には，**パキスタンは入らない！**　ということは，この範囲内の南アジアにはBW（砂漠気候）はないんだ。北緯20度の線は，インドのほぼ中央部を通過する緯線で，**インドにはBSは分布しているけど，もっと高緯度じゃないとBWは分布してない**んだね。やらかした人は，この失敗をいかして，二度と凡ミスをしないこと！

　③　**東南アジアは大半が熱帯**で，マレー半島やカリマンタン島などには熱帯雨林気候（Af）が広がっているので，ラトソルの分布はまったく問題ないよね。もちろん，正文だ。

　④　②を正文だと考えた人の大半は，④を誤文と考える傾向があるよ。南アメリカの赤道から北緯20度までの範囲は「熱帯雨林気候しかない！」と判定し，サバナ気候（Aw）を誤りにしてはダメだ。図中の範囲は，アマゾン盆地だけでなく，オリノコ川流域のリャノなど**Awの分布地域も含んでいる**ので，この文も正文だよ。与えられた図，統計資料をちゃんと使わなくちゃもったいない！

問題 15-5　間帯土壌

① **②** ③ ④

解説

　間帯土壌は，おもに岩石の性質の影響を受けた土壌で，**限られた地域に分布している**場合が多いよ。設問中のテラロッサ，レス，テラローシャ，レグールくらいしか入試では問われないので，ちょっとだけ踏ん張って学習しておこう！

　①　テラロッサは，石灰岩の風化土壌で，名前の通り「**赤い土**」だ。もちろん誤った文だね。ときどき「テスタロッサ」って覚えてる受験生がいるけど，それはフェラーリの「テスタロッサ（赤い頭）」（スポーツカーの名前）のこと（^o^）。地中海沿岸や石灰岩地域に分布する土壌で，薄い腐植層があるから**果樹栽培**なんかに利用されているよ。

　②　これは正しい文だね。レスは，砂漠の**岩石**やモレーンなどの**氷河堆積物**が風化・**侵食**されて生じた**細粒物質**が，風で運ばれ堆積したもの（風積土）で腐植を多く含んでいるから，肥沃だ。特に**小麦栽培**なんかには好適だね。黄河流域やドイツ中南部，ハンガリー（**プスタ**）などに分布しているんだ。参考までに，ウクライナ，ロシア，カザフスタンに広がるチェルノーゼムも，もともとは**レス起源**なんだよ。

　③　テラローシャは，玄武岩の風化土壌で**赤紫色の肥沃土**だ。ブラジル高原南東部に分布していて**コーヒー栽培**には最適だ。もちろんこの文も誤りだ。

　④　レグールは，玄武岩の風化土壌で**黒色の肥沃土**だ。デカン高原に分布していて，**綿花栽培**には適しているよ。

農業の立地条件

知識・技能の整理

自然的条件
他の産業より<u>自然の制約</u>が大きいが，栽培技術の進歩により変化。

①気　温　<u>最暖月平均気温10℃以上</u>。作物により栽培限界が異なる。

②降水量　年降水量<u>250mm 未満</u>は非農牧業地域，<u>250〜500mm</u> は牧畜，<u>500mm 以上</u>は畑作，<u>1000mm 以上</u>は水田稲作が可能。乾燥地域では灌漑や乾燥農法の導入により栽培地域が拡大。

③地　形　平野部では水田，畑など耕地。丘陵地や山麓の緩傾斜地では樹園地。人口稠密の傾斜地では階段耕作（段々畑や棚田）。

④土　壌　肥沃度の大小。

社会的条件
経済発展の段階，市場との距離，国家の政策，市場の動向の影響。

①自給的農業と商業的農業

　a　自給的農業➡<u>農業就業人口の割合が高い</u>発展途上地域では，自家消費が中心の農業が発達。

　b　商業的農業➡<u>農業就業人口の割合が低い</u>先進地域では，販売目的の農業が発達。

②土地生産性と労働生産性

　a　土地生産性➡土地に対する資本や労働力の投下が大きいと，<u>単位面積当たりの収穫量</u>が増加。東アジア，ヨーロッパ。

　b　労働生産性➡経営規模が大きく機械化が進展すると，<u>農業従事者１人当たりの収穫量</u>が増加。アメリカ合衆国，カナダ，オーストラリアなど新大陸の先進国，ヨーロッパ。

農耕の起源 農耕は約1万年前の最終氷期後発達。

①**根栽農耕文化** 東南アジア（Af）起源。タロイモ，ヤムイモ，バナナを栽培。

②**サバナ農耕文化** 西アフリカ（Aw）起源。雑穀，豆類を栽培。

③**地中海農耕文化** 地中海沿岸（BS〜Cs）起源。麦類を栽培。

④**新大陸農耕文化** アメリカ大陸起源。トウモロコシ，ジャガイモ（ばれいしょ）を栽培。

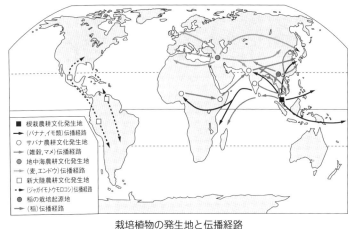

栽培植物の発生地と伝播経路

星川清親『栽培植物の起源と伝播』による。

自然環境は，地理の土台となる最重要分野なんだけど，ここまでよくがんばりました。今回から，産業に入るよ。農業は産業の中でも特に自然との関わりが深いので，思い出しながらやってみよう！

　次の図中のA〜Cは，稲，小麦，トウモロコシのいずれかの作物の
おもな起源地と伝播の方向を示したものである。A〜Cと作物名との
正しい組合せを，次ページの①〜⑥のうちから一つ選べ。

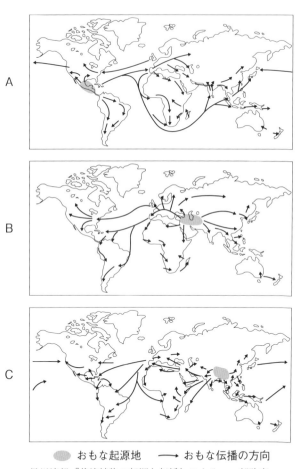

　　　　おもな起源地　　→ おもな伝播の方向

星川清親『栽培植物の起源と伝播』による。一部改変。

図

	A	B	C
①	稲	小麦	トウモロコシ
②	稲	トウモロコシ	小麦
③	小麦	稲	トウモロコシ
④	小麦	トウモロコシ	稲
⑤	トウモロコシ	稲	小麦
⑥	トウモロコシ	小麦	稲

問題 16-2

標準 ☐☐☐☐☐☐☐☐分

農業の立地条件について，次の問い（**問1～4**）に答えよ。

問1 作物の分布範囲は気候条件による制約を受けている。次の作物①～⑦のうちから，生育の可能な範囲が最も広いものと，最も狭いものを選べ。

① トウモロコシ　② 大麦　③ 稲　④ 茶
⑤ バナナ　⑥ カカオ　⑦ オレンジ

問2 作物栽培は土壌の分布とも関連している。次に述べた各地域の土壌と主要作物の組合せ①～⑥のうち，**適当でないもの**を一つ選べ。

① ウクライナのチェルノーゼム——小麦・ヒマワリ
② 北米のプレーリー土————小麦・トウモロコシ
③ デカン高原のレグール土———綿・落花生
④ ブラジル高原のテラロッサ——コーヒー・綿
⑤ オアフ島の火山性土壌———パイナップル・サトウキビ
⑥ 華中の沖積土————稲・菜種（なたね）

問3　世界ではさまざまな自然的条件のもと，それぞれの地域で特色ある食生活が営まれてきた。次の地域名と作物の組合せ①〜⑥は，各地域の伝統的な主食となる作物を示したものである。地域と作物との組合せとして，**適当でないもの**を，次の①〜⑥のうちから一つ選べ。

① 東南アジア———稲
② アンデス山地——アワ・ヒエ
③ 地中海沿岸———小麦
④ バルト海沿岸——ばれいしょ（ジャガイモ）
⑤ 中国東北部———コウリャン
⑥ 西インド諸島——キャッサバ（マニオク）

問4　農業の立地には社会的条件の関わりも大きい。次の短文①〜⑦は，市場への距離と農業経営の対応関係を述べたものである。**適当でないもの**を二つ選べ。

① 酪農の場合，都市近郊では生乳生産が，遠隔地では酪製品の生産が主体となる。
② 大都市市場に近いところでは，単一作物の大量生産が行われる。
③ 南半球には，大規模な企業的農牧業が発達している。
④ 果樹産地は，野菜産地より市場近くに立地するのが合理的である。
⑤ 市場からの距離が大きくなるほど，土地利用は粗放的になり，経営規模は大きくなる。
⑥ 市場に近づくにしたがって，労働集約的な農業になる。
⑦ 野菜生産は，市場に近いほど葉菜類の比率が増す。

資源・産業

1
2
3
4
地形 5
6
7
8
地形図 9
10
11
12
気候 13
14
15
16
17
農業 18
19
20
水産業 21
林産資源 22
エネルギー資源 23
鉱産資源 24
25
工業 26
27
28
環境問題 29
30
村落 31
衣・食・住 32
33
都市 34
35
人口・ 36
食料問題 37
国家・人種 38
・民族 39
交通・情報通信 40
システムの発達 41
貿易で結び 42
つく世界 43

問題 16-3

標準　□□□□□□□□分

　次の図は，いくつかの地域について，農林水産業*従事者1人当たりの農地面積とGDP（域内総生産）に占める農林水産業の割合を示したものであり，①〜④は，アジア，アフリカ，オセアニア，北アメリカのいずれかである。アジアに該当するものを，図中の①〜④のうちから一つ選べ。

* 狩猟業を含む。

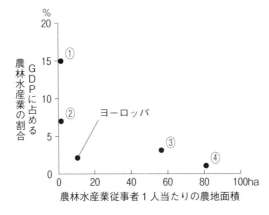

統計年次は 2010 年。
FAOSTAT などにより作成。

図

問題 16-1　農作物の起源地と伝播

①	②	③	④	⑤	**❻**

解説

　農業は地形や気候など自然環境との関わりが深いから，**農作物の起源地**（原産地）をしっかり学習しておいたほうがいいよ。

　Aは，**ラテンアメリカのメキシコ高原付近を原産地**とする作物で，ヨーロッパ，アフリカ，アジアの旧大陸に伝播していったものだから，該当するのはトウモロコシだね。トウモロコシは，古代インディオのマヤ帝国（メキシコのユカタン半島付近），アステカ帝国（メキシコ高原付近）時代から**主食**として用いられ，その後，ヨーロッパ人の新大陸発見以降，世界各地に伝えられたんだ。トウモロコシはその後，さまざまな品種改良が行われ，現在**先進地域**では主として飼料作物として重要な地位を占めているよ。

　Bは西アジア原産だから小麦だね。小麦は，**年降水量500mm前後の黒色土地域を好み，西アジアから地中海沿岸地方や北西ヨーロッパに伝播**したんだ。**ヨーロッパ人の主食**となり，彼らの新大陸への移住によって栽培地域が拡大していったんだよ。

　Cは**インド北部から中国南部が原産地**だからもちろん稲（米）だね。夏季の高温を好み，**年降水量1,000mm以上の沖積低地**が栽培適地だ！　生産量の90％以上をアジアが占めていて，アジア以外ではブラジル（日系移民の影響だよ），アメリカ合衆国（メキシコ湾岸やカリフォルニアで主として輸出用に栽培されているんだ），地中海沿岸（スペインのパエリヤ，イタリアのリゾットを思い出そう！　食べたことあるよね？）でも栽培されているよ。米，小麦，トウモロコシは人間にとって最も重要な作物なので，入試でも要注意だ！

問題 16-2　農業の立地条件

問1

生育可能な範囲が最も広いもの	①	❷	③	④	⑤	⑥
生育可能な範囲が最も狭いもの	①	②	③	④	⑤	❻

解説　農作物の生育範囲

　農業は，産業の中で最も自然環境との関わりが大きいんだったよね。だから地形と気候をしっかり学習しておけば，かなり農業は理解しやすくなるから，**知識・技能の整理** や『大学入学共通テスト　地理Bの点数が面白いほどとれる本』で地形と気候の復習もしておこうね！　特に気候条件との関係が勝負になるよ！　問題を解く前に少しだけ復習をしてみよう。

　まず，気温だけど，**最暖月平均気温10℃以上**が農耕には必要な条件（耕作限界）となるよ。あとはそれぞれの作物の特性をつかまなくてはいけないんだけど，**天然ゴム，カカオ豆，コーヒー豆，油ヤシ**など熱帯地域を好むものもあれば，**ジャガイモ，テンサイ，ライ麦，大麦**などのように冷涼に強い作物もあることに注意しようね。

　じゃあ，選択肢の作物について説明をしていこう！　①トウモロコシは，アメリカ大陸原産（メキシコ高原付近）で，年降水量1,000mm前後の**温暖な気候**を好むんだ。だから寒冷な地域や乾燥地域はあまり得意じゃないはず。もともとは**ラテンアメリカの先住民（インディオ）の主食**で，現在でもラテンアメリカ，アフリカ，アジアなどでは重要な主食の一つだよ。ただし，**先進国を中心に飼料作物**としての消費が多いことに注意！　近年は，アメリカ合衆国などでバイオ燃料としての利用も増加しているよ。

　②大麦は，寒さにも，乾燥にも，暑さにも強いため，穀物の中では**最も広い範囲で栽培が可能**だよ。すごいやつだねえ（^o^）。③稲は，**インド北部から中国南部にかけてが原産地**だったね。高温多雨の気候を好み，**年降水量1,000mm以上**を必要とするんだ（それ以下の場合でも十分な灌漑をすれば栽培できるよ）。品種改良も進んでいるため，日本では**北海道**，中国では，**東北地方**でも栽培が可能になっているけど，**夏季に高温**にならないと栽培しにくいので，やっぱり冷涼な地域ではあんまり栽培されていないね。

　④茶も，稲と同様に**インド北部から中国南部が原産**で，温暖多雨で排水良好な丘陵・台地などを好むから，どこでも栽培が可能とはいかないな。⑤バナナは，**インド原産**の作物で，**熱帯から亜熱帯地域**で栽培されている

んだ。先進国では果実（品種改良されて甘い）として扱われてるけど，発展途上地域では主食としても重要だよ。⑥カカオ（豆）は熱帯アメリカ原産で，年中高温多雨の Af の低地を好むんだったね。栽培範囲は赤道付近に限定されるから，選択肢の中ではカカオ（豆）が最も狭い範囲だよ。⑦オレンジは，インド原産（オレンジ類には多くの種類があり，原産地もさまざまなので覚えなくていいよ）の果実で夏の高温乾燥に強いため，地中海性気候（Cs）の地域で栽培がさかんだ。また，夏の高温によって甘みが増すため，ヨーロッパの地中海沿岸地域でも，ブドウ，オリーブより低緯度側で栽培されているよ。

問2

① ② ③ ❹ ⑤ ⑥

解説　土壌条件

作物栽培には土壌も非常に重要な条件だ。

①　小麦は西アジア原産で，年降水量500mm 前後の肥沃な黒色土を好むんだったね（小麦の説明を「くどい！」って感じた人はかなり地理の実力が定着してきてるよ）。ロシア〜ウクライナ〜カザフスタンにかけては，チェルノーゼムと呼ばれるものすごく肥沃な黒色土が分布していることに注意！　また，ヒマワリは，北中アメリカが原産地で乾燥に強いから，Cs や BS 地域で食用油の原料になるんだ（スペイン人がヨーロッパに持ち込んだ）。ウクライナを旅すると一面ヒマワリの花が咲いている風景に出合うことがあるよ。地面すべてが黄色でもう圧巻だ！　①は正しいね。②小麦もトウモロコシも肥沃な黒色のプレーリー土を好み，アメリカ合衆国では，西経100度のライン上とほぼ一致する年降水量500mm前後の地域で小麦が栽培されているんだ。トウモロコシは小麦よりやや降水量が多い五大湖南方のコーンベルト（肉牛飼育と養豚を組み合わせた混合農業だ）で栽培されているよ。③レグールも肥沃な黒色土壌で，綿花栽培に好適だ。インドのデカン高原に分布しているよ。綿花は，"乾燥には強いが，寒冷には弱い"こともあわせて確認しておこう！　落花生は，南アメリカ原産で，綿花と同様に成長期には高温湿潤，収穫期には乾燥を必要とする豆科の作物だ。重要な食用油の原料になるよ。④これは間違えないでほしいなぁ(^o^)。ブラジル高原南東部に分布するのは，赤紫色のテラローシャ（ポルトガル語で紫色の土の意）で比較的肥沃だから，コーヒー栽培に適しているんだ。選択肢④のテラロッサ（ラテン語で赤い土）は石灰岩質

の土壌で，地中海沿岸など石灰岩地域に分布しているよ。薄い腐植層を
もっているから果樹栽培などに利用されているんだ。⑤オアフ島は**ハワイ
諸島に属する火山島**だね。ハワイ州の州都ホノルルがあるよ。ちなみに俺
はかなりのハワイ好きだ(^o^)。オアフ島は火山活動は活発じゃないけど，
ハワイ島には活動が活発な火山（キラウエアなど）があるよ（もちろん
ホットスポット型の火山だ）。ハワイ諸島には，**火山性の土壌**が分布して
いて，水はけがいいため，パイナップルやサトウキビ栽培に利用されてい
るんだね。⑥**中国の華中**は，長江の運搬・堆積作用により形成された肥沃
な土壌（沖積土）が分布し，稲や菜種（食用油）が栽培されているよ。

問3

①	**❷**	③	④	⑤	⑥

解説 世界の伝統的な主食

　設問にある「**伝統的な主食**」とは，主食となる作物がその土地で古くか
ら栽培されていたものかどうかを聞かれていると考えたらいいよ。

　①　稲（米）は，**東アジア，東南アジア，南アジア**などのモンスーンア
ジアの伝統的な主食だから，もちろん正しいね。

　②　アワ，ヒエはともに中国やインドで古くから栽培されている雑穀で，
やせ地でも栽培ができるのがいいところだね。食料としても利用されるけ
ど，近年は飼料としても重要になってるから注意しようね。ここでは，**ア
ンデス山地（南米）**とあるので，明らかに誤りだ。

　③　小麦は，**原産地の西アジアから地中海沿岸に伝播**した作物だから，
正しいね。

　④　ばれいしょ（ジャガイモ）は，**アンデス原産**のイモ類で，やや海抜
高度が高くて**冷涼な**アンデス地方では，今でも**先住民（インディオ）**に
とって重要な食料作物だ。ヨーロッパに伝わり，高緯度に位置するので寒
冷で氷食によるやせ地が広がる**バルト海沿岸地方などで栽培される**ように
なったんだね。したがって，この文も正しいよ。

　⑤　コウリャンは，**ソルガム**とも呼ばれ，もともと原産地が熱帯アフリ
カだけど，かなり古い時代に中国に伝わり，**中国の東北地方**（夏は比較的
高温になることを忘れないでね！　「寒い！」っていうイメージだけじゃだ
めだよ）を中心に栽培されてきた雑穀で食料や飼料になっているよ。最近
は，**トウモロコシ，大豆，**米の生産に押されてるけどね。

　⑥　キャッサバはブラジル原産のイモ類で，ラテンアメリカの熱帯地域

で古くから主食となってきたんだ（ブラジル料理なんかを食べると必ず出てくるよ）。現在は，アフリカにも伝わり**熱帯地域では重要な主食**となっているからね。**キャッサバ，ヤムイモ，タロイモの最大の生産国はナイジェリア**だよ。

問4

① **②** ③ **④** ⑤ ⑥ ⑦

解説 **農業立地の社会的条件**

① 酪農は，乳牛飼育と飼料栽培を行い，生乳や乳製品を出荷する農業形態だ。比較的**冷涼**で，**土壌がやせたところ**に分布していることが多いのは，小麦などの穀物栽培に適さないところを，何とか利用しようとしたからだね。**都市近郊では新鮮さを優先し生乳生産，遠隔地ではバターやチーズなどの酪製品**を生産している場合が多いから，正しい文だよ。

② **大都市近郊は地価が高い**から，大規模に単一作物の栽培を行うにはあまり適していないよ。むしろ大消費地に短時間で出荷できるから，人々のニーズに合わせて**多種類の野菜**などが**集約的**に栽培されているんだ。これが近郊（園芸）農業だね。この文は誤り。

③ 南半球では，**北半球の端境期**（作物が不足する時期）を狙っての大規模な小麦栽培や企業的な牧畜が発達しているよ。これらの企業的農業はもともとヨーロッパの食料不足に対処するために始められたことに注意しよう！　この文は正しいよ。

④ 野菜は日々の生活必需品で，加工せず**新鮮なままの状態**で出荷することが多いので，果樹より**市場近くに立地**する傾向が強いよ。よって誤り。

⑤ 市場からの距離が遠くなれば，地価が下がって，より**大規模な農業経営**が行われるようになるから，正しい文だ。

⑥ 市場に近づくと，狭い土地で多くの収穫を得ようとするため（地価が高いから，土地生産性を上げようとする），多くの労働力を投下するようになるよ。労働集約的になるから正文だね。

⑦ **ほうれん草，ニラ，キャベツ，レタスなどの葉菜類**はいたみが早いため，**より市場に近い所**での生産が盛んだ。この文も正しいよ。

問題 16-3　地域別の農林水産業従事者1人当たりの農地面積とGDPに占める農林水産業の割合

① ❷ ③ ④

　アジア，アフリカ，オセアニア，北アメリカにおける**農林水産業従事者1人当たりの農地面積**と**GDPに占める農林水産業の割合**を判定させる問題だ。**GDPに占める農林水産業の割合**は，工業化やサービス経済化が進んでいる**先進地域で低くなり，途上地域では高くなる**傾向をグラフから読み取ることができるはず。ということは，割合が最も高い①がアフリカ，②がアジアになるよ。③と④がオセアニアと北アメリカで，オセアニア島嶼部は途上国が多いけど，オセアニアの人口規模（約4,200万人），経済規模の大半を先進国のオーストラリア（約2,500万人）とニュージーランド（約480万人）が占めるため，先進地域と考えよう。**農林水産業従事者1人当たりの農地面積**は，②の**アジアが最も狭い**ことは知ってるよね。**アジアは農業人口が多いから経営規模**が，地域別では最も小さいよ。『**大学入学共通テスト　地理Bの点数が面白いほどとれる本**』でも説明したように，**農業経営規模（農業従事者1人当たりの農地面積）は，新大陸＞ヨーロッパ＞アフリカ＞アジア**の順だ。③と④は判定できなくてもいいんだけど，GDPに占める農林水産業の割合が高い③がオセアニア，残る④が北アメリカ（アメリカ合衆国とカナダはバリバリの先進国！）だよ。設問中の農地面積は，通常扱われる「農地（耕地＋樹園地＋牧場・牧草地）」ではなく，農地を「耕地」のみとした数値であり，北アメリカはアングロアメリカを示しているみたいだね。

農作物の特色と栽培条件

知識・技能の整理

穀物，イモ類，豆類 （統計年次はおもに2017年）

三大穀物（米，小麦，トウモロコシの生産量はそれぞれ約7〜10億t）

①**米** 原産地は<u>中国南部からインド</u>。<u>年降水量1,000mm以上</u>の沖積低地を好む。<u>モンスーンアジアでの生産量が世界の90%以上</u>。

★主要生産国：中国，インド，インドネシア，バングラデシュ，ベトナム，タイ。

②**小　麦** 原産地は西アジア。<u>年降水量500mm</u>前後の黒色土地域を好む。冷涼・乾燥気候でも栽培が可。冬小麦，春小麦。

★主要生産国：中国，インド，ロシア，アメリカ合衆国，フランス，オーストラリア，カナダ。

③**トウモロコシ** 原産地はラテンアメリカ（メキシコ高原など）。温暖な気候を好む。先進国では飼料，バイオエタノールの原料，発展途上国では食料として重要。

★主要生産国：アメリカ合衆国（約33%），中国（約23%），ブラジル，アルゼンチン，インド。

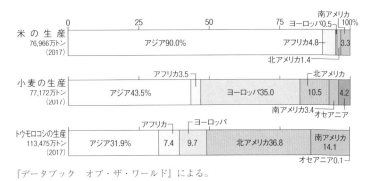

『データブック　オブ・ザ・ワールド』による。

④**大　麦** 冷涼・乾燥に強いため，穀物中最も<u>広範囲で栽培が可能</u>。飼料，ビール原料。ロシアなどヨーロッパでの生産量大。

⑤**ラ イ 麦**　小麦より冷涼に強いため，ドイツ，ポーランド，ロシアなど<u>ヨーロッパの高緯度地方</u>で栽培。黒パンの原料。

⑥**ジャガイモ（ばれいしょ）**　原産地はアンデス地方。<u>冷涼な気候</u>を好み，中国，インドやロシア，ウクライナなど<u>ヨーロッパでの生産量大</u>。

⑦**タロイモ**　熱帯の低湿地を好み，焼畑における主要作物。ヤムイモ，キャッサバとともに熱帯地域での重要な主食。

⑧**ヤムイモ**　熱帯の高燥地を好み，焼畑における主要作物。

⑨**キャッサバ**　原産地はラテンアメリカ。熱帯地域の焼畑における主要作物（イモ類）。

　　　★主要生産国：ナイジェリア，コンゴ民主共和国，タイ，インドネシア，ブラジル

⑩**大　　豆**　原産地は東アジア。夏の高温を好むが，短期間で生育するため広範囲で栽培。<u>飼料や油脂原料</u>としても重要。生産上位国はトウモロコシと類似しているが，生産量が約2億tとトウモロコシより少ないことに注意！

　　　★主要生産国：アメリカ合衆国（約34%），ブラジル（約33%），アルゼンチン，中国，インド。

米

小麦

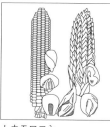
トウモロコシ

ジャガイモ（ばれいしょ）

大豆

キャッサバ

 ## 嗜好作物

①**茶**　原産地はインド北部（アッサム地方）から中国南部。温暖多雨

で排水良好な傾斜地，丘陵，台地を好む。

★主要生産国：中国（約40%），インド（約22%），ケニア，スリランカ，ベトナム，トルコ，インドネシア。

②**コーヒー豆**　原産地は東アフリカ。生育期には高温多雨，収穫期には乾燥（Aw）を好み，排水良好な高原，丘陵地に適する。

★主要生産国：ブラジル（約29%），ベトナム，コロンビア，インドネシア，ホンジュラス，エチオピア。

③**カカオ豆**　原産地は熱帯アメリカ。高温多雨（Af）の低地を好む。チョコレートなどの原料。

★主要生産国：コートジボワール，ガーナ，インドネシア，ナイジェリア，カメルーン，ブラジル。ギニア湾岸で栽培がさかん。

📍 工芸作物

①**綿　　花**　乾燥には強いが，寒冷な気候に弱い。重要な繊維原料。

★主要生産国：インド，中国，アメリカ合衆国，パキスタン，ブラジル，ウズベキスタン（2014年）。

②**天然ゴム**　原産地はアマゾン地方。高温多雨（Af）の低地を好む。

★主要生産国：タイ（約32%），インドネシア（約26%），ベトナム，インド，中国，マレーシア。東南アジアが生産の中心。

③**サトウキビ**　原産地はニューギニア〜東南アジア。生育期には高温多雨，収穫期には乾燥（Aw）を好む。重要な砂糖原料。ブラジルとインドで世界の50%以上を生産。ブラジル，タイ，オーストラリア，インド，フランスなどがおもな砂糖輸出国。

④**テンサイ**　原産地はヨーロッパ。冷涼な気候を好み，砂糖原料や飼料として重要。ロシア，フランス，ドイツ，アメリカ合衆国の生産が多い。

⑤**コルクがし**　ポルトガル，スペインが主産地。ワインの栓などコルクの材料。

📍 油脂作物

①**オリーブ**　重要な油脂原料。スペイン（約30%），ギリシャ（約13%）イタリア（約12%），トルコ，モロッコなど地中海沿岸諸国に生産が集中。

②**油ヤシ**　高温多雨の熱帯を好む。パーム油を採取。インドネシア，マレーシアで世界の80%以上を生産。

③**ココヤシ**　高温多雨の熱帯低地を好む。油脂原料。ヤシ油（コプラ油）は，フィリピン，インドネシアでの生産が多い。

④**ヒマワリ**　ウクライナ，ロシア，アルゼンチンで生産が多い。

 ## その他の作物

①**ブドウ**　Cs を好み，大部分はワインの原料。中国，イタリア，アメリカ合衆国，フランス，スペイン，トルコなど地中海沿岸諸国での生産が多い。ヨーロッパにおける栽培の北限はパリ付近。

②**ナツメヤシ**　BW のオアシスで栽培。実は食用，葉や幹は建材に利用。エジプト，イラン，アルジェリア，サウジアラビアでの生産が多い。

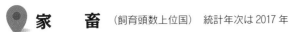 ## 家　　畜　(飼育頭数上位国)　統計年次は 2017 年

①**牛**　ブラジル（約14%），インド（約12%），アメリカ合衆国，中国。牛肉生産量は，アメリカ合衆国，ブラジル，中国。

②**豚**　中国（約45%），アメリカ合衆国，ブラジル，スペイン，ドイツ，ベトナム。

③**羊**　中国（約13%），オーストラリア（約6%），インド，ナイジェリア，スーダン，イラン。

地図帳を チェック ✓

　サヘル諸国（マリ，ニジェール，チャドなど）・ギニア湾岸諸国（ナイジェリア，ガーナ，コートジボワールなど）の位置を確認しよう！

重要用語を 確認 ✓

▶**嗜好作物**：人に心地よさを与えるために栽培される作物で熱帯地方で栽培されるものが多い。コーヒー豆はアフリカの**エチオピア高原**が原産地であるが，ブラジル，**コロンビア**，メキシコ，グアテマラなどラテンアメリカ諸国で生産が盛んである。近年は，ベトナム，**インドネシア**，インドなどアジア諸国の生産量も増加している。カカオ豆は熱帯アメリカ原産であるが，生産の中心はアフリカの**ギニア湾岸諸国**である。茶は**中国〜インド**が原産地で，インドや中国，スリランカ，ケニアなどの**旧イギリス領諸国**での生産が多い。

次の図は，四つの主要作物（米・小麦・ジャガイモ・トウモロコシ）の生産量の割合を大陸別に示したものである。ジャガイモとトウモロコシを示すグラフを，図の①〜④のうちから一つずつ選べ。

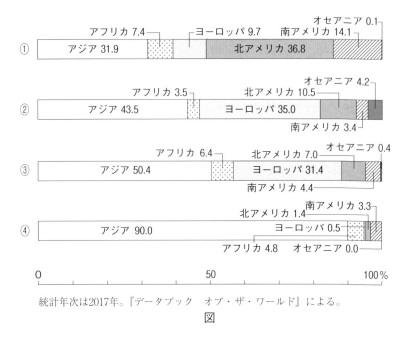

統計年次は2017年。『データブック　オブ・ザ・ワールド』による。

図

問題 17-2

標準 ▢▢▢▢▢▢▢▢▢▢分

アフリカでは自然環境や歴史の影響により，さまざまな農業が見られる。次の図中のA～Cは，カカオ，小麦，モロコシ（ソルガム）のいずれかの生産量を上位10か国について示したものである。A～Cと作物名との正しい組合せを，下の①～⑥のうちから一つ選べ。

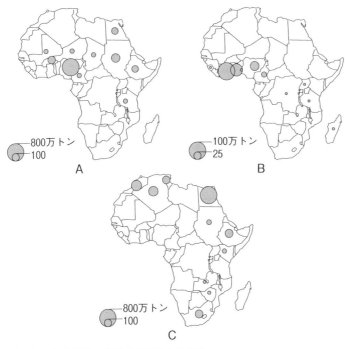

A ─800万トン
 ─100

B ─100万トン
 ─25

C ─800万トン
 ─100

統計年次は2005年。FAOの資料により作成。

図

	①	②	③	④	⑤	⑥
A	カカオ	カカオ	小麦	小麦	モロコシ	モロコシ
B	小麦	モロコシ	カカオ	モロコシ	カカオ	小麦
C	モロコシ	小麦	モロコシ	カカオ	小麦	カカオ

世界の農業に関する次の問い（**問1・2**）に答えよ。

問1　次の図は，現在，世界で広く栽培されている作物のおもな栽培起源地とされている地域を示しており，①〜④は，稲，小麦，サトウキビ，トウモロコシのいずれかである。小麦に該当するものを，図中の①〜④のうちから一つ選べ。

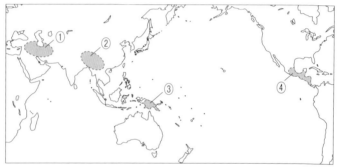

星川清親『改訂増補　栽培植物の起源と伝播』により作成。

図

資源・産業

1
2
3
4
地形 5
6
7
8
地形図 9
10
11
12
気候 13
14
15
16
17
農業 18
19
20
水産業 21
林産資源 22
エネルギー資源 23
鉱産資源 24
25
工業 26
27
28
環境問題 29
30
村落 31
衣・食・住 32
33
都市 34
35
人口・ 36
食料問題 37
国家・人種 38
・民族 39
交通・情報通信 40
システムの発達 41
貿易で結び 42
つく世界 43

問2 今日では，小麦は多くの地域で栽培され，ほぼ年間を通して世界のどこかで収穫されている。次の図は，いくつかの小麦生産国について，小麦の収穫期，春小麦および冬小麦の播種期を示したものであり，①～④は，イギリス，インド，オーストラリア，フランスのいずれかである。インドに該当するものを，図中の①～④のうちから一つ選べ。

	1	2	3	4	5	6	7	8	9	10	11	12月
①	■			△	△	△	△				■	■
②				■	■	■	■			△	△	△
③			○	○	■	■	■	■		△	△	△
中 国				○	○	■	■	■	△	△		
アメリカ合衆国			○	○	○			△	△	△		
④					○	○		■	■	△	△	△

■ 収穫期　　○ 春小麦の播種期　　△ 冬小麦の播種期

長尾精一『世界の小麦の生産と品質　上巻』により作成。

図

問題 17-4

標準

次の図は，いくつかの農作物について，1990年と2016年の世界における生産量の割合を地域別に示したものであり，①〜④は，オリーブ，オレンジ類，コーヒー，トウモロコシのいずれかである。コーヒーに該当するものを，図中の①〜④のうちから一つ選べ。

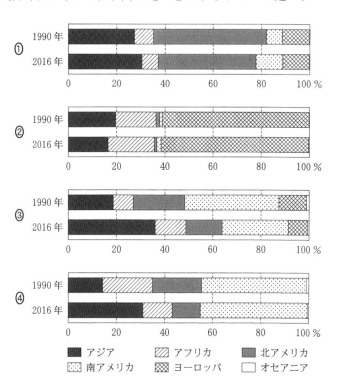

北アメリカには，メキシコからパナマまでの諸国およびカリブ海諸国が含まれる。
FAOSTAT により作成。

図

182

資源・産業

1
2
3
4
地形 5
6
7
8
地形図 9
10
11
12
気候 13
14
15
16
17
農業 18
19
20
水産業 21
林産資源 22
エネルギー資源 23
鉱産資源 24
25
工業 26
27
28
環境問題 29
30
村落 31
衣・食・住 32
33
都市 34
35
人口・ 36
食料問題 37
国家・人種 38
・民族 39
交通・情報通信 40
システムの発達 41
貿易で結び 42
つく世界 43

解答・解説

問題 17-1　米・小麦・ジャガイモ・トウモロコシの大陸別生産割合

ジャガイモ　　①　　②　　**③**　　④
トウモロコシ　**①**　　②　　③　　④

解説

　主要な農作物の原産地や栽培条件はしっかり復習しておこう。原産地（自生地）を理解しておくと，その作物がどのような地域を好むのかが自ずとわかってくるからだ。まず，米について説明しよう！　米の原産地は，**インドのアッサム地方から中国の南部**，東南アジアにかけての地域だよ。**年降水量1,000mm以上を必要とし，夏の高温多雨を好む**，つまり夏のモンスーンの影響があるところで，栽培が盛んなんだね。世界の生産量の大部分をモンスーンアジアが占め，**アジアでほとんどを消費している**よ。したがって，図中の④が該当するんだ。**米の生産上位国は，アジアの人口大国とほぼ対応している**ことに注意しようね！　ついでに，米の輸出上位国は，タイ，インド，ベトナムだ！　（知識・技能の整理　参照）。

　小麦は，本来西アジア**原産の冬作物**で，地中海沿岸や北西ヨーロッパ，そしてヨーロッパ人の移住によって世界中に伝播していったんだ。小麦は，**年降水量500mm前後（BS～C）の地域を好む**から，**チェルノーゼム**など黒色土の分布地域とも対応しているね。**世界中で主食として栽培され，世界中で消費されている**というところが米との違いかな。ヨーロッパや北アメリカでの生産量が多く，アジアも消費量が多い中国，インドの人口大国で生産が多いため，②か③（①はヨーロッパでの生産が少なすぎる）になるね。かなり似ているので難しいけど，オセアニアで③はほとんど生産されていないから，オーストラリアが小麦生産上位国であることを考えると②が小麦だね。ジャガイモ（参考までに，ジャガイモとはジャワから伝わったイモという意味。**ばれいしょ**ともいうが，これは馬鈴薯とつづり，馬につける鈴に似ていることからこの名が付いた。ちょっと面白いよね）はアンデス原産のイモ類で，**冷涼な気候や，やせ地でも栽培が可能**なので，ヨーロッパに伝えられ，ロシア，ポーランド，ドイツなどでの生産が盛んになったんだ。したがって，ヨーロッパの割合が高く，温暖なオセアニアで少ない③が該当するね。近年は，中国とインドでの生産が多いよ。

トウモロコシは，ラテンアメリカ原産の作物で，温暖で湿潤（年降水量1,000mm 前後）な気候を好むんだったよね。発展途上地域では主食としても重要だけど，**先進地域では飼料**としての利用割合が高いことはもう100回くらい話したかな？(^o^)。特に，アメリカ合衆国のコーンベルトでの生産が他を圧倒していることから，北アメリカが多い①が該当するよ。コーンベルトでは，トウモロコシと大豆の輪作をしながら，肉牛と豚の飼育をしているから商業的混合農業の形態だね。ここで生産されるトウモロコシはハイブリッドの高収量品種（たくさん実がなる品種）やGMO（**遺伝子組み換え作物**）で，**土地生産性が抜群に高い**ことに注意しよう！ただ最近は，トウモロコシも大豆もブラジルの伸びがすごいなぁ！　トウモロコシの輸出では**アメリカ合衆国，アルゼンチン，ブラジル**，大豆の輸出では，**アメリカ合衆国，ブラジル**に注意しよう！

問題 **17-2**　カカオ豆，小麦，モロコシの生産上位国

解説

　アフリカでは，気候環境の影響で農業地域や作物の分布が比較的明瞭で学習しやすいのが特徴だよ。北アフリカは BW〜BS が広がるため，**遊牧やオアシス農業**が古くから発達していたことは知ってるよね。西アフリカのギニア湾岸は，Af〜Am が分布し，降水量が多く高原状のアフリカにしては**低地に恵まれる**ため**カカオ豆，油ヤシ**の栽培が，東アフリカは Aw が広がり，**高原状**であることから排水良好な地形を好む**コーヒー豆，茶，サイザル麻**などの栽培がヨーロッパ人の手による**プランテーション経営**で行われてきたんだ。ギニア湾岸も東アフリカも**独立後は現地人の経営が増加**しているけどね。内陸のコンゴ盆地などでは，現在でも移動式の焼畑農業によって**自給用のイモ類**（キャッサバ，ヤムイモ，タロイモ）栽培が盛んなんだよ。また，南アフリカ共和国ではオランダ系，イギリス系白人が入植した過程で，ヨーロッパ起源の**混合農業，地中海式農業**や新大陸型の**企業的牧畜**などが発達していったことは要注意だよ！

　さぁ，アフリカの農業の概要を説明したところで，図に戻ろう。図はカカオ（豆），小麦，モロコシの生産量を示した図形表現図だ。

　Aはギニア湾岸のナイジェリアやサヘル諸国での生産量が多いようだね。ナイジェリアだけじゃなくガーナやコートジボワールなどのギニア湾岸諸

資源・産業

1
2
3
4
地形 5
6
7
8
地形図 9
10
11
12
気候 13
14
15
16
17
農業 18
19
20
水産業 21
林産資源 22
エネルギー資源 23
鉱産資源 24
25
工業 26
27
28
環境問題 29
30
村落 31
衣・食・住 32
33
都市 34
35
人口 36
食料問題 37
国家・人種 38
・民族 39
交通・情報通信 40
システムの発達 41
貿易で結び 42
つく世界 43

国でも生産が多ければカカオ（豆）だけど，どうも違うなぁ。**A はモロコ
シ**だよ。モロコシは**ソルガム**とも呼ばれ，中国では同種のコウリャンが栽
培されているよ。もともとは**アフリカ原産のイネ科作物**で **Aw〜BS** で栽
培されているんだ。トウモロコシと混同している受験生が多いので注意し
てね！　マリ，ニジェール，チャド，スーダンなどの**サヘル諸国**やナイ
ジェリアの北部で栽培されていることからモロコシと判定しよう。**B はギ
ニア湾岸諸国に生産が集中しているからカカオ（豆）**だよ。カカオ（豆）
は**熱帯アメリカ原産**で **Af の低地**を好むから，自然環境が似ているギニア
湾岸が主産地になってるんだ。コートジボワール，ガーナ，ナイジェリア，
カメルーンでの生産が多いことに注意しようね。残る**C が小麦**だ。小麦は
高温を嫌うから**低緯度地域ではあまり栽培されていない**よ。だから**アフリ
カは小麦生産量があまり多くない**んだ。アフリカでは，**外来河川のナイル
川**から灌漑_{かんがい}用水の取水が可能なエジプトや北岸に**地中海性気候**が分布する
モロッコ，アルジェリア，チュニジアで生産量が多く，さらに南部の南ア
フリカ共和国は**C**や**BS** が分布するから小麦栽培が盛んな国だよ。

問題 17-3　農作物の特徴

問1

❶　　②　　③　　④

解説　**稲，小麦，サトウキビ，トウモロコシの栽培起源地**

　農作物の原産地（起源地）に関する出題は頻出テーマだ。すべてを覚え
る必要はないが，少なくとも俺と一緒に授業でやったところは完璧になっ
ておこう！

　稲は，中国南部からインドにかけてが原産地であることから**②**と判定
しよう。稲は**夏季の高温多雨**を好むから，モンスーンアジアつまり中国
（特に**年降水量1,000mm 以上の華中，華南**），インドの**ガンジスデルタ**か
ら**ヒンドスタン平原**，東南アジアや日本の沖積平野を中心に栽培が盛んだ
よ。稲は自給的な性格が強くて，小麦，トウモロコシとともに三大穀物と
よばれているけど，小麦，トウモロコシと違って**生産と消費の大部分をア
ジアが占めている**ことに注意しなくちゃね。**小麦は，西アジアが原産の麦
類なので①**と判定しよう。古くからユーラシア大陸やアフリカ大陸に伝_{でん}
播_ぱし，現在では世界各地で主食として用いられているんだ。**年降水量
500mm 前後**が好きだから，栽培適地は熱帯を除いて広く（**小麦は暑いと**

ころが嫌いだからね），世界中で栽培されていると言っていいよ。サトウキビはインド～東南アジア～ニューギニアあたりが原産なので③だ。サトウキビはイネ科作物で，砂糖の原料として重要なのはもちろん，最近はバイオエタノールの利用も多いしね。生育期には高温多雨，収穫期には乾燥を好むから，Aw～Cw地域での栽培が盛んだよ。もちろん寒冷な地域では，テンサイから砂糖をとってるけど。残るトウモロコシはメキシコ南部が原産地だから④になるな。年降水量1,000mm前後で温暖な気候を好み，古くはアメリカ大陸の先住民であるインディオ（インディヘナ）の主食として，現在は先進国を中心として最も重要な飼料作物の一つとして利用されているんだ。

問2

① **❷** ③ ④

解説 小麦カレンダー

　小麦には温暖な気候を好む冬小麦と寒冷な気候でも栽培が可能な春小麦があったよね。『大学入学共通テスト　地理Bの点数が面白いほどとれる本』でもいやというほどやったように（笑），冬小麦は秋に播種，冬に発芽，初夏に収穫するが，春小麦は春に播種，春に発芽，夏から秋に収穫するよ（これを忘れてたら大反省！）。ここでは中国とアメリカ合衆国が国名を明らかにされているけど，両国は国土面積が広く，南北の緯度差もあるから，寒冷な地域では春小麦（図中の5・6・7月に収穫），温暖な地域では冬小麦（図中の8・9月に収穫）がともに栽培されているんだ。①は冬小麦を4～7月に播種し，11～1月に収穫していることから，北半球と季節が逆になる南半球のオーストラリアだ。②～④のうち，②では冬小麦しか栽培されていないから，イギリス，インド，フランスのうち最も低緯度に位置し温暖なインドと判定しよう。残る③と④の判定はやや難しいけど，冬小麦の播種期がインドと同じようにやや遅く，収穫期がやや早い③をイギリスよりは低緯度にあるフランスと判定し，残る④がイギリスだ。

問題 17-4 オリーブ，オレンジ類，コーヒー，トウモロコシの地域別生産量の推移

① ② ③ **❹**

解説

オリーブ，オレンジ類，コーヒー，トウモロコシについて，1990年と2016年における地域別生産量の割合から，コーヒーを判定させる問題だ。

①は北アメリカの割合が高いから，アメリカ合衆国（1位），メキシコ（7位）での生産量が多いトウモロコシだ。近年は，飼料用，工業用（バイオエタノールなど）としての需要が増加していることから，南アメリカのブラジル（3位），アルゼンチン（4位）などでの生産も増加しているよ。このテーマは入試頻出なのでがんばろう！

②はヨーロッパ（約60%），アフリカ（約20%）の割合が高いことから，地中海地方に生産が集中するオリーブだね。オリーブは Cs が分布する地中海地方での生産がめちゃめちゃ多く，上位生産国はスペイン，イタリア，ギリシャ，トルコ，モロッコ，エジプト，アルジェリア，ポルトガルなど，ヨーロッパとアフリカの地中海地方で世界の大半のオリーブを生産しているんだ。

③はアジアと南アメリカでの割合が高く，近年はアジアでの生産が増加しているためオレンジ類だ。オレンジ類は，ブラジル（2位），アメリカ合衆国（4位）での生産が多かったけど，近年は中国（1位），インド（3位）などアジアでの生産が増加しているんだ。

④は南アメリカでの割合が高いためコーヒーだ。これはけっこう易しい判定かも（笑）。コーヒーは，東アフリカ（エチオピア付近）が原産地で，ヨーロッパ人により移植された南アメリカが生産の中心となったため，ブラジル（1位），コロンビア（3位）での生産が多いよね。でも，近年はベトナム（2位），インドネシア（4位）などアジア諸国での増産にも注目したいな。特にベトナムは，1986年のドイモイ以降すごーい！

（解説部分の統計年次はすべて2017年）

世界の農業地域（1）

 知識・技能の整理

🔴 世界各地の主食と食料問題

①主　食
- a　モンスーンアジア➡米
- b　乾燥アジア➡小麦，大麦
- c　ヨーロッパ➡小麦，ライ麦
- d　北アフリカ➡小麦，大麦
- e　中南アフリカ➡キャッサバ，ヤムイモ，タロイモ，雑穀
- f　アングロアメリカ➡小麦
- g　ラテンアメリカ➡小麦，トウモロコシ
- h　オセアニア➡オーストラリア，ニュージーランドでは小麦，島嶼部ではイモ類

②先進国（せんしんこく）と発展途上国（はってんとじょうこく）の食料問題
- a　先　進　国➡アメリカ合衆国やEUでは生産過剰（せいさんかじょう）問題。
- b　発展途上国➡アジアでは緑（みどり）の革命（かくめい）の普及などによって食料生産が順調に伸びるが，アフリカでは食料の輸入地域が多く，**栄養不足人口の割合も高い。**

🔴 農業のグローバル化と変化

①**アグリビジネスの発展**　種子の品種改良，肥料・農薬・農業機械の開発・製造など農産物の生産，販売，加工に関連する幅広い分野を取り扱うアグリビジネスがアメリカ合衆国を中心に発展。巨大穀物商社である穀物メジャーが代表的。

②**高度化する農業技術**　バイオテクノロジーを利用した遺伝子組み換え作物（GMO）の開発導入。導入には，アメリカ合衆国，ブラジル，アルゼンチンなど新大陸で積極的だが，日本やEUは慎重な姿勢。トウモロコシなどの**バイオ燃料向け作物の需要増による食料向け作物の価格高騰も危惧。**

📍 自給的農業

①焼畑農業　熱帯地域。<u>草木灰を肥料に</u>キャッサバ，ヤムイモ，タロイモなどのイモ類を栽培。地力が低下すると耕地を移動。

②遊　　牧　アジア，アフリカの乾燥地域。<u>自然の牧草</u>を求め家畜とともに移動。羊・山羊・ラクダ（西アジア〜北アフリカ）・ヤク（チベット〜ヒマラヤ）・トナカイ（北極海沿岸）。

③オアシス農業　アジア，アフリカの砂漠地域。外来河川や山麓の湧水を灌漑に利用。小麦，大麦，ナツメヤシを栽培。

④集約的（アジア式）稲作農業　年降水量1,000mm 以上の<u>沖積平野</u>が中心。集約的な水田稲作。東アジア諸国は土地生産性が高い。

⑤集約的（アジア式）畑作農業　年降水量1,000mm 未満。小麦，雑穀などの穀物栽培。インドのデカン高原，中国の華北では綿花栽培。

地図帳を チェック ✓

フィリピンのミンダナオ島に「バナナ」と記入しておこう！

パキスタンからインドにまたがるパンジャブ地方をチェックしよう！

ナイル川，ティグリス・ユーフラテス川，インダス川に「外来河川」と記入しておこう！

重要用語を 確認 ✓

▶地下水路：地下にほぼ水平に水路を建設し，山麓の伏流水などを末端の耕地や集落まで導水する。イランでは**カナート**，北アフリカでは**フォガラ**と呼ばれ，各地で固有の名称がある。

それぞれの地域における人々の主食を理解しておくと，それが解答のヒントになることが多いよ！

易 ☐☐☐☐☐☐☐分

　下の図1中のア～ウは，図2中の遊牧地域の3地点（A～C）付近における特徴的な家畜をスケッチしたものである。それぞれの地点と家畜の正しい組合せを，下の①～⑥のうちから一つ選べ。

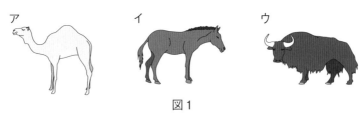

ア　　　　　イ　　　　　ウ

図1

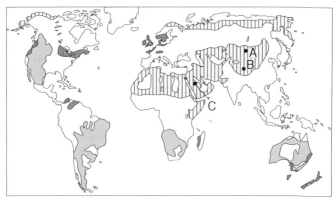

▨▨▨▨ 遊牧　　■ 酪農　　☐ 企業的放牧

ホイットルセイ，グリッグなどによる。

図2

	①	②	③	④	⑤	⑥
A	ア	ア	イ	イ	ウ	ウ
B	イ	ウ	ア	ウ	ア	イ
C	ウ	イ	ウ	ア	イ	ア

問題 18-2

易 〔□□□□□□□□〕分

焼畑農業について述べた文として**適当でないもの**を，次の①〜④のうちから一つ選べ。

① アフリカの中南部や東南アジアの島嶼部などおもに熱帯地域で行われている農業である。

② やせた表土に草木灰を混ぜるため，森林や草原を焼き，地力が衰えるとあらたな土地に移動する。

③ 固くなった表土を耕すために，ハックと呼ばれる掘り棒など簡単な農具が使用されている。

④ おもな栽培作物は，油ヤシ，天然ゴム，コーヒー豆など熱帯性の商品作物である。

問題 18-3

易 〔□□□□□□□□〕分

砂漠の周辺地域で営まれているオアシス農業について述べた文として**適当でないもの**を，次の①〜④のうちから一つ選べ。

① 外来河川沿岸のオアシスでは，灌漑(かんがい)によって小麦や大麦の栽培が行われている地域がある。

② 低緯度のオアシスでは，高温乾燥に強いナツメヤシの栽培が行われている地域がある。

③ 山麓のオアシスでは，湧水を利用して粗放的な穀物栽培が行われている地域がある。

④ 伝統的な灌漑用地下水路に加え，近年は動力による井戸の直接揚水も増加しつつある。

　アジア各国の農業生産について述べた文として最も適当なものを，次の①～④のうちから一つ選べ。

①　フィリピンでは，アメリカ合衆国と日本の企業がバナナを大規模に栽培し，おもに日本へ輸出している。

②　バングラデシュでは，ガンジス，ブラマプトラ両河川の三角州（デルタ）で稲作が行われ，米は古くから輸出農産物の首位を占めてきた。

③　マレーシアでは，油ヤシやゴムの栽培が第二次世界大戦前に中国系住民によって始められ，戦後，コーヒーやカカオ栽培に転換されていった。

④　パキスタンでは，インダス川流域で灌漑設備が整うにつれて野菜栽培が盛んとなり，小麦の総生産量を上回るようになった。

解答・解説

問題 18-1　遊牧

①　　②　　③　　❹　　⑤　　⑥

解説

　遊牧は，降水量が少なく飼料栽培が困難な乾燥地域（BS～BW）や寒冷地域（ET）で営まれている牧畜だね。**自然の牧草を求めて家畜とともに移動**していくんだ。気候の特性などに合わせて，地域ではいろいろな家畜が飼育されているよ。

　Aはモンゴル周辺だからイの馬，Bはチベット地方でウのヤク（寒冷に強い牛の仲間），Cはアラビア半島でアのラクダだね。

　これ以外にも，北極海沿岸ではトナカイ，**アンデス地方ではリャマやアルパカ**，西アジアから北アフリカの乾燥地域では羊，山羊，ラクダなどが重要な家畜だよ。

問題 18-2　焼畑農業

①　　②　　③　　❹

解説

①　焼畑農業はアフリカの**コンゴ盆地**，東南アジアの島嶼部やインドシナ半島の山岳部，ラテンアメリカの**アマゾン盆地**など熱帯の発展途上地域で行われている**自給的な農業**だね。やせたラトソルなど熱帯の土壌で作物栽培を行うため，森林や草原を焼き払い，**草木灰を肥料として利用**しているんだ。したがって，これは正文だ。

②　焼畑農業では，**地力が数年で衰えてしまう**から，別の土地に移動して再び焼畑を行うことになるので，広い土地が必要になるね。ということは，これも正文だ。

③　発展途上地域では農具が十分に普及していない地域もあるよ。焼畑では簡単な木の棒（ハックと呼ばれる）を使い，土を掘った穴に種子を植えたりするんだ。これも正しい文だね。

④　「**熱帯性の商品作物**」栽培が中心になるのはおかしいね。大部分がキャッサバ，ヤムイモ，タロイモ，豆類，雑穀などの自給用作物だから，この文は誤りだ。

資源・産業

1
2
3
4
地形　5
6
7
8
地形図　9
10
11
12
気候　13
14
15
16
17
農業　18
19
20
水産業　21
林産資源　22
エネルギー資源　23
鉱産資源　24
25
工業　26
27
28
環境問題　29
30
村落　31
衣・食・住　32
33
都市　34
35
人口・　36
食料問題　37
国家・人種　38
・民族　39
交通・情報通信　40
システムの発達　41
貿易で結び　42
つく世界　43

問題 18-3 オアシス農業

① ② ❸ ④

解説

　砂漠などの乾燥地域でも，水が得られるオアシスには集落が立地していて，オアシス農業が発達しているよ。

　① ナイル川など外来河川沿岸には多くのオアシスがあるから，重要な食料である麦類の栽培が行われているよ。これは正文だ。

　② ナツメヤシは高温乾燥の気候下では欠かせない栽培作物だよ。栄養価も高く，乾燥させれば保存も効くしね。これも正文だ。

　③ 扇状地（乾燥地域でも扇状地はあるんだからね）など山麓では湧水が見られ，オアシスが発達しているところがあるよ。ただし「粗放的な穀物栽培」は行われていないなぁ。オアシスでは狭い耕地を有効に使わなくちゃならないから，土地利用は集約的（ある一定の土地に多くの労働力などを投下）で，単位面積当たりの収穫量を高くしようとするんだ。この文は誤っているよ。

　④ カナートなどの「地下水路」は，君たちも聞いたことあるよね？古くから西アジアや北アフリカなどの乾燥地域で建設されてきた地下水路で，集落では灌漑用水や生活用水に利用されるんだ。『大学入学共通テスト　地理Bの点数が面白いほどとれる本』【8】農業で確認！　この文も正しいよ。ただし，近年は動力を使って地下深くから地下水を直接揚水することが増えているからね。

問題 18-4 アジアの農業

❶ ② ③ ④

解説

　アジアでは古くから自給的な稲作や畑作が行われてきたけど，国や地域によって特色ある発展をしているから注意しようね。

　① フィリピンでは1960年代以降，ミンダナオ島を中心に，アメリカ合衆国や日本企業によって日本市場向けのバナナ栽培が始められたんだ。1960年代に日本でバナナの輸入自由化が行われたため，これをきっかけとしてアメリカ合衆国や日本の企業が進出したんだよ。現在でも多くのバナ

ナを**日本へ輸出**しているから，正文だね。

　②　バングラデシュは，**ガンジス川とブラマプトラ川**が形成したガンジスデルタを中心に稲作が発達しているけど，**サイクロン**による高潮や洪水などの被害も大きく，収穫量が一定しないから輸出どころか，**輸入国**になっているよ。この文は誤り。

　③　マレーシアで，第二次大戦前にイギリス系や中国系資本で始められたのは「油ヤシ」ではなく「天然ゴム」の栽培だから，この文は誤りだ。第二次大戦後，**天然ゴムから油ヤシへの農地転換**が進み，現在はインドネシアに次ぐ**油ヤシ生産国**となってるよ。もともと油ヤシは**西アフリカが原産地**なんだけど，ヨーロッパ人の手によって東南アジアに移植されたんだ。油ヤシからはパーム油が採取され，食用油，マーガリン，せっけん，化粧品など世界中で幅広く利用されているから注意してね。

　④　パキスタンは独立前の**イギリス領**時代から，インダス川流域のパンジャブ地方などに灌漑設備が建設されていたので，乾燥地域の割には小麦や綿花などの栽培が盛んだけど，「野菜栽培が盛んとなり，小麦の総生産量を上回る」というのは誤りだね。パキスタンの主食は小麦で，約２億人以上の人口を支えるための生産努力をしてるんだけど，灌漑による米の生産も盛んで，**世界的な米輸出国**になっているよ。入試頻出だから要注意！

世界の農業地域 (2)

 知識・技能の整理

商業的農業

ヨーロッパ起源の農業の発達と分化 ➡ 輪作と休閑。

	古代	中世	近世以降	現代
北西ヨーロッパ	二圃式農業 (夏作⇄休閑)	三圃式農業 (冬作, 夏作, 休閑)	輪栽式混合農業	商業的混合農業 酪 農 園芸農業
地中海沿岸	二圃式農業 (冬作⇄休閑)			地中海式農業

① **混合農業** 小麦, ライ麦などの主穀物と飼料を輪作し, 肉牛, 豚などの家畜を飼育。

② **酪 農** 乳牛飼育と飼料栽培を行い, 乳製品を出荷。

③ **園芸農業** 野菜・果樹・花卉などを都市へ出荷。近郊農業と輸送園芸。

④ **地中海式農業** 夏季は高温乾燥に強いオリーブ, オレンジなどの樹木作物栽培, 冬季は小麦栽培。羊や山羊を飼育。近年は野菜も増加。

企業的農業
産業革命後, ヨーロッパでの穀物, 畜産物の需要拡大により, 新大陸を中心に発達。

① **企業的穀物農業** 新大陸の**年降水量500mm前後**のステップ地域。肥沃な黒色土地域で発達。小麦の大規模栽培。**大型農業機械**の導入により労働生産性大。アメリカ合衆国からカナダのプレーリー, アルゼンチンの湿潤パンパ, ウクライナからロシアにかけての**チェルノーゼム**地帯など。

② **企業的牧畜** 新大陸のステップ, サバナ気候地域で発達。牧牛, 牧羊。アメリカ合衆国のグレートプレーンズからロッキー山麓, アルゼンチンの乾燥パンパ, オーストラリア内陸部など。

③ **プランテーション農業** 熱帯～亜熱帯地域で発達。旧欧米植民地において欧米の資本・技術と現地の安価な労働力により熱帯性商品作物を栽培。自然環境に適した単一作物を大規模に栽培するモノカル

チャー（単一耕作）。

 集団制農業　　社会主義国では，<u>生産手段</u>（農地や農業機械など）を国有化し，農業の集団化を実施。

①旧ソ連　ソ連時代には，国営農場のソフホーズ，集団農場のコルホーズ。<u>ソ連解体後は民営化</u>が進展。

②中　　国　人民公社による集団化が進められたが，現在は人民公社は解散し，各農家が生産を請け負う生産責任制（せいさんせきにんせい）に移行。

地図帳を チェック ✔

北アメリカのプレーリーとグレートプレーンズをチェックしよう！
オーストラリアのグレートアーテジアン（大鑽井（だいさんせい））盆地に「牧羊」，マリー・ダーリング盆地に「小麦」を記入しておこう！

重要用語を 確認 ✔

▶三圃式農業（さんぽしき）：中世ヨーロッパで広く行われていた農業で，耕地を三分割し，それぞれを**冬作物**栽培地，**夏作物**栽培地，**休閑地**（きゅうかんち）として，翌年にはこれを交代していく農業形態。休閑地には家畜を放牧し，その排泄物を肥料として利用することによって地力の低下を防ぐ。

▶フィードロット：おもに**トウモロコシ**，大豆などの栄養価の高い作物を飼料とし，集約的に肉牛に与えることによって**短期間での肥育**を可能にする施設。第二次世界大戦後にアメリカ合衆国で建設が始まり，コーンベルトやグレートプレーンズに普及した。

▶穀物メジャー：穀物の生産から流通までを支配する**多国籍企業**で，アメリカ合衆国のカーギル社，コンチネンタルグレイン社などを指す。アメリカ合衆国国内の取引だけでなく，世界市場の大半の取引を行い，近年は肥料・種子・農薬の開発や農業機械の生産など**アグリビジネス**（農業関連産業）にも進出している。

第19回　世界の農業地域（2）　**197**

資源・産業

1
2
3
4
地形　5
6
7
8
地形図　9
10
11
12
気候　13
14
15
16
17
農業　18
19
20
水産業　21
林産資源　22
エネルギー資源　23
鉱産資源　24
25
工業　26
27
28
環境問題　29
30
村落　31
衣・食・住　32
33
都市　34
35
人口・　36
食料問題　37
国家・人種　38
・民族　39
交通・情報通信　40
システムの発達　41
貿易で結び　42
つく世界　43

ヨーロッパの農牧業について述べた次の文①～④のうちから、下線部が**適当でないもの**を一つ選べ。

① フランスでは、古くから穀物栽培と家畜の飼育が一緒に行われ、<u>地力（ちりょく）を維持する方法として、三圃式農業が現在でも広く見られる</u>。

② デンマークやオランダで、<u>園芸農業や酪農を盛んに行う地域が出現した</u>のは、19世紀後半に北アメリカから安価な穀物が大量に輸入されるようになってからである。

③ アイルランドやイギリスでは、<u>国土面積に占める牧場・牧草地の面積の割合が、ヨーロッパ諸国の中では非常に高くなっている</u>。

④ 旧西ドイツでは、第二次世界大戦後、農業の構造改善事業が積極的に進められ、<u>経営規模の拡大と農作業の機械化が進展した</u>。

企業的穀物農業地域について述べた次の文①～④のうちから、**適当でないもの**を一つ選べ。

① カナダのプレーリーからグレートプレーンズにかけては、肥沃なプレーリー土が分布し、春小麦の栽培が大規模に行われている。

② アルゼンチンのパンパでは、大土地所有制にもとづく農場経営が展開して、小麦の栽培が行われている。

③ ウクライナでは、肥沃な黒土（チェルノーゼム）が分布し、小麦をはじめ、ヒマワリ、ジャガイモの栽培が盛んである。

④ オーストラリアのマリー・ダーリング盆地では、灌漑用に多数の掘り抜き井戸を利用することによって、小麦の栽培が大規模に行われている。

問題 19-3

標準 □□□□□□□□ 分

企業的牧畜地域について説明したア～ウの文章において，下線部①～⑥のうちから，**適当でないもの**を二つ選べ。

ア　グレートプレーンズ付近の企業的牧畜は，①肉牛の放牧が中心である。②家畜の肥育は綿花地帯で行われるが，近年，この地域では集中肥育場（フィードロット）が増加している。

イ　グレートアーテジアン（大鑽井）盆地付近の企業的牧畜は，③メリノ種の羊の放牧が主体である。この地域の牧羊業経営は，④粗放的で大規模であり，年降水量250～500mmの地域を中心に広がっている。

ウ　アルゼンチン東部の企業的牧畜は，パンパと呼ばれる温帯草原で行われている。湿潤パンパのエスタンシアでは，⑤羊の放牧が盛んであり，栄養価が高く，乾燥に強い⑥アルファルファが栽培されている。

問題 19-4

易 □□□□□□□□ 分

次の表は，プランテーション作物として栽培されてきたある作物の，おもな輸出国と輸入国を示したものである。この作物に該当するものを下の①～④のうちから一つ選べ。

輸　出　国	万トン	％	輸　入　国	万トン	％
エクアドル	597	28.9	アメリカ合衆国	460	22.5
コスタリカ	237	11.5	ドイツ	139	6.8
グアテマラ	215	10.4	ロシア	136	6.6
コロンビア	184	8.9	ベルギー	128	6.3
フィリピン	140	6.8	イギリス	115	5.6

%は世界の総量に占める比率を示す。統計年次は2016年。
『データブック　オブ・ザ・ワールド』などにより作成。

表

①　油ヤシ　　②　サイザル麻　　③　茶　　④　バナナ

問題 19-5　易　□□□□□□□□□分

世界の農業と食生活について述べた文として最も適当なものを，次の①〜④のうちから一つ選べ。

①　アメリカ合衆国は，世界最大の穀物輸出国であることから，世界の穀物価格に大きな影響を及ぼしている。

②　エチオピアは，気象災害などによって食料不足や飢餓（きが）に直面したが，緑の革命によって，食料輸出国に変わった。

③　サウジアラビアでは，石油資源の枯渇（こかつ）を見越して伝統的農業が復活し，羊などの肉食からトウモロコシや野菜中心の食生活に変わった。

④　中国では，市場経済の行き詰まりによる穀物生産の不足から，小麦中心の集団農場が復活した。

問題 19-6　標準　□□□□□□□□分

次の①〜④の文は，アルゼンチン，インド，オーストラリア，スイスのいずれかの国の畜産業の特徴について述べたものである。アルゼンチンに該当するものを，次の①〜④のうちから一つ選べ。

①　19世紀後半の冷凍技術の発達により遠隔の大消費地へ牛肉の輸出が可能となり，平坦（へいたん）で肥沃（ひよく）な土地に広がる大牧場での牛の飼育が盛んになった。

②　乾燥した地域が広く分布することから，スペインを原産地とするメリノ種が多く飼育され，世界最大の羊毛の輸出国となっている。

③　乳牛を，夏には山地で放牧し，冬には麓（ふもと）の牛舎で飼育する移牧が行われ，バターやチーズなどの乳製品を生産している。

④　牛や水牛の飼育頭数が多く，役畜（えきちく）として利用されてきたほか，近年は流通網の整備や品種改良などにより乳の生産量が増加し，「白い革命」と呼ばれる。

解答・解説

問題 19-1　ヨーロッパの農牧業

❶　②　③　④

解説

　ヨーロッパの農業も17世紀ごろまでは，アジアと同様に自給的な農業生産が中心だったんだけど，産業革命前後から急速に商業的農業が発達し，都市住民への食料供給が行われるようになったんだ。

　① 　三圃式農業（冬作➡夏作➡休閑の輪作）は，**フランス**や**イギリス**などの北西ヨーロッパで，中世に広く行われてきた農業形態だよ。だから「現在でも広く」というのが誤り。必ず正答しよう！（^o^）

　② 　当初はオランダやデンマークでも他のヨーロッパ諸国と同じように混合農業が行われていたんだけど，**19世紀後半に北アメリカから安価な穀物（特に小麦！）が大量に流入**するようになったので，デンマークでは必死で**氷河性のやせた土壌を改良**し，世界で最初に本格的な酪農を始めたんだ。また，オランダではポルダー（干拓地）を中心に酪農，**海岸の砂丘地帯でバラ，チューリップなどの花卉や，トマト，パプリカ，キュウリなどの野菜を栽培する園芸農業**に力を入れ，それぞれヨーロッパ有数の生産を誇るまでになったんだよ。すごいよね！　よってこの文は正しいよ。

　③ 　アイルランドやイギリスは北緯50〜60度付近に位置してるから，偏西風の影響が強く，**年間を通じて湿潤な気候**下にあるよね。だから牧草の生育がよくて，両国ともに国土面積の50％近くが牧場・牧草地となっているんだ。したがって，この文も正しいね。イギリスは**ヨーロッパ最大の羊の飼育国**（ちなみに**牛**はフランス，**豚**はスペイン，ドイツが多い）だから注意しよう！

　④ 　ドイツ（ドイツは第二次世界大戦後，東西ドイツに分断されていた）では，かつてイギリスなんかに比べ経営規模が小さく生産性が低かったんだ。経営規模が小さいと機械化が難しいもんなぁ。これを解消するため，第二次世界大戦後は**零細な農家の離農を奨励**し，**経営規模の拡大と機械化を進行**させたんだ。その結果，農業生産性も向上し，たとえば小麦なんかはヨーロッパでは**フランスに次ぐ生産・輸出国**だ！　したがって，この文も正しいよ。ヨーロッパの農業は，『**大学入学共通テスト　地理Bの点数が面白いほどとれる本**』を読んで一度国別にまとめておくといいね！

問題 19-2　企業的穀物農業

①	②	③	**❹**

解説

　企業的穀物農業は，もともと**ヨーロッパの食料不足**に対して新大陸で始められた農業で，大規模に小麦を生産する農業形態なんだ。

　①　カナダからアメリカ合衆国に至るプレーリーからグレートプレーンズにかけては，**肥沃な黒色土のプレーリー土**が分布していて小麦栽培が発達しているよ。文中には「カナダ」とあるので，**寒冷な気候でも栽培が可能な「春小麦」だから正しい**よ。

　②　アルゼンチンのパンパではエスタンシアと呼ばれる大農場で小麦栽培が行われているよ。**大土地所有制**というのは，ヨーロッパ人がラテンアメリカなどに持ち込んだ地主制度だ。したがって，この文も正しいね。東部の湿潤パンパと西部の乾燥パンパの境界付近（**年降水量550mm**）が企業的穀物農業地域になっていることと，アルゼンチンは**ラテンアメリカ最大の小麦輸出国**だということに注意！

　③　ウクライナからカザフスタン北部～西シベリア（ロシア）にかけては，**最も肥沃な黒色土壌であるチェルノーゼムが分布している**んだったよね。チェルノーゼムは**小麦栽培に最適の土壌**だよ！　もちろんこの文も正しい。ウクライナ，ロシアは「ヒマワリ」の世界的な生産国で，おもに**ヒマワリ油に加工**されているよ。国内消費だけでなく重要な輸出品にもなっているんだ。「ジャガイモ」の生産も盛んで，ウクライナ料理の定番にもなっているからチャンスがあれば食べてごらん。

　④　マリー・ダーリング盆地では，マリー川とその支流の**ダーリング川**からの灌漑用水で，大規模に小麦生産が行われているんだ。ここでは「多数の掘り抜き井戸」というのが誤りだね。

問題 19-3　企業的牧畜

①	**❷**	③	④	**❺**	⑥

解説

　ア　ロッキー山麓からグレートプレーンズにかけては，大牧場で①「肉牛の放牧」をする企業的牧畜が行われているよ。ここで生まれた仔牛は大

資源・産業

1
2
3
4
地形 5
6
7
8
地形図 9
10
11
12
気候 13
14
15
16
17
農業 18
19
20
水産業 21
林産資源 22
エネルギー資源 23
鉱産資源 24
25
工業 26
27
28
環境問題 29
30
村落 31
衣・食・住 32
33
都市 34
35
人口・36
食料問題 37
国家・人種 38
・民族 39
交通・情報通信 40
システムの発達 41
貿易で結び 42
つく世界 43

陸横断鉄道などでコーンベルト（トウモロコシ地帯）まで輸送され，**トウモロコシや大豆を飼料として肥育**されてきたんだ（近年は，コーンベルトにもグレートプレーンズにもフィードロット（肥育農場）が増加していることに注意しようね）。②「綿花地帯」に連れて行ってどうするんだろう？綿花を使って仔牛にシャツを作ってやっても……(^o^)

　イ　グレートアーテジアン（大鑽井）盆地では，スペインなどヨーロッパから持ち込まれた③「メリノ種」と呼ばれる羊の放牧が行われているよ。君たちが秋冬に着ているようなウールのセーター（ニット）やジャケット，スカート，コートは大半が高品質のメリノウールだよ！　グレートアーテジアン盆地付近は，年降水量250〜500mm程度の**BW〜BS**が広がっていて，一部には**牛も飼育**されているけど，おもに④「**粗放的で大規模**」な**羊の放牧**が行われているんだね。ここでは，掘り抜き井戸（地下にある岩盤などの不透水層を掘り抜いた深井戸）を建設して，被圧地下水を羊の飲み水に利用していることに注意しよう！　でも，この地下水は水温が高く**塩分濃度も高い**ため，**灌漑用水には適していない**からね！

　ウ　アルゼンチンのブエノスアイレスから内陸にかけて，パンパと呼ばれる温帯草原が分布しているんだったよね。「エスタンシア」というのは，アルゼンチンの大農牧場のことで，ラテン系ヨーロッパ人によって持ち込まれた**大土地所有制度**が起源だよ。東部の湿潤パンパ（年降水量550mm以上）では商業的混合農業や企業的穀物農業が盛んだから，⑤「羊の放牧が盛ん」というのは誤りだね。西部の乾燥パンパ（年降水量550mm未満）では羊の企業的牧畜が行われているから，こっちだったら正文なんだけどな。また，⑥「アルファルファ」は非常に栄養価の高い**豆科の牧草**で，乾燥に強いだけでなく，地力回復にも貢献していることを忘れないようにしよう！　ちなみにアルファルファは日本名「むらさき馬ごやし」と呼ばれているよ。すごい名前だ！(^o^)

問題 19-4　プランテーション農業

①　　②　　③　　**❹**

　ラテンアメリカのエクアドル，コスタリカ，グアテマラがバナナの上位輸出国であることを知っていれば簡単だけど，そこまで知らなくても，フィリピンで判定すればいいよ。ラテンアメリカ諸国にはアメリカ合衆国

の多国籍企業が多数進出していて，数多くの農園を経営しているんだ。フィリピンの場合には日本向けのバナナ栽培がアメリカ合衆国や日本企業によって行われているよ。だから**ラテンアメリカとフィリピンはバナナの大輸出地域**になっているんだね。バナナは，日本では果物として扱われているけど，熱帯地域では主食となっている場合もあるので，生産上位国の**インド，中国，ブラジル**では生産量の割に輸出量が少ないことに注意しよう！

問題 19-5　世界の農業と食生活

❶　②　③　④

解説

①　アメリカ合衆国は小麦，トウモロコシなど**世界の穀物輸出に占める割合がすごく高い**から，世界の穀物価格に大きな影響を及ぼしているよ。したがって，正しい文だね。じゃあ，もう1ランクアップしよう。アメリカ合衆国で生産される穀物の大半は穀物メジャーと呼ばれる多国籍企業を通じて取引されていることに注意してね。

②　「緑の革命」は，**アジア諸国で大成功**といっていいだろうな。でも**資本不足のアフリカ諸国では，まだあまり普及していない**ね。しかも，エチオピアはアフリカでも**最貧国の一つ**で，食料不足に苦しんでいるから，「食料輸出国」は誤りだ。

③　サウジアラビアでは，石油危機後，豊富なオイルマネー（石油収入）を背景として，**工業化や都市化が進展**しているのだから，「伝統的農業が復活」や「野菜中心の食生活」は誤りだね。

④　中国では，1949年の社会主義革命以降に始められた計画経済が行き詰まり，1980年代頃から「人民公社」中心の集団農業から個人農主体の「生産責任制」へ移行したんだよ。だから「市場経済の行き詰まり」「集団農場が復活」は誤りだ。この問題は正解しないとまずいよ～！　さっそく『大学入学共通テスト　地理Bの点数が面白いほどとれる本』で復習だ！

問題 19-6　アルゼンチン，インド，オーストラリア，スイスの畜産業の特徴

❶　②　③　④

解説

① アルゼンチンに関する記述だ。アルゼンチンなどの**南半球諸国**では、かつて赤道を超えて北半球に肉類を輸送することができなかったんだ。でも、19世紀後半の**冷凍船の就航**によってその障害はなくなり、飛躍的に畜産業が発展していくことになったんだね。文中の「平坦で肥沃な土地」とは、もちろんラプラタ川流域の……パンパ！ パンパ東部は Cfa、西部は BS が分布し肥沃な穀倉地帯になっているよ。さらにパンパには**黒色土の一種であるパンパ土**が広がり小麦、トウモロコシなどの栽培や牛、羊の大規模な飼育が行われているんだ。アルゼンチンが**肉類、トウモロコシ、大豆、小麦の輸出が得意**だということを忘れないでね！

② オーストラリアに関する記述だよ。オーストラリアは、国土のほぼ中央部を南回帰線が通過しているから、沿岸部を除く**国土の大部分がB（乾燥気候）**なんだ。だから「乾燥大陸」って呼ばれているんだね。ヨーロッパ人によって持ち込まれた**メリノ種（スペイン原産）**などの羊が多く飼育され、中国に次ぐ飼育頭数を誇っているし（かつては世界最大の飼育頭数だったけど、近年は中国に首位の座を譲ってるよ。君たちのお父さんやお母さんが受験生のころは、オーストラリアが首位だったかも）、**世界最大の羊毛輸出国**なんだ。

③ スイスに関する記述だ。これは簡単かな？ 「夏には山地で放牧し、冬には麓の牛舎で飼育」という説明から、伝統的に『移牧』形態の酪農が発達しているスイスと考えよう。

④ インドに関する記述だ。インドは**ブラジルに次いで牛の飼育頭数が多い**よ。近年はブラジルに追い抜かれたけど、それまではインドがず〜っと首位だったんだ。牛はヒンドゥー教徒にとって、神の化身だから、そんなありがたい存在を**食用としない**ことは知ってるよね（だからインドのハンバーガーチェーン店では、ベジバーガーが大人気！）。そのため古くから役畜（農業労働）として利用され、さらに牛がもたらす**生乳や乳製品は**神の恵みとして重宝されてきたんだ。近年は、**流通網の整備や農業技術の普及で生産性が向上したことや**「緑の革命」の成功で穀物生産に余力ができたことから、『白い革命』と呼ばれる**乳の生産量の増加**が生じているんだね（土地を持たない農家にとっては、とってもうれしい現金収入になる）。**牛乳の生産はアメリカ合衆国に次いで第2位**だし（水牛の乳を加えた**生乳なら世界第1位だけど**）、バターの生産は、めちゃめちゃバターを食べるアメリカ合衆国をはるかに上回り、**世界最大のバター生産国**であることにも注意しよう。

農業統計資料の分析

知識・技能の整理

 土地利用 （統計年次は2016年）

農地⇒耕地（水田，畑）＋樹園地＋牧場・牧草地

①**耕地面積**：アメリカ合衆国，インド，中国，ロシアなど<u>国土面積が広い国</u>が大きい。

②**耕地率**：バングラデシュ(66.0%)，ウクライナ（58.1%），デンマーク（56.6%），インド（57.0%），ハンガリー(49.7%) など<u>平野が広がる国</u>で高い。

③**牧場・牧草地率**：モンゴル（71.1%），カザフスタン（69.4%），オーストラリア（42.2%）など<u>半乾燥（BS）地域</u>やアイルランド（58.0%），イギリス（46.6%），ニュージーランド（38.0%），など<u>西岸海洋性気候（Cfb）地域</u>で高い。

④**森林率**：日本（68.5%），韓国（63.4%）など<u>山がちな地域</u>，コンゴ民主共和国（67.2%），ブラジル（58.9%），インドネシア（49.9%）など<u>熱帯雨林地域</u>，フィンランド（73.1%），スウェーデン（68.9%），ロシア（49.8%）など<u>タイガ（針葉樹林）地域</u>で高い。

 農業就業人口＊ （統計年次は2017年）

農業就業人口率⇒<u>発展途上国で高く，先進国で低い。</u>

発展途上国		先進国	
エチオピア	67.0%	イギリス	1.2%
インド	44.5%	ドイツ	1.3%
タイ	30.9%	アメリカ合衆国	1.4%
中国	27.0%	フランス	2.6%
フィリピン	25.4%	日本	3.4%
ブラジル	9.5%	スペイン	4.4%

＊農林水産業就業人口。
『世界国勢図会』による。

経営規模 （統計年次は 2016 年）

農業従業者1人当たり農地面積➡オーストラリア，アメリカ合衆国など新大陸諸国で大きく，アジア，アフリカ諸国で小さい。

新大陸＞ヨーロッパ＞アフリカ＞アジア

地　　　域	農業従業者1人当たり農地面積(ha)
アジア	2.6
アフリカ	5.2
ヨーロッパ	23.3
南アメリカ	25.8
北中アメリカ	33.0
オセアニア	154.9

『データブック　オブ・ザ・ワールド』による。

重要用語を確認 ✓

▶**緑の革命**：第二次世界大戦後，発展途上国の食料不足に対応するため，FAO(国連食糧農業機関) や先進国が中心となって**穀物の高収量品種の開発・導入**を実施した。これを緑の革命という。緑の革命を積極的に推進した**東南アジアや南アジアの国**では，**生産性が著しく向上した**が，高収量品種は在来種に比べ病虫害に弱く，**灌漑**設備を必要とするなど，ある程度の資金力が必要なため，**アフリカ諸国では導入が遅れている。**

▶**セマウル運動**：**韓国**で1970年代から実施された**農村の近代化運動**で，生産性を高め農村の生活水準を向上させるため，農道の整備，灌漑用水路の建設などが行われた。

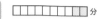

次の図は，アジア，アフリカ，ラテンアメリカの三つの地域におけ
る人口規模上位20か国について，供給栄養量と就業人口に占める農業
就業人口の割合を国別に示したものであり，ア〜ウは，アジア，アフ
リカ，ラテンアメリカのいずれかである。ア〜ウと地域名との正しい
組合せを，下の①〜⑥のうちから一つ選べ。

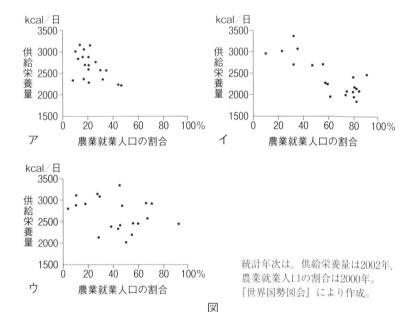

統計年次は，供給栄養量は2002年，
農業就業人口の割合は2000年。
『世界国勢図会』により作成。

図

	ア	イ	ウ
①	アジア	アフリカ	ラテンアメリカ
②	アジア	ラテンアメリカ	アフリカ
③	アフリカ	アジア	ラテンアメリカ
④	アフリカ	ラテンアメリカ	アジア
⑤	ラテンアメリカ	アジア	アフリカ
⑥	ラテンアメリカ	アフリカ	アジア

問題 20-2

難 [ ][ ][ ][ ][ ][ ][ ] 分

　次の図中のA～Cは，アジアを中心とした地域の耕地率*，穀物の
土地生産性**，農業就業人口率のいずれかの指標について，その高
低を国別に示したものである。A～Cとその指標との正しい組合せ
を，下の①～⑥のうちから一つ選べ。

*国土面積に占める耕地面積の割合。　**収穫面積1ha当たりの穀物の収量。

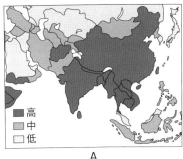

A

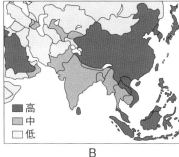

B

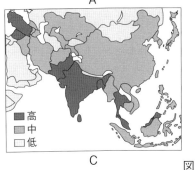

C

統計年次は耕地率が1999年，穀物の土地
生産性が2001年，農業就業人口率が2000
年。国境係争地，データのない国，水域
は白く示した。FAOの資料などにより作
成。

図

	A	B	C
①	耕地率	穀物の土地生産性	農業就業人口率
②	耕地率	農業就業人口率	穀物の土地生産性
③	穀物の土地生産性	耕地率	農業就業人口率
④	穀物の土地生産性	農業就業人口率	耕地率
⑤	農業就業人口率	耕地率	穀物の土地生産性
⑥	農業就業人口率	穀物の土地生産性	耕地率

問題 20-3

標準 〔□□□□□□□□□〕分

次の図は，いくつかの国における米の生産量と輸出量について，それぞれの世界に占める割合を示したものであり，①～④は，アメリカ合衆国，インド，タイ，中国のいずれかである。アメリカ合衆国に該当するものを，図中の①～④のうちから一つ選べ。

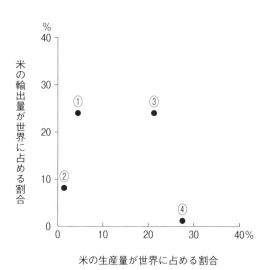

統計年次は，生産量が 2017 年，輸出量が 2016 年。
FAOSTAT により作成。

図

問題 20-4

標準 〔□□□□□□□〕分

日本は世界でも有数の小麦輸入国である。次ページの表は，世界の小麦輸出量の上位6か国のアメリカ合衆国・ウクライナ・オーストラリア・カナダ・フランス・ロシアについて，輸出量，生産量，日本の輸入量とその割合，1 ha 当たりの収量を示したものである。フランスに該当するものを，表中の①～④のうちから一つ選べ。

210

国　名	輸出量 （万トン）	（％）	生産量 （万トン）	（％）	日本の輸入量 （万トン）	（％）	1ha当たり収量 （トン）
①	2,533	13.8	8,586	11.1	0	0.0	3.12
②	2,404	13.1	4,737	6.1	287	50.8	3.11
③	1,970	10.7	2,998	3.9	179	31.7	3.32
④	1,834	10.0	3,693	4.8	0	0.0	6.76
オーストラリア	1,615	8.8	3,182	4.1	88	15.5	2.61
ウクライナ	1,170	6.4	2,021	3.4	0	0.0	4.11

統計年次は輸出量が2016年，生産量と1ha当たり収量が2017年，日本の輸入量が2018年。表中の％は，それぞれの総量に占める構成比を示す。
『世界国勢図会』などによる。

表

問題 20-5　やや難　□□□□□□□□分

　次の表中のA〜Cは，牛肉，牛乳，チーズのいずれかの生産量について，世界の上位5か国とそれらが世界全体に占める割合を示したものである。表中のA〜Cと指標名との正しい組合せを，下の①〜⑥のうちから一つ選べ。

（単位：％）

順位	A		B		C	
1位	アメリカ合衆国	14.5	アメリカ合衆国	17.8	アメリカ合衆国	24.7
2位	インド	12.4	ブラジル	14.4	ドイツ	12.1
3位	ブラジル	5.0	中　国	10.4	フランス	8.3
4位	ドイツ	4.8	アルゼンチン	4.3	イタリア	5.5
5位	ロシア	4.6	オーストラリア	3.1	オランダ	3.4

統計年次は，2017年。『世界国勢図会』により作成。

表

	①	②	③	④	⑤	⑥
A	牛　肉	牛　肉	牛　乳	牛　乳	チーズ	チーズ
B	牛　乳	チーズ	牛　肉	チーズ	牛　肉	牛　乳
C	チーズ	牛　乳	チーズ	牛　肉	牛　乳	牛　肉

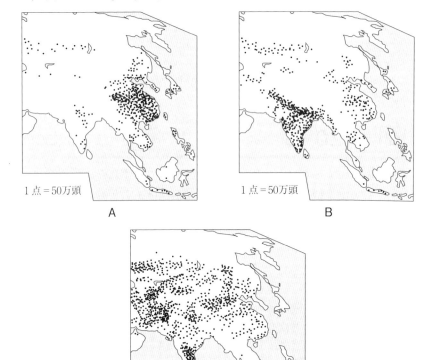

問題 20-6　標準 □□□□□□□□□分

　次の図は，家畜の分布を示したものである。A～Cは牛，羊，豚の
いずれかである。A～Cに該当する家畜の組合せとして正しいもの
を，次ページの①～⑥のうちから一つ選べ。

1点＝50万頭

A

1点＝50万頭

B

1点＝20万頭

C

Goode's World Atlas により作成。

図

	①	②	③	④	⑤	⑥
A	牛	牛	羊	羊	豚	豚
B	羊	豚	牛	豚	牛	羊
C	豚	羊	豚	牛	羊	牛

資源・産業

1
2
3
4
地形　5
6
7
8
地形図　9
10
11
12
気候　13
14
15
16
17
農業　18
19
20
水産業　21
林産資源　22
エネルギー資源　23
鉱産資源　24
25
工業　26
27
28
環境問題　29
30
村落　31
衣・食・住　32
33
都市　34
35
人口・　36
食料問題　37
国家・人種　38
・民族　39
交通・情報通信　40
システムの発達　41
貿易で結び　42
つく世界　43

問題 20-7　　　　やや難　□□□□□□□□□分

　生活文化のなかでも食文化の多様性に着目して，展示資料をまとめることにした。展示資料の図と表は，小麦，米，ジャガイモの伝播経路および主食とする地域を示したものであり，図中のa～dは，作成中のトウモロコシの原産地または伝播した地域を示している。トウモロコシの伝播経路を表した模式図として最も適当なものを，次ページの①～④のうちから一つ選べ。

展示資料「食文化の多様性」

図　主な作物の伝播経路

作物	特徴
小麦	西アジアで栽培化され，ヨーロッパから中国にかけて伝わり，ヨーロッパ人が進出した地域にも広まった。
米	東は東南アジアから東アジア，西は南アジアまで伝わり，アジアでは広く主食とされている。
ジャガイモ	原産地の南アメリカからヨーロッパに持ち込まれ，現在でも南アメリカでは主食となっている地域がある。
トウモロコシ	・原産地はどこで，どのように伝播したか？（作成中） ・主食となっている地域はどこか？（作成中）

表　伝播経路および主食とする地域

図は星川清親『栽培植物の起原と伝播』等により作成

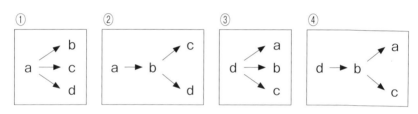

214

資源・産業

1
2
3
4
地形 5
6
7
8
地形図 9
10
11
12
気候 13
14
15
16
17
農業 18
19
20
水産業 21
林産資源 22
エネルギー資源 23
鉱産資源 24
25
工業 26
27
28
環境問題 29
30
村落 31
衣・食・住 32
33
都市 34
35
人口・
食料問題 36
37
国家・人種
・民族 38
39
交通・情報通信
システムの発達 40
41
貿易で結び
つく世界 42
43

解答・解説

共通テストではさまざまな指標から地域や国を判定させる問題が頻出だよね。じゃあ，すべてのデータを覚えていないと勝てないのかなぁ？データの分析問題を正答するには，まずは示された指標について**経済発展と指標との関連性を読み取る**ことが重要だね。そして国や地域の経済発展のレベルを十分に理解しておけば，初めて見るデータでも正答することができるよ。もちろん地理の基礎的事項がわかっていなければ入試には対応できないので，知識・技能の整理 や『大学入学共通テスト　地理Bの点数が面白いほどとれる本』の内容をしっかりと定着させてね！

問題 20-1　アジア，アフリカ，ラテンアメリカの国別供給栄養量と農業就業人口率

① ② ③ ④ ⑤ **❻**

解説

アジア，アフリカ，ラテンアメリカは**発展途上地域**だと考えよう。なかでもアフリカはアジア，ラテンアメリカより**後発の発展途上国**が多い地域だ。つまり，供給栄養量（単位から判断して，1人1日当たり）は**経済発展にほぼ比例して大きくなる**し，農業就業人口は**経済発展にほぼ反比例して小さくなる**のだから，ア～ウのうち供給栄養量が少ない国々が多く，農業就業人口割合が高い国が最も多いイが**アフリカ**だね。

アジアとラテンアメリカの判定はやや難しいけど，君たちにはクリアしてほしいな。アジアには日本のような**先進国**，シンガポール，**韓国**などほとんど先進国に近い国々（**アジア NIEs**）がある反面，バングラデシュや**カンボジア**などのような後発の発展途上国もあるので，供給栄養量や農業就業人口の割合にばらつきが見られるウが**アジア**，残るアが**ラテンアメリカ**だと判定しよう。

設問文に「地域における人口規模上位20か国」ってあるよね。ということは，アジアの**シンガポール，ブルネイ，カタール**など高所得だけど人口が少ない国は，グラフ中にないということだよ。注意してね！

ラテンアメリカの国々はスペイン人など**ラテン系白人**が移民を進め，彼らを中心に国家や社会が形成されていったため，食生活などの生活習慣も**ヨーロッパの影響**を受けているから，1人当たりの供給栄養量もアジアより高くなるんだ。

たとえば，アルゼンチンは日本より1人当たりGNIがはるかに低いのに（日本が約38,000ドル，アルゼンチンが約13,000ドルだよ），1人1日当たり供給栄養量はアルゼンチンのほうが多いんだ！　これはアルゼンチンの総人口の約**90%がヨーロッパ系白人**だから，**食生活がヨーロッパ型**なんだね。ちょっと驚き！　それから，ラテンアメリカ諸国の1人当たりGNIの特徴として，**超トップクラスの国もない代わりに，すごく低い国もない**ことに注意してネ！　入試頻出だよ。

問題 20-2　アジアの耕地率，穀物の土地生産性，農業就業人口率

| ① | ② | ③ | ④ | ⑤ | **❻** |

解説

　これも共通テストで頻出が予想されるタイプだね。特に農業関連のデータはアジアとヨーロッパに注意！　耕地率とは**国土面積に対する水田や畑の割合**で，**農業に適した地形，気候，土壌に恵まれた国ではこの値が高く**なると考えよう。

　次に，穀物の土地生産性とは，**1ha当たりの穀物**（米，小麦，トウモロコシなど）**の収穫高**を意味しているよ。一般に経済発展のレベルに対応するから，アジアでは**日本，韓国，中国など東アジア地域が土地生産性が高い**んだ。これらの国は，豊富な労働力や資本があるからね。ここでは問われていないけど，アメリカ合衆国，カナダ，オーストラリアの小麦栽培はめちゃめちゃ**大規模**（つまり粗放的に大型機械を使用）に行われているため，**労働生産性は高い**けど，土地生産性はあんまり高くないことも頭の片隅においておいてね（アメリカ合衆国の米とトウモロコシは両方高いけど）。

　農業就業人口率は，**経済の発展とともに低下していく**から，農業就業人口率が高い地域は発展途上国と判定しよう。Aは，**中国やタイ，ベトナム**などの東南アジア，**インド，バングラデシュ**などの南アジアで高く，**日本，韓国，砂漠の産油国**（かつては遊牧などが経済の中心だったけど，油田の開発以降は，都市労働者として働く人が多いから）で**低い**ため，農業就業人口率だ。

　Bは，逆に**日本，韓国，中国，サウジアラビア**などで高いため，農業に十分な資本投下（**灌漑設備や品種改良，農薬，肥料など**）が行われていると考えられるから，**土地生産性**と判定しよう。残るCは，**インド，バング**

ラデシュ，タイなど**大規模な平野が国土の大半を占める国で高い**から，耕地率だね。

　君たちの実力アップを図るにはなかなかいい問題なので，もう一度図を見て，考えてみよう！　焦らないで，やるべきことをしっかりやれば必ず合格するよ。

問題 **20-3**　アメリカ合衆国，インド，タイ，中国の米の生産量と輸出量

　①　**❷**　③　④

解説

　米は，前にも話したように**年降水量1,000mm 以上，夏の高温多雨**を好むから，**夏季のモンスーンの影響で降水に恵まれるモンスーンアジアでの生産・消費が多い**よ。だから，生産上位国は，中国，インド，インドネシア，バングラデシュ，**ベトナム**，タイ，ミャンマー，フィリピンというようにアジア諸国が占めているんだね。

　また，**消費量は人口規模に比例**する傾向にあるから，人口規模が大きい中国，インドは，それぞれ総生産量の20% 以上を占めているんだ。したがって，図中の④を人口約14.3億人の中国，③を約13.6億人のインドと判定しよう。インドは1960年代以降の緑の革命による高収量品種の普及により，**タイと並んで世界最大の米の輸出国**になっていることも忘れないでほしいな。1980年ころには，**食料自給を達成している**からすごいよね。

　タイとアメリカ合衆国は，ともに輸出用の米生産に力を入れているけど，タイ（人口約7,000万人）は**インドに次ぐ世界最大級の米輸出国**であること，タイの主食は米なので**生産量も多い**ことから，**①がタイ，残る②がアメリカ合衆国**だ。アメリカ合衆国では，メキシコ湾岸からカリフォルニア州にかけての温暖な地域で，大規模機械化農法による輸出用の稲作が行われているけど，**主食は小麦**だから，米の消費量は少なく，**米の生産量が世界に占める割合は4か国中最も低い**よ。

問題 20-4　小麦の需給

①　　②　　③　　**④**

(解)(説)

　小麦の輸出量上位国のアメリカ合衆国，ウクライナ，オーストラリア，カナダ，フランス，ロシアの各種データから国名を判定させる問題だ。これまで一緒にやってきたことを，どれだけ総合的に使えるかで決まるので，地理的思考力を駆使してチャレンジしてみよう！

　表中の①は生産量，輸出量ともに最大なのでアメリカ合衆国かロシアだと判定できるよね。アメリカ合衆国の小麦生産量は，中国，インド，ロシアに次ぐことを忘れちゃだめだ（アメリカ合衆国が3位になることもあるけど）。それから輸出量に関しても，かつてはずーっとアメリカ合衆国が首位だったんだけど，最近はロシアが増加しているので，判定できないや。でも日本の輸入量を見てごらん。アメリカ合衆国は**日本の最大の輸入相手国**だから，②がアメリカ合衆国（日本の輸入量の割合が50.8％と最も高い割合に注目！）で，①がロシアだ。

　残る③と④の輸出量はそんなに大きな差がないのがわかるかな。生産量は④が多いけど，④は日本への輸出量が0だ！！！　これはどういうことだろう？　よほど外交関係がうまくいってないか，輸送しにくいところにあると考えられるよ（つまり**遠いところ**）。アメリカ合衆国からの輸入が多いことからも，ほぼ同じ位置関係のカナダからは輸入が多いと考え，③がカナダだね。このことは1ha当たり収量（すでに説明した土地生産性のことだよ）の数値を見てもよくわかるはずだ。つまりアメリカ合衆国，オーストラリア，③カナダは広大な農地で，めちゃめちゃ**大規模に小麦を栽培**しているため，**土地生産性が低くなっている**（逆に**労働生産性は高い**）と考えられることからも，やっぱり③はカナダだね。

　残る④がフランスになるね。土地生産性は資本投下が大きい西ヨーロッパ諸国のほうが高いから④がフランスだと考えていいよ。

　フランスを選ぶだけでなく，①〜④まですべて答えられるようにすれば本当の実力が身につくからね。がんばれー‼

問題 20-5 牛肉，牛乳，チーズの上位生産国

① ② ❸ ④ ⑤ ⑥

解説

　農産物の生産量については，まず**生産する自国でどれくらい消費するのか**を考えたいね。つまり**その農産物を消費する食習慣があるか**（内陸では魚はあんまり食べないし，牧草が豊富に生えるところではやっぱり牧畜が発達するから肉を食べるだろうし），さらに**人口規模はどれくらいか**（人口が多ければ，やっぱりいっぱい食べるから，たくさん生産しなくちゃならないよね？）などを考慮に入れながら判定していこう！　たとえば，日本や韓国は古くから動物性タンパク質を水産物に依存してきたが，欧米では畜産物に依存してきたなども考えたいな。

　表は**牛肉，牛乳，チーズ**の生産上位国を示しているよ。A～Cすべてで，アメリカ合衆国が首位だけど，Aはアメリカ合衆国に次いでインドの生産量が多いことから牛乳だ。インドでは，**総人口の約80% がヒンドゥー教徒**で，ヒンドゥー教では牛が神聖なものであると考えられているんだったね。だから，牛肉は食べないんだけど，牛が提供してくれる乳製品（特に生乳とバター）の摂取量は欧米諸国を除いてはかなり多いんだ。Bはアメリカ合衆国に次いで，ブラジルが多いから，牛肉と判定しよう。ブラジルは**総人口の約50% がヨーロッパ系白人**が占め，欧米型の食生活が普及していることに加え，第二次世界大戦後に**アマゾン地方～ブラジル高原のカンポ**にかけて大規模な牧場開拓が進展したため，近年は**インドを抜いて牛の飼育頭数が世界最大！！！**　その大半が肉牛であることから牛肉の生産量が増加しているんだ。輸出量も増加していて，牛肉を含む**肉類の輸出は世界最大**であることに注意しておこう！　残る**C**はすべて欧米諸国であることからチーズだね。乳製品の中でも生乳やバターは世界で広く消費されているけど，チーズは欧米型食生活の地域ですごく消費量が多いんだ。欧米人のチーズ消費量はハンパじゃない！！！　ピザとかにのってるチーズも日本じゃ考えられないくらい「うわー」ってのってるし（笑）。

問題 20-6　世界の家畜と食料供給量

| ① | ② | ③ | ④ | **❺** | ⑥ |

解説 アジアにおける牛，羊，豚の分布

　牛は家畜の中で最も多く飼育されていて，ブラジル，インド，中国，アメリカ合衆国での飼育頭数が多いという話しをしたよね。牛を飼育するには，多くの牧草や飼料，水が必要だから，温暖で，湿潤な地域で飼育されていることが多いんだ。おもに肉用牛（以下肉牛）と乳用牛（以下乳牛）として飼育されているけど，**インドでは牛は「神聖」な家畜**なので，たくさん飼育されてはいるけど，肉牛の飼育はほとんど行われていないよ（牛肉は食べない！）。もちろん乳製品の生産は世界屈指だけどね。ただし，**イスラームなどヒンドゥー教徒以外の人口もかなり多い**（13.6億人のうち20％）ので，彼らの中には牛肉を食べたり，牛肉の生産を行っている人々はいるよ。図中のインドに多く分布する**B が牛**だ。**C もインドに多いけど，アジア大陸の内陸部にも多く分布しているから，C は乾燥に強い羊**だね。羊は乾燥に強いだけでなく，気温の高低にも順応性が高く，粗食にも耐えるから，乾燥地域を中心に分布が多いんだ。**A は中国に分布が集中しているから豚**だよ。豚の飼育頭数は中国が世界でも群を抜いて多い！　さらにイスラム圏では「不浄」な動物として忌み嫌われているから，**西アジア，中央アジア，中国西部，インドネシア，マレーシアなどイスラム圏に少ない**ことを読み取りたいな。これはかなり簡単な問題なので，絶対にミスらないようにね！

問題 20-7　食生活の多様性

| ① | **❷** | ③ | ④ |

解説

　図中の展示資料には，小麦，米，ジャガイモの**伝播経路と主食**とする地域が示してあるね。ちょっとだけ，表の作物の特徴を一緒に読んでみよう。

　小麦は，**西アジア原産**の穀物で，**地中海地方**に伝わりヨーロッパ人の主食になり，南北アメリカやオセアニアなどの**新大陸にも拡大**していったんだ。もちろん中国やインドなどアジアにも伝播していったから，現在の**小麦生産上位国**は，**中国とインドが two top！**

　米は，中国南部から東南アジア原産の穀物で，高温多雨の気候を好むため，モンスーンによる降水に恵まれる東アジア，東南アジア，南アジアの主食として栽培されていることは知ってるよね。小麦に比べると栽培されている範囲が狭いのが特徴かな。だからいつも言ってるように，米の生産上位国はアジアの人口大国が上位を占めているんだね。もちろん，中国，インド，インドネシアが上位3か国！

　ジャガイモは中央アンデスの高地原産のイモ類で，冷涼なやせ地でも栽培が可能なので，ヨーロッパに持ち込まれるとドイツ，イギリス，ポーランド，ロシアなどで栽培が拡大し，第二次世界大戦後は中国やインドなどでの生産が増加したんだよ。ジャガイモのおかげでヨーロッパもアジアも相当救われたはず。だって，ジャガイモは救荒作物といって，メインの作物が天候不順なんかで不作の時には，それでもがんばって育ってくれるから，とってもありがたい作物なんだ。生産量は，中国，インド，ロシア，ウクライナなんかで多いよ。長くなったけど，原産地から長ーい時間をかけて世界に伝播していき，偶然や必然の中で食文化が形成されていったんだねえ。マジに面白い！　大学生になったらそれぞれの農作物について多くの書籍が出版されているので，ぜひ感動を味わってね（笑）。おっと，そろそろ次に行かなくっちゃ！

　トウモロコシは，図中のa付近中央アメリカの高原地帯（メキシコ高原南部〜ユカタン半島〜グアテマラ付近）を原産とする穀物だ。古くから南北アメリカの主要な農作物で，マヤ帝国（ユカタン半島），アステカ帝国（メキシコ高原）の人口を支え，インカ帝国（中央アンデス）でもジャガイモとともに主食として用いられてきたんだよ。15世紀末のコロンブスの新大陸発見によって図中のb（スペイン）に持ち帰られたトウモロコシは，トルコなど地中海地方に伝播し，さらに16世紀にはイギリスや図中のc（ポーランド，バルト三国，ベラルーシ）やアフリカのd（エチオピア）などへも広がっていったんだ。したがって，②が正解！

　わずか100年の間の出来事なんだけど，その伝播スピードはすごい！飛行機やインターネットがあるわけじゃないのにねえ。そして現在では，米や小麦を上回る生産量だから。米や小麦の主な用途は主食だけど，トウモロコシを主食としている地域は限られていて，メキシコ（トルティーヤ）や東アフリカのケニア（ウガリ）などで，生産量の大半は家畜飼育のための飼料用，コーンスターチ，バイオエタノールなどの工業用だよ。コロンブスもまさかトウモロコシがこんなに注目されるとは夢にも思わなかったんじゃないかなぁ（笑）。

世界の水産業と水産資源

第21回

知識・技能の整理

水産業の立地条件

①**自然的条件**　湧昇流（ゆうしょうりゅう）が生じやすいバンクや大陸棚（たいりくだな），寒暖両流が会合する潮目（しおめ）（潮境（しおざかい））。

②**社会的条件**　資本，技術，市場，食習慣。

主要漁獲国

かつては先進国が中心，近年は発展途上国（はってんとじょうこく）の漁獲量が増加。

主要漁獲国（2017年）	世界に占める割合（％）
中　　国	38.9
インドネシア	11.0
インド	5.7
ベトナム	3.5
アメリカ合衆国	2.7
ロシア	2.5
日　　本	2.1
ペルー	2.1
バングラデシュ	2.0
フィリピン	2.0

＊漁獲量と養殖業生産量の合計
『データブック　オブ・ザ・ワールド』による。

①**中　　国**　1980年代以降，漁獲高が急増。輸出増と生活水準向上による国内消費の増加が背景。養殖業生産量＞漁獲量。

②**ペ　ル　ー**　1962〜1971年まで漁獲高が首位。その後は乱獲やエルニーニョ現象による激減など漁獲高の年変化が大きい。

③**日　　本**　第二次世界大戦後，世界最大の漁獲国であったが，1980年末より急減。

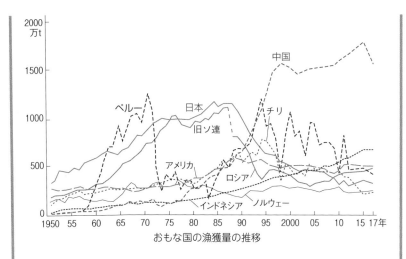

おもな国の漁獲量の推移

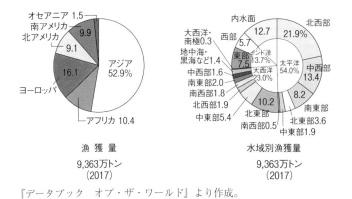

漁　獲　量
9,363万トン
（2017）

水域別漁獲量
9,363万トン
（2017）

『データブック　オブ・ザ・ワールド』より作成。

 ## 日本の漁業部門別生産量

①沿岸漁業　水産資源の枯渇による低迷。

②沖合漁業　漁獲の中心だが，1980年代半ば以降，急速に衰退。

③遠洋漁業　石油危機による燃料費高騰と排他的経済水域の世界的な設定により，1973年をピークとして激減。

④現　　状　漁獲量の減少に対し，養殖，栽培漁業への取り組み。水産物の輸入は世界最大級。

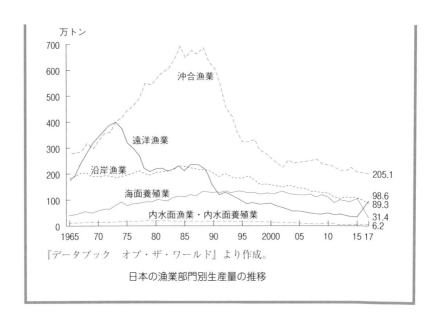

『データブック　オブ・ザ・ワールド』より作成。

日本の漁業部門別生産量の推移

重要用語を確認 ✓

▶排他的経済水域：EEZ（Exclusive Economic Zone）とも呼ばれる。現在ほとんどの国は沿岸（最低潮位線）から**200海里**を排他的経済水域として設定し，水域内の**漁業資源，鉱産資源については他国を排除し**，自国の主権下においている。領海ではないため，**他国による船舶航行，航空機の飛行，海底通信ケーブルやパイプラインの敷設は認められている**ことに注意しよう！

▶日本の漁業形態：**沿岸漁業**は，沿岸水域における漁業でおもに小型船による定置網や地引き網などを含む。**沖合漁業**は，小型〜中型船舶を使用し，200海里水域内での操業が主である。**遠洋漁業**は200海里水域外や他国の沖合など公海上での操業が中心で，大型船によって長期間の航海をともなう漁業である。

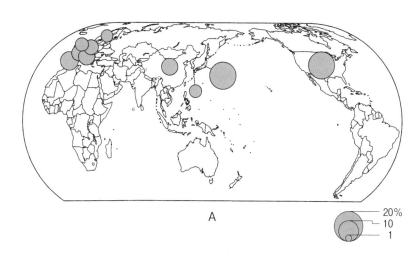

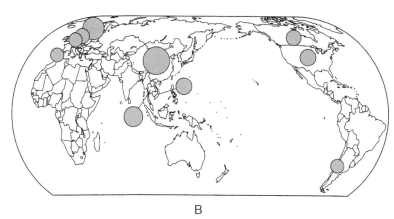

資源・産業

1
2
3
4
地形　5
6
7
8
地形図　9
10
11
12
気候　13
14
15
16
17
農業　18
19
20
水産業　21
林産資源　22
エネルギー資源　23
鉱産資源　24
25
工業　26
27
28
環境問題　29
30
村落　31
衣・食・住　32
33
都市　34
35
人口・　36
食料問題　37
国家・人種　38
・民族　39
交通・情報通信　40
システムの発達　41
貿易で結び　42
つく世界　43

問題 21-1 標準 □□□□□□□□分

　次の図中のＡ〜Ｃは，漁業生産量*，水産物輸出額，水産物輸入額のいずれかについて，世界全体に占める割合の上位10か国を示したものである。図中のＡ〜Ｃと指標名との正しい組合せを，次ページの①〜⑥のうちから一つ選べ。

*養殖業は含まない。

A

- ◯ 20%
- ◯ 10
- ・ 1

B

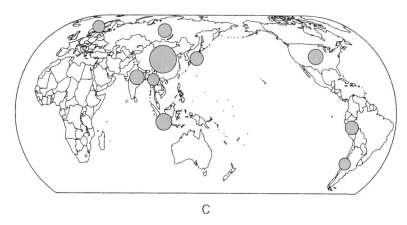

C

中国には，台湾，ホンコン，マカオを含まない。
統計年次は2006年。
『世界国勢図会』により作成。

図

	A	B	C
①	漁業生産量	水産物輸出額	水産物輸入額
②	漁業生産量	水産物輸入額	水産物輸出額
③	水産物輸出額	漁業生産量	水産物輸入額
④	水産物輸出額	水産物輸入額	漁業生産量
⑤	水産物輸入額	漁業生産量	水産物輸出額
⑥	水産物輸入額	水産物輸出額	漁業生産量

問題 21-2　易　□□□□□□□□分

次の表は，日本の海面漁業と海面養殖業における就業者数と生産量，魚介類輸入量の変遷を示したものである。表を説明した文として下線部が**適当でない**ものを，下の①〜④のうちから一つ選べ。

年次	就業者数（万人）	生産量（万トン）				水産物輸入量（万トン）
		遠洋漁業	沖合漁業	沿岸漁業	養殖業	
1970年	55	343	328	189	55	75
1980年	46	217	570	204	99	169
1990年	37	150	608	199	127	382
2008年	22	46	261	128	114	485

1970年の値は沖縄県を含まない。　『日本国勢図会』などにより作成。

表

① 漁業就業者数が減少した背景には，<u>漁業就業者の高齢化の進行と後継者不足</u>などがある。

② 1980年に沖合漁業の生産量が遠洋漁業のそれを上回った背景には，<u>世界の主要国が12カイリの排他的経済水域を設定した</u>ことなどがある。

③ 海面養殖業の生産量が増加した背景には，<u>沿岸漁業の不振と養殖魚に対する需要が増大した</u>ことなどがある。

④ 魚介類輸入量が増加した背景には，<u>日本における食生活の多様化と高級化</u>にともない，<u>高価な水産物が大量に輸入された</u>ことなどがある。

次の表は，イカ類，イワシ類，カツオ類，サケ・マス類，タラ類の水揚量についてまとめたものであり，ア〜ウは，釧路港，銚子港，八戸港のいずれかである。ア〜ウと漁港名との正しい組合せを，次の①〜⑥のうちから一つ選べ。

（単位：トン）

	ア	イ	ウ
イカ類	912	3,045	108,071
イワシ類	111,909	32,064	5,036
カツオ類	4,219	4	12
サケ・マス類	2	3,501	3,098
タラ類	5	69,335	7,757

統計年次は2004年。『水産物流通統計年報』により作成。

	ア	イ	ウ
①	釧路港	銚子港	八戸港
②	釧路港	八戸港	銚子港
③	銚子港	釧路港	八戸港
④	銚子港	八戸港	釧路港
⑤	八戸港	釧路港	銚子港
⑥	八戸港	銚子港	釧路港

表

解答・解説

問題 21-1　漁業生産量，水産物輸出額，水産物輸入額の上位国

① ② ③ ④ ⑤ **❻**

解説

　漁業生産量，水産物輸出額，水産物輸入額について，**図形表現図を用い
て世界全体に占める割合の上位10か国**が示されているね。

　Aは日本とアメリカ合衆国の割合がかなり高いことから，**水産物輸入額**
だ。日本は**1980年代後半から漁獲高が減少**し，1960年代にはほぼ自給率が
100%だった水産物も，近年の**水産物自給率は約50%**に落ち込んでいるた
め，**世界的な水産物輸入国**になっているんだよ。一方，アメリカ合衆国に
おける水産物の消費は，そんなに多くなかったんだけど，近年は肉類の大
量摂取に対する反省などから生まれた健康に対する意識の高まりで（魚や
野菜は体にいい！　とか日本食はヘルシーだ！　とか），水産物の消費量
が増加しているから，**日本を上回る水産物輸入国**となっているから驚きだ
ねえ。

　Bは中国，ノルウェー，カナダ，タイ，デンマークなどでの割合が高い
ことから水産物輸出額だ。中国は1990年代から漁獲高が急増し，日本に
とっても最大の水産物輸入相手国となっているし，なんといっても世界最
大の水産物輸出国に成長しているよ。また北欧のノルウェー，デンマーク
は古くから水産業が発達し，輸出余力が大きいため（人口が少ないから余
裕で輸出できるもんね），世界的な輸出国となっていることに注意しよう。
あとは日本が世界の上位に入っていないことから水産物輸出額と判定して
もいいね。

　Cは中国が極めて高く，次いでペルー，チリ，アメリカ合衆国，日本な
どが上位を占めるため漁業生産量だね。中国は1990年代からずっと世界最
大の漁業生産量だ。しかも漁業生産量の内訳は，養殖生産量＞漁獲量っ
ていうのもすごい！　第二次世界大戦後，長期間にわたって日本は世界の
トップ（1962年〜71年はペルー）だったけど，1980年代以降，漁獲量が激
減し現在に至っているんだ。ペルーはペルー海流にのって回遊するアン
チョビーを捕獲しフィッシュミール（おもに飼料，肥料）に加工して輸出
していること，チリはサケ，マスなどの漁獲がさかんで，その多くが日本
へも輸出されていることに注意したいな（現在は，公海上でのサケ・マス

1
2
3
4
地形　5
6
7
8
地形図　9
10
11
12
気候　13
14
15
16
17
農業　18
19
20
水産業　21
林産資源　22
エネルギー資源　23
鉱産資源　24
25
工業　26
27
28
環境問題　29
30
村落　31
衣・食・住　32
33
都市　34
35
人口・
食料問題　37　36
国家・人種
・民族　39　38
交通・情報通信
システムの発達　41　40
貿易で結び
つく世界　43　42

漁がほぼ禁じられているので，ノルウェーと同様に**フィヨルド**を利用して，**サケ・マスの養殖業**が発達しています。スーパーで，売ってるサーモンはほとんどがチリサーモンかノルウェーサーモンだよ）。

問題 21-2　日本の水産業

① ❷ ③ ④

解説

　① 日本では，**1960年代**の高度経済成長期以降，都市化と工業化の進展によって，農村や漁村から多くの労働力が高い現金収入を求めて都市へ移動したんだ。その後も，**農業，漁業就業人口は減少**し，高齢化と後継者不足は第1次産業全体の問題点となっているから，この文は正しいよ。

　② 排他的経済水域は「12海里」だったかなぁ……？　違うよねえ。「12海里」は領海の設定だ。もちろん，「200海里」の排他的経済水域の設定によって，日本の**遠洋漁業**は従来の漁場を失ってしまって，急速に漁獲量が減少し，現在は**沖合漁業，沿岸漁業**だけでなく，**養殖業をも下回っている**よ。1960年代から**1973年（石油危機）**までは最大の漁業形態だったんだどねえ。

　③ 日本近海の乱獲によって沿岸漁業が衰退した結果，これに代わる漁業として**養殖業が増加**しているから，この文は正しいよ。

　④ 「水産業」の授業後に生徒から，「先生！　エビ，マグロ，タイって高価な水産物なんですか？」って聞かれることがあるんだけど，君たちはどう思う？　難しい表現だけど，君たちがふつうに食べているものは，**世界標準で考えると「高価な水産物」**であることが多いんだ。だからこの文は正しいよ。日本は，サケ・マス，エビ，マグロ，カニなどを**大量に輸入**していることを忘れないようにね。

問題 21-3 釧路港，銚子港，八戸港の魚種別漁獲高

① ② ❸ ④ ⑤ ⑥

解説

　入試が近づくと，必ず受験生から「先生，魚の種類って全部覚えないとダメですか？」と聞かれて思わず苦笑いをしてしまうんだけど（＾o＾）。もちろん今からすべての魚を覚える必要はないよ。だけど，過去にも数度魚種について問われたことがあるから，ちょっとだけやっておこうよ！

　表中のアは，イワシ類とカツオ類の水揚げ量が多いことから銚子（千葉）だね。

　銚子は暖流の日本海流（黒潮）が沿岸を流れているから**暖海系のイワシ，サンマ，カツオの漁獲量が多い**ことで有名だよ。特にカツオは日本では南部太平洋岸での漁獲量が多いから注意しよう。

　イは**寒海系のサケ・マス類**，タラ類の水揚げが多いことから釧路（北海道）だ。サケ・マスはオホーツク海，ベーリング海，アラスカ湾など北洋（北太平洋）漁場の中心的な魚種だから要注意！　サケ・マス漁に関しては，1994年の**国連海洋法条約**によって母川国主義がとられるようになり，原則として**200海里排他的経済水域以外の北太平洋公海上におけるサケ・マス漁は全面禁止**となってるんだ。急増する輸入に対抗して，北海道や本州北部の河川では，サケの人工孵化と稚魚の放流が積極的に行われ，近年は沿岸での定置網漁業における漁獲量は増加しつつあるよ。がんばってほしいよね。サケの養殖は，ノルウェーやチリでも盛んに行われているよ。フィヨルドの湾内は**波が穏やかだから養殖場に適している**んだ。君たちの食卓にもノルウェーサーモンやチリサーモンが並んでいるはずだよ。

　イカ類の水揚げが多いのは八戸だ。八戸の近海では伝統的にイカ漁が盛んだけど，これは消去法による解答でもいいよ。

林産資源の需給

知識・技能の整理

森林の役割

①経済林　林産資源（用材，薪炭材）。
②保安林　水源涵養，防砂，防風，洪水防止，国土保全。

森林面積　陸地の約30%

　ロシア，ブラジル，カナダ，アメリカ合衆国などで森林面積が広く，先進国では増加傾向，発展途上国では減少。

木材の用途

①用　材　合板，パルプ，建築，家具，造船など工業原料。先進国での需要が高い。
②薪炭材　発展途上国における重要な燃料。

世界の林業地域

①熱帯林　樹種が多く，伐採・搬出が困難。硬木。ラワン，チーク，マホガニーなどの有用材。過伐採による熱帯林破壊が進行。
②温帯林　人工林が多く，先進国では計画的な伐採，植林を実施。
③冷帯（亜寒帯）林　針葉樹の純林（タイガ）が多く経済的価値大。軟木。

日本の林業

①国土の約69%が森林だが，零細な私有林が多い。
②山地林が多く，地形が険しいため，経済的な伐採の範囲が限定。
③木材自給率は約36.6%（2018年）。

林産資源の統計

国　　名	割合(%)
アメリカ合衆国	11.1
インド	9.4
中国	8.8
ブラジル	6.8
ロシア	5.6
カナダ	4.1

木材の生産（2017年）

国　　名	割合(%)
カナダ	27.8
アメリカ合衆国	18.7
ロシア	12.2
フィンランド	8.0
スウェーデン	6.6

日本の木材輸入先（2018年）

『データブック　オブ・ザ・ワールド』による。

重要用語を確認 ✔

▶ラ ワ ン：フタバガキ科の常緑高木の総称。広葉樹の割には軟らかく加工しやすいため合板材としての利用が多い。

▶チ ー ク：東南アジアに多く生育する落葉高木で，光沢があり，水に強く変形しにくいため，船舶，家具などに利用されている。

▶パ ル プ：パルプは木材，チップなどを砕いて溶かし，木材繊維を取りだしたもので，製紙原料やレーヨンなどの繊維原料となる。かつては針葉樹が原料の中心であったが，近年は技術革新により広葉樹の利用が進んでいる。日本の製紙原料は古紙（約54%），パルプ（約46%）で，板紙（段ボール）では90%以上が古紙を原料としている。

世界の森林資源について述べた文として**適当でないもの**を，次の①〜④のうちから一つ選べ。

① 世界の森林を熱帯林，温帯林，冷帯林に分けると，森林面積の約半分は熱帯林が占め，温帯林の割合が最も小さい。
② 森林は，用材や薪炭材などの林産資源の供給源であるだけでなく，水源涵養や洪水防止など保安林としての役割も果たしている。
③ 熱帯林は，常緑広葉樹が多く樹種も豊富で有用材が多いが，植林をともなわない伐採により森林破壊が進んでいる。
④ 冷帯林は，早くから開発されてきたため人工林が多く，その大部分を落葉広葉樹が占めている。

次の表は，アメリカ合衆国，インド，カナダ，ブラジルのいずれかの木材伐採量，および木材伐採量に占める針葉樹の割合を示したものである。アメリカ合衆国に該当するものを表中の①〜④のうちから一つ選べ。

	木材伐採量		木材伐採量に占める針葉樹の割合(%)
	用材（百万㎥）	薪炭材（百万㎥）	
①	355	64	67.4
②	153	2	81.9
③	145	112	17.9
④	50	304	4.3

統計年次は2017年。『世界国勢図会』により作成。

表

問題 22-3　標準　□□□□□□□分

近年の日本の木材需給について述べた次の文①～④のうちから，最も適当なものを一つ選べ。

① 国産材の供給は，増加の一途をたどっており，素材需要量に占める割合も80％を超えるに至っている。

② 日本は世界最大の木材輸入国であり，世界全体の木材輸入量の過半数を占めている。

③ 外材の供給量のうちでは，東南アジアの比率が低下し，カナダやアメリカ合衆国，ロシアからの輸入が過半を占めるに至っている。

④ 日本の製紙原料の過半は輸入パルプが占め，欧米諸国に比べて古紙の利用は進んでいない。

問題 22-4　標準　□□□□□□□分

次ページの図中のＡ～Ｃは，木材の伐採量*，輸出量**，輸入量**のいずれかの指標について，世界全体に占める割合の上位10か国を示したものである。図中のＡ～Ｃと指標との正しい組合せを，次ページの①～⑥のうちから一つ選べ。

* 用材のほかに燃料用を含む。
** 丸太と製材を含み，合板，木質パルプを含まない。

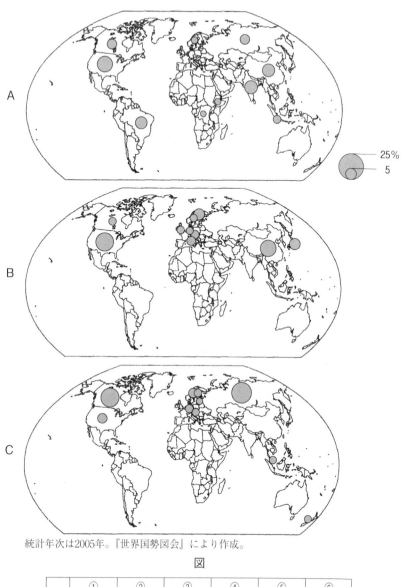

統計年次は2005年。『世界国勢図会』により作成。

図

	①	②	③	④	⑤	⑥
A	伐採量	伐採量	輸出量	輸出量	輸入量	輸入量
B	輸出量	輸入量	伐採量	輸入量	伐採量	輸出量
C	輸入量	輸出量	輸入量	伐採量	輸出量	伐採量

資源・産業

1
2
3
4
地形 5
6
7
8
地形図 9
10
11
12
気候 13
14
15
16
17
農業 18
19
20
水産業 21
林産資源 22
エネルギー資源 23
鉱産資源 24
25
工業 26
27
28
環境問題 29
30
村落 31
衣・食・住 32
33
都市 34
35
人口・ 36
食料問題 37
国家・人種 38
・民族 39
交通・情報通信 40
システムの発達 41
貿易で結び 42
つく世界 43

問題 22-5　　　　　易 ⬜⬜⬜⬜⬜⬜⬜▨分

　次の図は，木材について薪炭材（しんたんざい）と用材の生産量の推移を国別に示したものであり，①〜④はインド，カナダ，ナイジェリア，日本のいずれかである。カナダに該当するものを，下の①〜④のうちから一つ選べ。

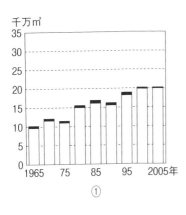

①

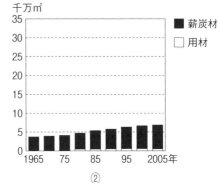

②

■ 薪炭材
□ 用材

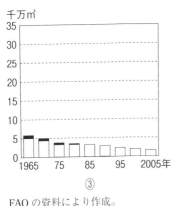

③

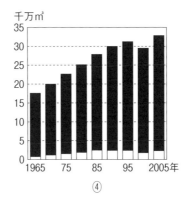

④

FAO の資料により作成。

図

問題 22-1　世界の森林資源

① 　② 　③ 　**④**

解説

　① 　世界の森林面積は約40億ha で陸地面積の約30%を占めているんだ。そのうち約48%を占めるのが熱帯林だよ。ということは正しい文だね。残りは，冷帯林が約36%，温帯林が約16%だ。

　② 　用材とは建築，家具，パルプなど工業の原材料で，薪炭材は薪，つまり燃料だ。森林というと用材や薪炭材としての林産資源ばかり考えてしまうけど，実際には水源涵養（雨が土にしみ込んで，川や地下水の源となるのを助ける）や洪水防止（森林があると雨水をいっぺんに流出させず，一定量の水を蓄える役割を果たす），防風・防砂などの役割を果たし，君たちに自然の恵みを与えてくれたり，自然の脅威から守ってくれたりするんだよ。もちろん正しい文だ。

　③ 　熱帯林は遺伝子資源の宝庫で，ラワン，チーク，マホガニーなど多種類の有用材も繁茂しているんだけど，逆に1本の有用材を伐採するために，周囲の木をすべて伐採してしまったり，植林をともなわない乱伐により，生態系そのものの破壊が進行してしまってるんだね。第29回の **知識・技能の整理**（▶p.313）で「熱帯林の破壊」を学習しておこう。

　④ 　冷帯林は，熱帯林と違って樹林の生育条件が厳しいから，その環境に対応できる**数少ない樹種**からなるんだ。「大部分を落葉広葉樹が占めている」ではなくトウヒ，モミ，エゾマツ，トドマツなど「針葉樹」の純林が多いんだ。樹種が少ないぶん，伐採の効率が高いから，経済林としての価値が高いんだよ。この文は誤っているね。人工林はヨーロッパや日本など温帯地域では多いけど，カナダやロシアなどではまだまだ天然林が多く見られるよ。

問題 22-2　アメリカ合衆国，インド，カナダ，ブラジルの木材伐採量

❶ 　② 　③ 　④

アメリカ合衆国，インド，中国，ブラジル，ロシア，カナダ，インドネシア！　さて，この国々の共通点は？　……世界の**木材伐採量が多い国**だよ。やっぱり**面積が大きい国**が多いよね。この７か国だけで，世界の木材伐採量の約50％を占めているんだ。表中の①がアメリカ合衆国だ。木材伐採量が多いことに加えて，**用材と薪炭材の割合**を見てごらん。用材は**問題22-1**でも説明したように，**工業の原材料**なんだからやっぱり先進国での利用が多いだろうし，燃料としての薪炭材は**発展途上国**での利用が多いはずだよね。ということは，①②が**先進国**，③④が**発展途上国**だとわかるから，②がカナダになるよ。木材伐採量に占める針葉樹の割合は，**高緯度地方ほど高くなる**と考えていいから（ただしあくまでも**伐採量のうちの割合**だから，完璧に気候区分と合うわけじゃないけどね），②の81.9％からカナダと判定してもいいよ。③と④の判定の決め手は，用材と薪炭材の割合だね。同じ発展途上国でもブラジルはラテンアメリカ**NIEs**だ！　インドは経済発展しつつあるとは言え，まだまだ経済水準は低いので，③がブラジル，薪炭材の割合がものすごく高い④がインドになるよ。インドは木材伐採量のなんと86％が薪炭材，つまり木を100本伐採したら86本は薪になる！　薪炭は固体バイオ燃料だということも注意してね！

問題 **22-3**　日本の木材需給

①　　②　　**❸**　　④

　日本は国土の約**69％**が森林で，世界でも類をみないほど恵まれた林産資源国だけど，山地林が多いから伐採や搬出が難しいこと，**零細な私有林**が多いことなどから生産性が低く，**安価な輸入木材に押されている**んだ。

　①　**国産材の供給**（日本国内の木材伐採量と考えていいよ）は，2016年で1960年の半分以下なんだ。ということは，①は明らかに誤りだね。ただ，素材需要量としては，バブル崩壊後の長期的な景気低迷で建築材などの需要が伸びなかったので，あんまり外材の輸入は増えなかったから，自給率は徐々に増えてはいるけど，それでも**36.6％**だ（1960年は89.2％だよ！）。

　②　**世界最大の輸入国**は，「日本」じゃないから，この文も誤りだね。日本より中国やアメリカ合衆国の方が輸入量が多いんだ。アメリカ合衆国は，**世界最大の木材生産国**だけど，国内の需要が大きいから，中国に次ぐ

輸入国になってるんだ（2017年）。中国も近年の高度成長にともなう住宅などの建設ラッシュで**木材や鉄鋼の需要が急増**しているんだよ。世界の木材輸入量の約30％は中国で、もちろん世界最大だ！

③　かつて**日本の木材輸入量**の大部分は、アメリカ合衆国と東南アジア諸国が占めていたんだ。でも熱帯林の急速な減少に対して、東南アジア諸国では**原木の伐採や輸出を制限**し始めたんだね。

1970年代にはフィリピン、1980年代にはインドネシアが原木の輸出規制を行い、1990年代からはマレーシアもカリマンタン島のサラワク州での伐採量制限、サバ州での原木輸出規制などを開始したから、現在では日本の木材輸入はカナダ、アメリカ合衆国、ロシアからが増加し、**東南アジア諸国への依存度は著しく低下**してしまったんだ。この文が正しいよ！

④　日本の製紙原料の60％以上は古紙が占めているって知ってた？　ということは、「過半数は輸入パルプ」と「古紙の利用は進んでいない」は誤りだね。日本の古紙回収率は**80％**を超え、世界でもスイス、イギリス、オーストラリアなどとともに**トップクラス**なんだ。最近は紙の需要が急増している中国に古紙を輸出してるんだよ。そういえば、教科書などの裏に「**再生紙を使用してあります**」って書いてあったなぁ。

問題 22-4　木材の伐採量，輸出量，輸入量の上位10か国

①　**❷**　③　④　⑤　⑥

解説

木材伐採量は、アメリカ合衆国、インド、中国、ブラジル、ロシア、カナダ、インドネシアなど**国土面積が広く**、森林蓄積量が大きい国々が上位を占めているね（A）。続いて木材輸入量は、**紙の消費量や建築用資材の需要が高い**、アメリカ合衆国、中国（2017年では世界最大）、**日本**、フィンランド、イタリアなどが上位を占めるよ。ここではやはり日本が最も重要なポイントとなる。**アメリカ合衆国や中国は伐採量も多いけど、国内需要が大きいため輸入量も多いんだ（B）**。残る木材輸出量はロシア、カナダが特に多く、次いでスウェーデン、ドイツ、アメリカ合衆国で多いよ（C）。ここでは**ロシアとカナダが世界的な木材輸出国であること**理解しておきたいな。さらに近年は、**森林資源の保護や国内産業の育成**を背景として**マレーシア、インドネシアなど東南アジア諸国の輸出が減少**しているんだ。原木の輸出規制をしてるんだったよなぁ。つまり国内の森林資源の保

護と国内産業の育成を目指して，加工品の輸出はいいけど，原木（丸太）のままでは輸出しないってことだよ。

問題 22-5　インド，カナダ，ナイジェリア，日本における薪炭材と用材の生産量の推移

❶　　②　　③　　④

解説

　　木材の用途は，用材と薪炭材に大別することができるんだったよね。用材とは，**建築材，合板材，パルプ用材**など産業の原材料となる木材で，薪炭材は文字通り薪や炭で，燃料なんだ。君たちもキャンプをしたりする以外には，薪とか使わないだろ？　使ってたらごめん（笑）。先進国での木材用途の大半は用材だけど，逆に発展途上国では薪炭が最も重要な燃料の1つなんだ。まだまだ電化されてない農村もあるしね。

　　図を見てごらん。インド，カナダ，ナイジェリア，日本における1965年〜2005年の薪炭材と用材の生産量の推移だ。①と③は**用材が大部分を占める**ので先進国のカナダか日本，②と④は**薪炭材が大部分を占める**ので発展途上国のインドかナイジェリアであることがわかるよね。前者は①が**国土面積が大きく**（ロシアの次にでかい！），針葉樹林の**タイガ**が広がるため森林面積が広いカナダ，③は**森林率は約69%**と高いけど，**国土面積が狭く山地林が中心**で，林業が停滞している日本だ。日本の林業は零細な経営で生産性が低く，近年は**高齢化による後継者不足**も加わり衰退傾向だよ。後者は，生産量が多い④がインド，残る②がナイジェリアだ。インドは国土面積も広く，人口も約13億人とナイジェリア（約2億人）をはるかに上回っているから，生産量が多い④をインドと判定しよう！　インドってある意味すごいよ。**生産量（伐採量）のほとんどが，薪だ！**

エネルギー資源とその需給

知識・技能の整理

エネルギー資源

①一次エネルギー　石炭，石油，天然ガスなどの化石燃料，薪炭など
ほとんど加工せずに使用されるエネルギー。

②二次エネルギー　電力，LNG（液化天然ガス），LPG（液化石油ガ
ス）など一次エネルギーを加工・変換したエネルギー。

エネルギー消費

①エネルギー消費の変化
　a　産業革命前➡水力，薪炭が中心。
　b　産業革命後➡蒸気機関の発明で石炭がエネルギー消費の中心。
　c　1960年代➡石炭から石油中心へ➡「エネルギー革命」
　d　石油危機以降➡1970年代の石油危機以降，原子力発電，自然エ
　　ネルギーなど代替エネルギーの開発・利用が進展。

②エネルギー消費（供給）
　a　一次エネルギーの消費量➡経済活動が活発な先進国や中国，イ
　　ンドなど人口大国で大。

国　名	一次エネルギー供給量（百万トン）	1人当たり一次エネルギー供給量(トン)	一次エネルギー自給率(%)
中　国	2,958	2.15	79.8
アメリカ合衆国	2,167	6.70	88.4
インド	862	0.65	64.6
ロシア	732	5.07	187.6
日　本	426	3.35	8.3
ドイツ	310	3.76	37.4
ブラジル	285	1.37	99.6
韓　国	282	5.51	18.2
カナダ	280	7.72	169.8

統計年次は2016年。『世界国勢図会』などにより作成。

一次エネルギーの消費量（供給量）

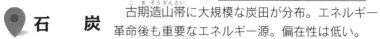

b　1人当たりのエネルギー消費量➡**先進国で大, 発展途上国で小。**

📍**石　　炭**　古期造山帯に大規模な炭田が分布。エネルギー革命後も重要なエネルギー源。偏在性は低い。

①**主要生産国**（2018年）：中国（50％以上, **フーシュン, カイロワン, ピンシャン**）, インド（**ダモダル**）, アメリカ合衆国（**アパラチア**）, インドネシア, オーストラリア（**モウラ**）, ロシア（**クズネツク**）, 南アフリカ共和国, ドイツ, ポーランド, カザフスタン。

②**主要輸出国**（2018年）：オーストラリア, インドネシア, ロシア, アメリカ合衆国, コロンビア。

📍**石　　油**　西アジア（中東）に**原油埋蔵量の約50％**が偏在。現在, 最も重要なエネルギー源。かつてはアメリカ合衆国などの多国籍企業であるメジャー（国際石油資本）が市場を独占。1973年, 1979年の石油危機後, OPEC（石油輸出国機構）の発言権が高まり, 発展途上の産油国では油田の**国有化**が進展。

①**主要生産国**（2018年）：アメリカ合衆国（**メキシコ湾岸, アラスカ**）, サウジアラビア（**ガワール**）, ロシア（**チュメニ, ヴォルガ＝ウラル**）, カナダ, イラク, イラン, 中国（**ターチン**）, アラブ首長国連邦, クウェート, ブラジル, メキシコ（メキシコ湾岸）。

②**主要輸出国**（2018年）：サウジアラビア, ロシア, イラク, アラブ首長国連邦, カナダ, イラン, ナイジェリア。

③**主要輸入国**（2018年）：**中国**, アメリカ合衆国, **インド**, 日本, 韓国, オランダ, ドイツ。

📍**天然ガス**　ロシアや西アジアで埋蔵量大。大気汚染物質や二酸化炭素の排出量が少ないクリーンエネルギー。主成分はメタン（CH_4）。LNG（液化天然ガス）。先進国を中心に消費が増加。アメリカ合衆国とロシアの2か国で世界の約40％を生産。アメリカ合衆国では, シェールガスの生産が増加（シェール革命）。

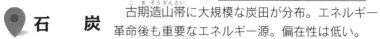

電　力　世界の総発電量の 64.2%（2018 年）が火力発電。

①**火力発電**　化石燃料（石炭，石油，天然ガス）の熱エネルギーを利用。<u>発電量上位国の大部分で火力発電が主</u>。

②**水力発電**　水の落下エネルギーを利用。水資源が豊富なカナダ，ブラジル，ノルウェーなどでは水力発電が主。

③**原子力発電**　ウランの核反応による熱エネルギーを利用。フランスでは総発電量の約70%。スウェーデン，ウクライナも40%以上。

自然エネルギー　非枯渇性で地球環境への負荷が小さいが，コストと量産が課題。

①**地熱発電**　地熱を利用。火山に恵まれる新期造山帯地域。アメリカ合衆国，フィリピン，インドネシア，ニュージーランド，メキシコ，イタリア，日本など。

②**太陽光発電**　太陽エネルギーを利用。晴天が多く日照時間が長い地域（砂漠など）が有利だが，発電上位国は先進国が多い。ドイツ，中国，アメリカ合衆国，イタリア，スペインなど。

③**風力発電**　風車を利用。ヨーロッパなど安定した風力が得られる偏西風の卓越地域。中国，アメリカ合衆国，ドイツ，スペイン，インド，イギリスなど。

④**潮力発電**　潮の干満の差を利用。フランスのランス川河口。

地図帳をチェック ✅

OPEC加盟14か国を地図帳に記入しよう！

サウジアラビア，イラン，イラク，クウェート，ベネズエラ（以上，原加盟国），アラブ首長国連邦（UAE），リビア，アルジェリア，ナイジェリア，アンゴラ，ガボン，赤道ギニア，コンゴ共和国。

＊カタールとエクアドルは2020年に脱退。

重要用語を確認 ✅

▶石　　油：石炭，天然ガスとならぶ化石燃料の一つで，最も消費量が多い。主成分は炭化水素からなり，海底に堆積した微生物の遺骸が地圧，地熱などにより分解して形成されたとされる。新生代第三紀の地層中に存在することが多いが，現在確認されている埋蔵量は西アジアに約50%と偏在している。採掘された原油は脱塩，脱水後に精製され，ガソリン，灯油，軽油，重油などに分離され燃料として使用される。

▶資源ナショナリズム：天然資源は資源保有国の発展のために行使すべきであるという考え方とそれに基づく政策を意味する。資源ナショナリズムの国際的な高揚により，OPEC，OAPEC（アラブ石油輸出国機構），IBA（国際ボーキサイト連合，1994年解散），AIOEC（鉄鉱石輸出国連合，1989年解散）など資源カルテルの結成が相次いだ。なお資源カルテルとは資源生産国の利益を守るため，価格の安定，生産量の調整などを行う国際組織のことである。

▶新エネルギー：日本が石油に代わるエネルギー源として注目しているのが，

　　①再生可能エネルギー（自然エネルギー）…太陽光発電，太陽熱発電，風力発電など

　　②リサイクル型エネルギー…廃棄物発電，バイオマス発電（農林水産業などで廃棄される有機物も利用）

　　③従来型エネルギーの改良・改善…コージェネレーション，燃料電池など

である。

問 題 23-1

　経済の発展にともなってエネルギーの消費量も増加してきたが，省エネルギー化も進められている。次の図は，アメリカ合衆国・インド・中国・日本の4か国における，人口1人当たりの一次エネルギー供給量と，国内総生産千ドル当たりの一次エネルギー供給量との関係を示したものである。ただし，一次エネルギー供給量は石油換算（t）である。日本に該当するものを，図中の①〜④のうちから一つ選べ。

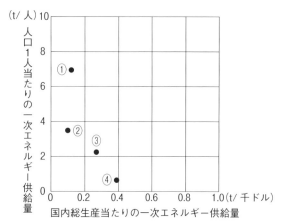

統計年次は，人口1人当たりの一次エネルギー供給量は2014年，国内総生産当たりの一次エネルギー供給量は2015年。『世界国勢図会』により作成。

図

1
2
3
4
地形 5
6
7
8
地形図 9
10
11
12
気候 13
14
15
16
17
農業 18
19
20
水産業 21
林産資源 22
エネルギー資源 23
鉱産資源 24
25
工業 26
27
28
環境問題 29
30
村落 31
衣・食・住 32
33
都市 34
35
人口・ 36
食料問題 37
国家・人種 38
・民族 39
交通・情報通信 40
システムの発達 41
貿易で結び 42
つく世界 43

問題 23-2　標準 　　　　　分

　次の図中のア～ウは，石炭の生産量，輸出量，消費量のいずれかについて，上位8か国・地域とそれらが世界に占める割合を示したものである。指標名とア～ウとの正しい組合せを，次ページの①～⑥のうちから一つ選べ。

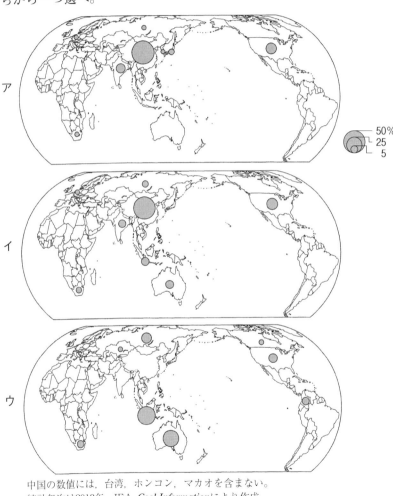

ア

イ

ウ

50%
25
5

中国の数値には，台湾，ホンコン，マカオを含まない。
統計年次は2013年。IEA, *Cool Information*により作成。

図

	①	②	③	④	⑤	⑥
生産量	ア	ア	イ	イ	ウ	ウ
輸出量	イ	ウ	ア	ウ	ア	イ
消費量	ウ	イ	ウ	ア	イ	ア

問題 23-3 標準 ☐☐☐☐☐☐☐☐分

　石油は現在最も重要なエネルギー資源である。次の図は，アメリカ合衆国，イギリス，イラン，ロシアの原油生産量の推移を示したものである。図から読み取れることがらとその背景について述べた文として下線部が**適当でないもの**を，次ページの①〜④のうちから一つ選べ。

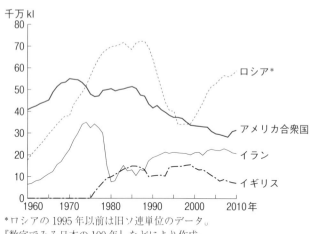

千万 kl

*ロシアの 1995 年以前は旧ソ連単位のデータ。
『数字でみる日本の 100 年』などにより作成。

図

① アメリカ合衆国では1980年代後半から生産量の減少傾向が続いているが，これは<u>原子力エネルギーへの依存度が高まったため</u>である。
② イギリスでは1976年以降の10年間で生産量が増加しているが，これは<u>北海の海底油田の開発に成功したため</u>である。
③ イランでは生産量が1978年を境に減少しているが，これは<u>イラン革命により外国資本の撤退などの混乱が生じたため</u>である。
④ ロシアでは1989年から1995年に生産量が大きく減少しているが，これは<u>政治体制と経済の混乱の影響を受けたため</u>である。

問題 23-4

標準 □□□□□□□□分

バイオマスエネルギーとその利用について述べた文として**適当でないもの**を，次の①～④のうちから一つ選べ。

① EU（欧州連合）では，環境負荷を減らすために木くずなどを発電用の燃料として利用することが推進されている。
② 食用の穀物がエネルギー源として利用されることもあるため，食料価格の高騰をまねくおそれがある。
③ 大規模な発電施設の開発を必要とするため，発展途上国ではほとんど利用されていない。
④ 燃焼しても大気中の二酸化炭素の総量に与える影響が小さいため，カーボンニュートラルなエネルギーとされる。

問題 23-1　エネルギー消費量上位国のデータ

①　**❷**　③　④

解説

　エネルギーの消費量（供給量）は，経済活動の規模に影響を受けるんだ。つまり経済活動が活発な**先進国ではエネルギー消費量が多い**ことになるよね。エネルギー消費量が多い国は①**中国**，②**アメリカ合衆国**，③**インド**，④**ロシア**，⑤**日本**，⑥**ドイツ**，⑦**ブラジル**，⑧**カナダ**，⑨**フランス**，⑩**韓国**（2014年）だけど，このランキングを見て中国とインドが変な感じがしないかなぁ？　だって，**発展途上国**だもんね。確かにエネルギー消費量は**経済活動に比例する**から先進国の消費量は多いんだけど，**人口規模も関係**してくるよ。人口が多ければ，一人一人の消費量が少なくてもその国の総消費量は大きくなるだろう？　つまり，**中国（14億人）やインド（13億人）は人口がものすごく多い**から，発展途上国でも上位にランクするんだね。

　設問の4か国を総消費量の多い順に並べてみると，中国➡アメリカ合衆国➡インド➡日本ってなるけど，設問はこれだけでは解けないよね。図では縦軸に人口1人当たりの一次エネルギー供給量（供給されれば大部分を消費してしまうので，ここでは**消費量とほぼ同じと考えよう**）が示されていて，この指標は**先進国で高い**から，まずは①と②はアメリカ合衆国か日本だ。

　同じ先進国でも，**国土面積が広く**（輸送などに多くのエネルギーを消費），**豊富な資源があると消費量が多くなる**ため，①がアメリカ合衆国，②が日本になるよ。**アメリカ合衆国はカナダと並んで，1人当たりのエネルギー消費量が群を抜いて多い**ことに注意しよう！

　③と④はちょっと紛らわしいけど，図を見ると④のほうが1人当たりのエネルギー供給量が少ないよね。人口1人当たりの一次エネルギー供給量が大きくて，国内総生産当たりの一次エネルギーが小さい③が中国，残る④がインドだ。**中国のほうがインドより経済発展している**からね。横軸の国内総生産（GDP）当たりのエネルギー量というのは，その国の収入に占めるエネルギー供給量のことで，**経済発展している国で低くなる**から，やっぱり③の中国と④のインドは高くて，①のアメリカ合衆国と②の

日本は低いよ。日本を判定できるのは当たり前だけど，①～④までぜ～んぶ判定できるようになろうね！

問題 23-2　石炭の生産量，輸出量，消費量の上位8か国

①　②　③　❹　⑤　⑥

解説

　図形表現図を使用して，国別の石炭の生産量，輸出量，消費量の世界に占める割合を判定させる問題だ。アは石炭の生産量が極めて少なく輸出ができない日本が上位8か国に入っていること，世界有数の石炭輸出国，生産国のオーストラリアが上位国でないことから，石炭消費量と判定しよう。イは中国の割合が極めて大きく，アメリカ合衆国，インド，オーストラリア，インドネシアが次ぐことから，石炭生産量だ。中国は世界総生産量の50%を占めるんだけど，輸出余力はなく，世界最大の石炭輸入国になっているんだよ。世界全体の半分以上生産してるのに，世界最大の輸入国なんて信じられない！　ウはインドネシアとオーストラリアの割合が高く，中国が上位国に入っていないことから，石炭輸出量と判定したらいいね。ずっとオーストラリアが石炭輸出量のダントツ首位だったんだけど，近年は火力発電用の燃料炭の輸出が増加するインドネシアとほぼ並んでいるよ。炭質はオーストラリアほどよくないんだけど，なんせ安いから魅力だよね。参考までに，日本の石炭輸入相手先はオーストラリア（約60%），インドネシアの順だから，気をつけよう！

問題 23-3　アメリカ合衆国，イギリス，イラン，ロシアにおける原油生産量の推移

❶　②　③　④

解説

　①　第二次世界大戦前は，アメリカ合衆国が世界最大の原油産出国だったんだ。近年は以前ほど原油生産量が多くなくて，自給率は約55%と世界最大の原油輸入国となっているよ。めちゃめちゃいっぱい使うからなぁ。図中では，生産量の減少傾向は続いているんだけど，近年はシェールオイルと呼ばれる新しいタイプの原油が増産の傾向にあって，久しぶりにアメリカ合衆国の原油生産が増加傾向にあるんだ。参考までに，シェールオイ

ルの増産によって2014〜2015年あたりのデータだとサウジアラビア，ロシアにアメリカ合衆国の原油生産量がかなり接近していて，2016年以降だったら年度によってはなんとアメリカ合衆国が首位！！　短文中にある「生産量の減少」の背景は，原子力エネルギーへの依存度が高まったからじゃないよ。**天然ガスなど非石油資源への依存度が高まっている**からだ。特に近年は，アメリカ合衆国とカナダで，地下の頁岩層（けつがんそう）に閉じこめられているシェールガスと呼ばれる非在来型天然ガスの開発が加速しているよ。在来の天然ガスと同じくらいの埋蔵量があるらしいんだ。というようなこともあって，石炭の消費量を天然ガスが上回っていて，化石燃料の消費量は，石油＞天然ガス＞石炭の順だ。むしろ**1979年のスリーマイル島原発事故**（アメリカ合衆国のペンシルヴェニア州で起きた大事故）以降は，原子力発電自体が停滞しているよ。したがって，下線部は明らかな誤り。

　参考までに，各国の原子力政策について説明しておこう。原子力政策は，各国の政権の方針や原発事故によって左右されてきた歴史をもっててね，たとえば，**2011年の福島第一原子力発電所の事故**によって，**日本の原子力政策は慎重な動きを見せているし**，**ドイツは2022年までに既存の原発を全廃**（今はまだやってるからね），**スイスも2034年までに全廃**することを決定しているしね。**オーストラリア，イタリア，ノルウェー，ポーランドなどもともと原発を保有していない国もある**から注意しておこう！

　でも，世界的には原子力の積極利用を推し進めている国も多く，原発保有国である**アメリカ合衆国**，フランス，ロシア，韓国，**中国**などは今後も原子力発電への依存度を高めていく方向みたいだよ。また，ベトナム，トルコ，インドネシアなど途上国の一部でも原発導入の動きが活発化しているし。日本のエネルギー問題は，本気でどうするか考えていかなきゃね！

　②　大陸棚上の北海油田は，通常の地下採掘と比較してコストが高いから，生産量は多くはなかったけど，**1970年代の石油危機後の原油価格の高騰**は，北海油田の開発を加速させ，イギリスやノルウェーでの生産量・輸出量が増加していったんだ。したがって，下線部は正しいよ。ここでちょっとだけ，地形の復習を（笑）。大陸棚というのはなんだったっけ？……もちろん，**水深200m未満の浅海底**のことで，**氷期の海面低下時の平野**だったよね（地図帳で，海を白く表現してあるところ）。自然地理を忘れかけている人は必ず復習！！！

　③　第二次世界大戦後，イランは親欧米路線の政策を採っていたんだけど，1979年のイラン・イスラム革命（1979年の第二次石油危機のきっかけとなった）によって，欧米型の近代化ではなく，**イスラム型の近代化**を目

指す路線に方針転換を図ったため，アメリカ合衆国をはじめとする先進国の資本がかなり多数撤退したんだ。したがって，下線部は正しいよ。

④　ロシアは今でこそ原油生産量を伸ばし，**サウジアラビア，アメリカ合衆国と並ぶ産油国**となっているけど，**1991年のソ連解体**にともなう**計画経済から市場経済への移行**は，経済や社会を混乱させてしまったんだ。このため90年代半ばまでは生産量が減少したんだけど，近年は原油価格の高騰に促され，**パイプライン**など流通網の整備も進んでいるよ。したがって，下線部は正しいね。

問題 23-4　バイオマスエネルギーの利用

①　②　**❸**　④

(解)(説)

バイオマスエネルギー（現存する生物起源のエネルギー）とその利用に関する問題だ。

①　木材（薪）や木くずもバイオマスエネルギーで，EU など先進国を中心に**廃材や木くずの利用が推進**されているよ。したがって，正文だ。

②　トウモロコシ，サトウキビ，油ヤシ，キャッサバなどを原料とするバイオエタノールの利用が進んでいるから，**需要の増加から食料価格の上昇も見られる**なぁ。したがって，正文！

③　途上国では，電力需要の増加から，火力発電所や水力発電所の建設などの大規模事業も進められているけど，**環境に優しく，小資本で可能なバイオマスエネルギーの利用も進められている**から，「ほとんど利用されていない」は明らかな誤りだ。バイオマスエネルギーには，林産系（薪などの木材，枝，葉），農産系（籾殻，サトウキビの絞りかすなど），畜産系（家畜糞尿を使用したメタンガス）などがあり，途上国でも利用が盛んな地域があることに注意しようね。

④　バイオマスエネルギーは，カーボンニュートラル（carbon neutral）なエネルギーだ。カーボンニュートラルとは，**排出される二酸化炭素と吸収される二酸化炭素が同じ量である**という考え方で，現存する植物起源のバイオマスエネルギーは，光合成により大気中の二酸化炭素を取り込み，有機化合物を作り植物の体となるため，その植物を燃焼させて排出される二酸化炭素は，**大気中の二酸化炭素の増減に影響を与えない**ということ。したがって，これも正文だ。

鉱産資源とその利用

知識・技能の整理

📍 鉄鉱石　鉄鋼の主原料。安定陸塊に埋蔵が多い。

①主要生産国：オーストラリア，ブラジル，中国，インド，ロシア，
　（2018年）　南アフリカ共和国，ウクライナ，アメリカ合衆国。

②主要輸出国：オーストラリア，ブラジル，中国，インド，ロシア，
　（2018年）　南アフリカ共和国，ウクライナ。

③主要輸入国：中国（約65％），日本，韓国，ドイツ。

④主要鉄山

　a　ブラジル➡イタビラ，カラジャス。

　b　オーストラリア➡北西部のピルバラ地区（マウントホエール
　　バック）。

　c　中　　国➡アンシャン，ターイエ。

　d　イ ン ド➡北東部のダモダル川流域（シングブーム）。

　e　アメリカ合衆国➡五大湖沿岸（メサビ）。

　f　カ ナ ダ➡ラブラドル高原。

　g　ロ シ ア➡ウラル地方のマグニトゴルスク。

　h　ウクライナ➡クリヴォイログ。

　i　スウェーデン➡キルナ，エリバレ。

📍 銅　　鉱　電導性に優れるため電線や電気機械工業で需要大。火山活動の活発な新期造山帯地域に多く分布。

①主要生産国：チリ，ペルー，中国，アメリカ合衆国，コンゴ民主共
　　　　　　　和国。

②主要輸出国：チリ，ペルー，インドネシア。

③主要輸入国：日本，中国，韓国。

＊　統計年次は2017年。

📍 ボーキサイト　アルミニウムの原料。熱帯地域に多く分布。

①主要生産国：オーストラリア，中国，ブラジル，マレーシア，イン
　　　　　　　ド，ギニア，ジャマイカ。

* 統計年次は2017年。

 ## その他の鉱産資源

①錫　　鉱：中国（約44%），インドネシア（約16%），ミャンマー，
　　　　　　ブラジル，ペルー。
②ニッケル鉱：オーストラリア，ブラジル，ロシア，（ニューカレド
　　　　　　ニア），キューバ。
③金　　鉱：中国，ロシア，アメリカ合衆国，カナダ，オーストラリ
　　　　　　ア。
④銀　　鉱：メキシコ，ペルー。
⑤ダイヤモンド：ロシア，ボツワナ，コンゴ民主共和国，オーストラ
　　　　　　リア。
⑥ウラン鉱：カザフスタン，カナダ，オーストラリア，ナミビア，ニ
　　　　　　ジェール，ロシア（2018年）。

地図帳をチェック✔

　ブラジル南東部のイタビラ鉄山と北部のカラジャス鉄山をチェックしよ
う！
　オーストラリア北部のボーキサイト鉱山（ウェイパ, ゴブなど）をチェッ
クして，でっかく「ボーキサイト」と半島部に書き込んでおこう！
　コンゴ民主共和国〜ザンビアにかけて銅鉱山が分布している地域をマー
カーで囲んで，「カッパーベルト（銅地帯）」と書き込んでおこう！
　南アメリカのチリに「世界最大の銅鉱生産国」と書いておこう！

重要用語を確認✔

▶ボーキサイト：アルミニウムの原料鉱石となる含水アルミナで，鉄を含
むため赤色を帯びている。**熱帯地域**のラトソル中から多く産出するた
め，ボーキサイトの生産上位国は低緯度に位置する国が多いが，かつ
て熱帯または亜熱帯地域であった地層からも産出することに注意！

　次の文章ア～ウは，錫・銅・ボーキサイトについて述べたものである。また，下の図中の記号X～Zは，それらの主な鉱山の分布を示したものである。錫および銅に該当する文章と記号の正しい組合せを，下の①～⑨のうちからそれぞれ一つずつ選べ。

ア　電気関連産業の発展とともに，需要はさらに増大した。少数の国際資本が採掘・流通・精錬になお大きな支配力を有している。

イ　航空機産業や建設業の発展とともに需要が増大した。鉱石の精錬には多くの電力を必要とする。

ウ　缶詰工業の発展とともに需要が増大した。ハンダ・活字・青銅などの合金にも広く用いられる。

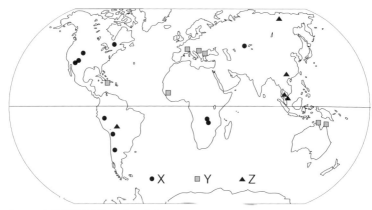

『ディルケ世界地図帳』ほかによる。

図

	①	②	③	④	⑤	⑥	⑦	⑧	⑨
図中の記号	X	X	X	Y	Y	Y	Z	Z	Z
文	ア	イ	ウ	ア	イ	ウ	ア	イ	ウ

問題 24-2

易 ⬜⬜⬜⬜⬜⬜⬜分

次の図中のア～ウは，金鉱，銀鉱，鉄鉱石の産出量のいずれかについて，世界上位10か国・地域とそれらが世界に占める割合を示したものである。ア～ウと項目名との正しい組合せを，次ページ①～⑥のうちから一つ選べ。

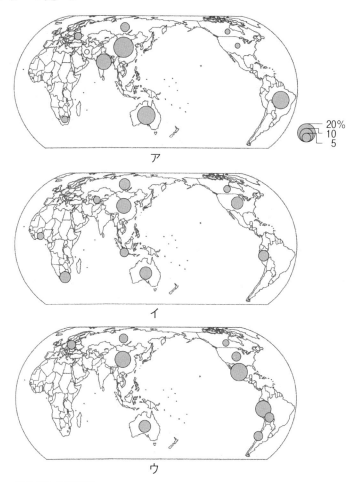

ア

イ

ウ

統計年次は2010年。
United States Geological Survey の資料により作成。

図

	①	②	③	④	⑤	⑥
金　鉱	ア	ア	イ	イ	ウ	ウ
銀　鉱	イ	ウ	ア	ウ	ア	イ
鉄鉱石	ウ	イ	ウ	ア	イ	ア

問題 24-3　　易　□□□□□□□分

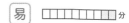

次の表は，鉄鉱石，銅鉱，ボーキサイト，錫鉱の生産上位国を示したものである。表中のＡ～Ｃと国名との正しい組合せを，下の①～⑥のうちから一つ選べ。

順位	鉄鉱石
1位	オーストラリア
2位	A
3位	B
4位	インド
5位	ロシア

順位	銅鉱
1位	C
2位	B
3位	ペルー
4位	アメリカ合衆国
5位	コンゴ民主

順位	ボーキサイト
1位	オーストラリア
2位	B
3位	A
4位	ギニア
5位	インド

順位	錫鉱
1位	B
2位	ミャンマー
3位	インドネシア
4位	A
5位	ペルー

統計年次は 2016 年。『世界国勢図会』により作成。

表

	①	②	③	④	⑤	⑥
A	中　国	中　国	チ　リ	チ　リ	ブラジル	ブラジル
B	チ　リ	ブラジル	中　国	ブラジル	中　国	チ　リ
C	ブラジル	チ　リ	ブラジル	中　国	チ　リ	中　国

解答・解説

問題 24-1　鉱産資源の利用

錫	❾	銅	❶

解説

　鉱産資源には，**鉄鉱石**や**銅鉱**などの金属資源，石灰石や硫黄などの非金属資源があるよ。レアメタルと呼ばれる**クロム**，**チタン**などの**希少金属**も**先端技術産業**をはじめ君たちの生活に欠かせない有用な資源だ。

　ア「電気関連産業」とあるから，電導性に富む銅だね。長い間，電線や電気機器の配線などで主役を務めてたんだけど，近年は光ファイバーやシリコンなどの新素材に押され気味なんだよ。銅鉱の生成にはマグマの上昇が関連しているから，**新期造山帯地域**，特に**火山が多い**環**太平洋地域**に多く分布しているから注意してね（チリを忘れていないよね）。

　イ「航空機産業」，「建設業」での需要（軽くてさびない）と「多くの電力」を使用し精錬するとあるので，アルミニウムの原料となるボーキサイトだ。ボーキサイトの産出地は**ラトソルが分布する熱帯地域**に多いんだったよね。酸化アルミニウムが集積したものがボーキサイトだよ（忘れてる人は土壌の復習をすること！）。**オーストラリア**が**世界生産の約30%**を占めているけど，近年は**中国**の生産がかなり増加しているね。

　ウ「缶詰工業」，「ハンダ（金属の接合に使う錫と鉛の合金）」，「青銅（錫と銅の合金）」とあるので**錫鉱**だね。中国から東南アジア（**インドネシア**，**ミャンマー**，**タイ**，**マレーシア**），南アメリカ（**ブラジル**，**ペルー**，**ボリビア**）での生産が多いことに注意しよう。

　したがって，図中の**X**が新期造山帯地域と中南アフリカの**カッパーベルト**（コンゴ民主共和国南部からザンビアにかけて）に分布する**銅鉱**，**Y**が**オーストラリア北部**，**ギニア**，**ジャマイカ**など熱帯地域に分布する**ボーキサイト**，**Z**が中国南部から東南アジアにかけて分布する**錫鉱**だ。

問題 24-2　金鉱，銀鉱，鉄鉱石の産出量の上位10か国

① 　 ② 　 ③ 　 ❹ 　 ⑤ 　 ⑥

解説

　大地形と資源との関係性については，鉄鉱石，金鉱➡安定陸塊，石炭➡
古期造山帯，銅鉱，銀鉱➡新期造山帯を理解できていれば大丈夫だよ。鉱
産資源の生成要因は実に複雑で（大学で専門的に学ぶには面白いけどね），
多岐にわたるためこれ以上は受験地理としてやる必要はないんだ。

　金鉱の生成も複雑で，約30億年前に金鉱化作用が進み（金が形成されや
すい環境が生じたといわれている）まとまって生成されたため，**安定陸塊
に多い**みたいだよ。鉄鉱石と産出国が似ているけど，**ブラジルでの生産量
が多くないこと**，南アフリカ共和国，ペルーでの生産が多いことが判定の
ポイントになるね。したがって，図中の**イが金鉱**だ。上位産出国は，中国，
オーストラリア，ロシア，アメリカ合衆国，カナダ，ペルーだよ（2018年）。

　鉄鉱石は，先カンブリア時代の岩石が露出している**安定陸塊の楯状地**で
の生産が多く（先カンブリア時代に酸化鉄がまとまって形成されるんだっ
たよね），**オーストラリア（32.7%）**，**ブラジル（18.3%）**，**中国（17.8%）**，
インド，ロシア，南アフリカ共和国，ウクライナなどでの生産が多いよ
（2017年）。したがって，図中の**アが鉄鉱石**だ。

　銀鉱が出題されるのはすごく珍しいけど，**銅鉱と同様に火山活動が関連
する**ため（マグマに溶かし込まれて地表付近に上昇してくるんだったよ
ね？　覚えてくれてるかなぁ），**新期造山帯で多く産出する**よ。メキシコ，
中国，ペルーなどでの生産が多い**ウが銀鉱**だ。

問題 24-3　鉱産資源の生産国

解説

　鉱産資源の分布地域や産出国については，学習しておいたほうがいいよ。完璧に順位の丸暗記まではしなくてもいいけど，**群を抜いて生産量が多い国**や，ある程度**分布に規則性がある資源**には注意しようね！

　鉄鉱石は，先カンブリア時代の古い岩石に含まれていることが多いので，侵食（しんしょく）が多く進んだ**安定陸塊で発見や採掘（さいくつ）が簡単にできる**場合が多いよ。表中のオーストラリア，A（ブラジル），B（中国），インドなどは安定陸塊が広がる国だよね。

　銅鉱は，火山地域に分布していることが多いので，**環太平洋造山帯**に属する南北アメリカ大陸の太平洋岸や日本から東南アジアに連なる弧状列島（こじょうれっとう）などに分布しているんだ。ちなみに日本だってかつては（江戸時代や明治時代には），世界的な銅鉱の産出国だったんだ。表中の**C（チリ）**やペルーに注意しよう！　特にチリは**世界総生産量の約30%**を占めているからすごいよ。

　ボーキサイトは，**アルミニウムの原料**だね。地殻（ちかく）中にはかなりいっぱいアルミニウムが含まれているんだけど，**熱帯地域ではラトソルに酸化アルミニウムが残留・集積**していることが多いから，鉱床が形成されやすいよ。表中のオーストラリア（もちろん熱帯が分布する北部だ！），ブラジル，ギニアなど熱帯気候地域が中心だね。

　最後の錫鉱（すず）は**B（中国）が世界の約40%を生産**し，東南アジアのインドネシア，ミャンマーやラテンアメリカの A（ブラジル），ボリビアなどで生産量が多いよ。『大学入学共通テスト　地理Bの点数が面白いほどとれる本』【10】の「エネルギー・鉱産資源」で他の資源についても確認しておこう！

第25回

工業立地と各種工業

知識・技能の整理

工業立地

①生産費（せいさんひ）が最小になる場所に工場が立地。
②輸送費（ゆそうひ）と労働費（ろうどうひ）が重要な要素。

工業立地型
工業の種類によってさまざまな立地型があり，さらに時代とともに立地条件も変化。

①原料指向型　炭田，鉄山など原料産地（げんりょうさんち）に立地するタイプ。鉄鋼業（てっこうぎょう），石油精製業（せきゆせいせい），製紙・パルプ業，セメント工業。
②市場指向型　大都市など市場に立地するタイプ。食品加工業（しょくひんかこう）（生鮮度が重要），清涼飲料水工業（せいりょういんりょうすい），ビール工業（製品化すると重量が増加），出版（しゅっぱん）・印刷業（いんさつ）（情報に敏感）。
③労働力指向型　安価で豊富な労働力を必要とするタイプ。生産費に占める労働費の割合が高い繊維工業（せんい），電気機械工業（家電の組み立て），自動車工業。
④動力指向型　安価な電力などが得られる地域に立地するタイプ。生産費に占める電力費の割合が高いアルミニウム精錬工業（せいれん）。
⑤臨海指向型　原料を輸入に依存するため，港湾設備が整った臨海部に立地するタイプ。日本の鉄鋼業や石油化学工業。
⑥臨空港指向型　軽量・小型・高付加価値の製品を航空機で輸送するタイプ。IC など先端技術産業（せんたんぎじゅつさんぎょう）（生産費に占める輸送費の割合が小さい）。

各種工業

①繊維工業　労働集約的（安価で豊富な労働力が必要）
　a　綿工業（2015年）➡中国，インド，パキスタン，インドネシア，ブラジル。上位3か国で世界生産の80％以上。
　b　化学繊維工業（2017年）➡中国（69％），インド，インドネシア，アメリカ合衆国，（台湾）。

②**鉄 鋼 業**　資本集約的。炭田や鉄山など原料産地に立地するが，近年は原料の輸入，製品の輸送に有利な臨海立地が増加。

　　★主要粗鋼生産国（2019年）：中国（約50%），インド，日本，アメリカ合衆国，ロシア，韓国，ドイツ。

　　★主要鉄鋼輸出国（2018年）：中国，ドイツ，日本，韓国。

③**アルミニウム工業**　精錬時に多量の電力を消費するため電力立地が多い。ボーキサイト（4t）＋多量の電力➡アルミニウム（1t）

　　★主要生産国（2017年）：中国，ロシア，カナダ，アラブ首長国連邦，インド，オーストラリア，アメリカ合衆国，ノルウェー，バーレーン，アイスランド。

④**造 船 業**　韓国，中国，日本で世界の約90%を生産するが，日本では石油危機後に不況業種となる。

⑤**石油化学工業**　原油を原料とする装置産業。アメリカ合衆国など産油国での生産が多いが，日本など原油輸入国では臨海立地。

⑥**電気機械工業**　研究開発は資本と技術に恵まれる先進工業国，製品生産は安価な労働力に恵まれるアジア諸国が中心。デジタル家電，情報・通信機器の生産は，中国が圧倒。

⑦**自動車工業**　巨額な資本と高度な技術を要する総合組立工業。アメリカ合衆国，日本，ドイツが生産の中心だったが，近年は中国が主位（27%）。韓国，インド，メキシコなども増加。

⑧**エレクトロニクス工業**　最先端の技術を必要とするため，研究・開発（R&D）は先進工業国が中心だが，PC（パーソナルコンピュータ），携帯電話などの製品は中国などアジア諸国での生産が多い。

イギリスのランカシャー地方（綿工業）とヨークシャー地方（羊毛工業）をチェックしよう！

大規模な製鉄所がある都市をチェックして，「鉄鋼業」と書き込んでおこう！

ダンケルク，フォス（フランス），ピッツバーグ，ボルティモア（アメリカ合衆国），ビルバオ（スペイン），エッセン（ドイツ），マグニトゴルスク（ロシア）。

中国の三大鉄鋼基地をチェックしよう！　アンシャン（東北），ウーハン（華中），パオトウ（内モンゴル）。

シアトル（アメリカ合衆国）に「航空機工業」，ムンバイ（インド）に「綿工業」と書き込んでおこう！

重要用語を **確認** ✔

▶産業革命：従来の道具を使った手工業から，蒸気機関の発明，石炭製鉄（コークス製鉄法）の発明など技術革新によって**工場制機械工業へ移行**した。このような生産技術の急速な発展とそれにともなう社会・経済の大変革を産業革命という。18世紀後半にイギリスで起こり，次いでフランス，ドイツなどの西ヨーロッパ諸国，アメリカ合衆国，ロシア，日本へと波及した。

▶鉄　鋼　業：原料は**鉄鉱石**，**コークス**（石炭を高温に熱してガス，タールなどを分離したもので熱源となる）などを用いる。原料を高炉に入れ，銑鉄を取りだし，さらに転炉や電気炉で鋼鉄にする。一般に今日の鉄鋼業は製銑➡製鋼➡圧延（加工）までを一貫して行う場合が多い（**鉄鋼一貫工場**）。かつては炭田立地が主流であったが，近年は特に先進国での資源の枯渇から，**原料輸入**，**製品輸送に便利な臨海立地**の製鉄所が増加している。

▶パルプ・製紙工業：原料は**木材**で，かつては軟木の**針葉樹**が中心であったが，近年は技術革新により熱帯の**広葉樹**，廃材，古紙の利用も進んでいる。特に**日本**，**韓国**，ヨーロッパ諸国では古紙の回収・利用率が高いことに注意しよう！

1
2
3
4
地形 5
6
7
8
地形図 9
10
11
12
気候 13
14
15
16
17
農業 18
19
20
水産業 21
林産資源 22
ｴﾈﾙｷﾞｰ資源 23
鉱産資源 24
25
工業 26
27
28
環境問題 29
30
村落 31
衣・食・住 32
33
都市 34
35
人口・ 36
食料問題 37
国家・人種 38
・民族 39
交通・情報通信 40
システムの発達 41
貿易で結び 42
つく世界 43

問題 25-1

標準 □□□□□□□□分

次の表は，近代工業の発展段階について簡単にまとめたものである。表を参考にして，下の問い（**問1～3**）に答えよ。

	第1段階	第2段階	第3段階
技術革新が始まった時期	18世紀後半	19世紀後半	20世紀半ば
代表的工業	ⓐ綿工業 鉄鋼業	化学工業 自動車工業	電子部品工業 航空機工業
重要な立地条件	原料・燃料	市場・ⓑ港湾	
先進地域	イギリス	ドイツ アメリカ合衆国	アメリカ合衆国

表

問1 表中の下線部ⓐに関して，綿工業を中心とする産業革命がイギリスのランカシャー地方で発生した条件について述べた次の文①～④のうちから，下線部が正しいものを一つ選べ。

① 動力装置の燃料となる天然ガスが産出された。

② 資本家が紡績工場に労働者を集めた工場制手工業（マニュファクチュア）が存在した。

③ 原料の綿花が，北アメリカ大陸や中国からリバプールに輸入された。

④ 卓越する風の影響で湿度が低いため，綿糸が切れにくかった。

問2　表中の下線部⑥に関して，港湾は鉄鋼業の立地条件としても重要である。海外からの鉄鉱石により鉄鋼業が臨海部に発展した都市群として適当なものを，次の①～④のうちから一つ選べ。

① カーディフ・ダンケルク

② キルナ・ビルバオ

③ クリーヴランド・ピッツバーグ

④ ドニエツク・マグニトゴルスク

問3　表中の空欄 □□□□ に該当する立地条件として適当でないものを，次の①～④のうちから一つ選べ。

① 大学などの研究機関　　② 整備された情報・通信網

③ 高速道路　　　　　　　④ 高品位の鉄鉱石

問題 25-2

標準　□□□□□□□□分

次の表は，アメリカ合衆国，韓国，中国，日本の4か国について，化学繊維の生産量の推移を示したものである。アメリカ合衆国に該当するものを，表中の①～④のうちから一つ選べ。

	1990年	2000年	2016年
①	1,512	6,711	44,722
②	3,115	3,308	1,982
③	1,286	2,665	1,651
④	648	1,434	573

単位は千トン。『世界国勢図会』により作成。

表

問題 25-3

標準 □□□□□□□□分

工業立地と原料の取得に関して，次の文①〜⑥のうちから，**適当で
ないもの**を二つ選べ。

① 中国の工業は，かつて沿岸部に立地する傾向が強かったが，新中
国成立後，各地で鉱産資源の開発が進み，内陸部にも工業地域が拡
大しつつある。

② アメリカ合衆国の北西部では，ポートランド・シアトルをはじ
め，豊富な森林資源を背景に製材・パルプ工業などの発達した都市
が多い。

③ ポーランドのシロンスク地方や，ドイツ東部のザクセン地方は，
炭田地帯を控え，石炭を原料とする化学工業が成立している。

④ オーストラリア西部一帯には，マウントホエールバック（マウン
トニューマン）などの一大鉄鉱石産地があり，世界有数の製鉄所が
立地している。

⑤ フランスのワイン醸造業は，ローヌ・ガロンヌ・ロアール河谷な
どで盛んであるが，これらの河川流域はいずれもブドウの大産地で
ある。

⑥ ムンバイの綿工業は，隣接する東部のパンジャブ地方から，大量
の綿花が供給されて成立したものである。

世界各国における近年の産業立地について述べた文として**適当でな いもの**を，次の①〜④のうちから一つ選べ。

① アメリカ合衆国の西海岸の都市では，もともと盛んだった映画産業に加え，音楽，映像，ゲームなどの制作が行われている。

② インドに立地したコールセンターでは，コストが大幅に低下した国際電話を用いて，アメリカ合衆国向けの顧客サービスが多く行われている。

③ オーストラリアでは国内のウラン産地に原子力産業が立地し，発電用にウラン濃縮などの加工処理が行われている。

④ 日本の大都市圏内のサイエンスパークでは，研究機能を持つ事業所が集積し，技術研究や製品開発が行われている。

問題 **25-5** 標準 □□□□□□□□分

スマートフォンは，各種の鉱産資源を原料とする部品が用いられ，また多くの技術が集約された通信機器である。これらの資源や技術に関して，次ページの図中のア〜ウは，国際特許出願件数[*]，アルミ合金ケースの原料となるボーキサイトの生産量，リチウムの生産量のいずれかについて，上位8位までの国・地域とそれらが世界全体に占める割合を示したものである。項目名とア〜ウとの正しい組合せを，次の①〜⑥のうちから一つ選べ。

[*]世界知的所有権機関の加盟国で有効な特許の出願。

	①	②	③	④	⑤	⑥
国際特許出願件数	ア	ア	イ	イ	ウ	ウ
ボーキサイトの生産量	イ	ウ	ア	ウ	ア	イ
リチウムの生産量	ウ	イ	ウ	ア	イ	ア

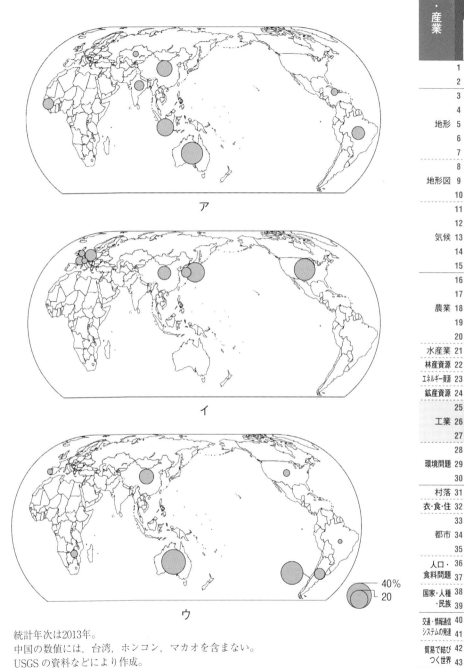

資源・産業

1
2
3
4
地形 5
6
7
8
地形図 9
10
11
12
気候 13
14
15
16
17
農業 18
19
20
水産業 21
林産資源 22
エネルギー資源 23
鉱産資源 24
25
工業 26
27
28
環境問題 29
30
村落 31
衣・食・住 32
33
都市 34
35
人口・ 36
食料問題 37
国家・人種 38
・民族 39
交通・情報通信 40
システムの発達 41
貿易で結び 42
つく世界 43

40%
20

ア

イ

ウ

統計年次は2013年。
中国の数値には，台湾，ホンコン，マカオを含まない。
USGS の資料などにより作成。

図

解答・解説

問題 25-1　近代工業の発展

問1

① **❷** ③ ④

解説 産業革命の発祥地

　ランカシャー地方って聞いたことあるかな？　イギリスの**ペニン山脈西側**にある「<ruby>産業革命の発祥地<rt>さんぎょうかくめい</rt></ruby>」だよ。工業は長い間，自給用の製品を作る手工業が中心だったんだけど，**18世紀後半にイギリスで産業革命が起こり**，その後，フランス，ドイツ，アメリカ合衆国，ロシア，日本などに波及していったんだ。

　産業革命の進行によって工業製品の**大量生産**ができるようになり，さらに<ruby>輸送機関<rt>ゆそうきかん</rt></ruby>も発達するから**大量輸送**もできるようになったということを忘れないでね。

　①　<ruby>天然<rt>てんねん</rt></ruby>ガスは高カロリーでクリーンエネルギーだから，今でこそ花形のエネルギーだけど，**この当時はほとんど使われていなかった**よ。下線部を「天然ガス」から「石炭」に書き直しておこう！　イギリスは<ruby>古期造山<rt>こきぞうざん</rt></ruby><ruby>帯<rt>たい</rt></ruby>に属しているから，各地で石炭が産出し，多くの炭田が立地していたんだ。ちなみに**現在は**，天然ガスの生産も多くて，北海に有力なガス田が<ruby>稼<rt>か</rt></ruby><ruby>働<rt>どう</rt></ruby>してるよ。

　②　産業革命期には，**水力や<ruby>蒸気機関<rt>じょうきかん</rt></ruby>を利用した工場制機械工業**が行われていたけど，それ以前には，手工業の職人を工場に集めて分業による生産を行う工場制手工業（マニュファクチュア，manufacture）が行われていたんだ。下線部は正しいよ。ランカシャー地方でも同様だね。ちなみに文中の「<ruby>紡績<rt>ぼうせき</rt></ruby>」っていうのは，綿花など短い糸を<ruby>紡<rt>つむ</rt></ruby>いで長い糸にすることだよ。こうしてできた糸を使って**衣類**なんかをつくるんだ。

　③　綿花の生育条件を覚えている？　……忘れてたら大反省！　綿花は「**寒さに弱い！**」ので冬季に低温になる（めちゃめちゃ寒くなるわけではないけど）**北西ヨーロッパでは良質な綿花が栽培できない**から，海外から輸入してたんだ。

　じゃあ，イギリスはどこから輸入してたのかなぁ？　当時は，イギリス領のアメリカ（現アメリカ合衆国）やイギリス領**インド**からリバプール港に輸入され，**マンチェスター**などで綿製品に加工されてたんだね。下線部

の「中国」が誤りだ。

④ 当時の綿紡績などの機械は、現在のものよりかなりレベルが低くてスピードなどの調節が難しかったから、「湿度が低い」つまり乾燥していると、綿糸がプチプチとすぐに切れてしまうという問題を抱えていたんだ。

だから、偏西風の風上側に位置していて、比較的湿潤な気候のランカシャー地方で綿工業を中心とする産業革命がスタートしたんだよ。面白いよね！

問2

❶　②　③　④

解説　**鉄鋼業の立地条件**

20世紀の初めごろの鉄鋼業では、原料重量に占める割合が最も大きかったのは石炭だったから、輸送費を節約するために炭田立地が主流だったんだ。その後は徐々に熱効率が改善され石炭の使用量が減少したから、鉄鉱石産地にも製鉄所が立地するようになったんだね。でも古くから鉄鋼業が発達していた先進国では資源が枯渇し、原料を輸入に頼らなければならなくなったから、原料や製品の輸送に便利な臨海立地が増加したんだよ。

① カーディフはイギリスのブリストル海峡付近、ダンケルクはフランスの北海沿岸に位置する臨海立地型の製鉄所がある都市だから、これが正解だ。

② キルナはスウェーデン有数の鉄鉱石産地だけど、寒冷なため、製鉄所の立地には適していないから、キルナで産する鉄鉱石はほとんど輸出されるよ。ビルバオ（スペイン）は付近の鉄鉱石産地に立地する製鉄所がある都市だ（ただし、ビルバオ鉄山は1999年に閉山）。

③ クリーヴランドはアメリカ合衆国のオハイオ州にある都市で、古くからアパラチア炭田の石炭を利用した製鉄所があり、ピッツバーグはペンシルヴェニア州にあって、アパラチア炭田の石炭を使用してアメリカ合衆国の鉄鋼業の中心となったんだ。

④ ドニエツクはウクライナにあってドネツ炭田の炭田立地、マグニトゴルスクはロシアのウラル地方にあるマグニトゴルスク鉄山の鉄山立地だ。

すべての都市を覚える必要はないけど、①のダンケルク、②のビルバオ、③のピッツバーグ、④のマグニトゴルスクくらいは覚えておいてね！

問3

① ② ③ **❹**

解説 電子部品工業と航空機工業の立地条件

　第二次世界大戦後は，航空・宇宙産業や集積回路，コンピュータなどのエレクトロニクス工業が急速に発展したんだったね。表中の航空機工業や電子部品工業のようにハイテク技術を必要とする業種（いわゆる先端産業）では①（**大学などの研究機関**）がとっても重要だよ。他の企業より機能的に優れた製品をいかに早く生み出すかが勝負になるもんね。②（**整備された情報・通信網**）は多くの情報をすばやく獲得するためには必要だし，③（**高速道路**）は部品や製品の迅速な輸送には欠かせないし……。ということは④（**高品位の鉄鉱石**）が誤りだ。高品位の鉄鉱石が必要なのは，**問2**で学習した**鉄鋼業**だよ。この問題は全員正解しなくちゃね（＾o＾）。

問題 25-2　化学繊維の生産推移

① **❷** ③ ④

解説

　繊維工業には，綿花や羊毛などを原料とする天然繊維工業と化学繊維工業があるんだったよね。**衣類の縫製**などを行う繊維工業は労働集約的だから，**安価で豊富な労働力が必要**になるよ。じゃあ，化学繊維工業はどうだろう？　化学繊維は，**原油を原料とする合成繊維**が中心で，強度が高く吸湿性などについても改善されてきたため，**近年は生産量が著しく増加**しているよ。

　もともとは資本と技術を備えた先進工業国（アメリカ合衆国，日本，ドイツなど）の生産量が多かったけど，化学繊維だって結局は安価で豊富な労働力がないと衣類の生産はできないので，最近は中国，インド，インドネシア，台湾，韓国に中心が移り，特に**中国の生産量はすごいよ！**　なんせ中国は綿織物，毛織物，絹織物，化学繊維と繊維製品の生産は**オールナンバー1**だからねえ。ということは，**①が中国**だ。中国は**安価な労働力を**いかして繊維製品や衣類に関して他国を圧倒しているもんなぁ。化学繊維の生産も世界の約**70%**を占めているよ。

　②はかなり生産量が減少しているよね。しかも1990年では世界最大の生産量なのに……。これは**アメリカ合衆国**だ。第二次世界大戦後からずっと

世界最大の化学繊維生産国だったけど，賃金の上昇など繊維産業の不振によって生産が減少しているんだ。

③と④の判定はできなくていいけど，生産量が多い③が韓国，かなり減少している④が日本だ。1970年代から80年代にかけてはアメリカ合衆国と日本が二大生産国だったんだけどね。

問題 25-3　工業立地と各種工業

①　②　③　❹　⑤　❻

解説

　工業立地で最も重要なことは，最大の利潤（りじゅん）をあげるためにはどこに工場を立地したらいいかという点だね。各種工業の特色と立地の変化に注意しよう！

　①　中国の工業は，かつてシャンハイ，ペキン，テンチンなどの沿岸部の大都市の繊維工業と東北地方の重工業（戦前に日本資本で開発）くらいだったんだ。「新中国成立」とは戦後の社会主義革命によって中華人民共和国が成立したっていうことだよ。ここから計画経済に基づいて，内陸部の石炭，鉄鉱石，石油などの資源開発が進んだから，内モンゴルのパオトウや長江流域のウーハンには鉄鋼基地（東北地方のアンシャンを加えて三大鉄鋼基地と呼ばれてきた），西部のシンチヤンウイグル自治区には石油化学工業など内陸部にも工業地域は拡大していったんだ。だから，この文は正しいね。

　大資本を必要とする鉄鋼業や石油化学工業は，おもに国有企業によって経営されてきたけど，1970年代末以降は郷鎮企業（こうちん きぎょう）（町村の経営）や外資系企業の伸びが著しいことに注意しよう。郷鎮企業はシャンハイなどの大都市郊外の農村地域に，外資系企業は華南（かなん）など沿海部に多数立地していて，衣類，電気機械の組み立てなど労働集約的な工業が発達していることを忘れないようにね。

　②　アメリカ合衆国は世界最大の木材生産国で，その中心は北西部のワシントン州，オレゴン州だ。ワシントン州のシアトル，オレゴン州のポートランドでは，この林産資源を利用して製材・パルプ工業が発達しているよ。だからこの文も正しいね。また，コロンビア川に巨大な多目的ダムが建設されたから，その電力を利用してシアトルで航空機工業が発達したことにも注意しよう。

③　君たちにとっては「石炭化学工業ってなんだろう？」って感じかもしれないけど，第二次世界大戦前は世界各国で石炭化学工業が行われていたんだ。ただ，戦後は石油化学工業との競争に負けて衰えてしまったんだね（石油危機後は少しずつ見直しも行われているよ）。だから，現在でも石炭が豊富に産出する地域では石炭化学工業が行われている地域もあるんだ。ポーランドはロシアを除くと**ヨーロッパ最大の産炭国**なので注意！シロンスク炭田くらいは知っておいたほうがいいよ。

④　**オーストラリアは東部のグレートディヴァイディング山脈を除き安定陸塊に属するため鉄鉱石の産出が多い**ことは知ってるよね。特に北西部（ピルバラ地区）の**楯状地**では鉄鉱石の産出が多いんだけど，「世界有数の製鉄所???」これはいくらなんでもないだろう！　大消費地（南東部のシドニー，メルボルンなど）に遠く，労働力にも恵まれないため（だってこの地域は砂漠だよ～！　砂漠に製鉄所の建設は難しくない？　冷却水もないし，電力供給も困難だし，ましてや人が住んでないから労働力の確保が難しいよ），この地域で産出する鉄鉱石のほとんどが**中国，日本，韓国など**へ**輸出**されているから，明らかにこれは誤りだ。

⑤　ワイン醸造業は，ブドウをつぶして発酵させてからワインを作るんだ。ブドウはいたみやすく重量も大きいから，できれば輸送したくないよね。だからほとんどが**原料産地**でワインに加工されるんだ。この文も正しいよ。だけど，同じアルコール飲料でもビール工業は，大麦などの原料中で最も重量が大きいのが水で，さらに瓶や缶に詰めるから，製品重量がますます重くなるよね。だから**大都市（大消費地）周辺に立地**が多いんだよ！

⑥　**ムンバイはインド最大の都市**だ。古くから**デカン高原の綿花**を利用し，綿工業が行われてきたんだよ。だから「パンジャブ地方」が誤りだね。パンジャブ地方は，**インドとパキスタンの国境付近にまたがる地域**で，小麦の大生産地で**綿花生産も盛ん**だけど，ちょっとムンバイまでは遠いよ。

問題 25-4　近年の産業立地

① 　② 　**❸** 　④

解説

①　アメリカ合衆国西海岸（カリフォルニア州）のハリウッド（ロサンゼルスの一地区）は，晴天と清澄な大気に恵まれ屋外ロケがしやすいこと，

乾燥した気候（Cs～BS）がフィルムの保管に適していること，**多くの人種・民族が居住しているため人材の確保が容易である**ことなどから，20世紀以降**世界的な映画制作の中心地**となったんだ。近年は，レコーディングやゲーム制作などもさかんに行われているから，この文は正しいよ。

　②　**コールセンター（call center）とは，電話とコンピュータ機能を統合し，商品のオーダー，問い合わせ対応など電話関連サービスを行う施設**である。インドは英語圏（公用語はヒンディー語だけど，準公用語が英語で，多様な民族間の共通語として常用されているよ）で，さらに**アメリカ合衆国とほぼ12時間の時差**（アメリカ合衆国のほぼ中央部を通過する経線は100°W，インドのほぼ中央部を通過する経線は80°Eで，ほぼ真裏の位置関係））があるから，**24時間体制の営業**（アメリカ合衆国の終業時間が，インドでは始業時間になる）が可能となるため，アメリカ合衆国向けの顧客サービスが行われているんだ。アメリカ合衆国と比べたら，**インドの賃金水準はめちゃめちゃ低い**から，コールセンターの立地には有利だよね。ということは，この文も正しいね。

　③　オーストラリアは，カザフスタン，カナダに次ぐ世界的なウラン産出国なんだけど，**原子力発電に対してはかなり消極的**で，実験用の原子炉は持ってるけど，商業用の発電はやってなくて，発電用のウラン濃縮などの加工処理も実施していないんだ。したがって，この文は誤り！　オーストラリアに対しては，自分は原子力発電に対して否定的な姿勢を示しているのに，**ウランを他国に輸出して儲けるのはおかしい**んじゃないかという批判もあるけどね。

　④　**サイエンスパーク（science park）とは，大学やベンチャービジネスなどを集めた研究・開発（Reserch & Development）型の都市や施設**を指すんだよ。日本では筑波研究学園都市なんかが代表的な例で，大都市圏内は豊富で優秀な人材を確保しやすく，情報も得やすいため，各地にサイエンスパークが立地しているんだ。したがって，この文も正しいよ。君たちの中にはいないと思うけど，パーク（park）って出てくると遊園地みたいなもの（ディズニーランドとか）を想像して大失敗する人がいるので気をつけてね～（笑）。この場合の**park**は「**～用の広大な敷地**」という意味。

問題 25-5 　国際特許出願件数，ボーキサイトの生産量，リチウムの生産量の上位8か国

| ① | ② | ❸ | ④ | ⑤ | ⑥ |

スマートフォンをはじめとする通信機器の生産に利用されている資源や技術に関して，国際特許出願件数，ボーキサイトの生産量，リチウムの生産量を図形表現図を用いて判定させる問題だ。アは，**オーストラリアが首位**で，**低緯度地方のインドネシア，ブラジル，ギニア，インド，ジャマイカなどの割合が高い**ことに注目し，**熱帯のラトソル分布地域**に見られる**ボーキサイトの生産量**と判定しよう。

イは，**アメリカ合衆国，日本，ドイツの割合が大きい**ことに注目するといいよ。研究開発（R&D）機能に優れ，**資本や技術が豊富な先進国での割合が大きい**ことから，**国際特許出願件数**だ。＊にあるように，国際特許出願件数は，国際連合の専門機関である WIPO（世界知的所有権機関:World intellectual Property Organization）で認められた特許の出願で，近年は中国の伸びが著しく，近い将来にアメリカ合衆国を抜き首位になると予測されているよ。ちなみに2018年の国際特許出願件数は，アメリカ合衆国，中国，日本，ドイツ，韓国の順でした。日本もがんばらなくちゃ！

ウは，**オーストラリアとチリの割合が極めて大きい**から**リチウムの生産量**だね。リチウムって名前くらいは聞いたことあるだろう？　リチウムは，すべての金属元素の中で最も軽く，比熱容量も最大なんだ。おもに陶器，ガラスの添加剤，電池（リチウムイオン電池）などに利用され，2018年では**世界最大の生産国はオーストラリア**だよ。

統計データについては，すべての数値や順位を覚える必要はないんだけど，人口や1人当たりGNIなど，基本的なデータを把握していると有利に働くので，本書を利用してシッカリとマスターしようネ！

先進国の工業化と発展途上国の工業化

 知識・技能の整理

先進国の工業化

①産業革命　18世紀後半にイギリスで産業革命が起こり，フランス，ドイツなどのヨーロッパ諸国やアメリカ合衆国，日本などに波及し，工業化が進展。

②第二次世界大戦後　アメリカ合衆国，ヨーロッパ諸国，日本などで重化学工業が発展。

③石油危機後　先進工業国では，燃料費や労働費などの高騰により従来の鉄鋼，造船などの資源多消費型工業から自動車，家電や先端技術産業などの知識集約型工業へ産業構造が転換。

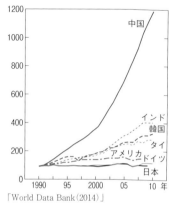

「World Data Bank（2014）」

おもな国の工業生産指数
（1991年の工業生産部＝100）

④現　在　生産費のコストダウンをはかるために発展途上国への工場移転。販路拡大や貿易摩擦を解消するために先進国への企業進出。研究・開発（R＆D：Reserch and Development）の充実と製品の高級化を進める。工場の海外進出による産業の空洞化が深刻。

発展途上国の工業化

①独　立　後　国内市場を目的とする輸入代替型工業化政策。

②1970年代以降　輸出加工区を拠点とする輸出指向型工業化政策へ転換。先進国の資本・技術と国内の安価な労働力を結びつけ，繊維工業や家電の組み立てなど労働集約型工業が発達。シンガポール，韓国などの NIEs（新興工業経済地域），マレーシア，タイなどの ASEAN（東南アジア諸国連合）諸国，中国，インドなどで工業化

に成功。

③**1990年代以降** アジア NIEs などでは安価な労働力に依存する労働集約型の輸出工業だけでなく，自動車工業，エレクトロニクス工業などを育成しハイテク化を進めている。BRICS（ブラジル，ロシア，インド，中国，南アフリカ共和国）の伸張も著しい。

資源・産業

1
2
3
4
地形 5
6
7
8
地形図 9
10
11
12
気候 13
14
15
16
17
農業 18
19
20
水産業 21
林産資源 22
エネルギー資源 23
鉱産資源 24
25
工業 26
27
28
環境問題 29
30
村落 31
衣・食・住 32
33
都市 34
35
人口・ 36
食料問題 37
国家・人種 38
・民族 39
交通・情報通信 40
システムの発達 41
貿易で結び 42
つく世界 43

地図帳を チェック ✓

アメリカ合衆国大西洋岸のメガロポリス（ボストン，ニューヨーク，フィラデルフィア，ボルティモア，ワシントン）をチェックしよう！

中国の経済特区（シェンチェン，チューハイ，スワトウ，アモイ，ハイナン島）をチェックしよう！

華僑を多く送出した華南のコワントン（広東）省とフーチエン（福建）省をチェックしよう！

重要用語を 確認 ✓

▶**輸出加工区**：生産した工業製品を輸出することを条件として，外国企業の輸入原料にかかる税を免除したり，土地などの使用料を安くするなど**外資への優遇措置をとる工業地区**。発展途上国が国内企業を保護しつつ，外国企業の誘致を進める際に有効である。

▶**輸入代替型工業**：従来輸入に依存していた工業製品を，国内生産することを目的とした工業。発展途上国が工業化をする際にはまず輸入代替型の工業化を図る場合が多い。おもに衣類などの日常生活消費財が中心で，国内市場向けの製品を生産する。

▶**輸出指向型工業**：先進国向けなど国外市場にターゲットを定めた製品を生産する工業で，アジア NIEs などは輸入代替型から輸出指向型への転換に成功し急速な経済発展を遂げた。先進国の資本や技術を導入するため，先進国企業を国内に誘致する場合が多い。

問 題 26-1　　　　易　□□□□□□□□分

次の文章は，アメリカ合衆国，オランダ，日本，ロシアにおける工業地域の分布とその特徴について述べたものである。オランダについて述べた文章として最も適当なものを，次の①～④のうちから一つ選べ。

① この国では，北東部を中心に重化学工業が発達してきた。1970年代以降は，気候が温暖で土地や労働力が安価な南部や西部でも，先端技術産業が発達している。

② この国では，輸出入に便利で消費地にも近い臨海部に，重化学工業が発達した。電気機械・電子工業は内陸部にも立地したが，最近では外国に進出する企業も増えている。

③ 地下資源に恵まれないこの国では，商業や貿易に重点がおかれ，近隣諸国に比べて重化学工業化が遅れた。しかし現在，可航河川の下流に築かれた大規模港湾を拠点にして，石油化学工業が発達している。

④ この国では，世界有数の地下資源の産地を中心に，重化学工業のコンビナートが建設された。1990年代以降は，市場経済への転換により，国営企業の民営化が進んでいる。

問 題 26-2　　　　やや難　□□□□□□□□分

次ページの図中のA～Cは，ヨーロッパにおける三つの工業地域の一部を示しており，次ページのア～ウの文は，A～Cいずれかの特徴について述べたものである。A～Cとア～ウとの正しい組合せを，次の①～⑥のうちから一つ選べ。

	①	②	③	④	⑤	⑥
A	ア	ア	イ	イ	ウ	ウ
B	イ	ウ	ア	ウ	ア	イ
C	ウ	イ	ウ	ア	イ	ア

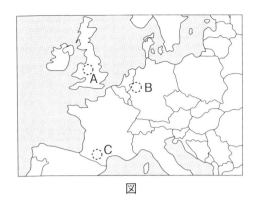

図

ア　この付近で産出される石炭や鉄鉱石を利用して，産業革命期から鉄鋼・機械工業が盛んである。

イ　炭田地域に位置し，工業の中心がかつての重工業から，エレクトロニクスや環境，医療技術などの分野に移行しつつある。

ウ　学術研究都市であり，航空機の最終組立てなどの産業が盛んである。

問題 26-3

やや難 □□□□□□□□□分

近年成長が著しい発展途上国の産業地域について述べた文として**適当でないもの**を，次の①〜④のうちから一つ選べ。

① インド南部のバンガロールは，ソフトウェア産業の集積地として発展しており，インドのシリコンバレーと呼ばれている。

② 中国南東部のシェンチェン（深圳）は，同国で最も早く経済特区の指定を受け，多数の外国企業が進出している。

③ フィリピンのマニラ近郊では，輸出加工区が設けられ，付近で産出される原油を用いて石油化学工場が多数立地している。

④ マレーシアのクアラルンプール近郊では，情報通信産業を誘致するために，サイバージャヤという計画都市が建設されている。

問題 26-4 　やや難 　□□□□□□□□分

　中国の工業化について述べた文として**適当でないもの**を，次の①〜
④のうちから一つ選べ。

① 　1960年代後半から，文化大革命の影響が全国各地に広がり，その
　間の社会の混乱にともなって，工業生産は伸び悩んだ。
② 　1980年代に入り，経済特区が沿岸部に指定され，外国企業の誘致
　による輸出指向型工業への転換がはかられた。
③ 　1980年代後半には，余剰労働力を非農業部門で活用する郷鎮企業
　が急増し，農村部に普及していった。
④ 　2000年代に入り，政府は沿岸部との格差是正を目的に，西部大開
　発を推進した結果，内陸部では自国資本による先端技術産業の集積
　が進んでいる。

問題 26-5 　やや難 　□□□□□□□□分

　世界の工業化と産業地域について説明した文として最も適当なもの
を，次の①〜④のうちから一つ選べ。

① 　サハラ以南のアフリカでは，内陸部の鉱産資源を用いた重化学工
　業のコンビナートが沿岸部に発達している。
② 　中央・南アメリカでは，ベンチャービジネスの集積地域として輸
　出加工区が発展している。
③ 　東南アジアでは，輸出指向型から輸入代替型へ転換することで工
　業化が進展している。
④ 　日本では，アニメや音楽，ゲームなどを制作するコンテンツ産業
　が都市部を中心に集積している。

解答・解説

問題 26-1　アメリカ合衆国，オランダ，日本，ロシアの工業地域

①　　②　　**❸**　　④

解説

①　「北東部を中心に重化学工業が発達してきた」とあるから，アメリカ合衆国の記述だね。アメリカ合衆国では，19世紀に**北東部のニューイングランド地方**（中心地はボストン）で産業革命が起き，その後，五大湖周辺で鉄鋼業，自動車工業（デトロイト），大西洋岸のメガロポリスで鉄鋼業（フィラデルフィア，ボルティモア），都市型の消費財工業（ニューヨーク）が発展したんだ。そして，**1970年代以降**は，北緯37度以南の**サンベルト**（Sunbelt）へ先端技術産業が多数進出して，アメリカ合衆国の経済発展の原動力となっていったんだね。サンベルトへ先端産業が進出した背景は①**安価な労働力の存在**，②**安価で広大な用地取得**が容易，③**豊富な石油資源の存在**，④**温暖な気候**，⑤**州政府の誘致策**，などだから注意しておこう！

②　「輸出入に便利で消費地にも近い**臨海部**」に重化学工業が発達してきたのは，もちろん日本だよ。大消費地をひかえる**臨海部の太平洋ベルト**を中心に，**鉄鋼業**や**石油化学工業**のような重化学工業が発達してきたんだ。**1970年代の石油危機**以降は，労働力が豊富で土地が安価な**関東内陸部**や**東北**，**九州**などにも機械工業やエレクトロニクス産業が進出しているよ。また，近年はもっともっと生産費を安く抑えるために，東南アジアや中国など**海外への企業進出**も進んでいることを忘れないでね。

③　設問中の国の中で，地下資源に恵まれないのはオランダと日本だね。②を日本だと判定できれば，③をオランダと判定してもいいけど，③の文もしっかりと検討しておこう。ドイツ，フランスなどの「近隣諸国に比べて重化学工業化が遅れた」こと，「**可航河川**の下流に築かれた大規模**港湾**」（もちろん**ライン川**河口付近にある**ロッテルダムのユーロポート**のこと）とあるから，オランダと判定できなきゃまずいよ。

④　「世界有数の**地下資源の産地**を中心」，「重化学工業のコンビナートが建設」とあるので，ロシアの記述だ。1991年に**ソ連が解体**するまでは，計画経済によって国営企業中心の工業化が行われてきたんだけど，解体後は**市場経済へ転換**したんだよ。だから「**国営企業の民営化**」も当然のこと

だ。一時期は経済もかなり混乱していたけど，最近は落ち着きを取り戻しつつあるね。特に1990年末からの**原油価格高騰**によるオイルマネー流入や近年のヨーロッパロシアへの**EU企業の進出**なんかで経済成長してるし。この問題はかなり易しいので全員に正答してほしいな。

問題 26-2　ヨーロッパの工業地域

❶　②　③　④　⑤　⑥

解説

　やたらめったら暗記をする必要はないけど，この程度の基本的な地名（都市名）は学習しておくべきだね。

　図中のAは**イギリス中部のバーミンガムを中心とするミッドランド地方**だ。ここでは古くから**付近で産出する鉄鉱石と石炭**を利用して鉄鋼業が栄えてきたんだよ。ということは，Aがアだ。

　Bは**ドイツ北西部**に位置する**ルール地方**だ。ルール地方はさすがにみんなわかったんじゃないかな。ルール地方は，**良質の石炭**が産出するため古くからエッセンやドルトムントを中心として鉄鋼業などの重工業が発達してきたんだよ。でも，他の先進国と同様に，賃金や地価の上昇，資源の枯渇などの理由によって重工業全般が不況業種となり，現在はエレクトロニクスなど**知識集約型の産業へ転換**を急いでいるんだ。そこでBはイに該当するよ。

　Cは**フランス南西部アキテーヌ盆地に位置するトゥールーズ**だ。古くから陸上交通と水上交通の要衝で農産物の集散地として栄えてきたよ。近頃は，フランスの中では経済発展が遅く，広い工業用地と安価な労働力が得られることから，フランス，ドイツなど**EU諸国の共同出資による航空機会社の組立工場**が進出しているよ。これはかなり有名な話なのでみんな知ってるんじゃないかな？　したがって，Cはウだ。「工業はちょっとなぁ……」という人は，必ず 知識・技能の整理 と『大学入学共通テスト　地理Bの点数が面白いほどとれる本』【11】「工業」でしっかりと復習をしておこう！

資源・産業

1
2
3
4
地形 5
6
7
8
地形図 9
10
11
12
気候 13
14
15
16
17
農業 18
19
20
水産業 21
林産資源 22
エネルギー資源 23
鉱産資源 24
25
工業 26
27
28
環境問題 29
30
村落 31
衣・食・住 32
33
都市 34
35
人口・ 36
食料問題 37
国家・人種 38
・民族 39
交通・情報通信 40
システムの発達 41
貿易で結び 42
つく世界 43

問題 26-3　発展途上国の産業地域

① 　② 　❸ 　④

農産物や資源などの一次産品を売るより，工業製品を売ったほうが多くの利潤(りじゅん)を獲得できるから，発展途上国(はってんとじょうこく)でも工業化に力を入れている国が多いよ。でも，**工業化をするには資本と技術が必要**になるから，多くの発展途上国では外国企業を積極的に誘致しているんだね。

①　バンガロールは**インド南部・デカン高原上の都市**で，海抜高度(かいばつ)が約1,000ｍと比較的過ごしやすい気候にあるんだ。バンガロールにはインド政府による積極的な**コンピュータ産業育成策が実施**されたから，たくさんの研究開発施設があり，近年は安価で優秀な労働力を求めてアメリカ合衆国（インドと12時間の時差があることを利用）や日本などの企業進出が進んでいるよ。だから「インドのシリコンヴァレー」と呼ばれているんだ。インドはもともと数学教育が進んでいることに加えて，**英語が準公用語**として国民の間に浸透しているから，外国企業にとっては進出の好条件を備えているんだね。もちろん，この文は正しいよ。

②　中国は，第二次世界大戦後の社会主義革命以降，**計画経済によって工業化を進めてきた**んだけど，なかなか計画通りに進まず行き詰まりを見せていたんだ。そこで，ついに**1970年代末**に決断を下すんだ。それまではすべての外国企業をシャットアウトしてきたのに，「改革・開放」政策によって，積極的に**外国資本の導入**をすることにしたんだね。この中心となったのはシェンチェンをはじめとする経済特区(とっく)だよ。経済特区というのは，輸出加工区の一種で，**外国企業に税金を安くするなどの優遇措置(ゆうぐうそち)をとる地域**なんだ。そして，中国が一番期待を寄せた外国資本というのは，海外で活躍する華僑資本(かきょう)（中国系の企業のこと）だったんだよ。華僑は華南出身者が多かったから，経済特区はすべて華南に設置されたんだね。したがって，この文も正しいよ。

③　近年，成長著しいフィリピンにも輸出加工区が設けられ，積極的に**外国企業の誘致**(ゆうち)が進められているよ。ここまでは正文なんだけど，首都のマニラ近郊で原油は産出しないもんなぁ。だから，この文は誤ってるよ。**東南アジアの代表的な産油国は，インドネシア，マレーシア，ブルネイ，ベトナム**だから注意しようね！

④　マレーシアは東南アジアでは**シンガポールに次いで工業化が進んで**

いる国だよ。特に近年はテレビなどの家電やコンピュータの組み立てだけでなく，情報産業を誘致するため**高度な情報インフラを備えたサイバージャヤという計画都市が首都クアラルンプール近郊に建設**されているんだ。したがって，この文も正しいよ。

問題 26-4　中国の工業化

① 　② 　③ 　**❹**

解説

　近年の中国の工業化と経済発展はすさまじいものがあるね。**安価な労働力と豊富な資源**が大きな武器となっていて，特に**労働集約型の繊維工業や家電の組立工業**などは他国を圧倒しているよ。産業革命期はイギリスが「世界の工場」と呼ばれ，戦後はアメリカ合衆国が，そして今は中国が「世界の工場」と呼ばれているんだ。最近は，衣類や家電製品だけでなく，**自動車工業やハイテク産業の分野**の成長も著しいよ。

　①　1949年，**社会主義国の中華人民共和国が成立**したことは知ってるよね。当初は，ソ連の援助を受け（ソ連は同じ社会主義国の仲間ができて相当うれしかっただろうな），計画経済によって経済を発展させようとしたんだけど，**1960年代の中ソ対立，1960年代後半の文化大革命**（既成の権威や技術に頼らず，大衆の創造性をいかして社会を発展させていこうという社会主義思想運動）による社会の混乱によって農業・工業生産が停滞してしまったんだ。したがって，この文は正しいよ。

　②　計画経済に限界を感じた中国は，1978年から「改革・開放」と呼ばれる思い切った政策を実行したんだ。この政策は，市場経済を一部導入することで労働者や企業の生産意欲を高め，**外資導入（外国企業の誘致）**を認めることで，先進国の技術を習得しようとしたんだね。**問題26-3の②**で説明したように経済特区を設立し，アジアNIEsなどと同様に**輸出指向型工業の育成**に努めたのだから，この文も正しいよ。

　③　「改革・開放」によって国有企業以外の企業も認められるようになると，「郷鎮企業」と呼ばれる**地方自治体などが経営する企業**が急増し，**農村の余剰労働力**を吸収して，急成長したんだ。したがって，この文も正しいなぁ。

　④　ここまでの文が正しいということは④が間違っているんだろうね。どこが間違っているかよく読んでみよう！　**1990年代から高度経済成長を**

遂げた中国にも問題点はあったんだよ。**沿海部の発展と内陸部の貧困**とい
う経済格差だね。そこで2000年ごろから「西部大開発」を推進し，西部内
陸部の**インフラ整備**や植林推進，エネルギー資源の開発や輸送網の整備を
積極的に行い，外国企業が進出可能な環境を作り出そうとしたんだ。前半
の文は正しいけど，後半の「内陸部では自国資本による**先端技術産業の集
積が進んでいる**」という部分が誤りだね。**先端技術産業の集積**はペキンな
ど研究開発機能が充実している沿海部が中心だ。

問題 26-5　世界の産業化と産業地域

①　　②　　③　　❹

解説

簡単な短文正誤だから，絶対に誤答しないようにね！

①　**北アフリカ**なら内陸の油田からパイプラインを敷設し，沿岸部で石
油化学コンビナートの建設もあるけど，**サハラ以南のアフリカ（サブサハ
ラ）は，南アフリカ共和国を除いて工業化が遅れている**から，誤りだね。

②　「**ベンチャービジネス**」とは，**新しい技術や高度な知識を有する起
業家により立ち上げられた企業**のことで，近年は日本の大学発のベン
チャー企業も増加しているよ。君たちの中にも関わる人が出てくるんじゃ
ないかなぁ。輸出加工区は，一般に途上国が**税制上の優遇措置**を採ること
によって，**先進国などの外資を積極的に誘致**する地区で，おもに**労働集約
型の組み立て工業**などが中心だ。ベンチャービジネスは，**先端産業やICT
産業**が中心になるから，**先進国の大都市圏内で発達**をしているよ。この文
も明らかな誤り。

③　「輸出指向型」から「輸入代替型」へ転換ではなく，「**輸入代替型**」
から「**輸出指向型**」の誤り！　発展途上国の工業化は，最初に従来の輸入
品を国産化して国内市場に販売する輸入代替型工業化政策を行って，ある
程度工業化が進むようになれば，先進国などの国外市場をターゲットとす
る輸出指向業型工業化政策を採るんだ。

④　「**コンテンツ産業**」って最近はよく耳にするよね。**音楽，本，映画，
ドラマ，アニメ，ゲームなどを制作する産業**で，迅速な情報収集が必要な
ことから大都市を中心に発達しているから，これこそ正文！　日ごろから
聞き慣れている「コンテンツ」という言葉でも，いざ出題されると不安に
なってしまうことがあるので，注意しようね。

資源・産業

1
2
3
4
地形　5
6
7
8
地形図　9
10
11
12
気候　13
14
15
16
17
農業　18
19
20
水産業　21
林産資源　22
エネルギー資源　23
鉱産資源　24
25
工業　26
27
28
環境問題　29
30
村落　31
衣・食・住　32
33
都市　34
35
人口・　36
食料問題　37
国家・人種　38
・民族　39
交通・情報通信　40
システムの発達　41
貿易で結び　42
つく世界　43

工業製品の統計資料

 知識・技能の整理

繊維工業

①世界の繊維生産高の推移 （単位は万t）

	1970年	1980年	1990年	2000年	2010年	2016年
綿花	1,178	1,399	1,859	1,984	2,505	2,323
羊毛	160	160	197	138	113	117
絹	4	6	7	10	14	21
化学繊維	814	1,372	1,765	3,473	5,256	7,129

『データブック　オブ・ザ・ワールド』などによる。

②綿織物，毛織物，絹織物，化学繊維の生産・輸出は，<u>中国が世界最大</u>！

鉄鋼業

①**粗鋼生産の推移**（次ページの図を参照）

②かつてはアメリカ合衆国，ヨーロッパ諸国，日本など先進工業国が世界生産の大部分を占める➡近年は中国（約50%），韓国，インドなど発展途上国の伸びが顕著。

アルミニウム工業

①**アルミニウム生産の推移**（生産上位国の変化）

『世界国勢図会』による。

	1970年	1980年	1990年	2000年	2010年	2017年
1位	アメリカ合衆国	アメリカ合衆国	アメリカ合衆国	アメリカ合衆国	中国	中国
2位	ソ連	ソ連	ソ連	ロシア	ロシア	ロシア
3位	カナダ	日本	カナダ	中国	カナダ	インド
4位	日本	カナダ	オーストラリア	カナダ	オーストラリア	カナダ
5位	ノルウェー	ドイツ	ブラジル	オーストラリア	アメリカ合衆国	UAE
6位	フランス	ノルウェー	ノルウェー	ブラジル	インド	オーストラリア

②アルミニウム精錬には多量の電力を必要とするため，特に石油危機以後は電力費が安価で豊富に得られる国，つまり<u>エネルギー資源が</u>

豊富な国や水力発電が盛んな国の生産量が多いことに注意！

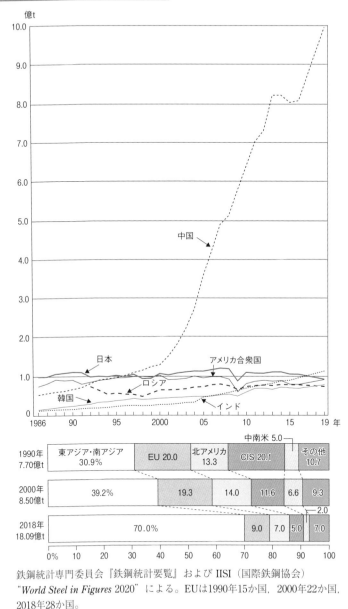

鉄鋼統計専門委員会『鉄鋼統計要覧』および IISI（国際鉄鋼協会）
"*World Steel in Figures* 2020" による。EUは1990年15か国，2000年22か国，2018年28か国。

主要国の粗鋼生産と地域別の粗鋼生産割合

1
2
3
4
地形 5
6
7
8
地形図 9
10
11
12
気候 13
14
15
16
17
農業 18
19
20
水産業 21
林産資源 22
エネルギー資源 23
鉱産資源 24
25
工業 26
27
28
環境問題 29
30
村落 31
衣・食・住 32
33
都市 34
35
人口・ 36
食料問題 37
国家・人種 38
・民族 39
交通・情報通信 40
システムの発達 41
貿易で結び 42
つく世界 43

自動車工業

①**自動車生産の推移**

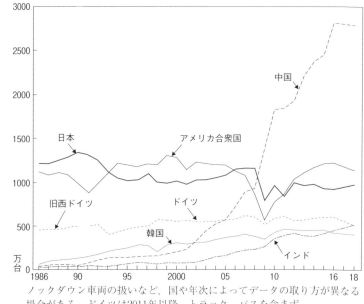

ノックダウン車両の扱いなど，国や年次によってデータの取り方が異なる
場合がある。ドイツは2011年以降，トラック，バスを含まず。
『データブック　オブ・ザ・ワールド』などによる。

主要国の自動車生産

②**第二次世界大戦後**　アメリカ合衆国やドイツなどヨーロッパ諸国が
世界の自動車生産をリード。

③石油危機後，日本の低燃費の小型車に注目が集まり生産が急増。

④近年，国際的な企業合併など企業の多国籍化が進み，発展途上国に
も組み立て工場が立地。世界最大の生産国は中国で，インド，韓
国，メキシコなどの生産も増加していることに注意！

 造船業

①1956年から1999年までは日本が首位。

②2000年からは韓国が首位に立つが，2010年からは中国も首位に。

③中国，韓国，日本で世界の船舶竣工量の90%以上を占める。

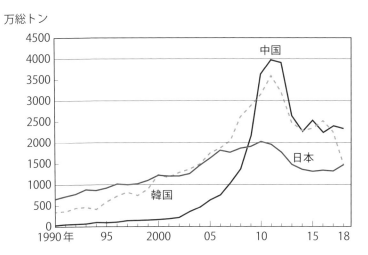

万総トン

主要電子機器の統計

中国，日本，韓国などアジア諸国での生産が極めて多い！
[中国，日本，韓国のカラーテレビ，携帯電話*，パーソナルコンピュータ**の生産状況]

	1999年	2009年	2015年
日本	337	979	121
中国	3,265	8,425	10,930
韓国	1,040	568	382

カラーテレビの生産（万台）

	1999年	2009年	2015年
日本	4,337	2,761	685
中国	2,635	58,842	139,569
韓国	3,900	14,704	6,415

携帯電話の生産（万台）

	1999年	2009年	2015年
日本	895	514	371
中国	835	27,472	27,039
韓国	518	132	130

パーソナルコンピュータの生産（万台）

＊スマートフォンを含む。
＊＊ノートパソコンを含む。
『データブック　オブ・ザ・ワールド』などによる。

問題 27-1

標準 □□□□□□□□分

　工業製品の主要な基礎素材である鉄鋼の生産地は，世界的な産業再編の影響を受けて変化している。次の図中の①〜④は，アメリカ合衆国，韓国，中国*，日本のいずれかにおける粗鋼の生産量の推移を示したものである。アメリカ合衆国に該当するものを，図中の①〜④のうちから一つ選べ。*台湾を含まない。

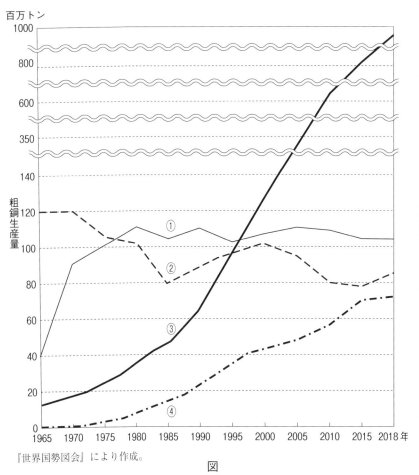

百万トン

『世界国勢図会』により作成。

図

次の表は，世界のおもな自動車生産国（アメリカ合衆国，韓国，中国，ドイツ，日本）について，生産台数（1990年，2016年），輸出台数を示したものである。韓国に該当するものを，表中の①〜④のうちから一つ選べ。

国　名	1990年の生産台数	2018年の生産台数	2018年の輸出台数
①	474	27,809	1,041
②	9,783	11,315	2,839*
③	13,487	9,729	4,817
ドイツ	4,977	5,120	3,993
④	1,322	4,029	2,450

単位は千台。『日本国勢図会』により作成。*2017年。

表

次ページの図は，アメリカ合衆国，中国，日本，ロシアのアルミニウム生産量の推移を示したものである。ロシアに該当するものを，図中の①〜④のうちから一つ選べ。

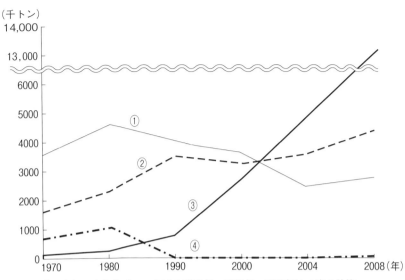

（千トン）

『世界国勢図会』により作成。ロシアの1970年，1980年，1990年はソ連の数値。

図

問題 27-4　やや難　□□□□□□□□分

　次の表は，いくつかの国における GDP（国内総生産）に占める研究開発費の割合，電気機械産業の研究開発費，バイオ技術に関する特許件数を示したものであり，①～④は，アメリカ合衆国，韓国，フィンランド，メキシコのいずれかである。韓国に該当するものを，表中の①～④のうちから一つ選べ。

	①	②	③	④
GDPに占める研究開発費の割合（％）	3.5	3.2	2.7	0.4
電気機械産業の研究開発費（億ドル）	21.9	130.7	311.8	0.3
バイオ技術に関する特許件数	54.6	255.6	4,385.4	8.8

統計年次は，GDPに占める研究開発費が2007年，電気機械産業の研究開発費が2006年，バイオ技術に関する特許件数が2004～2008年の平均。
OECD, *Main Science and Technology Indicators* により作成。

表

問題 27-5

標準 □□□□□□□□分

　次の図は，2000～2014年の日本の自動車メーカーの生産台数につ
いて国・地域別の割合を示したものであり，①～④は，日本，アジア
（日本を除く），北アメリカ，中央・南アメリカのいずれかである。ア
ジア（日本を除く）に該当するものを，図中の①～④のうちから一つ
選べ。

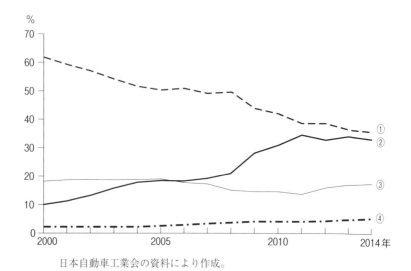

日本自動車工業会の資料により作成。

図

資源・産業

1
2
3
4
地形 5
6
7
8
地形図 9
10
11
12
気候 13
14
15
16
17
農業 18
19
20
水産業 21
林産資源 22
エネルギー資源 23
鉱産資源 24
25
工業 26
27
28
環境問題 29
30
村落 31
衣・食・住 32
33
都市 34
35
人口・ 36
食料問題 37
国家・人種 38
・民族 39
交通・情報通信 40
システムの発達 41
貿易で結び 42
つく世界 43

解答・解説

問題 27-1　アメリカ合衆国，韓国，中国，日本の粗鋼生産推移

① **❷** ③ ④

解説

　さぁ，共通テストで頻出が予想されるデータ分析だよ。図は**粗鋼生産量の推移**を示すグラフだ。粗鋼とは，製鉄所で原料の鉄鉱石と石炭から生産された鉄鋼のうち，板や管などに加工される前の状態をいうから，君たちは鋼の塊だと思ったらいいよ。鉄鋼業（製鉄業）は産業革命後，**先進国の基幹産業**となり，アメリカ合衆国，ドイツ，イギリス，イタリア，フランスなど先進工業国が生産の上位を占めていたんだ。でも，第二次世界大戦後はアメリカ合衆国に次いで日本やソ連が増産に成功し，さらに**1970年代の石油危機**以降は中国，韓国，ブラジルなどの発展途上国における伸びが著しいことに注意しよう。

　ということは，1960年代に世界最大の生産量を誇っていた②がアメリカ合衆国で，1970年代の後半からアメリカ合衆国を追い抜く①が日本だ。中国と韓国はともに先進国より低コストで生産できるから鉄鋼生産が急増するけど，特に石炭，鉄鉱石に恵まれてる中国は，韓国より有利な条件がそろっているよね。③が，現在**世界最大の粗鋼生産国**の中国で，④が韓国だね。鉄鋼は建物，船舶，自動車など何を作るにしろ必要なんだ。経済が急成長を遂げている中国は消費量も多いから，生産量も多いんだよ。

問題 27-2　アメリカ合衆国，韓国，中国，ドイツ，日本の自動車生産と輸出

① ② ③ **❹**

解説

　世界の自動車生産は，第二次世界大戦後，アメリカ合衆国とドイツなどヨーロッパ諸国がリードしてきたんだ。でも，**1970年代の石油危機**での原油価格高騰によって，燃費の悪いアメリカ製の大型車が敬遠されはじめ，**低燃費の優秀な小型車**を得意とする日本が脚光を浴び，生産や輸出が急増するんだ。でも1994年からは「**アメリカ合衆国自動車業界の逆襲！**」が始まり，生産では首位の座に返り咲くんだね。その後，日本とアメリカ合衆

国がデッドヒートをくり広げてきたんだけど，世界金融危機（世界同時不況，2007～2010年）でこの2か国が低迷している間に，なんと中国が2009年から首位に躍り出たんだ。ということは①が中国だね。そして，②がアメリカ合衆国だ。**アメリカ合衆国は生産が多い割には輸出が少ない**ことが特徴だよ。そのぶん国内販売が多く，**輸入も世界最大**なんだ。

　①の中国は，生産が急激に伸びているよね。でも輸出は極端に少ないよなぁ。中国は日本，ドイツなど先進国の自動車メーカーが進出しているんだけど，**生産の中心は国内販売**なんだよ。豊かになった中国の人々が自動車を購入しているんだ。

　③が日本になるんだけど，**日本の自動車メーカー**はアメリカ合衆国との貿易摩擦（日本がアメリカ合衆国に集中豪雨的な輸出をすることに対して，アメリカ合衆国側から厳しく批判された）に対処するため，アメリカ合衆国に工場を進出させ，**現地生産**を増やしたんだ（これはアメリカ合衆国の生産台数にカウントされるよ）。また，**バブル経済崩壊後の不況**によって日本国内での販売台数が伸びなかったことや世界金融危機による国外市場の冷え込みなどもあって，**1990年より2018年の方が生産台数が減少している**ことが読み取れるね。

　④は日本と同様に低燃費で優秀な小型車を多数輸出できる国として，世界各国から信頼を得ていて生産も順調な韓国だね。日本にも「ヒュンダイ」というメーカーが進出していたんだけど，日本車との競合に負けて撤退してしまったんだ（2001～2010年）。今の**自動車業界**は，日本が進めている**ハイブリッド車**や**燃料電池車**など**環境に優しい自動車の開発**が大きな課題となっているから注意してね！

問題 27-3　アルミニウム生産国

① ❷ ③ ④

解説

　アルミニウムは，ボーキサイトを原料として生産される軽金属（けいきんぞく）だね。軽いし，さびにくいから航空機や自動車，建築材料など用途は広いよ。アルミニウム生産には絶対に欠かせないものがあったよなぁ。電力だよね。しかも大量の電力がアルミニウム精錬（せいれん）の際には必要になるんだ。ということは，石炭，石油，天然ガスなど火力発電の燃料を豊富に産出する国や水力発電に恵まれている国の生産量が多くなるはずだね。図中の④が日本だ。1973年と1979年の石油危機によって，石油価格が大幅に上がると日本のようにほぼすべての石油を海外に依存している国は，電力費が高くなりすぎて，採算がとれなくなるから，国内でのアルミニウム精錬をやめていったんだ。今は，オーストラリアやロシアなどから精錬されたアルミニウムの地金（じがね）を輸入しているんだよ。残るアメリカ合衆国，中国，ロシアはみんな資源大国で，今でもアルミニウム生産量が多いから，判定はどうしよう？まずは，①がアメリカ合衆国だ。かつては最大の生産国だったんだけど，最近は鉄鋼業と同様に中国などに押されてるんだ。現在，世界最大のアルミニウム生産国である③が中国だ。中国は経済発展にともなう建設ブームで鉄鋼やアルミニウムの需要が急増していることがその背景だね。残る②をロシアと判定しよう。1991年のソ連解体による経済停滞もヒントになるね。

問題 27-4

アメリカ合衆国，韓国，フィンランド，メキシコにおけるGDPに占める研究開発費の割合，電気機械産業の研究開発費，バイオ技術に関する特許件数

① ❷ ③ ④

解説

　共通テストが得意とするタイプのデータ分析問題だ。この手のタイプの問題では，あわてて数値に飛びつくのではなく，じっくり指標を確認してから，スピーディーに分析しよう。GDPに占める研究開発費（GDPとは国内総生産のことで，GNI・国民総所得とほぼ同じと考える）とは，ある国の総収入に占める研究開発費の割合だ。研究開発はかなり時間もかかり，ものになるかどうかわからないのに多額の資金を投下するのだから，

経済的に余裕がない発展途上国では割合が低くなるはずだよね。

　電気機械産業の研究開発費については，どこの国でもやってるだろう産業の研究開発費について聞きたいんだね。よっぽどその国独自の飛び抜けた産業でない限り，どこの国でも平均的に電気機械産業に力を入れているとすると，GDP×研究開発費の割合＝研究開発費つまりGDP×電機機械産業の研究開発費＝電機機械産業の研究開発費となることから，GDPが大きく，研究開発費の割合も高ければ，電機産業の研究開発費も大きくなると考えればいいんだ。最後のバイオ技術に関する特許件数は，これも電機産業の研究開発費と同じような傾向を示すはずだね。でも，ヨーロッパ諸国に比べるとアメリカ合衆国は，遺伝子組み換えなどバイオ技術分野に対して非常に積極的であることから，他の先進国よりは高い数値を示すじゃないかなぁ。では，そろそろ（待ちくたびれただろ？）表のデータを分析してみよう！　表はアメリカ合衆国，韓国，フィンランド，メキシコとあるから，アメリカ合衆国，フィンランドが先進国，韓国とメキシコがNIEs（先進国に近づいている途上国のこと）というように大別できるよね。したがって，GDPに占める研究開発費の割合が最も低い④が韓国かメキシコになるけど，アジアNIEsの韓国のほうが経済発展している（1人当たりGNIはメキシコの2倍以上！）から，④はメキシコだね。①～③の判定は，この指標ではできないので，次の指標に移ろう。電機機械産業の研究開発費とバイオ技術に関する特許件数が群を抜いて多いのが③だから，これをアメリカ合衆国と判定しよう。工業製品の生産では，中国に首位を奪われてるけど，製品開発とかの最先端部門ではアメリカ合衆国が世界の工業を牽引していることを忘れちゃだめだよ。残る①と②がちょっとだけ難しいけど，がんばらなくっちゃね。北欧のフィンランドは，1人当たりGNI44,760ドルで，59,160ドルのアメリカ合衆国に次ぐんだけど，人口が約550万人とめちゃめちゃ少ないなぁ。44,760ドル×550万人を考えればわかるように，経済の規模が小さいことから，上段のGDPに占める研究開発費の割合のような相対値は大きくなるけど，研究開発費や特許件数などの絶対値は小さくなる傾向にあるよね。一方，韓国は1人当たりGNIは28,380ドルとフィンランドの2/3だけど，人口が約5,000万人とフィンランドの10倍近くあるから，経済規模が大きくなり，韓国の方がフィンランドより表中の絶対値が大きくなるんだ。したがって，①がフィンランド，②が韓国である。なんとなくではなく，気持ちよく分析できるように，今のうちから地理的思考力や分析力を鍛えておこう！

問題 **27-5** 日本の自動車メーカーの国・地域別生産台数の割合

① **②** ③ ④

　日本の自動車メーカーにおける国・地域別生産台数割合の推移（2000～2014年）のグラフから，日本，アジア（日本を除く），北アメリカ，中央・南アメリカを判定し，アジアを選択する問題だ。

　今でこそ日本の輸出産業を牽引している自動車産業だけど，**1970年代までは国内市場が中心**だったんだ。信じられないよなぁ。**石油危機**後に**低燃費，高性能の小型車**を生産する日本の自動車メーカーに注目が集まることになり，アメリカ合衆国などへの輸出が増加していったんだ。それから1980年代後半の円高とアメリカ合衆固に対する貿易摩擦を契機として，**海外に本格的な生産拠点**（アメリカ合衆国，タイ，メキシコ，ブラジルなど）を設けるようになり，さらに2000年代半ばになると中国，インド，ロシアなどにも各国の国内市場をターゲットとした生産拠点が設置され，世界金融危機後の2009年以降は，なんと！！！　**国内生産台数を海外生産台数が上回る**ようになってしまったんだよ。

　グラフからは①の割合が低下していることを読み取ることができるから，日本の判定は簡単だよね。日本の自動車メーカーは，**1990年代から国内生産台数が減少傾向**で，逆に**海外生産台数は1980年代後半から急増**しているね。③と④は停滞傾向だけど，②は2008年以降増加しているので，中国，タイなどを中心とする**アジア**だ。2008年のリーマンショックとそれに伴う世界金融危機に伴う世界的な不況により先進国での販売額が低調になり，**減収を補うためアジア諸国に進出**し，販売拡大を狙ったんだよ。③は1980年代から現地生産が進んだ**北アメリカ**だね。日本とアメリカ合衆国との貿易摩擦が深刻化したため，日本の自動車メーカーは**輸出の自主規制**を行うとともに，アメリカ合衆国に工場を移転して現地生産を行うことで，貿易摩擦を回避しようとしたんだ。残る④は**中央・南アメリカ**で，おもに**メキシコやブラジル**で，生産を行っているよ。

資源・産業

1
2
3
4
地形 5
6
7
8
地形図 9
10
11
12
気候 13
14
15
16
17
農業 18
19
20
水産業 21
林産資源 22
エネルギー資源 23
鉱産資源 24
25
工業 26
27
28
環境問題 29
30
村落 31
衣・食・住 32
33
都市 34
35
人口・食料問題 36
37
国家・人種・民族 38
39
交通・情報通信システムの発達 40
41
貿易で結びつく世界 42
43

開発と環境破壊

知識・技能の整理

世界の地域開発

第二次世界大戦前後から大規模な河川流域総合開発などの地域開発が行われ、地域の活性化に貢献するが、近年は自然環境を無視した開発に対する反省も。

①**アメリカ合衆国** テネシー川，コロンビア川，コロラド川流域に多くの多目的ダムを建設し，工業化や農地拡大を推進。

②**オーストラリア** 東部山地を東流するスノーウィー川の水を山地の西側に導水し(スノーウィーマウンテンズ計画)，小麦栽培地を拡大。

③**ロ シ ア** ヴォルガ川とドン川を結ぶ**ヴォルガ＝ドン運河**の建設，アラル海に注ぐアムダリア川の水をカラクーム砂漠に導水するカラクーム運河の建設，シベリアのエニセイ川などにダム建設。

④**中　　国** 黄河にサンメンシヤダム，長江にサンシヤダムを建設。

⑤**イ ン ド** 東部のダモダル川に多数のダムを建設し，流域の電化や資源開発（石炭，鉄鉱石）。流域に**インド最大の重工業地域**を形成。

⑥**エジプト** ナイル川にアスワンハイダム建設。洪水防止，耕地拡大，工業化に寄与するが，**肥沃土の減少，塩害，海岸侵食など問題も発生**。

世界のおもな地域開発

各種の環境問題　産業革命以降，経済活動の急速な拡大からさまざまな環境破壊が発生。環境問題の地域的スケールによって，局地的な環境破壊（公害），大陸規模の環境破壊，地球的規模の環境破壊に大別。

① **公　害**　限られた地域の環境破壊。大気汚染，水質汚濁など地域住民が被害。先進国では第二次世界大戦後の高度成長期に顕在化し，日本でも1960年代，四大公害病（水俣病，新潟水俣病，イタイイタイ病，四日市ぜんそく）が深刻な社会問題となる。

② **大気汚染**

a　スモッグ➡石炭などの大量消費により生じる煙霧（smoke + fog）。産業革命期のロンドンが典型。

b　光化学スモッグ➡自動車の排ガスに含まれる窒素酸化物，炭化水素が太陽光と反応して，人体に有害なオキシダントを発生。ロサンゼルスが典型。

③ **水質汚染**

a　海洋汚染➡タンカーなどからの廃油，タンカーの原油流出事故，海底油田開発。北海，ペルシャ湾，マラッカ海峡など各地で発生。

b　内陸水域の汚染➡工場からの産業廃棄物や都市からの生活排水の流入。五大湖，ライン川などでは汚染が深刻化し，浄化の努力。

地図帳をチェック✓

ナイル川のアスワンハイダム，黄河のサンメンシヤダム，リウチヤシヤダム，長江のサンシヤダムをチェックしよう！

中央アジアのアラル海をチェックしよう！　このままでは消失する……。

重要用語を確認✓

▶マングローブ林の破壊：マングローブの生育には，熱帯の多雨地域で最高潮位と最低潮位の間に位置する泥地が適している。マングローブ林は古くから家屋の建築材，薪炭材などに利用されてきたが，近年は，パルプ用材としての伐採やエビの養殖池，工業用地，港湾施設の造成のための伐採が進んでいる。このためマングローブ林をすみかとする生物種が減少することで生態バランスがくずれ，生態系の破壊につながるだけでなく，自然の防波堤が失われるため海岸侵食が進み，熱帯低気圧にともなう高潮や地震による津波の被害も深刻になっている。

標準 □□□□□□□□分

　ナイル川河口域は，世界で最も激しく海岸線が変化した地域の一つである。次の図は，1800年当時の海岸線の位置を 0 として，その後の海岸線の前進と後退のようすを±で表したものである。図中の W 〜 Z の各期間における変化について述べた文として最も適当なものを，下の①〜④のうちから一つ選べ。

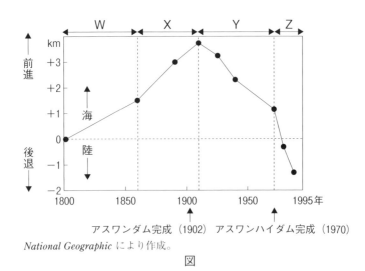

図

① 　Wの期間は，長期的な寒冷化にともない，海水面が低下し，海岸線が海側へ前進した。

② 　Xの期間は，おもに沿岸域で地震による隆起が生じ，海岸線の海側への前進が速まった。

③ 　Yの期間は，雨季におけるダムからの大量放水にともない，下流域で侵食が生じ，海岸線が陸側へ後退した。

④ 　Zの期間は，主にダム建設以降，上流から供給される土砂の急減にともない，海岸線の陸側への後退が速まった。

問題 28-2 　易　□□□□□□□分

　河川の水資源開発に伴って引き起こされた環境変化は多い。アムダリア川・シルダリア川の流入するアラル海では，流域の綿花畑や水田への灌漑（かんがい）のために大きな変化が起こっている。アラル海とその周辺の環境変化について述べた次の文①〜④のうちから，**適当でないもの**を一つ選べ。

① 　水位が著しく低下し，湖岸の港が使用できなくなった。

② 　塩分濃度が下がり，灌漑用水に利用できるようになった。

③ 　漁獲量が減り，漁業にも深刻な影響が出るようになった。

④ 　旧湖底に堆積（たいせき）した塩類が風で飛ばされるようになった。

正答したところほど，しっかりと解説を読んでおいてね！
正答への導き方が間違っていたら大変だから。

世界の水利用について述べた次の文①～⑥のうちから，**適当でない**ものを二つ選べ。

① 旧ソ連の中央アジアでは，アムダリア川やシルダリア川の河川水を利用する灌漑用水路などの建設により，農地の拡大が図られてきた。

② 降水量に恵まれ，広大な流域面積をもつアマゾン川では，本流に水力発電用のダムが数多く建設され，その豊富な流量が有効に活用されている。

③ オーストラリアでは，スノーウィー川の上流にダムが建設され，西流するマリー（マーレー）川へトンネルで導水し，流域の開発が図られてきた。

④ アフリカや西アジアの乾燥地域では，局地的に地下水の湧出する場所が見られ，その湧水は，農耕や都市の発達に重要な役割を果たしてきた。

⑤ 中国では，長い間，氾濫を繰り返してきた長江（揚子江）の本流に，サンメンシヤ（三門峡）ダムなどを建設し，洪水調節・発電・灌漑を行っている。

⑥ 五大湖・セントローレンス川は，内陸水路として重要な役割を果たしているばかりでなく，湖面の高度差を生かし水力発電にも利用されている。

ちょっと細かい内容もあるけど，
くじけたら，だめだよ！
まだまだ十分時間はあるから大
丈夫！

問題 28-4

標準 ☐☐☐☐☐☐☐分

次の文ア・イは下の図中のa〜fのいずれかの地域の熱帯林の森林破壊について述べたものである。ア・イに該当する地域はどれか。文と図中の地域との正しい組合せを，下の①〜⑨のうちから一つ選べ。

ア　マングローブ林は，野生生物の生息の場として重要であるが，パルプ原料や製炭用に伐採されたり，エビの養殖場に転換されたりして，急速に減少しつつある。

イ　世界銀行の融資を得た大規模な開発計画による道路の開通にともない，人口圧の高い地域から，本来の焼畑農耕民でない人々も流入して森林に火入れを行い，畑地や牧場として利用してきたため，森林破壊が進んでいる。

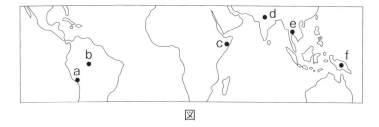

図

	①	②	③	④	⑤	⑥	⑦	⑧	⑨
ア	a	a	a	c	c	c	e	e	e
イ	b	d	f	b	d	f	b	d	f

問題 28-1　ナイル川河口域における海岸線の変化

①　　②　　③　　**❹**

解説

　ナイル川は，赤道直下から流出する白ナイル川とエチオピア高原から流出する青ナイル川などが合流し，地中海に注ぐ世界最大規模の外来河川だ。土砂の運搬量も多いから，河口部には大規模な三角州を形成していることに注意しよう！

　図中にある海岸線の前進とは，土砂の運搬により三角州など河口付近の海岸線が海側に前進しているということ，後退とは土砂運搬量の減少により海岸侵食が進み，三角州が縮小するなど海岸線が陸側に後退しているということを意味しているよ。

　①　19世紀に長期的な寒冷化はしていないから，誤りだ。

　②　この文も誤りだよ。エジプト周辺は，安定陸塊で地震はほとんど見られないことに注意！

　③　Yの期間に海岸線の前進（三角州の拡大）が鈍ってきたのは，図中にあるアスワンダムの建設によって上流からの土砂がせき止められるようになったからだ。この文も誤りだ。

　④　この文が正解だよ！　アスワンハイダムは，1970年に建設された大規模な多目的ダムだ。ダムの建設によって，毎年のように起こっていた洪水が防止されるようになり，人命，家屋，農地の損害を軽減できるようになったんだね。でもダム内に土砂が堆積し，下流まで土砂が運搬されなくなったから，海岸線が著しく後退しているんだ。ものすごいスピードだよ！　共通テストでは頻出のテーマなのでしっかり復習しておこうね。アスワンハイダム建設にともなう○メリットと×デメリットについてまとめておくよ。

　○　①洪水防止　②灌漑用水の確保による農地の拡大　③電力供給による工業化の進展

　×　①土壌の肥沃度低下　②土壌の塩性化　③海岸線の後退　④沿岸漁業の衰退　⑤風土病の増加（灌漑用水路等で住血吸虫病を媒介する巻き貝が増殖）

　かつては独占的にナイル川の水を使用していたエジプトなんだけど，近

年は**流域周辺諸国でもナイル川の水資源利用**が進んでいて，特に上流に巨大ダムを建設したエチオピアとの間には，水資源問題が発生しているんだ。

問題 28-2　中央アジアにおける環境問題

① ❷ ③ ④

解説

　ソ連時代に，もともと遊牧地域であった中央アジアの農業開発を行うため，**アラル海に注ぐシルダリア川とアムダリア川の河川水を灌漑に利用して，綿花栽培地を拡大**しようとしたんだね。でも両河川から**過剰な取水**が行われたから，信じられないことにかつて世界第4位のでかい湖だった**アラル海が消滅の危機**に瀕しているんだよ。本気でやばいよ！！！

　現在は，著しく水位が低下し，①のように**港が使用できなくなったり**，③のように**塩分濃度が上昇し，生息できる魚類が減り，漁獲量が減少**したり，④のように**旧湖底に堆積した塩分**（塩湖であるため）や灌漑農業で使用された農薬が風で運ばれ，**周辺の農地に塩害や健康被害をもたらす**などの問題が生じているんだよ。

　②の「塩分濃度が下がり」というのは明らかに誤りだね。アラル海（塩湖）に流入するシルダリア川やアムダリア川の水量が減少しているんだから，**塩分濃度が上昇している**はずだよね。

問題 28-3　水資源の開発

① ❷ ③ ④ ❺ ⑥

解説

　地球上の水の**97.4％は海水**で，残る2.6％の陸水のうち**氷河・氷雪が76.4％，地下水が22.8％**，河川水や湖沼水などの地表水は**1％未満**に過ぎないんだ。いかに水が貴重であるかは，この数値を見ただけで判断できるよね。人間は古くからあふれる水を制御し，不足する水を補おうとしてきたんだ。

　①　旧ソ連の中央アジア（**問題28-2**で解説）地域は，ユーラシア大陸の内陸部に位置するため乾燥気候（BW～BS）が広がり，古くから**オアシス農業や羊などの遊牧**が営まれてきたんだ。近年は，シルダリア川やア

資源・産業

1
2
3
4
地形　5
6
7
8
地形図　9
10
11
12
気候　13
14
15
16
17
農業　18
19
20
水産業　21
林産資源　22
エネルギー資源　23
鉱産資源　24
25
工業　26
27
28
環境問題　29
30
村落　31
衣・食・住　32
33
都市　34
35
人口・　36
食料問題　37
国家・人種　38
・民族　39
交通・情報通信　40
システムの発達　41
貿易で結び　42
つく世界　43

ムダリア川の水を灌漑用水に利用し，綿花（乾燥に強いからね）栽培地の拡大が図られてきたんだ。この文は正しいよ。ただし今は，**問題28-2**のとおり，アラル海だけでなくアムダリア川さえも消滅しかけてる！

　② 　アマゾン川流域は大部分が Af（熱帯雨林気候）で，**世界最大の流量と流域面積**（流域とは集水域と同意で，降った雨が流れ込む範囲）を誇る大河川だ。したがって**包蔵水力**（開発可能な水力発電量）はすごく大きいけど，**アマゾン川本流にダムはあったかなぁ？** 本流はあまりにも川幅が広く（まるで海みたい！），河川勾配（傾斜）も小さいから**ダムの建設は難しいよ。「本流」というのが誤りだ。支流には多くのダムが建設されて**，その電力は周辺の都市の工業化や鉱産資源の開発などに利用されているんだ。

　③ 　オーストラリア東部のグレートディヴァイディング山脈では，山脈の**東側で降雪，降水が多い**んだ。東側は海だからあっという間に流出してしまうよね。それではもったいないので，水を有効に利用するため，**山脈の東側を流れるスノーウィー川の水をダムでせき止め，トンネルで山脈の西側にあるマリー川に導水し，マリー川の流量を増やすことで灌漑用水として利用**しようとする計画が実施されたんだ。ここ（マリー・ダーリング盆地）では小麦の大規模な栽培が行われ，オーストラリアの小麦生産量の増大に貢献したんだよ。もちろん正文だよ。

　④ 　北アフリカや西アジアなどの**乾燥地域**では，外来河川沿岸でもない限り多くの水を得ることは難しいよね。文中の「局地的に地下水の湧出する場所」つまりオアシスでは，その湧水を灌漑用水や都市用水として利用してきたんだ。もちろん正しい文だよ。

　⑤ 　中国には黄河と長江という二つの大河があるよね。ともに**チベット・ヒマラヤ山系を水源**として東流しているよ。黄河も長江も古くから氾濫は起こしてきたけど，特に黄河は荒れ川でね，流域が乾燥気候だから，流量が安定せず「十年九旱一水」（10年間のうち9回旱魃が起き，1回大洪水が起きるの意）と呼ばれるほど手強い河川だったんだ。そこで，**洪水防止や発電，灌漑用水の確保のためサンメンシヤ（三門峡）ダムやリウチヤシヤ（劉家峡）ダムなどが建設されている**よ。とういうことは，この文は誤りだから，長江ではなく黄河と書き直しておこう！本問では河川とダムの組合せがわからないと解けないよね。長江に建設されている，世界最大級の水力発電所をもつダムは，サンシヤ（三峡）ダムだよ。名前がちょっとややこしいかな。

　⑥ 　五大湖（アメリカ合衆国とカナダ国境）とセントローレンス川（五

大湖の一つであるオンタリオ湖から流出）は**内陸水路**として重要であること，さらに**水力発電**にも利用されていることに注意しておこう！

問題 28-4　熱帯林の破壊

① ② ③ ④ ⑤ ⑥ ❼ ⑧ ⑨

　アは，「マングローブ林」，「エビの養殖場」から大河の河口付近と考えればいいので，図中の e （タイのチャオプラヤ川河口付近）が該当するよ。マングローブ林は満潮時に水につかるくらいの**海岸部に繁茂**する森林だったよね。かつては薪炭くらいにしか使われていなかったんだけど，最近はパルプの原料としても利用されているので伐採量が増えているし，海岸付近に生えていると，人間の経済活動のじゃまになるからという理由で伐採されているんだ。せっかく**自然の防波堤となって，海岸侵食や津波から土地や人間を守ってくれている**のになぁ……。

　イは，「**土地なき人を，人なき土地へ**」というスローガンで知られる**アマゾンの熱帯雨林開発**だから，図中の b （アマゾン川流域のセルバ）が該当するよ。

　貧しい農民を入植させ，未開地のアマゾン流域を開発させようとしたんだけど，本来焼畑農民でない人々が，そんなに簡単にセルバで生活していけないよねえ。なかなかうまくいかなかったから，今度は民間企業や外国資本による**大規模な牧場経営や鉱産資源の開発**などのプロジェクトが行われるようになり，急速に熱帯林の破壊が進行してしまったんだ。現在は，ブラジル政府によって，環境保護重視の姿勢が打ち出されているよ。

大陸規模の環境問題

知識・技能の整理

酸性雨

石炭，石油などの化石燃料の燃焼により発生する硫黄酸化物（SO_x）や窒素酸化物（NO_x）が大気中の水蒸気と反応し，pH（水素イオン濃度）5.6以下となった雨。

①**原因物質**

  a 硫黄酸化物➡化石燃料の燃焼。特に石炭からの排出量大。

  b 窒素酸化物➡<u>自動車の排ガス</u>に含まれる。低コストでの削減が困難。

②**酸性雨の被害** 汚染物質の排出国だけでなく，偏西風などが汚染物質を運搬し，「越境汚染」が発生。

  a 森林の枯死➡ドイツのシュヴァルツヴァルト，ポーランド，チェコで深刻。

  b 土壌，湖沼の酸性化➡スウェーデンやフィンランドの湖沼では生物の死滅。

  c 歴史的建造物の崩壊➡ギリシャ・ローマの歴史的建造物では石灰岩や大理石が溶けるなどの被害。

  d 被害が深刻な地域

    (1) 北欧，東欧（<u>石炭消費も多い</u>ため）には，偏西風によって西ヨーロッパの工業地域から汚染物質が移動。

    (2) カナダにはアメリカ合衆国の工業地域から汚染物質が移動。

    (3) 中国は<u>石炭消費量が多く</u>，環境対策が不十分な工場からは多量の汚染物質が排出。さらにこれが<u>偏西風や冬季の季節風</u>によって移動し<u>日本の酸性雨被害</u>の原因に。

③**酸性雨対策** 石炭，石油から，天然ガスなど<u>クリーンエネルギーへの転換，脱硫排煙装置の整備</u>，国際的な協力体制（長距離越境大気汚染条約）などにより，先進国では酸性雨被害が沈静化するが，発展途上国では依然として深刻。

砂漠化

植生が破壊され不毛な荒れ地に変化。いったん砂漠化が進行すると植生回復が困難。

①原　因
- a　自然的要因➡気候変動による降水量の減少。
- b　人為的要因
  - (1)　発展途上国➡人口増加に対応するため，無理な耕地・放牧地の拡大。
    - i）薪炭材の過伐採　　ii）家畜の過放牧　　iii）過耕作
  - (2)　先　進　国➡大規模機械化農業の普及や生産性を上げるための不適切な灌漑。
    - i）土壌侵食　　　ii）表土流出　　　　iii）塩害

②被害が深刻な地域　砂漠周辺のBS（ステップ気候）地域では，もともと降水が不安定で干ばつが起きやすいことに加え，人為的要因による砂漠化が進行。
- a　サヘル地域（サハラ砂漠南縁部）
- b　中央アジア（アラル海周辺地域）
- c　中国内陸部（華北〜黄土高原〜シンチヤンウイグル自治区）
- d　アメリカ合衆国西部（グレートプレーンズ〜グレートベースン）
- e　オーストラリア内陸部（マリー・ダーリング盆地）

③砂漠化対策　自然に過剰な負担をかけないための農業指導，植林事業，灌漑用の排水路建設など。

熱帯林破壊

熱帯林は成長力は旺盛だが，いったん破壊されると表土が激しいスコールなどにより流出するなど回復が困難。

①原　因　発展途上国では人口増加にともなう乱伐・皆伐が進行。
- a　焼畑面積の増加や焼畑周期の短縮
- b　薪炭材の過伐採
- c　牧場経営のための伐採
- d　農園造成のための伐採
- e　道路，ダム建設のための伐採
- f　商業用木材の伐採
- g　鉱産資源開発のための伐採

②被害が深刻な地域　熱帯の発展途上地域。
- a　アフリカ➡コンゴ盆地。

b　ラテンアメリカ➡ブラジルのセルバ。

　　c　東南アジア➡カリマンタン島，スマトラ島，インドシナ半島。

③対　　策　先進国による植林，森林管理などの資金・技術援助，ア
　　グロフォレストリー（農林複合経営）の導入，木材や紙の大量消費
　　抑制など。

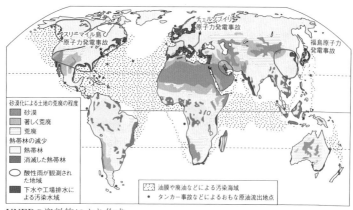

世界のおもな環境問題

問題 29-1

易 ☐☐☐☐☐☐☐ 分

下のア〜ウの文は，次の図中のA〜Cのいずれかの地域における大気汚染や酸性雨問題について述べたものである。ア〜ウとA〜Cとの組合せとして最も適当なものを，次ページの①〜⑥のうちから一つ選べ。

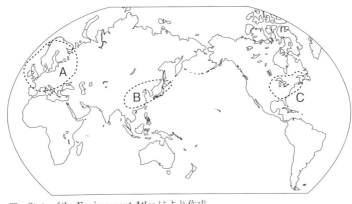

The State of the Environment Atlas により作成。

図

ア　大陸部の，石炭に大きく依存する産業地域の急速な発展にともない，大気汚染物質による住民の健康被害が一部に生じている。大気汚染物質は近隣諸国にも降下しており，生態系への影響が懸念されている。

イ　国境をはさんだ湖水域周辺の重化学工業地帯から，大量の大気汚染物質が排出された。酸性雨による生態系への影響が見られたが，現在では関係国家間の協力により環境改善が進んでいる。

ウ　19世紀後半に酸性雨が報告されて以来，大気汚染物質の長距離移動によって，森林の枯死や歴史的な建造物の腐食などの被害が広範囲に生じた。1970年代に国際条約が締結され，環境に関する多国間協力が図られている。

	ア	イ	ウ
①	A	B	C
②	A	C	B
③	B	A	C
④	B	C	A
⑤	C	A	B
⑥	C	B	A

　人間活動は植生に対して大きな影響を与えている。次の図に見られるように，アマゾン川流域に広がる熱帯林は減少傾向にある。アマゾン川流域での熱帯林の減少の原因を述べた文として**適当でないもの**を，次ページの①～④のうちから一つ選べ。

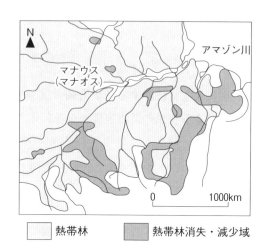

Diercke Weltatlas により作成。

図

① 牧場の開発のために，森林が焼かれた。

② 燃料として使われる木炭用に，樹木が伐採された。

③ 工業地帯から運ばれた大気汚染物質により，樹木が枯死した。

④ 大規模ダムが建設され，森林がダム湖に水没した。

問題 29-3　　易　▢▢▢▢▢▢▢▢分

　アフリカのサヘル地域では，砂漠化の進行が大きな問題となっている。この砂漠化への対応策として**適当でないもの**を，次の①～④のうちから一つ選べ。

① 植林事業を行って，砂丘の固定を図る。

② 灌漑(かんがい)方法を工夫して，土壌の塩類集積を防ぐ。

③ 地下に貯水ダムを造って，水の有効利用を図る。

④ 農業の休閑(きゅうかん)期間を短縮して，地力を回復させる。

問題 29-4　　易　▢▢▢▢▢▢▢▢分

　酸性雨の被害について述べた次の文①～④のうちから，**適当でない**ものを一つ選べ。

① フィンランドでは，魚が死滅した湖も見られる。

② ドイツでは，針葉樹が立ち枯れ，はげ山になっているところもある。

③ フランスでは，皮膚ガンの発生率が以前に比べ急増している。

④ イタリアでは，古代の建物や彫刻の一部が溶けだしている。

標準 □□□□□□□□分

問1　土壌劣化とは，表土の流出，土壌の汚染，貧栄養化，酸性化，塩性化（塩類集積），湿地化などのことをいう。次の表は，世界のいくつかの地域について，土壌劣化の原因別面積率を示したものであり，ア〜ウは，アフリカ，北・中央アメリカ，南アメリカのいずれかである。地域名とア〜ウとの正しい組合せを，下の①〜⑥のうちから一つ選べ。

(単位：%)

	過放牧	森林破壊	農　業	その他
ア	49	14	24	13
イ	28	41	26	5
ウ	24	11	58	7

*World Map of the Status of Human-Induced Soil Degradation*により作成。

表

	①	②	③	④	⑤	⑥
アフリカ	ア	ア	イ	イ	ウ	ウ
北・中央アメリカ	イ	ウ	ア	ウ	ア	イ
南アメリカ	ウ	イ	ウ	ア	イ	ア

問2　次の図は，いくつかの国における二酸化硫黄排出量の推移を示したものであり，①～④はアメリカ合衆国，イギリス，オーストラリア，中国*のいずれかである。イギリスに該当するものを，図中の①～④のうちから一つ選べ。

*台湾，ホンコン，マカオを含まない。

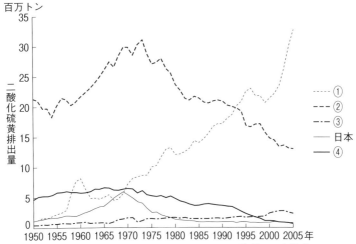

百万トン

図

NASA Socioeconomic Data and Applications Center の資料により作成。

「これが正解だ！」と早合点しないで，必ず１つひとつの選択肢をくまなく吟味してくれよ！

1
2
3
4
地形　5
6
7
8
地形図　9
10
11
12
気候　13
14
15
16
17
農業　18
19
20
水産業　21
林産資源　22
エネルギー資源　23
鉱産資源　24
25
工業　26
27
28
環境問題　29
30
村落　31
衣・食・住　32
33
都市　34
35
人口・　36
食料問題　37
国家・人種　38
・民族　39
交通・情報通信　40
システムの発達　41
貿易で結び　42
つく世界　43

問題 29-1　大気汚染と酸性雨

① ② ③ **❹** ⑤ ⑥

解説

　アの「大陸部の，石炭に大きく依存する産業地域」とは中国のことだよ。ということは図中のB地域に該当するね。中国は，国内で豊富に産出する**石炭を大量に消費**しているからSO_x（硫黄酸化物）などの汚染物質をたくさん排出しているんだ。それに加えて，公害対策の意識が先進国ほど高くなく，さらに**大気汚染対策の設備が遅れている**から，ますます排出量が多くなってしまうんだよ。しかも国内の健康被害だけじゃなくて，汚染物質の一部は**偏西風や冬季の季節風によって日本にまで飛来**し，酸性雨などの環境破壊を招いているんだ。現在は，日本も資金援助や技術協力を行って，汚染物質削減の努力がなされているよ。

　イの「国境をはさんだ湖水域周辺」とは五大湖沿岸地方のことだから，図中のCに該当するよ。五大湖沿岸は，**アメリカ合衆国とカナダの重工業地帯が立地**していて，鉄鋼業などの工場が集中しているから，かなり酸性雨の被害が深刻だっただろうけど，文中にもあるように，最近はアメリカ合衆国とカナダの協力でかなり改善されているんだ。

　ウの「19世紀後半に酸性雨が報告」されたのはイギリスだから，イギリスを含むヨーロッパつまりAに該当するよ。ヨーロッパでは**歴史的建造物の腐食・崩壊，森林の枯死，湖沼や土壌の酸性化による生物の死滅**など早くから酸性雨の被害が報告されてきたんだ。対応が遅くてかなり深刻な被害が出てしまったんだけど，現在は，**長距離越境大気汚染条約（ジュネーヴ条約）**などが締結され，国際間の協力による汚染物質の削減が図られているよ。

問題 29-2　アマゾン川流域に広がる熱帯雨林の減少

①　　②　　**❸**　　④

解説

　第28回（開発と環境破壊）のところでも少し触れたように，**二酸化炭素の吸収源でもあるブラジルの熱帯雨林の破壊が進行している**んだ。

　①　この文は正しいよ。農地の開発より，**牧場開発**の方が簡単なんだ。つまり森林を焼き払い，跡地に生えた草を牧草として利用すればいいからね。ブラジルの企業や資産家だけでなく，アメリカ合衆国などの外国企業（ファストフードや外食産業など）が森林を大規模に焼き払い牧場開発を進めていったんだ。アマゾンの**熱帯雨林の土壌はやせている**から，1haでわずか1～2頭の肉牛しか飼うことができないんだよ！　牧場経営のためには広大な牧草地が必要で，そのためセルバに強烈なダメージを与えるほどの面積が焼き払われてしまったんだ。かなり辛い話だな……。

　②　ブラジルなど発展途上国の農村地域では，**燃料の大部分を薪炭材や木炭に依存**しているから，「人口爆発」にともなう**薪炭の過伐採**が行われているんだ。この文も正しいよ。

　③　大気汚染物質（硫黄酸化物や窒素酸化物など）による森林の枯死は酸性雨の被害でよく耳にするよね。でも熱帯地域は降水量が多い（pHが下がりにくい）こともあって酸性雨の被害より**森林伐採による被害の方が深刻**だよ。もちろん，工場や自動車の排ガスによる森林の枯死も一部では見られるけど，図中のマナウス（マナオス）（**アマゾン地方の中心地で，地域最大の工業都市**）周辺では熱帯林の消失が著しいとは読み取れないので，この文が誤りだ。

　④　**アマゾン川支流**には近年，**大規模なダムが建設されている**から，ダムに水を貯めれば当たりまえだけど，周辺の**森林は水没する**よ。この文も正しいね。

問題 29-3　サヘル地域の砂漠化

① 　② 　③ 　**❹**

解説

　サヘル地域って聞いたことあるよね？　アラビア語で「縁」という意味なんだけど，一般には**サハラ砂漠の南縁地域**を指していて，砂漠化が最も深刻な地域の一つだよ。マリ，ニジェール，チャドなどの国がサヘル地域に該当するんだ。砂漠化は，気候変動による降水量の減少など自然的要因で進むこともあるけど，現在問題視されているのは，**過放牧，過耕作，薪炭材の過伐採**（すべて適度だったらいいんだけど，「過」がつくのはまずいよ！）などの**人為的要因**だ。

　①　乾燥地域の砂丘は風で移動するため，ただでさえ乏しい植生を砂が破壊していくんだ。だから植林して砂丘を固定すれば，多少なりとも砂漠化が拡大することを防止することができるよね。この文は適当だね。

　②　近年，先進国，発展途上国を問わず乾燥地域における**灌漑が塩害を引き起こしている**んだ。塩害が生じた農地が放棄され，裸地になってしまうとものすごいスピードで砂漠化していくよ。でも，灌漑をしないと食料生産ができない地域もあるし，灌漑が悪いわけでないから塩害が起こらないように灌漑方法を工夫すればいいよね。ということはこれも適当だね。たとえば，**点滴灌漑**（必要な分だけ少量の水を使って灌漑を行う）や**灌漑用水の排水路**（塩分を流してしまう水路）**の建設**などさまざまな努力が行われているんだよ。実際には，多額の費用がかかるし，かなり面倒なので発展途上国ではなかなか進んでいないのが現状だ。

　③　乾燥地域では，**降水量が少ないのに蒸発だけが激しい**だろう？　だから，地下水を地表には汲み上げず，地下に貯めておいて必要なぶんだけを汲み上げるというやり方も行われているんだ。ということはこれも適当だね。**過剰な地下水の取水は，地下水の枯渇だけでなく，地下水面を低下させ**，わずかしかない植物も枯死させてしまい，**砂漠化を進行させる**恐れがあるんだ。

　④　地理的思考力が身についている君たちは，この文を読んで思わず笑ってしまったんじゃないかなぁ。だって「農業の休閑期間を短縮して」地力が回復するわけがない！！！　**地力は減退し**，ついには作物が栽培できなくなって，この土地は放棄され不毛の砂漠と化すことになるよ。もちろんこれが豪快な誤り！

問題 29-4　酸性雨の被害

①　　②　　**❸**　　④

解説

　酸性雨は工場や自動車から排出される SO_x（硫黄酸化物）や NO_x（窒素酸化物）が大気中で雨に溶け，pH5.6以下になった雨のことだよ。つまり汚染物質が雨に溶けて硫酸や硝酸となって地表に降り注ぐんだ。いろんな被害が発生して当たりまえだよね。特にヨーロッパでは産業革命期から酸性雨の被害が生じていて，現在でも**石造建築物の溶解，森林の枯死，土壌・湖沼の酸性化による生物の死滅**などが起こっているんだよ。酸性雨の被害は汚染物質を多量に排出するイギリス，ドイツなど重工業が盛んな国だけでなく，偏西風によって汚染物質が拡散するから，いくら「自分たちは汚染物質を出していないぞ！」と主張しても，他国からもらってしまうこともあるんだね（越境汚染）。深刻化した酸性雨被害だけど，日本など先進国を中心に脱硫装置の整備など汚染物質の削減に努力しているんだ。

　①　**フィンランドやスウェーデンなど北欧諸国**でも酸性雨の被害は深刻だよ。北欧には多くの氷河湖があるんだけど，多くの湖が酸性化し，中には**生物が死滅**してしまったものもあるんだね。この文は正しいよ。湖に石灰を空中散布して中和しようという努力も行われてはいるけど，なかなか成果が出ていないみたいだ。

　②　**ドイツでもシュヴァルツヴァルト（黒森）などで酸性雨の被害が深刻**だよ。特に常緑針葉樹は，落葉広葉樹と違って数年間に渡って同じ葉が光合成を行うから，酸性雨によって次々と葉緑素が破壊されてしまうと被害が多くなるんだ。この文も正しいよ。

　③　これは，とんでもない記述だね。もちろん誤りだよ。だって，酸性雨と皮膚ガンは直接関係ないもん。**酸性雨じゃなくて，オゾン層の破壊**だったら正しい文になるんだけど。オゾン層の破壊については，**第30回（地球的規模の環境問題）**で学習しようね！

　④　**石灰岩や大理石は酸性雨に弱く**，古代ギリシャやローマの文化遺産などが大きな被害を受けているよ。この文も正しいね。

問題 29-5　統計資料から見る環境問題

問1

①　**❷**　③　④　⑤　⑥

解説　土壌劣化の原因別面積率

　アフリカ（ア）は**サハラ砂漠南縁のサヘル地域**で見られるように，人口爆発に伴う家畜の過放牧で，**砂漠化を伴う土壌劣化**が進行しているよ。

　南アメリカ（イ）は，やっぱりアマゾン地方における熱帯林破壊が原因じゃないかなぁ。入植者による焼畑面積の拡大だけじゃなくて，企業による肉牛飼育のための牧場造成で，熱帯林の伐採が行われてきたからねえ。

　北中アメリカ（ウ）は，アメリカ合衆国からカナダにおける大規模機械化農業によって，**土壌塩性化（塩害）や表土の流出（土壌侵食，土壌流出）**が進んでいるということを『**大学入学共通テスト　地理Bの点数が面白いほどとれる本**』でも説明したよね。この問題は，君たちならできるはずだから，全員正答してね！

問2

①　②　③　**❹**

解説　アメリカ合衆国，イギリス，オーストラリア，中国における二酸化硫黄(いおう)排出量の推移

　二酸化硫黄（SO_2）は，**石炭や石油の燃焼**によって発生するから，経済活動が活発で人口規模が大きい先進国や人口規模が極めて多い中国やインドでの排出量が多いよ。

　図中の左端を見てごらん！　1950年から排出量が多い②が，早くから経済活動が活発で工業化も進んでいた**アメリカ合衆国**だ（人口が3.27億人で先進国中最大）。①は，すごい勢いで二酸化硫黄の排出量が増えてるよ。そしてついに**1990年代，アメリカ合衆国を追い抜いている**ので①は**中国**だ。高度経済成長により急速に工業化が進んだもんね。③と④は，イギリスかオーストラリアだけど，④は1950年の時点でアメリカ合衆国に次いで**排出量が多く**，徐々に排出量が減少しているので，イギリスと判定しよう。ヨーロッパ諸国は環境問題に対する意識が高く，**脱硫装置の整備**などの対策が施されたこと，脱工業化により工場からの排出量が減少したことなどが背景にあるよ。**日本も1960年ごろをピークに激減している**ことにも注目しようね。アメリカ合衆国，イギリス，ドイツ，日本などの先進国では，

二酸化硫黄を多く排出する石炭の消費量が少なく，たとえ石炭，石油を使用したとしても**厳しい環境規制**により十分な対策が施されているため，減少しているんだ。残る③がオーストラリアだね。**オーストラリアは先進国**だけど，人口が少ない（約2,500万人）からエネルギー供給量が少なく（1人1人はけっこう消費するけど，トータルであんまりたくさん消費しない），二酸化硫黄の排出量も少なかったよ。でも，近年は経済発展により徐々に増加していることが読み取れるね。

資源・産業

　　　　1
　　　　2
　　　　3
　　　　4
地形　　5
　　　　6
　　　　7
　　　　8
地形図　9
　　　　10
　　　　11
　　　　12
気候　　13
　　　　14
　　　　15
　　　　16
　　　　17
農業　　18
　　　　19
　　　　20
水産業　21
林産資源　22
エネルギー資源　23
鉱産資源　24
　　　　25
工業　　26
　　　　27
　　　　28
環境問題　29
　　　　30
村落　　31
衣・食・住　32
　　　　33
都市　　34
　　　　35
人口・　36
食料問題　37
国家・人種　38
・民族　39
交通・情報通信　40
システムの発達　41
貿易で結び　42
つく世界　43

環境問題は，それが起こる原因をしっかりおさえよう！

地球的規模の環境問題

知識・技能の整理

📍 地球的規模の環境問題

産業革命以降，局地的な環境破壊が地域的な特性をもって発生したが，20世紀以降の**大量生産，大量消費，大規模開発**によって**環境破壊は広域化し，地球的規模の環境問題として人類共通の課題**となった。

📍 オゾン層の破壊

①**オゾン層**　成層圏にオゾン層が分布し，太陽光線に含まれる有害な紫外線を吸収。地表の動植物を守る役割を果たしている。

②**フロン**　クーラーや冷蔵庫の冷媒，スプレーの噴射剤，電子部品の洗浄剤として使用されてきた。後に**オゾン層の破壊物質**だと判明。

③**オゾンホール**　南極上空で初めてオゾン層の極端な減少が観測された。

④**オゾン層破壊の影響**　人体への健康被害（白内障，皮膚ガン），動植物の染色体異常，浅海のプランクトン死滅，穀物など植物の成長障害など。

⑤**対策**　モントリオール議定書（1987年）によって，先進国におけるフロン生産の全廃，発展途上国も漸次全廃の予定。

📍 地球温暖化

産業革命後，温室効果ガスの増加にともない，地球温暖化が進行。

①**温室効果ガス**　石炭，石油などの化石燃料の燃焼により放出される二酸化炭素（CO_2），水田，湿地，家畜の糞などから発生するメタン，クーラーの冷媒などに利用するため人間が作り出したフロンなど。

②**温暖化による影響**　IPCC（気候変動に関する政府間パネル）によると，この100年間で気温は0.7℃上昇，21世紀中に2〜3℃気温が上昇する可能性。近年は，これを上回る報告も！

a　海水の熱膨張や氷河・氷雪の融解による海面上昇

　(1)　干拓地（オランダ），三角州（バングラデシュ），サンゴ礁島（モルディブ）など低地の水没。

　(2)　海岸侵食の進行

b　気温上昇によりマラリアなど感染症の拡大

c　豪雨や干ばつなど異常気象の発生

d　植生の変化や消滅

③**対　　策**　1992年，地球サミットで「気候変動枠組み条約」が締結され，温室効果ガス削減のための取り組みが始まる。

a　京都議定書➡1997年，温暖化防止京都会議が開催され，先進国の温室効果ガス排出規制が実施。先進国は1990年の温室効果ガス排出量より５％前後削減することに合意。

b　アメリカ合衆国の離脱と京都議定書発効➡アメリカ合衆国は経済界の反対により離脱（ポスト京都議定書の協議には復帰）。後に，ロシアが批准し2005年発効。

c　2015年のCOP21ではパリ協定が締結され，すべての国が協調して削減に取り組むことを義務づけ。

📍 日本の環境問題への取り組み

①**公害対策基本法**　1967年，高度成長期に顕在化した公害への対応。

②**環境基本法**　1993年，環境保全の理念と総合的な施策。

③**循環型社会形成推進基本法**　2000年，廃棄物を抑制しつつ，資源の再利用を推進し**リサイクル社会**へ。容器包装，家電，自動車などのリサイクル法成立。

地図帳を チェック ✔

水没が懸念されているモルディブ，キリバス，ツバルをチェックしよう！
国連が主催する環境や開発に関する会議の開催地をチェックしよう！
ストックホルム（スウェーデン），ナイロビ（ケニア），リオデジャネイロ（ブラジル），ヨハネスバーグ（南アフリカ共和国）。

重要用語を 確認 ✔

▶オゾン層の破壊：成層圏には紫外線を吸収するオゾン（O_3）の薄い層があるが，フロンが成層圏に達すると紫外線によって分解される。分解されたフロンは塩素原子を放出し，オゾンの酸素原子一つと結合することによって一酸化塩素となりオゾン層を破壊する。

▶持続可能な開発（Sustainable Development）：次世代に不利益を与えない範囲での開発のことで，環境を保護しつつ経済発展を目指すという考え方である。

問題 30-1

標準 □□□□□□□ 分

　次の図は，南半球における1979年と1995年の10月の月平均オゾン全量を示したものである。近年のオゾン層の破壊の程度や影響，および対策について述べた文として**適当でないもの**を，下の①～④のうちから一つ選べ

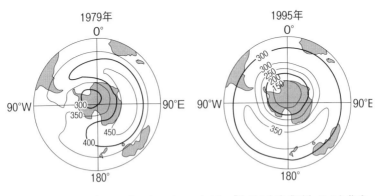

単位は m atm-cm（ミリアトムセンチメートル）。『今日の気象業務』により作成。

図

① オゾン全量が150m atm-cm（ミリアトムセンチメートル）以下のところは，1979年には見られないが，1995年には南極大陸の上空に出現している。

② 1979年と1995年を比較すると，オゾン全量の減少は，南極大陸だけでなく，南アメリカ南部，オーストラリアなどにまで及んでいる。

③ 有害紫外線の増加によって，皮膚癌や白内障などの健康被害が懸念され，オーストラリアではサングラスの着用を勧める学校もある。

④ オゾン層破壊の要因となるフロンガスの排出量規制のため，南半球の多くの国々では，国際条約に基づいてフロンガスの使用が全面的に禁じられている。

問題 30-2

標準 □□□□□□□□分

地球温暖化について述べた文として最も適当なものを，次の①〜④のうちから一つ選べ。

① 温暖化による海水面の上昇で国土の大部分が水没すると考え，国民の組織的移住に取り組みはじめた国がある。

② 温暖化による海水温の上昇にともなって，低緯度海域で蒸発量が増え，海洋全域において塩分濃度が上昇している。

③ 温暖化にともなって降水量の変動が生じ，干ばつや洪水などが発生するばかりでなく，地震や火山活動も活発になってきている。

④ 温暖化によって熱帯雨林が急速に拡大し，硬葉樹林の一部において熱帯雨林への移行が見られるようになった。

問題 30-3

やや難 □□□□□□□□分

次の表は，仮に海水面が，1m上昇し対応策を施さなかった場合の影響を，インド，日本，バングラデシュ，マーシャル諸島について示したものである。バングラデシュに該当するものを，表中の①〜④のうちから一つ選べ。

国名	総面積に占める 水没陸地の比率(％)	総人口に占める 被害人口比率(％)
①	80.0	100
②	17.5	60
③	0.6	15
④	0.4	1

『地球温暖化とその影響』による。

表

資源・産業

1
2
3
4
地形 5
6
7
8
地形図 9
10
11
12
気候 13
14
15
16
17
農業 18
19
20
水産業 21
林産資源 22
エネルギー資源 23
鉱産資源 24
25
工業 26
27
28
環境問題 29
30
村落 31
衣・食・住 32
33
都市 34
35
人口・ 36
食料問題 37
国家・人種 38
・民族 39
交通・情報通信 40
システムの発達 41
貿易で結び 42
つく世界 43

問題 30-4

標準 □□□□□□□□分

　次の表は地球規模の環境をテーマとしたおもな国際会議と開催国を示している。表中の会議開催国A～Dがかかえる環境問題について述べた文として適当でないものを，下の①～④のうちから一つ選べ。

地球規模の環境をテーマとしたおもな国際会議	開催国
1972年　ストックホルム国連人間環境会議	A
1982年　ナイロビ国連環境計画特別会議	B
1992年　リオデジャネイロ国連環境開発会議（地球サミット）	C
1997年　地球温暖化防止京都会議	日本
2002年　ヨハネスバーグ国連環境開発サミット	D

表

①　A国では，火力発電にともなって発生する二酸化炭素の排出量を削減するため，新規に原子力発電所の建設が多数進められている。

②　B国では，干ばつにより植物が枯死し，少なくなった植物を家畜が食べることでさらに植物が減り，サバナの砂漠化が進行している。

③　C国では，牧場開発を目的とした森林の伐採や入植地造成などにより，熱帯林の破壊が深刻な問題となっている。

④　D国では，人種隔離政策廃止後，以前の黒人居留区を中心とする居住環境の改善が，経済の低迷による予算不足のために進んでいない。

開発と環境保全について述べた文として最も適当なものを，次の①〜④のうちから一つ選べ。

① 生物の多様性を保つ干潟や湿地の役割が見直され，いくつかの干潟や湿地では，ロンドン条約に基づいて保全が進められている。

② モントリオール議定書で提唱された「持続可能な開発」には，国際機関のみならず，きめ細かな支援をする NGO（非政府組織）も貢献している。

③ 京都議定書では，日本やアメリカ合衆国などの先進国だけでなく，発展途上国も二酸化炭素削減の数値目標を設定した。

④ 国連海洋法条約では，海洋資源に関する国際的な問題を解決するために，深海底の資源開発や沿岸国の資源利用に関する原則が定められている。

解答・解説

問題 30‐1　オゾン層破壊とその対策

①　②　③　❹

解説

①　1979年の図ではオゾン全量が150m atm-cm（ミリ アトム センチメートル）以下のところは見られないけど，1995年の図では，**南極大陸上空にオゾンが広範囲に減少したオゾンホールが出現している**よ。この文は正しいな。

②　1995年の等値線の数値を見れば明らかだよ。南極大陸だけではなく，南アメリカ南部やオーストラリアを通過する等値線が1979年，350➡1995年，300と変化してるのが読み取れるよ。この文も正しいね。

③　**成層圏**に広がるオゾンの薄い層（オゾン層）は太陽光線に含まれる有害な紫外線を吸収する役割を果たしているんだ。だから地球上で動植物が生きていけるんだし，俺たちだってオゾン層のおかげで今ここにいるんだよ。でも**スプレーの噴射剤，エアコンの冷媒，半導体の洗浄剤**などに利用されてきたフロンは，大気中に放出されると**成層圏でオゾン層を破壊**してしまうんだ。すると文中のように皮膚癌や白内障などの健康被害をもたらすんだよ。特に，白人は紫外線に弱いため，皮膚や目を保護するように努めているから，オーストラリアでのサングラス着用推奨は本当の話だよ。この文も正しいね。

④　フロンガス排出量規制のため，**先進国**を中心に「モントリオール議定書」が締結され，**フロン生産の全廃**が合意されたけど，使用が全面的に禁じられているわけではないよ。なるべく使わず，できるだけ回収しようとしているんだ。

また，「南半球の多くの国々では……全面的に禁じられている」のもおかしいよ！　だって**南半球の国々はオーストラリアとニュージーランドを除いてほとんど発展途上国**だもん。**特定フロンの全廃，代替フロンの原則撤廃も先進国を中心に行われた取り組みだ。**ということで，この文は誤りだ。近い将来に発展途上国でも撤廃されるけどね。近年は，国際協力の成果もみられるようになって，**オゾンホールの縮小も確認される**ようになってるよ。みんなで力を合わせるとかなり困難な問題でも解決が可能になるんだネ！

問題 30-2　地球温暖化

❶　②　③　④

解説

　地球温暖化が本当に深刻な状況にあることは君たちも知っているよね。産業革命以降の石炭，石油，天然ガスなど化石燃料の大量消費によりCO₂が増加し，ついには海洋や森林の吸収力を上回るようになってしまったんだ。気温が上昇すれば，海水の熱膨張や南極などの氷河・氷雪の融解によって海面が上昇し，低地が水没する恐れがあるよ。IPCC（気候変動に関する政府間パネル）の報告によると，今世紀中に数10cmの海面上昇が懸念されているんだ。これは大変なことだよね。もし海面が1m上昇すれば，日本の砂浜の大半は失われることになり，そうすればますます海岸侵食が活発になり，さらに国土が失われていくことになる……。

　①　サンゴ礁島みたいに海抜高度が低い国では，海面が1m上昇すると水没してしまう危険性があるよ。そういう国では，特に水没の危険性が大きい沿岸の低地から，少しでも海抜高度が高い内陸地域への移住や水没の恐れがある島から安全な土地への移住を奨励している国もあるよ。実際に海面上昇によって居住が難しくなってしまった島もあるんだ。この文は正しいよ。特にインド洋のモルディブ，太平洋のキリバスやツバルなどサンゴ礁島からなる国々は，水没の危機を世界中に訴えているよ。

　②　海洋全域における塩分濃度の上昇は報告されていないよ。地球規模で考えると，蒸発量の増加は降水量の増加を促すし，陸上の氷河や氷雪が融解して海洋に流入することが予想されるから，塩分濃度は上昇しないな。この文は誤っているよ。

　③　降水量の変動と地震や火山活動とは直接関係がないよ！　もちろん，この文は誤りだ。

　④　温暖化によって植生が変化することはあるよ。すでにタイガ（針葉樹林）が広葉樹と針葉樹の混合林に変化しているところもあるみたいだ。でも「硬葉樹林の一部において熱帯雨林への移行」っていうことはあるかなぁ？　硬葉樹林は地中海性気候（Cs）地域に分布しているから，むしろ温暖化による気温上昇は熱帯雨林への移行じゃなくてステップや砂漠化の可能性が考えられるから，この文は誤りだよ。

問題 30-3　温暖化による海面上昇

①　**❷**　③　④

解説

　問題**30-2**で説明した温暖化について，実際のデータをもとに全員正解しよう！　温暖化によって仮に海水面が１ｍ上昇し，対策を施さなかったらどうなるかを考えさせようとしているね。受験生なら，オランダ（ライン川河口の低地で，干拓地のポルダーも分布），バングラデシュ（ガンジスデルタ），モルディブやキリバス（ともに**サンゴ礁島**）などが水没の危機にあるということまでは知ってるよね。でもこのデータ分析問題では，もう一歩進めて海面上昇による被害状況を予測させているんだ。

　表中で水没陸地の比率が高い①と②がバングラデシュかマーシャル諸島だけど，本問では１ｍの海面上昇による影響が問われているので，バングラデシュの国土の大部分がガンジス川とブラマプトラ川が形成したデルタ（三角州）だとはいえ，100％水没するとは考えにくいよね。多少は山や丘陵もあるはずだもん。そこで①が環礁など多くの**サンゴ礁島**からなるマーシャル諸島，②がバングラデシュだと判定しよう。

　③と④の判別はできなくていいけど，**日本は山がちで平野に乏しいから，**海岸付近の低地に人口が集中していることを考えると被害人口の割合が高い方③が**日本**，残る④がインドになる。できてたかな？　ちょっと考えさせられる問題だけど，君たちの地理的思考力や分析力があれば共通テストは満点だ！

問題 30-4　地球規模の環境をテーマにした国際会議

❶　②　③　④

解説

①　A（スウェーデン）は古くから水力発電と原子力発電に力を入れてきたんだけど，**1986年に起こったチェルノブイリの原子力発電所事故**を契機に，**既存の原子力発電所を撤廃**するかどうか悩んでいるんだ。だから「新規に原子力発電所の建設が多数進められている。」というのは誤りだ。ヨーロッパではフランス，ロシアなどを除いては，原子力発電に対して慎重な国が多くて，ドイツなども近い将来，再生可能エネルギーへの転換を進めているんだ。原子力発電所の即時撤廃ではなく，老朽化した原子力発電所については一部建て替えも認めつつ，緩やかに他の発電に移行したいと思っているんだね。ちなみに，**1972年ストックホルムで開催された，国連人間環境会議**は国連初の環境会議で，"Only One Earth"（かけがえのない地球）をスローガンとして環境の保護を訴えたんだ。そして環境問題に関する常設機関のUNEP（国連環境計画）を設立したんだね。

②　B（ケニア）は，国土の大部分がAw〜Cwの草原が広がるため，人口増加にともなう**過放牧**によって砂漠化が進行している地域なんだ（ナイロビがケニアの首都だということを知らないとできないよね。首都を全部覚える必要はないけど，知識・技能の整理 や『**大学入学共通テスト　地理Bの点数が面白いほどとれる本**』で出てくるものについてはチェックしておこう）。この文は正しいよ。

③　C（ブラジル）では，**開発の遅れた内陸部の開発**を進めてきたんだ。当初は土地をもたない貧しい農民をアマゾンに入植させるという政策をとり，後にはセルバ〜カンポにかけての地域を開発するため，外国企業など民間企業に牧場開発を推奨した時期があったんだ。この牧場開発によってめちゃめちゃ多くの森林が破壊されてしまったんだね。**1992年の地球サミット**を契機に，近年は**環境保護を優先した政策に転換**を図っているけど，熱帯林の破壊が終息したわけじゃないよ。

④　D（南アフリカ共和国）では，**1991年に廃止されるまで，アパルトヘイト**（人種隔離政策）が実施され，**少数の白人が多数の黒人を支配する**構造があったんだ。現在は，アパルトヘイト関連法は撤廃され，法的には平等になったけど，まだまだ**経済力には大きな格差**があるよ。信じられないことに，かつては不毛の地に黒人居留区を設置し，国土のほんの一部に，

人口の大多数を占めるアフリカ系黒人を押し込めていたんだ。今でも多くの黒人がかつての居留区で生活しているけど，居留区は**スラム化**していて上下水道などインフラの整備が進んでいないところもあるんだねえ。この文も正しいよ。

問題 30-5 開発と環境保全

① ② ③ **❹**

解説

① 干潟や湿地には，熱帯雨林やサンゴ礁と同様に**豊富な遺伝子資源が存在**しているんだ。これらを保護するため「ロンドン条約」ではなく「ラムサール条約（特に水鳥の生息地として国際的に重要な湿地に関する条約）」が締結されているよ。「ロンドン条約」を「ラムサール条約」と書き直しておこう！　日本の琵琶湖や釧路湿原などもラムサール条約登録湿地となっているからね。参考までにラムサールはイランの地名だよ。

② モントリオール議定書（1987年）は，**フロンガス撤廃に合意**した条約で，現在の環境問題の中心的な考え方である「持続可能な開発」とは直接の関係がないよ。「持続可能な開発」という考え方は，「環境と開発に関する世界委員会」の報告書「我ら共有の未来」(1987年)の中で提唱され，1992年の地球サミット（リオデジャネイロ）で再確認されたんだ。もちろんこの文は誤りだ。

③ 京都議定書は1997年の温暖化防止京都会議で合意され，2005年に発効したよ。二酸化炭素削減の数値目標を設定したのは，EUなどヨーロッパ諸国，日本などの先進国とロシアだけで，中国，インドなど「発展途上国」には削減義務はないから，この文は誤りだね。しかもアメリカ合衆国は，中国などの発展途上国に削減義務がないことなどを理由に**京都議定書から離脱**したから，注意してね！　COP21によるパリ協定（2015年）の合意によって全加盟国が協調して削減していこうとしているよ。でも，またまたアメリカ合衆国が離脱するって言っているから困ったなぁ。うまくいってほしいネ！

④ 国連海洋法条約では，**領海12海里，排他的経済水域（EEZ)200海里**などが合意され，このほか大陸棚から深海底まで海洋全般に関して広範囲に取り決めが行われ，「世界の海の憲法」と呼ばれているんだよ。これが正しい文だね。

資源・産業

1
2
3
4
地形 5
6
7
8
地形図 9
10
11
12
気候 13
14
15
16
17
農業 18
19
20
水産業 21
林業資源 22
エネルギー資源 23
鉱産資源 24
25
工業 26
27
28
環境問題 29
30
村落 31
衣・食・住 32
33
都市 34
35
人口・ 36
食料問題 37
国家・人種 38
・民族 39
交通・情報通信 40
システムの発達 41
貿易で結び 42
つく世界 43

村落の立地と人々の生活

知識・技能の整理

村落の立地

① **村落**　農林水産業など第1次産業を経済基盤とした集落。

② 村落の立地条件

　a　取水が容易で，食料生産が可能な地域に立地。

　b　自然条件，生業の種類，村落成立の歴史に関係して成立。

　c　扇状地や洪積台地などの乏水地➡湧水が見られる扇端や台地の崖下に立地。

　d　氾濫原や三角州などの豊水地➡微高地の自然堤防上に立地。

村落の形態

① **集村**　村落の一般的な形態で，日本やヨーロッパに多い。

　a　塊村 ➡ 自然発生的に民家が塊状に集合した集落。日本の一般的な農村。

　b　路村 ➡ 民家が道路に沿って列状に並んだ集落。開拓集落などに多く，ドイツの林地村もこの一種。

　c　街村 ➡ 古くからの街道に沿って民家が密集した集落。宿泊，飲食など商業的な機能をもつ。

　d　列村 ➡ 道路以外の要因で民家が列状に並んだ集落。扇端，自然堤防上に立地。

　e　円村（環村）➡広場を中心に民家が環状に並んだ集落。ドイツからポーランドにかけて分布。

② **散村**　民家が一戸または数戸ずつ散在している集落。各農家がそれぞれ家屋の周囲に農地を所有し開拓。アメリカ合衆国（タウンシップ制）など新大陸諸国に多い。砺波平野（富山）や北海道（屯田兵村）にも分布。

日本の村落

①**条里制に基づく集落**　古代の条里制のなごり。塊村，碁盤目状の地割りと「条」，「里」の地名に注意！　奈良盆地，近江盆地など。

②**新田集落**　近世（江戸時代）に開拓された集落。農業条件に恵まれない台地上や低湿地などに成立。「〜新田」の地名に注意！

③**屯田兵村**　近代（明治時代）に北海道の開拓と防衛を目的として成立。北アメリカのタウンシップ制がモデル。<u>直交する道路</u>が特徴的。散村，塊村，路村などさまざまな形態。

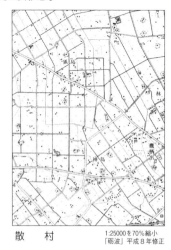

路　村　1:25000を70%縮小「所沢」「志木」平成8年修正

散　村　1:25000を70%縮小「砺波」平成8年修正

条里制に基づく集落　1:25000を70%縮小「大和郡山」平成11年修正

村落も手を抜かないでネ！

▶散　　村：家屋が散在する村落の形態で，**取水が容易**な地域でかつ外敵からの防御の必要性がない場合に形成された。家屋の周囲に耕地をもつことができるため**農作業には便利**で，新大陸の開拓集落に多く見られた。日本の村落は大部分が集村であったが，**砺波平野**（富山県）ではフェーン現象による火災の類焼を防ぐためもあって散村が発達した。

一般に散村は，集村より
成立時期が新しいことに
注意だよ！

問題 31-1 　易 □□□□□□□□□分

伝統的な村落の立地について述べた文として**適当でないもの**を，次の①〜④のうちから一つ選べ。

① 村落は，水が得やすい扇状地の扇端や台地の崖下に立地することが多かった。

② 北半球の山間地では，日照条件に恵まれる南向き斜面に村落が立地することが多い。

③ 砂漠地域では，地下水の湧出地や外来河川沿岸のオアシスに村落が立地することが多い。

④ 氾濫原では，取水が容易な後背湿地に，古くから村落が立地することが多かった。

問題 31-2 　標準 □□□□□□□□□分

次の図中のＡ，Ｂは，世界と日本に共通して見られる特徴的な村落の形態を模式的に示したものである。Ａ，Ｂについて述べた文として**適当でないもの**を，次ページの①〜④のうちから一つ選べ。

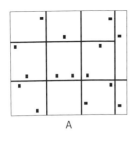

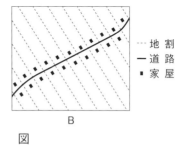

---- 地 割
—— 道 路
■ 家 屋

A　　　　　　　B

図

① Aは，格子状に区画された耕地が広がっており，アメリカ合衆国のタウンシップ制による開拓地域に見られる。

② Aは，家屋が分散する散村形態をとっており，近代における北海道の開拓地域に見られる。

③ Bは，道路に沿って家屋が並んでおり，ヨーロッパの森林地域における自然発生的集落に見られる。

④ Bは，家屋の背後に短冊状の耕地が並んでおり，近世における日本の新田集落に見られる。

問題 31-3

 標準 □□□□□□□□分

日本の伝統的な村落について述べた文として**適当でないもの**を，次の①〜④のうちから一つ選べ。

① 奈良盆地には，古代の条里制にともなう碁盤目状の土地区画が行われた条里集落が発達した。

② 中世には，地方豪族の屋敷を中心として成立した豪族屋敷村が発達した。

③ 近世には，荒れ地の開拓にともなって形成された環濠集落が発達した。

④ 近代には，失業した士族の授産と北方の警備を目的に，碁盤目状の土地区画に1農家を入植させた屯田兵村が発達した。

問題 31-4

標準 □□□□□□□分

次の図は，アメリカ合衆国中西部に見られる土地区画を模式的に描いたものである。この土地区画制度について述べた下の文①〜④のうちから，下線部が適当でないものを一つ選べ。

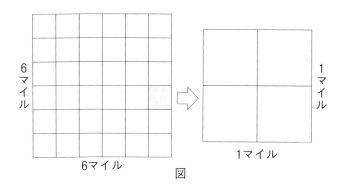

図

① この土地区画制度はタウンシップ制と呼ばれ，特に中西部以西の農村地域を特徴づける景観要素となっている。

② この土地区画制度は，開拓者への土地の分与のために設定されたもので，自営農民による中西部の開拓を進展させることになった。

③ 1農家に与えられた区画は，1マイル（約1.6km）四方の1/4の区画が基本で，これは現在の中西部の平均的な農場の規模に当たる。

④ この土地区画と類似した格子状の地割は，明治時代の北海道の開拓村落にも見られる。

　集落の歴史や形態・機能について述べた次の文①〜④のうちから，最も適当なものを一つ選べ。

① 古代日本の平城京・平安京で見られた都市区画は，古代ローマの都市を手本としたものであった。

② ドイツの円村や奈良盆地の環濠集落は，集落内の広場での祭礼儀式を重視して建設させたものであった。

③ ヨーロッパのハンザ同盟の諸都市や日本の堺のような自治都市は，中世になって成長してきたものであった。

④ アメリカ合衆国のタウンシップ制の農村では，家屋配置を集村化した集落機能の強化が集落建設の目的であった。

解答・解説

問題 31-1　村落の立地

① 　② 　③ 　**❹**

解説

　古くからの村落（大部分は農村だよ）の立地は，水利，日当たり，地形などの**自然条件との関わり**が大きかったということに注意しながら設問を解くようにしようね。

　① 　生活用水や農業用水を得るためには，**取水が容易**なところに村落を立地させたほうがいいだろう？　すると，選択肢の「**扇端**」や「**洪積台地の崖下**」は湧水が見られるところなので，正しい文だ。

　② 　農作物の栽培には十分な日照が必要だから，やっぱり**北半球では日当たりのよい南斜面**がいいよね。君たちの家でも南向きの部屋は日当たりがいいだろう？　この文も正しいよ。もちろん**南半球なら北向き斜面の方**が日当たりがいいから間違えないでね。

　③ 　砂漠や砂漠の周辺地域など乾燥地域では，降水が少ないから水を得るのは至難の業だよね。そこで①と同じように山麓の扇端（砂漠にだって扇状地はあるからね）の湧水地や外来河川（ちゃんと覚えてる？）沿岸のオアシスに集落は立地するようになるんだよ。これも正しい文だ。ここで行われているのは，**麦類**やナツメヤシなどを集約的に栽培するオアシス農業だろうね。

　④ 　①～③までの文が正しいということは，この文が誤りかな。氾濫原など**低湿**な沖積平野では，水はありあまるほど得られるため（砂漠地域では考えられないよね），逆に水害の心配をしなくちゃならないんだ。そこで，周囲の低地よりやや高い**自然堤防上**に集落が列状に立地していることが多いよ。ということは，「**後背湿地**」が誤りだね。今でこそ強固な人工堤防が建設されているから宅地開発も進んでいるけど，昔だったらかなり危険な場所になるもんね。この問題を間違えた人はちょっと反省かな（^o^）。

問題 31-2　世界と日本に共通して見られる特徴的な村落の形態

| ① | ② | ❸ | ④ |

解説

　図中のＡでは，碁盤目状の地割りと散村形態に，Ｂでは中央部の道路に沿って短冊状の地割りの路村形態に注目しよう。

　①　アメリカ合衆国のタウンシップ制は，西部開拓時代の18世紀末から行われた**公有地分割制度**で，経緯線に沿った碁盤目状の地割りに一家族を入植させたんだ。だからアメリカ合衆国の農場はきれいな四角形で，散村が多いんだよ。もちろん，この文は正しいね。

　②　「近代における北海道の開拓地域」とは，近代（明治時代）の屯田兵による開拓村のことで『屯田兵村』だよ。これも中学校の歴史とかで習ってないかな？　屯田兵村は，①のタウンシップ制をモデルにしたもので，**北海道の治安維持，開拓，士族授産**を目的として行われ，当初は防備に重点が置かれていたけど，後に農業開拓が中心となったんだ。開拓に有利な散村形態をとっているところも多かったんだ。**住居の周りに耕地があったほうが開拓や大規模経営には有利**なんだ。したがって，この文も正しい。

　③　「道路に沿って家屋が並んで……」の部分は正しいんだけど，後半の「**自然発生的集落**」が誤りで，ヨーロッパの森林地域（**ドイツの林地村**）や日本の洪積台地上などの比較的新しい「**開拓集落**」が路村になる場合が多かったんだよ。「**自然発生的集落**」の場合は，一般に「**塊村**」になるからね。

　④　「近世」とは安土桃山～江戸時代を指し，この時代に新たに開拓された集落を「**新田集落**」と呼んでいたんだ。だから，この文も正しいよ。新田集落は，江戸時代の資金力，技術力によって初めて開拓が可能であった集落で，それまでは開拓が不可能であった**台地上，火山山麓，後背湿地，干潟など農業開拓が難しかった地域に成立**したことに注意しよう！

問題 31-3 日本の伝統的な村落

① ② ❸ ④

解説

　時代別にみた日本の村落の学習をしておこう。「えっ！　まるで日本史みたい！」と嘆く人もいるかもしれないけど，乱暴な言い方をすれば学問の中で地理に関係ない分野なんてない!!　だって地理はすべての学問の中心にある（と俺は思う）。だからなんでもチャレンジしてみなきゃね。

　①　大化の改新後，奈良盆地などでは条里制と呼ばれる地割り制度が行われたんだ。**規則正しく直交する碁盤目状**の地割りで，**道路や水路**がこの地割りに沿って作られたんだよ。現在でも奈良盆地には条里制の名残があって条・里などの地名も見られるんだ。この文は正しいよ。

　②　中世には**地方豪族など**の館を中心として発達した集落があるんだ。**濠や土塁**などをめぐらせた防御施設が特徴的だよ。したがって，この文も正文だ。

　③　環濠集落は古代から中世にかけて発達した**防御的な集落**で，集落が水濠で取り囲まれていたんだ。近世（江戸時代）に新たに開拓された集落は新田集落と呼ばれるので，この文は誤りだよ。**日本の耕地開拓は大部分が，江戸時代以前に行われていた**ことを知ってるかな？　つまり，江戸時代に開拓された新田集落（元禄検地以降に開拓）は，水利などの条件が悪くて，江戸時代の土木技術の発達がなければ，開拓できなかったところと考えたらいいよ。たとえば，**取水しにくい台地上や扇状地の扇央，低湿な後背湿地**なんかがその例だね。

　④　屯田兵村は，明治時代に**北海道開拓**のために作られた集落で，アメリカ合衆国の**タウンシップ制をモデル**として導入したんだ。碁盤目状の方形区画に1農家が入植したから，散村の形態も見られるよ。これも正文だね。

問題 31-4 アメリカ合衆国の農村

| ① | ② | ❸ | ④ |

解説

　アメリカ合衆国の農家は広大な農地を経営してるんだったよね。しかも正方形の農地が多いのはなぜだろうね？

　①　アメリカ合衆国では，アパラチア山脈以西の広大な農地の開拓を進めるために，「タウンシップ制」と呼ばれる公有地分割制度が実施されたんだ。下線部は正しいよ。

　②　タウンシップ制は**18世紀後半から19世紀前半**に広く行われたんだ。最初のころは，有償で開拓者に払い下げようとしたんだけど，あまり売れなかった（開拓民は貧しかった）から，後に無償で供与するようになったんだよ（**ホームステッド法**の施行）。すると希望者が殺到し，アパラチア山脈以西の未開拓地が一気に開拓されていったんだ。よく考えたよね～！

　この文も正しいよ。

　③　1.6km×1.6km＝2,560,000m²で，1 ha は10,000m²だから256ha になり，その4分の1が基本とあるから**64ha** だね。これは開拓初期の平均的な農場規模だろうけど，「現在の」というのはどうかなぁ？　だって，アメリカ合衆国も**経済発展とともに，農業従事者が激減**しているはずだから，どう考えても**現在のほうが農家の経営規模が大きい**はずだよ（今は約150ha だ！）。この文が誤りだ！

　④　北海道の屯田兵村（**問題31-3**で説明したよね）は小規模ながら**タウンシップ制を規範**としたものだから，これも正文だね。

問題 **31-5** 集落の歴史や形態・機能

① ② ❸ ④

解説

　① 平城京（奈良）や平安京（京都）で見られた基盤目状の都市区画は，唐の都・長安（現在の中国・シーアン付近）を模範にして建設されたんだから，「古代ローマ」は誤りだ。

　② ドイツの円村は**中央に広場**をもち，これを取り囲むように家屋が環状に配置された集落で，広場は集会，市場などに利用されただけでなく，夜間には家畜を守るための牧場になるなど防御的な意味合いもある集落なんだ。奈良盆地の環濠集落も，その名の通り周囲を防御のための**濠で取り囲んだ集落**だから，「祭礼儀式」のためっていうのはおかしいよね。この文も誤りだ。

　③ ハンザ同盟都市は，**中世ヨーロッパ**において地方の領主や国王の権力から脱し，自由な経済活動を行うための自治権を有する都市同盟だったんだ。自治都市や都市同盟は王権の弱かったドイツやイタリアで発達したけど，逆に王権の強かった**イギリスやフランスではあまり発達しなかった**んだよ。この文が正しいね。

　④ タウンシップ制に基づく集落は開拓集落だから，集村ではなく散村（家屋の周辺に耕地がある方が，開拓の促進には適している）を形成することが多かったので，この文は明らかに誤り！

衣・食・住の文化

知識・技能の整理

 衣・食・住の文化

①衣の文化　気候条件や得られる素材，生業との関わりが大。

a　高温湿潤地域➡綿，麻素材で吸湿性がよく，ゆったりした衣服。日本の羽織，袴，浴衣など。

b　乾燥地域➡昼間の強い日射の吸収を避けるため白っぽく，通風性をよくするため開口部が広い衣服。アラブ人の衣服。

c　寒冷地域➡寒冷な外気を避けるため通気性のない毛皮などを用いた衣服。イヌイットの毛皮類，西ヨーロッパの背広・手袋・帽子。

②住の文化　地形や気候条件との関わりが大。自然環境により得られる建材の種類にも注意！

a　高温湿潤地域➡熱帯地域では湿気や猛獣を避けるため高床式住居。通気性をよくするため壁は薄く開口部は大きい。建材は樹木の幹，枝，葉を利用。

b　乾燥地域➡強い日射や外気を遮断するため，壁が厚い。樹木が乏しいため，石，日干しレンガ，泥を建材として利用。平屋根で開口部が小さい。

c　寒冷地域➡寒冷な外気を遮断するため窓など開口部が小さい。半地下式や二重窓。タイガ地域では木造住宅。

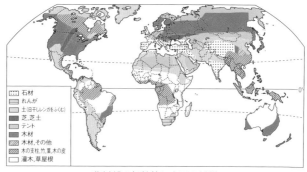

凡例：
- 石材
- れんが
- 土(日干しレンガをふくむ)
- 芝，芝土
- テント
- 木材
- 木材，その他
- 木の支柱，竹，葉，木の皮
- 灌木，草屋根

農村部の伝統的な家屋の材料

熱帯の高床式　　　乾燥地域の日干しレンガ造　　アラスカの木造建築

③**食の文化**　気候の制約が大きく，主食には地域性が見られる。

a　米➡東アジア～東南アジアにかけての**モンスーン地域**。粒食。

b　**麦 類**➡**地中海沿岸～西ヨーロッパ，北アフリカ～西アジア**。粉食。

c　**雑 穀**➡**アフリカのサバナ気候地域**では**キビ，モロコシ**，中南米では**トウモロコシ**。

d　**イ モ 類**➡**東南アジア～オセアニア島嶼部**やアフリカ，南米の**熱帯雨林気候地域**。キャッサバ，ヤムイモ，タロイモ。

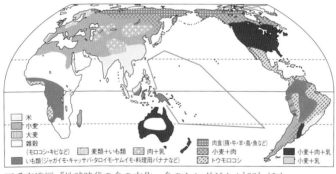

石毛直道編『地球時代の食の文化―食のシンポジウム'82』ほか

主食の分布

④**食生活と宗教**

a　**イスラム教**➡ 豚肉（豚は「**不浄**」とされる）や異教徒によって処理された肉を食することを禁ずる。

b　**ヒンドゥー教**➡ 牛は「**聖なる動物**」であるため牛肉は食さない。また**輪廻転生の考え方**から菜食主義者が多い。

地図帳をチェック ✔️

ET（ツンドラ気候）の分布地域を確認しておこう！

重要用語を確認 ✔️

▶日干しレンガ：乾燥地域では木材などの建材に乏しいため，泥をこねて，天日で乾燥させ固めた**日干しレンガ（アドベと呼ばれる）**が使用されている。水を節約するために家畜の糞を混ぜ粘土状にして壁に塗ることもある。ヨーロッパなどで使用されているレンガは，土をこねて乾燥させた後に焼いたもので，**降水が多い地域では日干しレンガは使用しない**（雨で崩れてしまうため）。

▶ヤオトン：黄河流域の黄土高原には，現在でも**ヤオトン**と呼ばれる洞穴（横穴）式の住居で生活を営んでいる人々がいる。半地下式の住居で冬の寒さをしのぐことができ，夏は涼しいという利点がある。

衣・食・住の文化は自然環境との
関わりが大きいことがわかったね！
やっぱり地理は面白い！(^_^)

問題 32-1

標準 □□□□□□□□分

衣服は自然環境と社会環境の影響を受けるため，地域によって形態や素材が異なっている。世界の伝統的な衣服の素材について述べた次の文①～④のうちから**適当でないもの**を一つ選べ。

① 北極海沿岸やシベリアなど寒冷な地域では動物の皮や毛皮を用いた保温性に富む衣服が着用されてきた。

② 冷涼なヨーロッパやアンデス地方では綿を用いた吸湿性のよい衣服が着用されてきた。

③ 中国南部や東南アジアなど温暖な地域では，絹を用いた衣服が着用されてきた。

④ 中央アジアや西アジアの乾燥地域では，羊や山羊などの家畜の毛を用いた衣服が着用されてきた。

次の図は, アメリカ合衆国, 中国, 日本, モンゴルの4か国について, 穀物, 野菜, 牛乳・乳製品, 肉類の四つの食品群を取り上げ, 1人1日当たりの食料供給量を示したものである。日本に該当するものを, 図中の①～④のうちから一つ選べ。

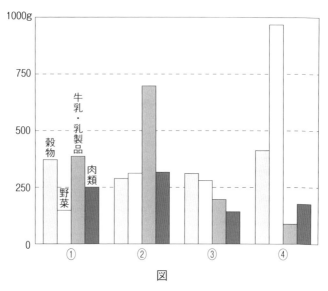

図

統計年次は2013年。『世界国勢図会』により作成。

問題 32-3

標準 ☐☐☐☐☐☐☐☐ 分

問1 次の図中のア～ウは，伝統的に米，トウモロコシ，肉・魚のいずれかを主食としている地域を示したものである。ア～ウと主食名との正しい組合せを，下の①～⑥のうちから一つ選べ。

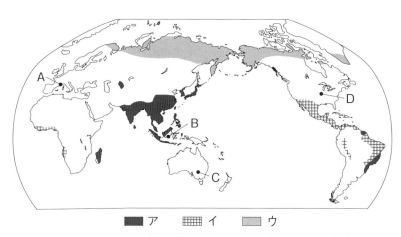

■■■ ア 　▦▦▦ イ 　▭▭▭ ウ

石毛直道編『地球時代の食の文化―食のシンポジウム'82』などにより作成。

図

	ア	イ	ウ
①	米	トウモロコシ	肉・魚
②	米	肉・魚	トウモロコシ
③	トウモロコシ	米	肉・魚
④	トウモロコシ	肉・魚	米
⑤	肉・魚	米	トウモロコシ
⑥	肉・魚	トウモロコシ	米

問2 次の①～④の文は，前ページの図中のA～Dのいずれかの地域で見られる特徴的な気候と農産物について述べたものである。Aに該当するものを，次の①～④のうちから一つ選べ。

① 一年中暑く多雨であり，アブラヤシなどの商品作物が栽培されている。

② 一年中降水量が少なく，羊が放牧され，羊毛が生産されている。

③ 温暖湿潤な気候であり，大豆などの飼料作物が栽培されている。

④ 夏の暑さと乾燥のもとで，ブドウなどが栽培されている。

問3 次の表は，いくつかの国について，1人1日当たりの食料供給量とその中で牛乳・乳製品が占める割合を示したものであり，①～④はインドネシア，オランダ，パキスタン，メキシコのいずれかである。オランダに該当するものを，表中の①～④のうちから一つ選べ。

	1人1日当たりの食料供給量（kcal）	牛乳・乳製品が占める割合（％）
①	3,193	15.0
②	3,037	5.7
タ イ	2,750	1.6
③	2,655	0.7
④	2,428	16.3

統計年次は2009年～2011年の平均。FAOSTATにより作成。

表

問題 32-4

標準　□□□□□□□□分

生活文化と自然環境の関係を個別の事例で説明するために，各地域の伝統的家屋を説明するカードを作成した。次のカードは展示資料の表中の下線部に関するものである。写真を説明した文として最も適当なものを，カード中の①～④のうちから一つ選べ。

展示資料「生活文化と自然環境」

	伝統的衣服	伝統的家屋
地域A	丈夫で加工しやすい毛織物を使った衣服	石灰岩などの加工しやすい石を利用した石積みの家屋
地域B	狩猟で得た獣皮を裁断・縫製した衣服	豊富にある木材を加工して組立てられた木造家屋
地域C	放熱性に優れた麻や木綿を素材とする衣服	<u>土を素材とした日干しれんが積みなどの家屋</u>

表　各地域の伝統的な衣服と家屋

① 強い日差しを避けるために窓は小さくなっている

② 集落内の風通しを良くするために屋根は平らになっている

③ 病害虫や疫病を防ぐために家屋が密集して建てられている

④ 季節風を避けるために樹木が植えられている

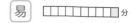

問題 32-5　易　　　　　　分

　北極海沿岸地域などに多く住むカナダの先住民族の伝統的住居として最も適当なものを，次の①～④のうちから一つ選べ。

① 雪塊で作ったドーム型の住居
② 木造の高床式の住居
③ 日干しレンガで作った住居
④ 岩壁を掘り込んだ洞穴式の住居

問題 32-6　やや難　　　　　　分

　次の①～④の文は，京都，シンガポール，ソウル，ペキン（北京）のいずれかの中心市街地にある伝統的住宅の特徴について説明したものである。ソウルに該当する文として最も適当なものを，次の①～④のうちから一つ選べ。

① 中心市街地にある伝統的な住宅は，敷地の形状が細長いものが多く，採光と通風のために小さな中庭が設けられている。

② 植民地時代に建設された伝統的な建物は，住宅と店舗の併用が多く，日差しや雨を避けるために，街路に面するところがアーケードで覆われている。

③ 中庭を四つの建物で囲む伝統的な住宅は，近年では中庭の部分にも建て増しされ，一つの建物のなかに数世帯が暮らす長屋のようになっている。

④ 伝統的な住宅では，冬季の厳しい寒さを防ぐため，厨房（ちゅうぼう）のかまどからの煙を床下に導く設備を取りつけて，部屋を暖める工夫がある。

解答・解説

問題 32-1　衣服の文化

① **❷** ③ ④

解説

　衣服は，それぞれの地域の**自然環境の影響**を強く受けて発展したんだ。寒冷地域では寒さから体を守り保温することが，低緯度の熱帯地域や乾燥地域では強い日差しをさえぎり放熱させることが優先されたんだ。

　たとえばヨーロッパで生まれた，スーツにシャツ・ネクタイっていうのは，明らかに**冷涼な気候の影響**を受けているよね。だって，このスタイルだと顔と手以外すべて外気が触れないようになってるもん。冬にはこれに帽子と手袋とマフラーが加わるから万全だ。**東南アジアやインド**などの熱帯地域では，発汗と蒸発がスムーズに行われるように**ゆったりとした衣服**が多いんだね。そして服と体の間の熱い空気が外に出て行けるように，襟や袖などの開口部を広くしてあるんだよ。面白いよねえ。洋服大好きの俺としてはあと100ページくらい服について書きたいけど，編集の人たちに怒られそうだからそろそろやめとこう（＾o＾）。衣服の素材は気候環境の影響を強く受けるから，まずはそれぞれの素材がその地域で獲得できるかどうかを考えよう。

　①　北極海沿岸やシベリアの寒冷地域では，植物繊維から衣類を作ることは難しいので，**動物の皮や毛皮を利用**することになるから正しい文だね。皮や毛皮は冷たい風も通さないから最適だよ。ちなみに俺はレザーのパンツやジャケットが大好きです（＾o＾）。

　②　冷涼なヨーロッパやアンデス地方で綿花がとれるかなぁ???　綿花の性質は「**乾燥には強いけど，寒さに弱い！**」んだったよね。この文が誤りだ。ヨーロッパでは羊や山羊，アンデス地方ではリャマやアルパカの毛を用いた毛織物で衣服を作ってきたんだよ。

　③　蚕から採取した絹（生糸）は，絹織物にして衣服に利用されてきたんだ。光沢があって丈夫なんだけど，絹を素材として衣服にしていた地域は比較的狭くて，**中国南部，東南アジアや西アジアの一部**だったんだね。後に日本やヨーロッパにも伝えられるんだよ。この文も正文だ。

　④　中央アジアや西アジアでは古くから遊牧によって**羊や山羊が飼育**されてきたから，**毛織物**が用いられてきたよ。だから正文だね。一部では麻も

利用されていたけどね。

問題 32-2　国別の1人1日当たり食料供給量

① 　 ② 　 ❸ 　 ④

解説

　アメリカ合衆国，中国，日本，モンゴルの1人1日当たり食料供給量の
グラフから，**各国の食生活の特色**を考える問題だね。共通テストでは，
データをもとにした分析力や思考力を試してくるから，負けないで正答し
よう。最初に食品別摂取量の特色についてまとめておこう。
　穀物（米・小麦・トウモロコシなど）の消費量は**発展途上国，特にアジ
ア諸国で多い**よ。中国やインドなんかでは1人当たりかなりの量を食べる
もんね。野菜類は，欧米や日本などの**先進諸国で多く摂取**されるけど（健
康に対する意識が高いし，彩りにも気を配っているからね），中国には注
意！　世界の国の中でも群を抜いて**野菜の摂取量が多い**よ。中華料理を想
像してごらん。すごい量の野菜を使ってあるだろう？
　牛乳・乳製品や肉類も**ヨーロッパ型の食生活が中心の国で高い**けど，注
意したいのは古くから遊牧が行われてきた乾燥地域だね。**遊牧民の食生活
の中心は，牛乳・乳製品**だから，モンゴルやサウジアラビアのように，現
在またはかつて遊牧が盛んだった地域も摂取量が多いから十分に注意しよ
う！
　肉類は，やっぱり欧米諸国など**先進国での供給量が多い**よ。
　今，君たちに説明したことから設問を考えていくと，①は乾燥地域だか
ら野菜の栽培があまり得意じゃなくて供給量が少ないけど，**牛乳・乳製品
が比較的多い**ことから遊牧など**牧畜がさかんなモンゴル**，②は**牛乳・乳製
品と肉類の供給量が他の国より多い**から，アメリカ合衆国だと判定できる
よね。③は穀物の供給量が多めだけど，**欧米型の食生活の影響を受け**②の
アメリカ合衆国，①のモンゴルに次いで牛乳・乳製品の供給量が多い日本，
④は**穀物と野菜の供給量が多い中国**だと判定できるよ。中国が**牛乳・乳製
品の供給量がすごく少ない**ことに気づいた？　中国は肉類を食べる割には，
伝統的に乳製品を摂取する習慣があまりないんだね（都市部では変化も見
られるけど）。そういえば，中華料理に生クリーム，バター，チーズなん
て出てこないよなぁ。
　できてたかな？　この問題を解く際に，このグラフの供給量を合計して，

多いのが先進国，少ないのが途上国と判定するのはよくないよ！　なぜならこのグラフは国の食料供給量の一部しか表していないからね（たとえば油脂，豆類，魚介類，イモ類などが含まれていないことに注意）。

問題 32-3　世界の食生活

問1

①　②　③　④　⑤　⑥

解説　伝統的な主食文化

　世界の伝統的な主食文化を問う設問だ。主食とは，人が主たるエネルギー源とする食べ物のことで，ほとんどは穀物（米，小麦，トウモロコシなど）とイモ類（キャッサバ，ヤムイモ，タロイモ）だね。特に穀物は熱量も大きくて，栄養価も豊富で，**貯蔵しやすい**から，世界中で主食になってきたんだ。イモ類は**やせ地で栽培できる**のはすごいメリットだけど，なんせ**腐りやすい**もんなぁ。キャッサバっていう熱帯地域で栽培されているイモのこと覚えてる？　なんと地中から引っこ抜いたら，3日で腐り始めるからたまらない！　だからタピオカみたいな加工品にするんだ。食用とされる植物は50,000種類以上あるんだけど，そのうち**米，小麦，トウモロコシ**の三大穀物だけで，世界総人口の2/3の主食となってるよ。すごい人気だね（笑）。主食が何になるかというのは，**気候，土壌，地形，地域の生態系などの自然条件**と農業政策や農業技術の普及，資本の蓄積などの**社会条件**が影響するんだけど，共通テストの問題を解く際には自然条件に注目しよう！

　図中の**ア**は，モンスーンアジアが中心なので，**夏季の高温とモンスーンによる降水を利用して栽培される米**だね。これはかなり簡単！　米は，**総生産量の90%以上がアジアで生産**され，主食として消費されているってことはもう耳にタコができるほど，君たちに話してきたもんね。**イ**は，メキシコ以南の中央アメリカと南米の一部に示されているから，**トウモロコシ**だ。トウモロコシはメキシコ高原原産のイネ科穀物で，古くからラテンアメリカの先住民（インディオ）の主食とされてきたんだ。**総生産量の大半は飼料用，工業用（デンプン，バイオ燃料）**だけど，メキシコやアフリカの一部（東アフリカのケニヤ，タンザニアや西アフリカ）では主食としても利用されているよ。**ウ**は，北極海周辺の寒冷地域なので**肉・魚**だね。北極海周辺の ET やシベリアや北アメリカの D の高緯度側では，寒冷だか

ら作物栽培ができないから，**トナカイの遊牧やアザラシなどの狩猟やサケ**
などの漁労で生計を立ててきたんだ。ただ近年は，都市生活者も増加して
いて，欧米型の食生活が普及しているよ。

問2

① ② ③ **❹**

解説 **気候と農産物**

① 『大学入学共通テスト　地理Bの点数が面白いほどとれる本』で「赤
道が通過するところ」にマーカーを入れ，しっかりマスターしておこうと
言ったことを覚えているかな？　赤道（緯度0度）は，**アフリカ最大の湖**
であるヴィクトリア湖から**インドネシアのスマトラ島〜カリマンタン島中**
央部，南米のエクアドル（ECUADOR →赤道の意）からアマゾン川河口
を通過しているんだ。図に赤道を記入すると，「一年中暑く多雨であり」
は，Bだとわかるね。Bは，ほぼ赤道直下に位置し，**年中赤道低圧帯の影**
響を受けるから，熱帯雨林気候（Af）が分布しているもん。「アブラヤシ
（油ヤシ）」は，**西アフリカ原産の油脂作物**（石けん，洗剤，マーガリン，
食用油）で，熱帯雨林気候を好むから，東南アジアのカリマンタン島に移
植され，**インドネシアとマレーシアで世界の大半を生産**しているんだ。

② 「一年中降水量が少なく」から，オーストラリア南東部のC（マ
リー・ダーリング盆地付近）だとわかるな。BSが分布し，羊の放牧や**灌**
漑により小麦栽培が行われていて，オーストラリアの穀倉地帯になってい
るよ。

③ 「温暖湿潤な気候」，「大豆」から，アメリカ合衆国のD（コーンベ
ルト付近）だ。Dでは，温暖湿潤気候（Cfa）と肥沃なプレーリー土をい
かし，**トウモロコシ，大豆の輪作と肉牛の肥育，豚の飼育**などを組み合わ
せた商業的混合農業が行われているから，忘れないでね。

④ 「夏の暑さと乾燥」から，地中海性気候（Cs）が分布するA（フラ
ンスの地中海沿岸）だ。ヨーロッパの地中海沿岸地方では，**夏の乾燥に耐**
える樹木作物（オリーブ，ブドウ，コルクがし，オレンジなど）と小麦栽
培，家畜飼育を組み合わせた地中海式農業が行われてきたんだ。

問3

① ② ③ ④

解説 インドネシア，オランダ，パキスタン，メキシコにおける
1人1日当たり食料供給量と牛乳・乳製品が占める割合

　1人1日当たり食料供給量（供給熱量）は，経済的に豊かな先進国と欧米型の食生活（たとえば南米のブラジルとか）の国で多く，逆に途上国では少ない傾向にあるよ。したがって，表中のタイより多い数値を示す①と②が**先進国のオランダとラテンアメリカ NIEs（Newly Industrializing Economies）のメキシコ**のいずれか，③と④が**途上国のインドネシアとパキスタン**のいずれかと考えよう。①は牛乳・乳製品が占める割合が高いよね。だから，**ポルダー（干拓地）での酪農が盛んなオランダ**かな。オランダといえば，「園芸農業」が真っ先に浮かぶと思うけど，じつは酪農パワーでもすごくて，デンマークを上回るほどの実力者なので忘れないように！　ということで，②がメキシコになるよ。③と④については，経済力から③を ASEAN の**インドネシア**，④をアジアでも**経済発展が遅れている南アジアのパキスタン**と決めても悪くはないんだけど，食料供給量は微妙な差なので，できるだけ差が大きい牛乳・乳製品が占める割合で判定したいな。東南アジアなどの熱帯地域では，乳製品の腐敗しやすさもあって，あまり乳製品は利用されてこなかったため，③がインドネシアだ。乾燥気候が大半を占めるパキスタンは古くから家畜飼育が盛んで，**乳製品の供給量も多かったから**，④だね。近年は，**インドの「白い革命」**の影響を受けて，乳製品の生産も増加していることに注意！

問題 32-4 乾燥地域の伝統的家屋

❶　②　③　④

解説

　下線部にある土を素材とした日干しれんが積みなどの家屋の景観写真とその説明の正誤を問う問題だ。誤っているものではなく，最も適当なものを選ぶよ。間違えないように気をつけてね。

　①　「強い日差しを避けるため」にアンダーラインを入れてくれるかな。これまで何回も説明したように，BWなどの乾燥地域は，降水が少ない分，日中の気温が上がりやすく，かなり高温になるんだったよね（逆に夜間は気温が低下）。つまり気温の日較差が大！　しかもほぼ毎日が晴天なので雲はないから，カラッとはしてるけど俗に言う炎天下！　窓から日差しが入ると部屋の中が暑くなるので，窓は小さくする。さらに外気温が伝わらないように壁も厚くするしね。北欧みたいに陽光を求めている地域もあるのに，かなり違うよなぁ。したがって，①は正文だ。正解は出ちゃったけど，②〜④はどこが間違っているのか，一緒に検証しておこう。

　②　「屋根が平ら」なのは，雨があんまり降らないから，屋根に傾斜をつける必要がない。逆に降水が多い熱帯雨林地域や，ノルウェーみたいに降雪が多い地域では，屋根の傾きをかなり大きくしているよ。写真問題に注意だね。

　③　「家屋が密集」しているのは，少しでも強烈な日差しを避けるため。屋外を歩く時に建物の陰を歩くと快適！　君たちも時々やるんじゃないかな。

　④　以前にも説明したように，季節風の影響を受けるところは，乾燥地域にならないはず。写真の樹木はナツメヤシみたいだね。ナツメヤシは高温乾燥にビックリするくらい強い！　だから写真のような砂漠のオアシスで栽培されていることが多いよ。デーツと呼ばれる実は，とっても栄養価が高いって話しはしたよね。ナツメヤシは食用としてだけでなく，防風・防砂林としての役割も果たしてくれるけど，「季節風」は誤りだ。夏季の季節風の影響を強く受ければ，砂漠になんかはならないよー（笑）。

問題 **32-5** カナダの先住民族の伝統的住居

❶　②　③　④

解説

　北極海沿岸は大部分が ET（ツンドラ気候）だから，短い夏に生えるコケくらいしか植生がないことに注意しよう！　つまり**建材に乏しい**ということだよ。

　①　イヌイットの冬季の住居で（イグルーと呼ばれ，夏季には獣皮を利用した**テント式住居**であるツピクを利用）**氷や雪を切り出して作った半地下式の住居**だよ。狩猟や旅に出たときに使用されているみたいだね。イグルーの中にはストーブもあって，けっこう暖かいらしいよ。まぁ，屋外よりは暖かいだろうけど，やっぱり寒そ～う。①が正解だよ。

　②　木造の高床式住居は，**高温多湿な熱帯地域で使用**されている住居だね。特に**東南アジアの熱帯地域**に多いよ。

　③　日干しレンガが使われるのは乾燥地域だよね。乾燥地域では，木材などの建材に恵まれないから，日干しレンガを使用した住居が利用されてきたんだ。

　④　洞穴式の住居も乾燥地域で見られるよ。今でも**黄河流域の黄土高原**などではヤオトンと呼ばれる洞穴式の住居に多くの人々が生活しているんだ。

問題 **32-6** アジアの伝統的住宅

①　②　③　❹

解説

　④　朝鮮半島は，南岸（Cfa）を除くと**大陸性の気候（Dw～Cw）**で，ソウルは朝鮮半島の中部にあるから，**冬季はかなり寒冷**になるよ。ペキンも冬は寒いけど，**伝統的な暖房システム**からソウルと判定しよう！　この床暖房システムはオンドルと呼ばれ，朝鮮半島では伝統的な住宅には欠かせないものだったんだね。

　①は京都，②はシンガポール，③はペキンだ。

都市の立地と大都市圏の拡大

 知識・技能の整理

 ## 都市の成立と発達

①**古　代**　神殿や王宮を中心とする政治的機能の強い都市が発達。
メソポタミア，ギリシャ，ローマ，中国など。

②**中　世**　商業的機能が強い都市がヨーロッパを中心に発達。ドイツのハンザ同盟都市，北イタリアのヴェネツィアなど。

③**近　世**　統一国家の誕生による**ロンドン，パリ**など首都の発達。

④**産業革命以降**　工業都市や大規模な港湾都市が発達。

⑤**日本の都市**　古代には平城京，平安京など政治都市，中世には門前町，港町，市場町，近世（江戸時代）には城下町，宿場町が発達。

都市の立地
地形環境に恵まれ，歴史的に水上交通・陸上交通に便利なところに立地。

①**平野の中心**　パリ，ロンドン，ベルリン，モスクワ。

②**山　麓**（山地と平野の接触部）　八王子，青梅などの谷口集落。

③**河川の合流点**　セントルイス，ベオグラード，デュースブルク。

④**海　峡**　イスタンブール，シンガポール。

⑤**河　口**　ニューヨーク，ブエノスアイレス。

都市機能と内部分化

①**都市機能**　行政，文化，生産，消費，交通などの機能。中心地機能と，特殊機能。

②**都市機能の内部分化**　大都市になると都市内部で機能分化。

　a　**都心地域**➡交通機関，情報・通信網が整備され，官公庁や<u>大企業の本支社が集積する</u> CBD（中心業務地区）を形成。

　b　**漸移地域**➡都心周辺に住宅，商店，工場が混在。古くからの市街地はインナーシティと呼ばれ，一部ではスラム化。郊外へ向かう交通ターミナル付近には副都心が形成。

　c　**工場地区**➡<u>安価で広い工業用地</u>が得られる<u>海岸部の埋め立て地・低地</u>。

d　住宅地区➡都心部や工場地区へ通勤可能な範囲で，交通の発達にともない郊外へ拡大。

e　郊外地区➡**自動車交通**などが発達する先進国では，住宅地が郊外に発展し郊外化（こうがいか）が進行。郊外化にともないスプロール現象も発生。

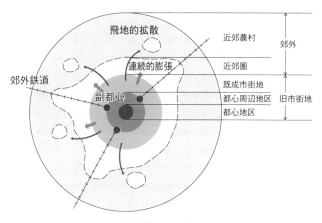

都市構造のモデル

 大都市圏

①**都 市 圏**　都市が周辺地域へ影響を及ぼす範囲。中心都市が周辺に製品，サービスを供給し，周辺地域は労働力などを提供。

②**都市圏の設定**　中心地機能の発達・集積にともない都市圏は外縁的に拡大。都市圏の範囲は通勤圏（つうきんけん），商圏（しょうけん），サービス圏などによって決定。

③**都市の階層**　中心地機能の大小により都市間に階層。都市圏の広さにより国家的中心都市，広域中心都市などに分類。

a　国家的中心都市➡東京，大阪，名古屋。

b　広域中心都市➡札幌，仙台，広島，福岡。

④**大都市圏の拡大**

a　メトロポリス➡人口100万人以上の**巨大都市**。メトロポリスとその周辺を含む大都市圏がメトロポリタンエリア。

b　メガロポリス➡巨大都市が帯状に連なり交通・通信網で結節した巨大な都市化地域。アメリカンメガロポリス，東海道メガロポリス，ブルーバナナ。

c　コナーベーション➡複数の都市の市街地が拡大して形成された連接都市。ルール地方，五大湖沿岸地方，東京湾岸。

地図帳を**チェック** ✓

　パリ，イスタンブール，セントルイス，ブエノスアイレスをチェックし，それぞれ平野の中心，海峡，河川合流点，河口に位置していることを確認しよう！

　アメリカンメガロポリスをチェックしよう！

　ボストン，ニューヨーク，フィラデルフィア，ボルティモア，ワシントン

重要用語を**確認** ✓

▶**中心業務地区**：大都市の都心の一部には，**行政機関や企業・金融機関の本支社**など中枢管理機能（行政や企業の意思を決定する力）が集積する地域が形成される。これを**中心業務地区（CBD）**と呼び，ここでは高度な政治・経済活動が行われる。

　　また，中心業務地区に隣接または混在して**百貨店（デパート）**や**高級専門店街**などが立ち並び，一大商業地区を形成している場合が多い。東京の**大手町**，大阪の**中之島**が中心業務地区の代表的な例。

▶**副都心**：**メトロポリス**などの大都市では，都心からやや離れた地域に，**都心機能の一部を補完する地区**が形成されるようになる。これを**副都心**と呼ぶ。交通の要衝に形成されることが多く，東京の**新宿**，**渋谷**，**池袋**，大阪の**梅田**，**天王寺**などが副都心として発展している。

▶**コナーベーション**：**二つ以上の隣接する都市が拡大**することにより市街地が連接し，まるで一つの都市のようになった状態をいう。**都市規模には関係がなく**，大都市と周辺都市や同規模の都市同士でもコナーベーションが形成される。ドイツの**ルール地方**，アメリカ合衆国の**五大湖沿岸**，**東京湾岸**が代表的。

問題 33-1

易 □□□□□□□□分

都市の立地には自然条件とともに社会条件も関係している。都市の立地について述べた次の文①～④のうちから，**適当でないもの**を一つ選べ。

① パリは，パリ盆地の中心に位置し，セーヌ川の河港として発達した。

② イスタンブールは，アナトリア高原上に位置し，政治・経済の中心地として発達した。

③ セントルイスは，ミシシッピ川とミズーリ川の合流点に位置し，水陸交通の要地として発達した。

④ ブエノスアイレスは，ラプラタ川の河口に位置し，港湾都市として発達した。

問題 33-2

易 □□□□□□□□分

都市の影響が日常的におよぶ範囲を都市圏という。この都市圏のおおよその範囲を設定する場合，その範囲として最も適当なものを，次の①～④のうちから一つ選べ。

① 中心都市に居住する人々が行楽に出かける範囲

② 中心都市のホテルに宿泊する人々が居住する範囲

③ 中心都市の公立中学校に通学する生徒が居住する範囲

④ 中心都市の事業所に勤務する人々が居住する範囲

問題 33-3
標準 ☐☐☐☐☐☐☐☐☐分

　都市の特徴は，時代や地域によって異なる。都市の機能や形態について述べた文として最も適当なものを，次の①～④のうちから一つ選べ。

① 古代中国の都（みやこ）は，平坦（へいたん）な土地に計画的に建設され，王宮を中心とした放射・環状の街路網をもっていた。

② 日本の近世の城下町では，身分による住み分けが見られ，防御のために都市全体が城壁で囲まれていた。

③ 産業革命期のヨーロッパでは，政治・商業機能を中心とした都市に加え，工業都市が発達した。

④ 現代の先進国では，大都市圏が形成され，都心に隣接して衛星都市が建設されている。

問題 33-4
易 ☐☐☐☐☐☐☐☐分

　次のA～Cの文章は，世界的な大都市である東京，ニューヨーク，フランクフルトのいずれかについて説明したものである。A～Cと都市名との正しい組合せを，次ページの①～⑥のうちから一つ選べ。

A　湾の奥に位置し，低地から台地にかけて市街地が広がっている。歴史的な都市を起源とする首都であり，政治・経済・文化の中心である。現在，都心部の再開発が活発に行われている。

B　二つの川にはさまれた地域に中心業務地区がある。この都市にある証券取引所の動向は，世界の株式市場に影響を与える。2001年の同時多発テロにより大きな被害を受けたが，依然として世界経済の中心である。

C　大河川の支流に面し，水陸・航空交通の結節点となっている。多様な工業が発達するとともに，世界的な金融・株式市場の中心として成長したこともあり，国家群組織の中央銀行が設置されるに至った。

	A	B	C
①	東　京	ニューヨーク	フランクフルト
②	東　京	フランクフルト	ニューヨーク
③	ニューヨーク	東　京	フランクフルト
④	ニューヨーク	フランクフルト	東　京
⑤	フランクフルト	東　京	ニューヨーク
⑥	フランクフルト	ニューヨーク	東　京

問題 33-5

易　□□□□□□□□分

　連続する複数の大都市が交通や経済などの面で密接に結びついている地帯をメガロポリスという。メガロポリスの性格をもった地帯として最も適当なものを，次の図中の①〜⑥のうちから一つ選べ。　（追試）

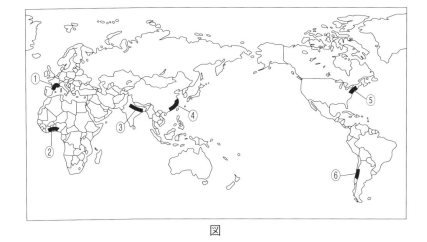

図

都市に関する次の問い（**問1～3**）に答えよ。

問1 次の①～④の文は，カイロ，ハンブルク，ベネチア（ヴェネツィア），ベルゲンのいずれかの都市の立地とその特徴について説明したものである。ハンブルクに該当するものを，次の①～④のうちから一つ選べ。

① 三角江（エスチュアリー）をなす河口から約100kmほど内陸に発達した都市で，国内最大の港湾都市となっている。
② 潟湖（ラグーン）の中に形成された都市で，近年では高潮による水没の被害に悩まされている。
③ 大河川の三角州（デルタ）の頂点に立地する都市で，現在の市街地は河川の分岐点に発達している。
④ 両側を急斜面に挟まれた入り江に位置する都市で，国内有数の海運業の拠点となっている。

問2　都市の形成には，河川が重要な役割を果たしてきた。次の①～④の文は，ヴァラナシ（ベナレス），チョンチン（重慶），ヤンゴン，リヴァプールのいずれかの都市の河川とのかかわりについて説明したものである。ヤンゴンに該当するものを，次の①～④のうちから一つ選べ。

①　河口から約2,500kmに位置する水運の要衝（ようしょう）として繁栄し，近年ではダム建設や資源開発により，内陸部の物流や工業の拠点としてさらなる発展がみられる。

②　河口の三角州（デルタ）地帯に位置する旧首都で，米や木材などの交易による繁栄を経て，近年は工業開発や都市整備により著しく発展している。

③　かつて奴隷（どれい）や砂糖などが運ばれた三角貿易によって栄えた河口の貿易都市で，その後に綿織物の輸出港として発展し，近年では歴史的な港湾施設の活用による観光開発が進められている。

④　宗教的に神聖とされる河川の流域に位置する都市で，人々が川で沐浴（もくよく）するための場所が設置されており，多くの巡礼者が訪れる。

問3 次の図中のA～Cは，いくつかの都市における街路の形態を示したものであり，下のア～ウの文はそれらの都市について述べたものである。A～Cとア～ウとの正しい組合せを，下の①～⑥のうちから一つ選べ。

A

B

C

図

ア 囲郭都市に由来するドイツの都市である。

イ イスラームの都市の特徴を示すモロッコの都市である。

ウ 計画的に建設されたイギリスの都市である。

	①	②	③	④	⑤	⑥
A	ア	ア	イ	イ	ウ	ウ
B	イ	ウ	ア	ウ	ア	イ
C	ウ	イ	ウ	ア	イ	ア

解答・解説

問題 33-1　都市の立地

① ❷ ③ ④

解説

① パリは古代ローマの植民都市として栄えたところで，パリ盆地の中心に位置するため農産物の集散地としても発達をした。一般に，平野の中心は都市の立地条件としては優れていて，地形的な障害がないから，交易に向いていたんだ。かつては貨物輸送にとって重要な港もあったんだけど，今は娯楽（レジャー）用として使われているくらいかな。この文は正しい。

② イスタンブールは「アナトリア高原」にあったかなぁ？　アナトリア高原にあるトルコの大都市は，首都のアンカラだ。アンカラは古くからアナトリア地方の通商路に位置する商業の中心として栄え，20世紀の初めにトルコの首都になった。この文は誤りだね。イスタンブールは黒海とマルマラ海の間に位置するボスポラス海峡に面する港湾都市で，トルコ最大の都市だし，最大の貿易港でもあるよ。古くから東西交通（アジア～ヨーロッパ）の結節点として繁栄してきたんだね。イスタンブールの歴史地区は世界文化遺産にも登録されているよ。日本からの観光客にも大人気。

③ セントルイスはアメリカ合衆国有数の工業都市で，農産物の集散地だ。ミシシッピ川とミズーリ川の合流点に位置していて，水陸交通の要衝として栄えてきたんだね。小麦などの穀物取引所があるほか，デトロイトに次ぐ自動車の生産拠点の一つでもあるよ。もちろん正文だ。

④ ブエノスアイレスはラプラタ川のエスチュアリーに面するアルゼンチン最大の都市だ。隣国ウルグアイのモンテビデオとともにラプラタ川河口付近に位置する大貿易港だよ。古くから南米南部の交易拠点として発展してきたんだ。もちろんこの文も正しいね。

都市の立地条件として優れているのは，河口，河川の合流点，山麓の谷口，平野の中心，海峡なんかだね。注意しておこう！

問題 33-2　都市圏

① ② ③ ❹

解説

　都市圏の定義をしっかりと把握しておこうね！　都市圏とは，**都市の勢力圏**のことで，都市がもっている**中心地機能**（**商品，サービス，雇用**を提供する力）のおよぶ範囲と考えるといいよ。都市圏の規模を示す指標には，**通勤圏**，**商圏**，**サービス圏**があるから注意しよう！

「都市の影響が日常的におよぶ範囲を都市圏」と書いてあるので，①の「行楽」は一年中休みでもない限り（うらやましいかも……）ありえない。②のホテルに日常的に宿泊する人はかなりの少数派だよ。あれ～，俺は毎日の移動距離が長いから，もしかしてその１人かも。③の公立中学校は原則として校区が設定されているので，これも都市圏には該当しない。私立学校なら該当するけど。④は最初に説明した**通勤圏**のこと。これが正解！

問題 33-3　時代や地域による都市の特徴

①　　②　　**❸**　　④

解説

　①　中国の古くからの都は，長安（現在の**シーアン**付近）などに見られるように**直交路状（碁盤目状）**の街路網をもっているところが多いよ。日本の平城京（奈良）や平安京（京都）もこれに倣って碁盤目状の街路網が建設されたんだ。ということは，この文は誤っているよ。**放射・環状型**の都市としてはオーストラリアの**キャンベラ**やロシアの**モスクワ**などが代表的だね。

　②　近世（江戸時代）の城下町は，封建領主（大名なんかのことだよ）の城を中心として発達した町だ。城は濠に囲まれ，その外側に武家屋敷があり，さらに町人町や寺町がこれを取り囲んでいたんだね。そして**身分や職種別に住み分け**も行われ，現在でも**呉服町，大工町，鍛冶屋町**などの**地名として残っている**ところがあるよ。君たちの近所にもあるんじゃないかなぁ？　でも，日本にはヨーロッパ（古代ローマやパリなんかが有名だね）や中国などのように「都市全体」が城壁で囲まれていた都市（**囲郭都市**）はなかったんだ。ということは，この文の後半部分が誤っているよ。

　③　産業革命期のヨーロッパでは，首都が政治や商業機能を中心に栄えただけじゃなく，産業革命による工業化によって，イギリスの**マンチェスター**（綿工業）や**バーミンガム**（鉄鋼業）などの工業都市を次々に発達させたことは知っているよね。この文は正文だ。

　④　先進国の大都市（メトロポリス）では，都市の影響力が行政上の領

域を超え，広域に広がった大都市圏（メトロポリタンエリア）を形成しているところがいっぱいあるから，前半は正文だね。でも，後半の「都心に隣接して衛星都市が建設」というのはおかしいよね！　衛星都市は中心的な都市の機能を分担（たとえば住宅機能）するために，**都市郊外に発達した都市**なんだから，「都心に隣接」はまずいね。後半が誤っているよ。

問題 33-4　世界の大都市

❶　②　③　④　⑤　⑥

解説

　Aは「首都」と書いてあるので，この三都市の中では東京のみが該当するよ。こんなことは言わなくてもいいと君たちに言われそうだけど，**アメリカ合衆国の首都はワシントン**だし，**ドイツの首都はベルリン**だもんね。

　Bはニューヨークで，「二つの川にはさまれた地域に中心業務地区」とあるから，これはマンハッタンのことだ。ハドソン川とイースト川に囲まれた川中島であるマンハッタン島は**ニューヨークの中枢管理機能**をもち，ウォール街や国連本部などがあるよ。ウォール街には「証券取引所」があって世界の株式市場の中心の一つになっているんだ。

　Cはフランクフルトで，「大河川の支流」とはライン川支流のマイン川のことだね。ここは**ドイツ金融業の中心地**で，EUの中央銀行（EUROを発行）が設置されていることでも知られているよ。

問題 33-5　メガロポリス

①　②　③　④　**❺**　⑥

解説

　メガロポリスは複数のメトロポリス（**人口百万人以上の巨大都市**）とその周辺地域が**帯状に連なり**，交通網・通信網で密接に結びついている大都市域のことだ。アメリカ合衆国大西洋岸のメガロポリス（アメリカンメガロポリスと呼ばれ，**ボストン～ニューヨーク～フィラデルフィア～ボルティモア～ワシントン**にかけて連なる）が代表的だね。ところで東海道メガロポリス（**東京から京阪神に至る地域**）は，人口規模ではアメリカンメガロポリスを上回っているよ。

問題 33-6　世界の都市

問1

① ② ③ ④

解説 **カイロ，ハンブルク，ベネチア，ベルゲンにおける都市の立地と特徴**

　正答には各都市の知識が必要だね。少なくとも**本書**や『**大学入学共通テスト　地理Bの点数が面白いほどとれる本**』で説明した都市くらいは，国名と特徴を押さえておこう！　この設問に関しては，**ハンブルクがエルベ川のエスチュアリーに位置している**ことを学習していれば，問題なく正答できるよ。

　①は，「エスチュアリーをなす河口」に位置し，「国内最大の港湾都市」とあることから，エルベ川の河口に位置するハンブルク（ドイツ）だ。エルベ川河口のようなエスチュアリーは，**水深が深く背後の平野にも恵まれる**から，**港湾や工業地域が成立しやすい**もんね。テムズ川のロンドン，セーヌ川のルアーヴル，ラプラタ川のブエノスアイレスも忘れないように。②は，「潟湖（ラグーン）の中に形成された」，「高潮による水没の被害」などから，街中を運河が縦横に走る「水の都」ヴェネツィア（イタリア）だ。今でも水上タクシーが走り回ってるよ。③は，「大河川の三角州」から，ナイル川の三角州に位置するカイロ（エジプト）だ。エジプトだけではなく**アフリカ最大の都市**だよ。**古代の遺跡**にも恵まれ，世界中から観光客が訪れるよ。④は，「両岸を急斜面に挟まれた入り江」から，フィヨルドに位置するベルゲン（ノルウェー）だね。高緯度に位置するけど，**暖流の北大西洋海流と偏西風**のおかげで，不凍港だよ。

問2

① **②** ③ ④

解説 **ヴァラナシ（インド），チョンチン（中国），ヤンゴン（ミャンマー），リヴァプール（イギリス）における都市と河川との関わり**

　①はチョンチン（重慶）だね。「河口から約2,500km」まで船舶が航行できるので，かなり大きな河川であることがわかるはず。**世界最長のナイル川の河川延長が約6,700km，アマゾン川が約6,500km**，これに次ぐのがチョンチンを流れる長江の約6,400kmなんだよ。チョンチンは古くから内陸の**中心地**として発達し，日中戦争による工業の疎開を経て，現在では**サンシャダム**建設や石炭などの資源開発によって一大工業地域を形成している

んだ。②のヤンゴンはミャンマーの旧首都で，人口最大都市だ。エーヤワディー川のデルタ（三角州）に位置し，古くから米など農産物の集散地として栄えたんだよ。現在は，工業化も進み，首都はネーピードーに移転したけど，ヤンゴンは経済の中心地として，発達が目覚ましいんだ。③はリヴァプール。マージー川の河口に位置する**貿易港**として発達したことは，かなり有名！　文中の「三角貿易」についてちょっと説明しておこう。かつて，イギリスのリヴァプールなどの港湾から出向した船舶に工業製品，雑貨，武器などを積み込み，それをアフリカに販売する。そして空になった貿易船にアフリカで奴隷を積み込み，アメリカ大陸やカリブ諸国に販売する。さらに空になった貿易船にたばこ，綿花，砂糖，コーヒーなどを積み込みイギリスに持ち帰るという，**空荷なしに貿易船を有効に使う貿易形態**を三角貿易と呼び，イギリスは大きな利益を獲得してきたんだ。現在は，海商都市リヴァプールとして UNESCO の世界遺産に登録されているよ。④はヴァラナシだ。「**宗教的に神聖とされる河川**」とはガンジス川のことで，ヒンドゥー教徒が心と体を清める沐浴を行うため，今も多くの巡礼者が訪れるんだ。釈迦が最初の説法を行ったところでもあるため，ヒンドゥー教だけでなく仏教の聖地としても知られているよ。

問3

① 　② 　③ 　④ 　⑤ 　❻

解説　**都市の街路形態**

　図中の C は，囲郭に沿って環状道路が建設されているから，アのドイツの囲郭都市（**城壁で囲まれた都市**のことで，中国やヨーロッパの古代〜中世に多数建設された）と判定できたじゃないかな。でも A と B は一見ともに迷路型に見えるので判定がちょっとだけ難しいよねえ。A はイギリスの計画都市で，枝分かれした道路の先に住宅があると思われ，各住宅からマイカーで幹線道路に出られるような仕組みになっているんだ。また，図の南東部に見られる円形交差点はラウンドアバウト（**ロータリーの一種**）と呼ばれていて，**レッチワース**などニュータウンに建設されるなど，イギリスでは盛んに導入されているよ。残る B は**日本の城下町**のように，袋小路（行き止まり），丁字路（三叉路），カギ型道路などが見られる迷路型街路網で，異民族間の衝突が頻発した**北アフリカや西アジアのイスラム圏**の都市に多いんだ。したがって，B は外部からの防御機能を備えた北アフリカに位置するモロッコの都市だね。

先進国の都市化と都市問題

知識・技能の整理

先進国の都市化

都市が農村人口を引っ張る『Pull型』の都市化要因

①**産業革命後**　雇用機会と高所得を求めて農村部より労働力が流入。

②**高度成長期**　都市部での産業の発達にともない，農村部と都市部の所得格差が一層拡大。雇用能力の大きな大都市が農村部や地方都市の労働力を吸引。

先進国の都市問題

①**都市人口の増加にともなう過密問題**　地価高騰，住宅不足，交通渋滞など居住環境が悪化。

②**スプロール現象**　住宅や工場が地価の安い郊外へ無秩序に分散。上下水道，道路，教育・福祉施設などのインフラ整備が対応できず，住民間トラブルも発生。

③**インナーシティ問題**　都心周辺のインナーシティ（旧市街地）では，都市環境の悪化にともない人口，工場，商業施設，オフィスが郊外へ流出。低所得層の流入，高齢者の残留により生活水準が低下，失業率も高まり，貧困や犯罪などの社会問題が多発。欧米の大都市では，劣悪な居住環境のスラムが形成。

都市の再開発

大都市の過密化対策

①**再開発のタイプ**

　a　クリアランス型➡**老朽化した建築物を一掃し，跡地にオフィスビル，ホテル，マンション，商業施設など**を建設。

　　（例）ラ・デファンス地区（パリ），ピッツバーグ（製鉄所の跡地開発）。

　b　修復・保全型➡**歴史的な町並みを残しながら再開発**。

　　（例）マレ地区（パリ），ローマなどヨーロッパ諸国。

②**ウォーターフロントの再開発**　老朽化，遊休化した造船所や倉庫跡地を活性化するために，オフィスビル，マンション，商業施設，レ

ジャー施設などを建設。

　　（例）ドックランズ（**ロンドン**），みなとみらい21（**横浜**），バッテ
　　リーパークシティ（ニューヨーク）。

都市再開発の事例

①**イギリス**　産業革命後，ロンドンの人口集中と市街地の拡大が急速
　に進行。

　a　『**田園都市構想**』➡**20世紀はじめ**，ロンドン郊外に職住近接の
　　理想都市を建設。

　b　『**大ロンドン計画**』➡**20世紀半ば**，田園都市構想に基づきロン
　　ドンの人口，工場などを計画的に分散することを目的に，ニュー
　　タウンを建設。**開発規制地**である**グリーンベルト**の**外側**に職住近
　　接のニュータウンを建設したため，ロンドンの過密化が沈静。

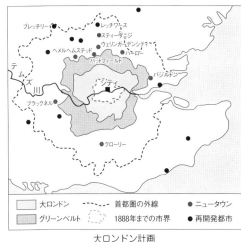

大ロンドン計画

②**フランス**　**パリ都心部への一極集中を解消**するため，ラ・デファン
　ス地区に新しく**副都心**を建設。近未来的な高層ビル（住宅・商業施
　設）が立地。

③**日　　本**

　a　みなとみらい21（MM21）➡横浜市中心部の都市機能を強化す
　　るため，造船所や国鉄跡地に観光・文化・商業施設を建設。

　b　歴史的町並みの保存➡城下町，宿場町，門前町，港町などの
　　町並みや建造物を整備・保存。

▶ウォーターフロントの再開発：近年の先進国における産業構造の転換（鉄鋼，造船などの**資源多消費型工業**から自動車やコンピュータなどの**知識集約型工業へ**）に対応できなかった港湾施設（鉄鋼や造船では港湾は重要であるが，自動車やエレクトロニクス産業ではさほど重要度が高くない。むしろ高速道路網や空港などが重要となる）の**遊休化を防ぎ**地域の活性化を図るため，オフィスビルやマンション，ホテル，レジャー施設などを建設した。

わが日本の首都・東京も2000年代は再開発ラッシュで，「六本木ヒルズ」や「東京ミッドタウン」など，巨大施設がジャンジャカ建ったね！

問題 34-1　[易]　□□□□□□□分

　都市化が進むことによってスプロール現象が見られることがある。この現象を説明した文として最も適当なものを，次の①〜④のうちから一つ選べ。

① 　都市計画に基づき，規則正しく配置された街路網が形成される。

② 　野菜や果樹などを集約的に栽培する農業が発達する。

③ 　住宅や工場などが農地の中に無秩序に混在する。

④ 　工場や倉庫の跡地に，オフィスビルや高級住宅が建設される。

問題 34-2　[標準]　□□□□□□□分

　インナーシティにはさまざまな問題がある一方，多様な変化も見られる。アメリカ合衆国の都市のインナーシティについて述べた文章として適当でないものを，次の①〜④のうちから一つ選べ。

① 　老朽化したビルや住宅を取り壊して，オフィスビルや高級住宅を建設する再開発事業が活発に行われている。その結果，郊外からも高所得者が転入するなどの変化が生じている。

② 　産業の衰退や企業の移転によって就業の機会が失われ，低所得者が多く居住する地区になった。貧困や犯罪などの社会問題が生じており，この対策が課題になっている。

③ 　諸外国から流入した移民が数多く居住しており，出身地域ごとに集住する地区が形成されている。こうした住民の多くは，低賃金労働についている。

④ 　大規模なショッピングセンターやテーマパーク，大型レストランなどが集中する地区になった。週末には，レジャーを楽しむ人々でにぎわい，そのために深刻な交通渋滞が生じている。

先進国の都市の状況について述べた文として**適当でないもの**を，次の①〜④のうちから一つ選べ。

① アトランタでは，郊外の高速道路のインターチェンジ周辺にオフィス地区が形成されている。

② パリでは，中・低層の古い建物が多かった都心部で再開発が行われ，高層化が進んでいる。

③ バンクーバー（ヴァンクーヴァー）では，中国に返還されたホンコンからの移住者など，アジア系の移民が増加している。

④ ロンドンでは，衰退した港湾地区が再開発され，オフィスビルや商業施設が建設されている。

次ページの図1は，スペインとドイツの国土を四分割*したものであり，次ページの図2中のアとイは，図1のように分割した範囲に含まれるスペインとドイツのいずれかの人口規模上位20位までの都市について，都市数を示したものである。また，次ページの表は，スペインとドイツの人口規模上位5都市における日系現地法人数**を示したものであり，AとBはスペインまたはドイツのいずれかである。図2中のAとBおよび表中のAとBのうち，ドイツに該当する正しい組合せを，次ページの①〜④のうちから一つ選べ。

* 島嶼部を除いた大陸部分の国土を対象に正方位で四分割した。
** 日本企業の出資比率が10％以上（現地法人を通じた間接出資を含む）の現地法人数。

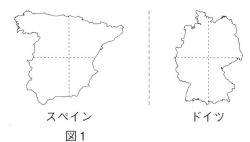

スペイン　　　　　　　ドイツ

図1

統計年次は，スペインが 2012 年，ドイツが 2013 年。
Demographic Yearbook 2013 などにより作成。

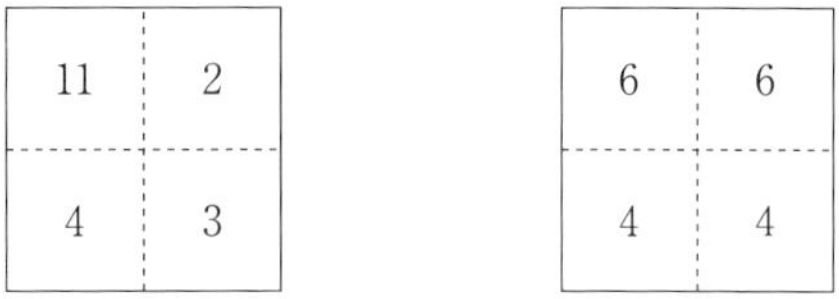

11	2
4	3

ア

6	6
4	4

イ

図2

(単位：社)

	人口規模順位				
	1　位	2　位	3　位	4　位	5　位
A	58	64	2	0	1
B	8	33	32	12	36

統計年次は2011年。『海外進出企業総覧　2012（国別編）』により作成。

表

	①	②	③	④
都市数	ア	ア	イ	イ
日系現地法人数	A	B	A	B

都市内部の各地区の景観には，その地区のもつ機能が反映されている。次の図は，パリとその周辺地域の交通網を模式的に示したものであり，次ページの写真中のア〜ウは，図中のA〜Cのいずれかの地点における景観を撮影したものである。A〜Cとア〜ウとの正しい組合せを，次ページの①〜⑥のうちから一つ選べ。

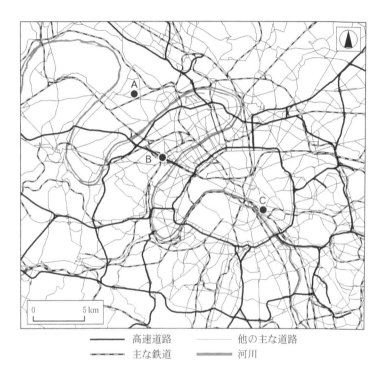

Institut National de l'Information Géographique et Forestière の資料により作成。

図

ア　現代的なオフィスビルや商業施設が
　　集まる新都心地区

イ　第二次世界大戦後に開発・整備され
　　た住宅地区

ウ　歴史的な街並みを残す旧市街地区

写真

	①	②	③	④	⑤	⑥
A	ア	ア	イ	イ	ウ	ウ
B	イ	ウ	ア	ウ	ア	イ
C	ウ	イ	ウ	ア	イ	ア

問題 34-6

標準 ☐☐☐☐☐☐☐☐☐分

　都市は，その立地や機能により異なる特徴を有する。次の表は，日本のいくつかの都市について銀行本・支店数，第2次産業就業者の割合，昼夜間人口指数*を示したものであり，ア〜ウは仙台市，千葉市，浜松市のいずれかである。表中のア〜ウと都市名との正しい組合せを，下の①〜⑥のうちから一つ選べ。

*昼間人口÷夜間人口×100

	銀行本・支店数（店）	第2次産業就業者の割合（%）	昼夜間人口指数
ア	208	15.3	107.7
イ	104	19.2	97.2
ウ	76	37.0	100.7

統計年次は，銀行本・支店数が2008年，第2次産業就業者の割合と昼夜間人口指数が2005年。国勢調査などにより作成。

表

	ア	イ	ウ
①	仙台市	千葉市	浜松市
②	仙台市	浜松市	千葉市
③	千葉市	仙台市	浜松市
④	千葉市	浜松市	仙台市
⑤	浜松市	仙台市	千葉市
⑥	浜松市	千葉市	仙台市

388

解答・解説

問題 34-1 スプロール現象

① ② **❸** ④

解説

スプロール（sprawl）現象とは**無計画な市街地の拡大**を指し，行政による都市計画に基づかないで，虫食い状に市街地が開発されることをいうよ。**農地と工場や住宅地が混在**し，**騒音や水質汚濁**など**住民間のトラブル**が発生したり，道路整備がなされていない場合には交通渋滞が起こりやすくなるんだ。スプロール現象を防ぐため，イギリスではグリーンベルト（緑地帯），日本では市街化調整区域のように**開発規制地域**を設定しているんだね。

問題 34-2 アメリカ合衆国のインナーシティ問題

① ② ③ **❹**

解説

アメリカ合衆国のインナーシティに関する問題だよ。頻出のテーマなのでしっかり勉強しておこう！

①　近年，ニューヨークなどアメリカ合衆国の大都市では，インナーシティの荒廃に対処するため，**スラムの再開発事業**などが行われているよ（**ハーレムの一部が再開発**されているのが有名かな）。住環境さえよくなれば，都心に近く便利な地域なので，高所得層がマンションなどを購入し流入（高級化して中高所得層が回帰することを**ジェントリフィケーション**というよ）してくるから，この文は正しいよ。

②　インナーシティは都心近くの古い市街地で，かつては商業などが発達し，中高所得層が居住していたんだ。たとえば，ニューヨークのハーレム（マンハッタン島のセントラルパークの北にある）では，ニューヨークの都市化によって職を求める黒人やヒスパニックなどの低所得層が流入し，逆に今までそこに居住していた白人の富裕層が郊外に移動するようになったんだ。するとその跡に新規の移民などが流入してきて，ますます**住環境が劣悪**になり，**治安も悪化**するなど深刻な都市問題を抱えるスラムが形成されることになるんだよ。この文は正しいね。

③　新規の移民は，自分の母国出身者とともに生活するほうが楽だよね。やっぱり言葉が通じると安心だし，外国に行くと，より同胞意識は強まるもんね。大学に行くと同郷出身者でつい盛り上がるのも同じかも（^o^）。だから**チャイナタウン，ユダヤ人街，コリアンタウン，日本人町**など外国人が集住する地域が形成されやすいんだ。特に，アメリカ合衆国の大都市では，**人種・民族・出身国・所得**などによる住み分け現象（セグリゲーション）が顕著だよ。アメリカ人は必ず「どこに住んでいるのですか？」って聞くもんね。この文も正しいよ。

④　**インナーシティは都心に隣接した地域**で，もともと地価が高かったところだから，大規模な敷地面積を必要とするレジャー産業や商業施設は発達しにくいよ。この文が誤りだね。

問題 34-3　先進国の都市

①　❷　③　④

解説

①　アトランタはアメリカ合衆国南東部の中心地の一つだ。**ジョージア州の州都**として，古くからコットンベルトの綿花を背景として，**綿工業が発達**してきたんだね。現在は，航空機産業など**ハイテク産業も発達**しているよ。アトランタについていろいろ知っていたら，それを利用して正答すればいいし，もしこのようなアトランタの知識がなくても正答することは可能だよ。どうしてかというと，**アメリカ合衆国の大都市では，アトランタに限らず都心部の衰退（インナーシティ問題）と郊外の発展が顕著**で，特に白人の富裕層などが郊外に進出し，これにともなって，郊外のハイウェイやインターチェンジ付近などに**商業施設（広い駐車場をもつ大規模なショッピングセンターなんかだよ）やオフィスビル**が建設されているんだ。アメリカ合衆国ではモータリゼーションがいち早く進んだことと，インナーシティに新規の移民など低所得層が流入し，治安の低下や生活環境の悪化が深刻になったことなどがその要因だったよね。当たり前だけど，この文は正文だ。

②　パリには歴史的建造物や町並みが多く残されているから，その**歴史的な景観を保存しながら再開発を行う**のはなかなか難しいよ。そこで一部のクリアランス型（たとえばスラムなどの不良住宅地区の古い建物を取り払い，跡地に高層ビルを建設する）を除き，**修復・保全型**（文化財はも

ちろんのこと，それ以外の古い建築物も可能な限り修理し，都市の歴史的形態を保存する）の再開発が主流になったんだ。

たとえばパリのマレ地区の話をしてみよう。マレ地区の再開発は，**修復・保全型の代表的な例**で，17～18世紀の歴史的な町並みが残っているこの地区の景観を保護しながら修復・保全をしていった結果，パリでも有数の**美観地区**となったんだ。努力のたまものだよね。ということは，「中・低層の古い建物が…高層化が進んでいる」という内容は誤っているね。

③　ヴァンクーヴァーは**カナダ南西部**のブリティッシュコロンビア州の中心地だよ。**太平洋岸**にあるからアジアからもちょっとだけ近くて，古くからアジア系移民が流入してきたんだね。特に1997年にホンコンがイギリスから中国に返還（へんかん）されたときには，ホンコンの富裕層（ふゆうそう）などがかなり多く移住したんだ。有名な話だよ！　現在は，カナダの多文化主義政策の影響もあって，**東南アジアや南アジアからの移住者も増加**しているんだね。この文も正文だ。

④　ロンドン近郊の港湾（こうわん）地区であるドックランズでは，**古くなった港湾施設が再開発**され，オフィスビルや商業施設が建設され活性化をはかる「ウォーターフロントの再開発」が実施されたことは聞いたことがあるんじゃないかな？　ドックランズを再開発のモデルとして先進国の大都市近郊の港湾地区では，次々と「ウォーターフロントの再開発」が行われ，日本でも横浜のみなとみらい21（MM21）などでは大規模な再開発が行われたよ。だから，この文も正しいね。

問題 **34-4**　スペインとドイツの人口上位都市と日系現地法人数

①　**②**　③　④

解説

スペインとドイツの国土を四分割し，それぞれの範囲に含まれる**人口上位20都市**について都市数を示し，さらに**上位5都市の日系現地法人数**を示した図表から，両国の判定をさせる問題だ。新しいタイプの出題形式で，複数の図表を関連させて考えさせるため，基本的な知識と地理的思考力や分析力が必要なので，解答には時間がかかるよ。国土四分割の都市数は，ハンブルク，ブレーメンなど**北海沿岸の大都市**とルール地方など**ライン川沿岸に人口上位都市が集まる**ことから（左上に11）アがドイツ，残るイがスペインだ。ライン川がどこを流れているかわからないと苦しいかも…。

やっぱり日ごろから，地図帳を使って勉強しなくちゃね。日系現地法人数（日本企業の進出数と考えていいよ）は，人口規模順位１位（首都マドリード），２位（バルセロナ）の都市に集中しているＡがスペインだね。特に人口規模順位２位のバルセロナは，日系現地法人数が最大で，自動車（日産など），化学（花王など），ICT関連（NTT，富士通，リコーなど）など多数の企業がヨーロッパの拠点の１つとして進出しているんだ。一方，ドイツは古くから小国分立が続き，**統一国家の成立が遅れた**よね。現在でも連邦制を採ってるし，**地方分権**が進んでいるから，全国的に機能が分散しているんだ。人口規模順位１位の首都ベルリンは**政治的機能には優れて**いるけど，北部のハンブルク（２位，**エルベ川のエスチュアリー**に立地），南部のミュンヘン（３位，**ドイツのシリコンヴァレー**），以下**ケルン**，**フランクフルト**などが経済の中心になっているよ。５位のフランクフルトは，金融業の中心で，**ヨーロッパ中央銀行（唯一ユーロを発行できる銀行だよ）**があるほか，日本を初め**世界中の金融機関が進出**しているんだ。君たちの中には，将来フランクフルトで勤務する人もいるかも。ちなみに，現在の首都ベルリンは，**冷戦時代には東西ドイツに分断**されていたから，**外国企業の進出はあまり進まなかった**んだ。

問題 **34-5**　パリとその周辺地域の景観

> ①　②　**❸**　④　⑤　⑥

解 説

　パリとその周辺地域の交通網の模式図における３地点の景観写真の判定だ。都心部の位置と，鉄道，高速道路などの交通網の整備状況，河川の位置などに注目して解答しよう。

　図のＡ地点は郊外に位置し鉄道が付近を通過しているけど，鉄道網の結節点にはなっていないし，高速道路も付近を通過していないから，**イ**の**第二次世界大戦後に開発・整備された**（やや古い）**住宅地区**だと判定しよう。

　Ｂ地点は**郊外に位置**しているけど，鉄道や高速道路の結節点となっていて，交通網が集積しているため，**ア**の**現代的なオフィスビルや商業施設が集**まる新都心地区（ラ・デファンス地区）だ。パリは副都心を持たない単核型の都市だったため，都市機能が都心に一極集中していたから，機能を分散するため郊外のラ・デファンスに新都心を建設したんだ。超近代的な市街地が広がっているよ。グランダルシュ（新凱旋門）って聞いたことない？

C地点は，同心円状の環状道路（高速道路）の内側にあって，都心の周辺に位置するから，ウの歴史的な街並みを残す旧市街地区だね。パリなどヨーロッパの旧市街地は，中世や近世以降の歴史的な街並みが保存されているところが多く見られるって黄色本でも教えたけどちゃんと覚えてくれてた？　「ラ・デファンスがパリ郊外にある」という知識だけで解こうとすると，誤答してしまう可能性があるので，模式図をよく見て解こうね。共通テストでは，意味なく図や統計資料を使うことはないので，必ず正答へ導くヒントが散りばめられてるから。

生活と文化

1
2
3
4
地形 5
6
7
8
地形図 9
10
11
12
気候 13
14
15
16
17
農業 18
19
20
水産業 21
林産資源 22
エネルギー資源 23
鉱産資源 24
25
工業 26
27
28
環境問題 29
30
村落 31
衣・食・住 32
33
都市 34
35
人口・ 36
食料問題 37
国家・人種 38
・民族 39
交通・情報通信 40
システムの発達 41
貿易で結び 42
つく世界 43

問題 34-6　仙台市，千葉市，浜松市における銀行本・支店数，第2次産業就業者の割合，昼夜間人口指数

❶　②　③　④　⑤　⑥

解説

　共通テスト頻出のデータの分析から都市機能を読み取り，都市名を判定させる問題だ。

　じゃあ，表を一緒に分析してみよう。まず，指標の確認だ。銀行本・支店数は，中心地（中心地機能に優れる）で企業が多く立地していれば，店数は多くなるはずだ。日本全体（市区別）では国家的中心都市の東京特別区，大阪市，名古屋市で多く，地方では札幌市（北海道の中心），仙台市（東北の中心），広島市（中四国の中心），福岡市（九州の中心）の広域中心都市で多くなることは，完璧であってほしいな。ここでは銀行の本・支店数が最も多いアを仙台市（宮城県）と判定しよう。イとウの判定は銀行本・支店数では判定が難しいから，次の指標である第2次産業就業者の割合を見たほうがいいよ。するとウが3都市中最も高いから，自動車，オートバイだけでなくハイテク産業も発達する浜松市（静岡市）と判定できるから。都道府県別の工業製品出荷額は，愛知県，神奈川県，大阪府，静岡県（浜松市を含む）の順であることも忘れないようにね！　残るイが千葉市になるけど，最後の指標である昼夜間人口指数〈昼夜間人口比率：昼間人口÷常住人口（夜間人口）×100〉が100を下回っていることから，付近に千葉市を上回る大都市・東京があるため昼間人口が流出していることが読み取れるね。この3都市はいずれも政令指定都市で，日本の中でも大都市であるため，普通は周辺の人々を惹きつける力があるから，昼夜間人口指数は100を上回るはずなんだけど，東京以外の首都圏の大都市はみんな100を下回るので要注意！！！

発展途上国の都市化と都市問題

知識・技能の整理

発展途上国の都市化
農村が農村人口を押し出す『Push型』の都市化要因

①**第二次世界大戦後**　農村では『人口爆発』と呼ばれる人口急増現象により，余剰人口が<u>都市へ押し出され，都市人口が増加</u>。

②**プライメートシティへの一極集中**　工業など産業の発達がともなわないまま都市へ農村人口が流入。資本投下が行われやすい首都などのプライメートシティ（首位都市）に人口が集中する。

発展途上国の都市問題
都市の急速な膨張による都市環境の悪化。インフラ（社会資本）や行政能力が不足。

①**失業問題**　流入人口が雇用機会を上回るため，**失業率が高い**。また，不安定で収入が低い路上の物売りなど**インフォーマルセクター（不正規職）** が多い。

②**住宅問題**　住宅の不足により**ホームレス**や**ストリートチルドレン**など路上生活者が増加。スラムの形成。

 a　**インナーシティスラム**➡都心周辺のインナーシティに形成。

 b　**郊外型スラム**　➡　都市郊外の山地斜面，河川の後背湿地などの未利用地を不法占拠し，テントやバラックで生活。

③**衛生問題**　上下水道の整備が追いつかず，安全な飲料水が不足。ゴミ収集や処理など公共サービスが不十分。

④**交通問題**　道路整備が行われないまま<u>自動車が増加</u>しているため慢性的な交通渋滞，大気汚染が深刻化。

都市問題の事例

①**メキシコシティ**　工場，自動車の排ガスが**盆地構造**により拡散せず大気汚染が深刻。

②**バンコク**　経済発展にともない急増した自動車に対して，道路が未整備なため交通渋滞，大気汚染が深刻。

③**リオデジャネイロ**　急斜面に廃材などを利用して建設された不法占

拠のスラムが拡大（**ファベーラ**と呼ばれる）。

④**ムンバイ**　海岸や河川沿いの低湿地，鉄道線路に沿った未利用地に不法占拠のスラムが形成され，ムンバイの人口の50％近くを占める。

⑤**マ ニ ラ**　かつては海岸沿いにスモーキーマウンテンと呼ばれる巨大なゴミ捨て場があり，周辺に廃品回収を生業とする人々のスラムが形成。近年は強制撤去されたが，新たな**スモーキーマウンテン**も発生。

重要用語を確認 ✓

▶**ス ラ ム**：低所得層が集住している不良住宅地区を指す。衛生状態や治安が悪く，劣悪な居住環境である場合が多い。先進国では都心周辺部のインナーシティにある老朽化した建物に，低所得者が流入して形成されるインナーシティスラムが多く見られるが，発展途上国では**インナーシティスラム**とともに郊外の急傾斜地や後背湿地など居住に適さない未利用地を**不法占拠**し，テントやバラックなど簡素な住居に農村から大量に流入してきた人々が居住する**郊外型のスラム**が膨張を続けている。

▶**プライメートシティ**：発展途上国では資本に乏しいため，少ない資本の投下が，首都など一部の都市に集中する傾向が強い。資本投下がなされた**特定の都市に行政機関だけでなく工業，商業，サービス業が集積**し人口も集中するようになる。このようにして形成され，**人口が他の都市に比べ突出して多くなった都市**のことをプライメートシティ（首位都市）と呼び，特に発展途上国で多く見られる。**メキシコシティ**（メキシコ），**ソウル**（韓国），**バンコク**（タイ），**リマ**（ペルー），**サンティアゴ**（チリ）などがその好例である。

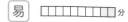

問題 35-1

発展途上国では，先進国とは違った都市化の特徴が見られる。それらの特徴について述べた文として最も適当なものを，次の①〜④のうちから一つ選べ。

① 農村から流出した人口は，近隣の中小都市に集中するため，大都市の人口の伸びは小さい。

② 大都市では住民の所得水準が低いため，高級住宅地は形成されない。

③ 大都市では人口増加に社会資本の整備が追いつかず，不法占拠した土地で劣悪な住宅に住む人も少なくない。

④ 自動車の普及率が低いため，大都市での交通渋滞は発生していない。

問題 35-2

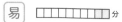

発展途上国の大都市で見られる問題について述べた文として**適当でないもの**を，次の①〜④のうちから一つ選べ。

① 急激な都市化に対応した道路や公共交通機関の整備が不十分で，交通渋滞や排気ガスによる大気汚染が発生している。

② 水道や電気がひかれていない土地に簡単な住宅を建てて不法占拠し，不衛生な環境の中で生活する人々が見られる。

③ 就業機会の少ない農村から流入した人々が，日雇い仕事や路上での物売りなど，不安定な仕事で生計を立てている。

④ 生活費や地価の高騰により，人口と事業所の多くが大都市から離れた地方都市に移動し，都心部が空洞化している。

問題 35-3

標準 □□□□□□□分

次の表は，人口100万人以上の都市数の推移を，地域別（アジア，アフリカ，アングロアメリカ，オセアニア，ヨーロッパ，ラテンアメリカ）に示したものである。アングロアメリカに該当するものを，表中の①～④のうちから一つ選べ。

	1960年	1980年	2000年	2015年
①	44	96	192	280
ラテンアメリカ	11	27	51	71
②	3	15	37	62
③	27	47	53	51
④	22	33	41	51
オセアニア	2	3	6	6

2015年は推計値。『*World Urbanization Prospects*』により作成。

表

世界の都市問題について述べた文として適当なものを，次の①〜⑤
のうちから二つ選べ。

① 発展途上国の急成長する大都市では，公共交通や道路の整備が遅
れていることもあり，交通渋滞や排気ガスによる大気汚染が深刻で
ある。

② 先進国では市場経済を原則としているので，大都市郊外のスプ
ロール化を防ぐための土地利用規制は行われない。

③ 発展途上国の首位都市の多くでは，過密問題が深刻になったた
め，人口が減少しはじめている。

④ 先進国でも発展途上国でも，不良住宅地区の再開発後の家賃上昇
により，再開発前の住民が住めなくなる場合がある。

⑤ 先進国でも発展途上国でも，不良住宅地区が形成されているの
は，おもにインナーシティである。

問題 35-5

標準 □□□□□□□□分

　メキシコシティには農村から大量の人口が流入し，不良住宅地（スラム）が形成されている。次の図中の①〜④は，メキシコシティにおける高級住宅地，中級住宅地，低級住宅地，不良住宅地のいずれかの分布を示したものである。不良住宅地に該当するものを，図中の①〜④のうちから一つ選べ。

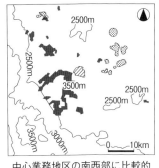

中心業務地区の南西部に比較的
まとまって分布している。
①

中心業務地区を囲むように，平
坦地に広く分布している。
②

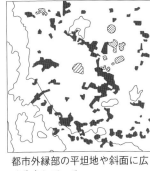

都市外縁部の平坦地や斜面に広
く分布している。
③

都市最縁辺部の低湿地周辺や斜
面に多く分布している。
④

■ 住宅地　▦ 湿地・水辺　▧ 中心業務地区

Diercke Weltatlas, 2002 により作成。

図

解答・解説

問題 35-1　発展途上国の都市化

① 　② 　**❸** 　④

解説

①　貧困に耐えかねて農村から流出した人々は，雇用機会の多いプライメートシティ（人口が他の都市より突出して多い都市）などに集中するから，大都市はますます巨大化するよ。**発展途上国では農村近隣の中小都市自体があんまり発達していない**もんね。したがって，誤った文だ。

②　発展途上国でも，一部の高所得層はいるから（発展途上国でもすごい大金持ちはいる。ちなみに年収1億円以上の人口は中国が最大らしい），数は少なくても**高級住宅地は形成**されるよ。これも誤った文だね。

③　全国各地の農村から多くの人々が大都市に流入するから，**道路，住宅，上下水道など社会資本の整備が追いついていない**のが現状だよ。だから郊外などの未利用地を不法占拠した**スラムが拡大**しているんだね。これが，正しい文だね。

④　発展途上国では，先進国に比べると**自動車の普及率は低い**けど，道路の整備が遅れているのに，自動車（特に商用車）だけは増加してるから，**大渋滞**するよね。**大渋滞は大気汚染や騒音などの都市問題を引き起こして**るんだ。バンコクやメキシコシティなど首都では深刻な問題だね。もちろん，この文は誤ってるよ。

問題 35-2　発展途上国の大都市で見られる問題

① 　② 　③ 　**❹**

解説

発展途上国の「Push型」都市化要因と先進国の「Pull型」都市化要因については，知識・技能の整理と『大学入学共通テスト　地理Bの点数が面白いほどとれる本』でしっかりと確認をしておこう！

①　道路の建設や拡幅など都市のインフラが整備されないまま，都市への人口流入や自動車の普及が進んだから，特に首都などの大都市では交通渋滞やそれにともなう大気汚染が深刻だという話はしたよね。**公共交通機**

関や道路の整備には多額の資金が必要だからなかなか進まないよ。ところが商用車や乗用車の普及は比較的早く進むので，東南アジアをはじめ発展途上国の大都市では信じられないような大渋滞に苦しんでいるところもあるよ。それから一つみんなにアドバイス！　自動車の普及っていうと，「新車がバンバン売れて，高級車が街を走りまくってる！」と思う人が多いけど，発展途上国の自動車の大半は中古で，しかも日本じゃ走っちゃいけない整備不良の自動車でも普通に走ってるから注意してね！　ということで，この文は正しいよ。

　②　道路整備と同様に，都市への人口流入のスピードに**住宅の整備が追いついていない**から，**未利用地を不法占拠**して，テントやバラックで生活している人々が多数いるんだ。上下水道も未整備でゴミ処理も行われないような所も多いから，かなり不衛生な環境の中で生活しているんだね。だから，この文は正しいよ。

　③　農村で仕事が得られない人々は，とにかく**仕事を求めて都市に向か**うんだけど，先進国の都市とは違って，農村の余剰労働力を吸収できるほどの力がないから，なかなか正規の雇用に就けない人が多いんだ。しかたなく，かれらは日雇い仕事や路上での物売りなどのインフォーマルセクター（不正規職）で生計を立てているんだね。この文も正しいよ。

　④　農村部より大都市のほうが生活費や物価は高いだろうね。でもそれ以上に雇用機会が農村部や地方都市より多いから，発展途上国ではまだ**都心部が空洞化する現象は見られない**よなぁ。したがって，この文が誤りだ。

問題 35-3　大都市数の推移

①　②　③　**④**

　まず2015年をほぼ現在だと考えると，圧倒的に大都市（ここでは100万人以上）が多い①がアジアだね。アジアの総人口が約46億人ということを思い出せば簡単に判定できるよね。

　次に②が1960年からの増加率が高く，2015年には2000年の２倍近く大都市数が増加すると推計されていることを考えて，最も経済発展が遅れていて**人口増加率が高い**アフリカだと判定しよう。

　残る③と④がアングロアメリカかヨーロッパになるね。すると先進国でも移民の受け入れ地域であるアングロアメリカ（カナダとアメリカ合衆

国）のほうがヨーロッパより人口増加率が高く，大都市の増加数が多いは
ずだから④だと判定できるよ。残る③がヨーロッパだ。

問題 35-4　世界の都市問題

❶　②　③　❹　⑤

解説

　①　もちろん正しいよ。この設問文の内容については，いいかげんに聞
き飽きただろう？（＾o＾）　かなりくどく君たちにはこの説明をしてきたも
んね。じゃあ，ここで一つ新しい話題を（＾o＾）。メキシコの首都メキシ
コシティの話だ。メキシコシティは高原上の大都市で，なんとメキシコが
保有している自動車の約30％が走ってるんだ。これだけでもすごい排ガス
なのに，日本のような車検制度もなく，走っている自動車の大半が日本で
いえば整備不良の中古車なんだよ。恐ろしく多くの**大気汚染物質を排出し
ている**んだ。しかも**海抜高度が2,000m以上**と高いため，**空気が薄く不完
全燃焼を起こしやすい**から汚染物質を排出しやすいんだよ。これらに加え
てメキシコシティは，高原上の盆地（周囲よりちょっとへこんだところ）
に位置しているから**汚染物質が滞溜**してしまうことも大気汚染が深刻な要
因だね。かなりやばい状況だ。
　②　スプロール現象を防ぐため，イギリスではグリーンベルト（緑地
帯），日本では市街化調整区域という開発規制地域を設定して，**無計画な
郊外の都市化を防止**しているよ。「土地利用規制は行われない」というの
は誤り。
　③　発展途上国では，首位都市（プライメートシティ）の過密化は進ん
でいるから，前半部分は正しいね。でも「人口が減少」してないな。就業
機会を求めて農村からどんどん人口が流入してるもんね。
　④　一般に不良住宅地区（スラム）の再開発では，地域の活性化を図る
ため故意に高級化（**ジェントリフィケーション**）をする場合が多いよ。こ
の文は正しいね。
　⑤　先進国では，交通の便がいい割には家賃が安いインナーシティスラ
ムが多いんだったね。発展途上国でもインナーシティスラムがないわけで
ないけど，スラム人口の大部分が**都市郊外を不法占拠**していることが多い
よ。

問題 **35-5** メキシコシティにおける不良住宅地（スラム）の形成

① ② ③ **❹**

解説

　図だけ見ると難しく感じるけど，図の下の文章をしっかり読めば，かなり簡単になるので大丈夫だよ！　ちょっとだけスラムについて復習しておこう。スラムとは**低所得層が集住する不良住宅地区**で，治安や居住環境が劣悪な地域だ。アメリカ合衆国やヨーロッパなど欧米先進国では，**都心周辺部のインナーシティにスラムが形成**されることが多かったよね。でも，メキシコ，ブラジル，東南アジア諸国のような発展途上国では，インナーシティスラムも形成されることはされるけど，都市郊外の**居住に適さない山麓，斜面，後背湿地**などを不法占拠する郊外型スラムが広範囲に広がっていることに注意したいな。

　では，図のメキシコシティを見てみよう。①は，中心業務地区（CBD）に近い（つまりオフィスとかがたくさんあって，通勤や交通の便がよいところ），2500m前後の**居住環境に優れる平坦地**に「比較的まとまって」分布しているところから，高級住宅地と判定しよう。どこの国に行っても，高級住宅地が広く分布することは考えにくいよ。どこにでもあるんだったら，高級住宅地とは言わないよね〜。②は，「平坦地に広く分布」していることから，一般的な住宅地である中級住宅地と考えるといいね。③と④が，低級住宅地か不良住宅地（スラム）のどちらかになるけど，④には，「**都市最縁辺部**」（最も利便性が悪い），「**低湿地周辺や斜面に多く分布**」って書いてあるから，最も居住環境に恵まれない不良住宅地（スラム）と判定し，残る③が低級住宅地になるよ。けっこう簡単だっただろ？（笑）

世界の人口

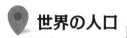
知識・技能の整理

📍 世界の人口

世界の総人口は約77億人（2019年）だが，<u>人口分布は自然環境，生産力などにより地域的に不均衡</u>。

① **世界の人口大国** （1億人以上）

中国	14.3億人	バングラデシュ	1.6
インド	13.7	ロシア	1.4
アメリカ合衆国	3.3	メキシコ	1.3
インドネシア	2.7	日本	1.3
パキスタン	2.2	エチオピア	1.1
ブラジル	2.1	フィリピン	1.1
ナイジェリア	2.0	エジプト	1.0

統計年次は2019年。

② **地域別人口** アジアが世界総人口の約60%を占めることに注意！

地　　域	人　口（億人）		人口密度（人／km²）
アジア	46.0	59.7%	148.3
アフリカ	13.1	17.0	44.1
ヨーロッパ	7.5	9.7	33.8
北アメリカ*	5.9	7.6	27.5
南アメリカ	4.3	5.5	24.5
オセアニア	0.4	0.5	5.0
世界計	77.1	100.0	59.3

統計年次は2019年。*カリブ海諸国，中央アメリカを含む。

③ **人口密度** 食料生産力が高く人間の居住に適した<u>温暖湿潤地域</u>では，人口密度が高いが，<u>寒冷・乾燥地域</u>では人口密度が低い。

a 人口稠密地域 ➡ モンスーンアジア，西ヨーロッパ，アメリカ合衆国大西洋岸は人口支持力が高い。

b 人口疎住地域 ➡ 熱帯の密林地域，乾燥地域，寒冷地域，高山地域など厳しい自然環境のもとでは人口支持力が低い。

c 人口支持力 ➡ 地域の人口を養うための生産力。

📍 人口の推移

世界の総人口の80%以上を発展途上国が占め，発展途上国の自然増加率が高いため，世界の総人口は年率約12‰増加。20世紀末から世界の人口増加率は鈍化傾向。

①**出生率**　総人口に対する出生数の割合。‰（千分率）で表すことが多い。発展途上国では出生率が高い。

②**死亡率**　総人口に対する死亡数の割合。発展途上国では乳児死亡率が，先進国では高齢者死亡率が高い。

③**自然増加率**　出生率から死亡率を差し引いたもの。発展途上国ほど高い。

④**社会増加率**　移入率から移出率を差し引いたもの。雇用能力が大きい地域や国で高い。

⑤**地域別の人口増加率**　人口増加率は経済発展の遅れたアフリカが最も高く，ヨーロッパが最も低い。

地　　域	出生率（‰）	死亡率（‰）	自然増加率（‰）
アフリカ	35.9	9.3	26.5
ラテンアメリカ	17.7	6.0	11.7
アジア	17.6	6.9	10.7
オセアニア	17.4	6.9	10.6
アングロアメリカ	12.4	8.1	4.3
ヨーロッパ	10.9	10.9	−0.1
世　　界	19.5	7.7	11.8

統計年次は2010〜2015年。年平均値。

📍 人口転換

経済発展とともに，人口増減の型が，**多産多死型 ➡ 多産少死型 ➡ 少産少死型**へと変化。

①**多産多死型**　近代以前のほとんどの国。出生率が高く，死亡率も高いため人口は漸増。

②**多産少死型**　発展途上国。出生率は高いまま，医療の進歩，保健衛生の改善，食生活の向上により乳児死亡率が低下。「人口爆発」。

③**少産少死型**　先進国。少ない家族で高い生活水準を求める社会的傾向，高学歴化による親の負担増，女性の社会進出による晩婚化などにより出生率が低下。

④**人口減少型**　ドイツ，日本，イタリア，ギリシャ，ポルトガルなど一部の先進国，ウクライナ，ベラルーシ，バルト三国など旧ソ連諸国，ルーマニア，ブルガリアなど東欧諸国。「少子化」が進み，出

生率が死亡率を下回る。

 ## 年齢別・性別人口構成

①**年齢別人口** 年少人口（0〜14歳），生産年齢人口（15〜64歳），老
年人口（65歳〜）。

②**人口ピラミッド** 縦軸に年齢，横軸に総人口に占める年齢階層別割
合（相対ピラミッド）を示し，左に男性，右に女性を表す。国や地
域の人口動向がわかるだけでなく，将来の労働力問題，高齢化対策
などの重要な資料となる。

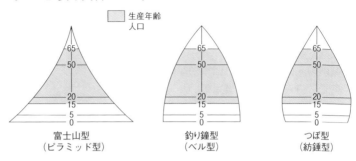

人口ピラミッド

Humangeography (1986) ほかにより作成。

a　富士山型（ピラミッド型）➡低年齢層ほど人口割合が高くなる。
多産多死〜多産少死型の社会で，発展途上国は大部分がこのタイ
プ。

b　釣り鐘型（ベル型）➡ 各年齢層の割合があまり変わらない少
産少死型の社会で，先進国に多いタイプ。

c　つぼ型（紡錘型）➡ 出生率がさらに低下した人口減少型の社
会。少子・高齢化が進むドイツや日本など先進国の一部。

d　ひょうたん型➡ 生産年齢人口が地域外に流出したもので，農
村地域に多いタイプ。特に老年人口の割合が高い。

e　星　　型➡ ひょうたん型とは逆に生産年齢人口が地域内に流
入したもので，社会増加が著しい都市部に多いタイプ。

産業別人口構成

産業構造の高度化にともない，第1次
産業➡第2次産業➡第3次産業へと労
働力が移動。

①第1次産業人口　農業，林業，水産業など。発展途上国では第1次

産業の割合が高い。

②**第2次産業人口**　鉱工業，建設業など。経済発展による工業化とともにいったんは増加するが，合理化，脱工業化によって<u>第3次産業に移行</u>。ドイツ，イタリアや東欧のチェコ，ポーランドは高め。

③**第3次産業人口**　商業，サービス業，金融業，運輸・通信業など。アメリカ合衆国，イギリスなど，早くから工業化が進展し，脱工業化が進んでいる国で特に高い。

📍 **人口移動**　農村から都市部へ，発展途上国から先進国へ。雇用能力や所得水準が高い地域や国へ人口は移動。

①**移　　民**　<u>他国に移住する人々</u>で，古くはヨーロッパから<u>新大陸への移民</u>，中国から東南アジアなどへの移民（華僑），近年はメキシコなどから<u>アメリカ合衆国への移民</u>など。

②**外国人労働者**　短期の出稼ぎから長期的な移住も含む。EU諸国，西アジア産油国，アメリカ合衆国，日本などに流入。

重要用語を確認 ✓

▶ **大航海時代**：**15世紀末以降**，スペイン，ポルトガルなどのヨーロッパ諸国が新大陸やアフリカ，アジアなど世界各地に乗り出し，交易，植民活動などを開始した時代のこと。**1492年**の**コロンブスによるアメリカ大陸到達**などによって始まった。16世紀末からは，イギリス，オランダ，フランスが海外進出の中心となった。

▶ **日系移民**：明治時代より**ハワイ移民**が開始され，明治後半は**アメリカ合衆国**への移民が中心になった。海外への移民は，日本の貧しい農村地域における余剰労働力の受け入れ先になったのだが，20世紀に入るとアメリカ合衆国で排日移民法等が施行され，徐々にブラジル，ペルーなど南アメリカへの移民に転換された。第二次世界大戦後は，再び南アメリカへの移民が再開されたが，**1990年代**以降，法改正により日系ブラジル人など移民の子孫や家族が，容易に在留資格（**定住**）を取得することができるようになったため，多くの日系移民が日本に出稼ぎに来る現象が見られ，自動車関連産業などの工場が多く立地する**愛知県**や**静岡県**などを中心に日系ブラジル人のコミュニティも形成されている。

次の表は，地域別人口推移を，アジア，アフリカ，オセアニア，北・中央アメリカ，南アメリカ，ヨーロッパに分けて示したものである。南アメリカに該当するものを，表中の①～⑤のうちから一つ選べ。

（百万人）

	1950年	1975年	2015年
①	1,396	2,395	4,420
②	547	675	741
③	224	415	1,194
④	225	349	572
⑤	113	216	416
オセアニア	12	21	40

『世界人口年鑑』により作成。

表

問題 36-2

易 □□□□□□□□分

さまざまな国の人口動態をみると，その推移は，次の図のように，出生率と死亡率の組合せによって大まかにⅠ～Ⅳの4期に分けることができる。Ⅲ期の説明として最も適当なものを，下の文章①～④のうちから一つ選べ。

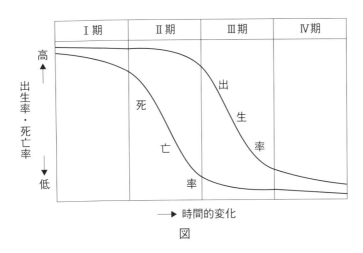

図

① 人口増加率は急速に低下していく。高年齢層の割合は徐々に増加する。

② 低年齢層の割合が相対的に高い。この時期に該当する国は，現在きわめて少数である。

③ 特に発展途上国における人口爆発の時期に当たる。食料不足や資源不足が生じやすい。

④ 人口は微増ないし停滞する。この時期に該当する国は，年々増えつつある。

問題 36-3

標準 ☐☐☐☐☐☐☐分

世界の人口と人口問題に関する次の問い（**問1～3**）に答えよ。

問1 次の図中のア～ウは，人口の年齢構成を模式的に示した人口ピラミッドである。図1に関連したことがらについて述べた文として最も適当なものを，下の①～④のうちから一つ選べ。

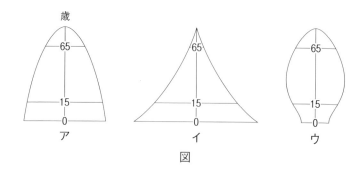

図

① アは，イに比べて，出生率が低い傾向にある。

② ウは，イに比べて，乳児死亡率が高い傾向にある。

③ アからイへの変化は，19世紀以降，世界の多くの国で見られてきた。

④ イからウへの変化は，近年，発展途上国で多く見られる。

問2 次ページの図中のエ～カは，栄養不足人口率，穀物自給率，人口増加率のいずれかの指標について，国・地域別にその高低を示したものである。指標名とエ～カとの正しい組合せを，次ページの①～⑥のうちから一つ選べ。

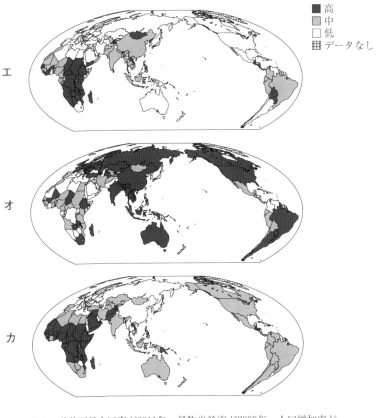

エ

オ

カ

■ 高
▨ 中
□ 低
⊞ データなし

統計年次は，栄養不足人口率が2011年，穀物自給率が2009年，人口増加率が
2005～2010年。
World Population Prospects などにより作成。

図

	①	②	③	④	⑤	⑥
栄養不足人口率	エ	エ	オ	オ	カ	カ
穀物自給率	オ	カ	エ	カ	エ	オ
人口増加率	カ	オ	カ	エ	オ	エ

生活と文化

1
2
3
4
地形 5
6
7
8
地形図 9
10
11
12
気候 13
14
15
16
17
農業 18
19
20
水産業 21
林産資源 22
エネルギー資源 23
鉱産資源 24
25
工業 26
27
28
環境問題 29
30
村落 31
衣・食・住 32
33
都市 34
35
人口・ 36
食料問題 37
国家・人種 38
・民族 39
交通・情報通信 40
システムの発達 41
貿易で結び 42
つく世界 43

問3　次の表は，いくつかの国における合計特殊出生率*，女性の労働力率**，女性国会議員の割合を示したものであり，①～④は，サウジアラビア，スウェーデン，日本，フィリピンのいずれかである。フィリピンに該当するものを，表中の①～④のうちから一つ選べ。

*女性1人が生涯に産む子どもの数に相当する。
**生産年齢人口に対する就業者と失業者の合計の割合。

	合計特殊出生率	女性の労働力率(%)	女性国会議員の割合(%)
①	2.89	52	22
②	2.49	21	0
③	1.85	77	45
④	1.43	63	11

統計年次は，合計特殊出生率が2017年，女性の労働力率と女性国会議員の割合が2011年。
*World Development Indicators*などにより作成。
表

問題 36-4　　易　　□□□□□□□分

次の図中のa～cは，16世紀以降の南北アメリカ大陸への国際的人口移動のいくつかを示している。下の文ア～ウは，a～cのいずれかの移動の特徴について説明したものである。それぞれの移動とその説明の組合せとして正しいものを，次ページの①～⑥のうちから一つ選べ。

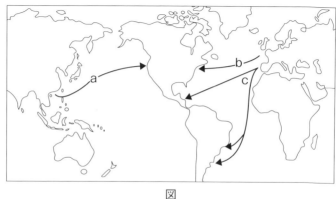

図

412

ア　初期の移動は，キリスト教の布教や貴金属を求めての移動であり，先住民との混血が進んだ。

イ　おもに鉱山・農園労働者としての移動であったが，現在では，彼らの子孫は商業・金融分野で活躍している。

ウ　おもに信教の自由を求めての移動であり，また農業開拓移民としての移動であったが，現在ではその移動数はわずかである。

	①	②	③	④	⑤	⑥
ア	a	a	b	b	c	c
イ	b	c	a	c	a	b
ウ	c	b	c	a	b	a

問題 36-5　易 ☐☐☐☐☐☐☐☐分

次の文章①〜④は，サウジアラビア，シンガポール，ドイツ，日本のいずれかの国における外国人労働者について述べたものである。サウジアラビアに該当するものを，次の①〜④のうちから一つ選べ。

①　1960年代以降の経済成長期に外国人労働者が増加した。しかし，その後の不況や失業率の上昇を背景に，排斥（はいせき）運動などが発生している。

②　1970年代の建設ブーム時に，多数の外国人労働者を受け入れた。現在では労働力の約半数が外国人によって占められている。

③　1970年代の中継貿易の発展と工業化を契機として，外国人労働者を受け入れた。ただし，その受け入れには政府による制約が設けられている。

④　1990年ごろから外国人労働者が急増した。この国からかつて送り出された移民の子孫が就労するケースもある。

問題 36-6

次の図は，いくつかの国における人口の偏在の度合い*と1人当たり総生産の国内地域間格差を示したものであり，①～④は，オーストラリア，オランダ，南アフリカ共和国，メキシコのいずれかである。オーストラリアに該当するものを，図中の①～④のうちから一つ選べ。

*総人口のうち，人口密度の高い上位10%の地域に住む人口の比率。

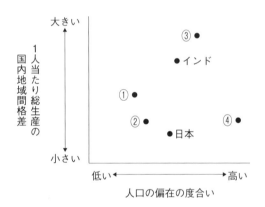

統計年次は，人口の偏在の度合いが2012年，1人当たりの総生産の国内地域間格差が2010年。
OECD, *Regions at a Glance* 2013により作成。

図

問題 36-7

標準 □□□□□□□分

地域間の人口移動には，地域間の結びつきやそれぞれの地域の社会経済的な状況などが大きく影響している。次の表は，日本のいくつかの都府県間における1年間の人口転出入数*を示したものであり，ア～エは，宮城県，秋田県，鳥取県，岡山県のいずれかである。鳥取県に該当するものを，下の①～④のうちから一つ選べ。

*同一の都府県内の移動を含まない。

（単位：人）

転出前の住所地	転入後の住所地					
	東京都	大阪府	ア	イ	ウ	エ
東京都	—	17,439	6,483	2,163	1,872	655
大阪府	25,390	—	1,073	3,158	140	1,038
ア	9,499	1,269	—	155	1,683	54
イ	3,453	3,611	204	—	36	873
ウ	3,035	190	2,482	32	—	13
エ	1,034	1,218	38	908	4	—

統計年次は2017年。総務省の資料により作成。

表

① ア　　② イ　　③ ウ　　④ エ

問題 36-1　世界の地域別人口推移

① 　 ② 　 ③ 　 ④ 　 **⑤**

解説

　共通テスト頻出の地域別人口に関する問題だよ。表中の①～⑤までぜんぶ答えられるようにがんばってね！　表中の**1950年は第二次世界大戦が終わった直後**（終戦は1945年）で，まだ**発展途上国の大部分が独立をしていない時期**だ。**1975年は先進国での高度経済成長期の終わりかけ**で，アフリカなどの発展途上国で人口爆発が顕著な時期だよ。**時代の背景を知ってるとデータを分析しやすいから**，これからも年代を意識しながらデータを見てね。

　まずは，2015年における世界の総人口約74億人（2019年では77.1億人）の半分以上を占めている①がアジアっていうのは簡単に判定できただろう？　これはできなくっちゃね！

　②は1950年の時点ではアジアに次ぐ人口だけど，2015年には③に大幅に抜かれているよ。②は，**人口増加率が最も低いから先進国が多いヨーロッパ**だ。そして最も人口増加率が高い③（だって2015年の人口は，1950年の4倍以上だよ！）が最も経済発展が遅れている**アフリカ**と判定しよう。

　残る④と⑤が北・中央アメリカ（カナダ，アメリカ合衆国，メキシコなど）か南アメリカだけど，北・中央アメリカのほうが人口が多いこと（アメリカ合衆国だけで人口3.3億人だよ），**発展途上国が多い南アメリカの方が人口増加率が高いことから**，④を北・中央アメリカ，⑤を南アメリカと判定しよう！

　こういうとき，**カナダ**（約3,700万人）と**アメリカ合衆国**（約3.3億人），**メキシコ**（約1.3億人）など主要国の人口を覚えておくと問題が解きやすくなるから， 知識・技能の整理 で確認しておいてね！

　それから，オーストラリアとニュージーランドを含む**オセアニアの人口が，他地域に比べて群を抜いて少ない**（唯一1億人未満）ことにも注意しよう。

問題 36-2　人口転換

❶　② 　③ 　④

解説

　図は，人口転換を模式的に示したものだね。人口転換とは，経済発展にともなって，人口増減のタイプが多産多死➡多産少死➡少産少死と変化していくことをいうよ。図中のⅠ期を多産多死型，Ⅱ期～Ⅲ期を多産少死型，Ⅳ期を少産少死型ととらえればいいね。

　①　「人口増加率は急速に低下」とあるから，出生率－死亡率（自然増加率）の値が急激に小さくなっているⅢ期に該当するよ。ちょうど多産少死型から少産少死型への移行を説明しているんだ。経済発展が進みつつあるNIEsなどの発展途上国に見られるタイプだね。

　②　出生率が高く，現在はほとんどこのようなタイプの国は見られないということだから，多産多死型のⅠ期に該当するよ。近代以前はこのようなタイプが一般的だったんだよ。死亡率がすごく高いのは，乳児死亡率が高いからだということに注意しよう。

　③　出生率が高いまま，死亡率が急速に低下すると，「人口爆発」が生じるんだ。ということは多産多死型から多産少死型へと移行するⅡ期が該当するよ。アフリカ諸国など後発の発展途上国はこのタイプとなるからね。どうして急速に死亡率が低下したと思う？　それは，医療技術の発達，薬品の普及，公衆衛生思想の普及，栄養状態の改善によって，乳児死亡率が急速に低下したからだよ。

　④　経済の発展とともに，子どもの養育費の増大，女性の社会進出やそれにともなう晩婚化，非婚化などで出生率が低下すると，少産少死型のⅣ期になるよ。先進国の大部分がこのタイプなんだけど，最近は死亡率が出生率を上回り，自然増加率がマイナスになっている国（ドイツ，イタリア，日本など）もあるんだ。

問題 36-3　世界の人口と人口問題

問 1

❶　②　③　④

解説　年齢別・性別人口構成

　人口ピラミッド（年齢別・性別人口構成）は，現在の年齢別人口構成を知るだけじゃなく，将来の都市計画や教育，福祉・医療面でも重要な指標になるんだよ。たとえば，将来の学校数や病院数，税収とかいろんな予測ができるから，めちゃめちゃ便利！　図1に示されているように，0〜14歳までを年少人口，15〜64歳までを生産年齢人口（ここが小さくなると経済的に苦しくなるなぁ），65歳以上を老年人口と呼んでいるよ。人口ピラミッドを見たとき「年少人口率が低ければ，出生率が低い」，「年少人口率が高ければ，出生率が高い」と考えていいから，**出生率はイ➡ア➡ウの順で低くなる**ね。人口ピラミッドのイのタイプを富士山（ピラミッド）型（**発展途上国の大半**），アのタイプを釣り鐘型（**先進国**），ウのタイプをつぼ型（**日本，ドイツなど人口減少型**）と呼ぶことは知ってるよね。『**大学入学共通テスト　地理Bの点数が面白いほどとれる本**』でもやったもんなぁ。人口ピラミッドの裾野が広がっていたら発展途上国，頂上付近が大きければ先進国と考えていいよ。

　①　もちろん，アのほうが出生率が低いから正しいよ。

　②　乳児死亡率は，年間1000人の出産数当たりの生後1年以内における死亡数だから，乳児死亡率が高ければ，0歳より1〜5歳の人口割合が低くなるはず。図1中ではイがいちばん乳児死亡率が高いので，この文は誤り！　**乳児死亡率は，経済発展が遅れているほど高くなる**ことに注意！

　③　19世紀以降っていうことは，産業革命以降ということだから，世界の国々（特に先進国）では経済発展とともにイ➡アに変化したので，明らかな誤り！

　④　発展途上国で多く見られるのはイのタイプで，一部の経済成長している国はアだね。ウ（つぼ型: 人口減少型）にはならないから，この文も明らかな誤り！

　絶対に失点してはいけないタイプの問題だよ。

問2

❶　②　③　④　⑤　⑥

解説 栄養不足人口率，穀物自給率，人口増加率の判定

　栄養不足人口率は，経済発展が遅れている途上国で高くなり，先進国で低くなるよ（つまり経済発展に反比例する）。だから，中南アフリカで高いレベルを示し，欧米先進国で低いレベルを示すエが栄養不足人口率だ。おもに主食になっている穀物の自給率＝穀物自給率（米，小麦，トウモロコシ，雑穀などを自国内で調達できるか否か）は，農業生産性が高い先進国（ヨーロッパ，アメリカ合衆国，カナダ，オーストラリアなど）やモンスーンによる降水や肥沃な土壌に恵まれるアジア諸国で高いレベルを示しているから，オが穀物自給率だね。アジアの中でも日本や韓国は，人口の割に農地に恵まれないから，穀物自給率が極めて低いことに注意！　人口増加率＝自然増加率（出生率－死亡率）＋社会増加率（移入率－移出率）だ。経済発展が遅れ，出生率が高いアフリカ諸国では自然増加率が高く，新大陸の南北アメリカ大陸やオセアニアでは，移民による社会増加率が高いが，若年層を中心とする移民が流入するため出生率も高めになることから自然増加率も高めになるよ。若い人の割合が高くなれば，その分結婚する人々も多くなるからだね。同じ先進国でも日本やヨーロッパ諸国より，社会増加率も自然増加率も高めのアメリカ合衆国やオーストラリアなど新大陸の移民受け入れ国は，高齢化が進みにくいんだ。ということで，カが人口増加率だ。地域別の人口増加率は，アフリカ諸国が最も高く，ヨーロッパが最も低くなることに注意してね！

問3

❶　②　③　④

解説 サウジアラビア，スウェーデン，日本，フィリピンにおける合計特殊出生率，女性の労働力率，女性国会議員の割合

　この問題のように，単年度のデータから国名等を判定させる問題は，正答率が低くなる傾向があるよ。君たちには他の受験生がボロボロになるタイプの問題でも勝利してほしいので，今のうちから，『大学入学共通テスト　地理Bの点数が面白いほどとれる本』や本書を使って，データ分析力を磨いておこうね。

　まずは，それぞれの指標を確認しておこう。合計特殊出生率は，**女性1**

人が生涯に産む子どもの平均値で，少子化を示す最もポピュラーな指標だ。合計特殊出生率が2.1以上だと人口再生産（人口置換水準）が可能になるけど（つまり人口が減らないってこと），2.1未満だと将来的に人口減少に突入することが予測されるよ。先進国では少子化が進んでいて，この合計特殊出生率が低くなるから③と④が日本かスウェーデンのどちらかだね。日本が少子高齢化による人口減少に苦しんでいるのに対し，スウェーデン，デンマークなど北欧諸国では早くから少子化・家族対策が講じられ，**女性に対する育児や就業の支援策**（最近はよく話題になるけど**男性に対しても実施されているよ**。育児休業制度，所得保証，保育サービスの充実が柱だね）が徹底しているから，近年は**出生率が回復傾向にあり1.8～2.0レベル**にまで合計特殊出生率が上昇してきたんだ。イギリスやフランスも同様だよ。したがって③がスウェーデン，④が日本だ。

　また，北欧諸国は女性の社会進出が進んでいるから，**女性労働力率や女性国会議員の割合も高い**よ。

　女性労働力率は，アフリカの後発途上国のような農村社会では**極めて高い**けど（育児・家事をしながら農業労働に従事），**都市化の進行によって職場と家庭の地理的距離が離れる**から，育児・家事と仕事を同時に行うことが難しくなり，**女性労働力率はいったん下がる**んだ。でも経済発展とともに，**女性の高学歴化が進行すると，再び高くなる**傾向にあるよ。欧米先進国でも，そんなに昔から女性労働力率が高かったわけではないんだ。**第二次世界大戦後から，急速に女性の社会進出が進んだ**んだね。女性労働力率の高低は，経済発展だけで決まるわけではなくて，国の制度や文化的な側面によっても左右されるよ。たとえば，さほど経済発展していなくても，社会主義国や旧社会主義国では男女の労働力を平等に扱おうとする傾向があったため，女性労働力率が高くなったりね。イスラム圏では，１人当たりのGNIが高い割には**女性の識字率や就業率が低かったり**とかもそうだな。

　①と②は，合計特殊出生率が高めなので，フィリピンかサウジアラビアのどちらかだ。①と②の判定はちょっと難しいな。フィリピンは途上国だけど，近年はASEAN（アセアン）の一員として経済発展し，**マレーシアやタイに次いで工業化も進んでいる**よ。サウジアラビアは，OPEC（オペック）加盟の産油国で，莫大な石油収入（オイルマネー）をもとに**工業化を進め，商業，サービス業にも力を入れている**んだ。①と②について，合計特殊出生率だけでは，判定が難しいので，**女性の労働力率と女性国会議員の割合で判定をしたら**いいよ。サウジアラビアは，国民の大半が**イスラム教を信仰するイスラム国家**だよね。**イスラム社会では，相対的に女性の社会的地位が低く**，教育

機会やレベルにおいても男女差が大きいから，両方の指標で値が小さい②がサウジアラビア，残る①がフィリピンと判定しよう。

　参考までに，**先進国である日本の女性国会議員の割合が，途上国のフィリピンより低いこと**に「えっ？　どうして？」と疑問を覚えた受験生も多いんじゃないかな。日本の政治の世界は男性社会だという批判がニュースなどを通じて聞こえてくるしね。確かに世界的にも女性国会議員の割合は低くて，世界197か国のうち150位くらい！　なかにはアフリカ諸国でも日本より高い国があるんだけど，これは**教育レベルや男女平等意識の問題だけじゃなく，法制度の問題**なども背景にあるんだ。途上国の中で女性国会議員の割合が高い国は，**「クオータ制」**と呼ばれる，**候補者や議席の一定割合を女性に割り当てる制度**を導入している国が多いからだよ（法律で割合を定めている場合と，政党が自ら割合を定めている場合があるんだけどね）。

問題 36-4　人口の国際移動

①　②　③　④　**❺**　⑥

解説

　図中の a は，**中国からアメリカ合衆国への移住**を示しているよ。中国系の海外移住者である華僑（華人）のことだね。説明文はイに該当するけど，「鉱山・農園労働者」というところで迷った人もいるんじゃないかなぁ？

　当初は低賃金の肉体労働者として出稼ぎに出た中国系の人々は，のちに蓄えた資力をいかし**商業に進出**したんだ。かれらは，華南の出身者が多く（平野が狭く，農村で多量の余剰労働力が出たため），生まれ故郷に近く，しかも気候的に似ている東南アジア（華南は亜熱帯性の Cw，東南アジアは Aw〜Af）を中心に移住したんだけど，図のようにアメリカ合衆国にも多くの人々が移住しているよ。

　図中の b は，**イギリス**（当時はアイルランドもイギリス領）**から北アメリカへの移民**だね。イギリスでは，プロテスタントのイギリス国教会を支持する人が多かったけど，**清教徒（ピューリタン）**などイギリス国教会以外のキリスト教徒のなかには，**信教の自由を求めてアメリカ大陸に移住を**する者もいたんだよ。また，農地を失った貧しい農民も新天地を求めて移住を続けたからウの説明文に該当するね。

　図中の c は，**スペイン，ポルトガルなどのラテン系ヨーロッパ人が中南**

アメリカへ移動した（だからラテンアメリカって呼ばれるんだよ）ことを示しているよ。15世紀末以降の大航海時代，スペインは積極的にラテンアメリカに進出し，先住民（インディオ）を労働力として酷使し（後には労働力として多くのアフリカ系黒人を導入），銀を大量に持ち出すなど莫大な利益を得たんだ。またスペインやポルトガルはカトリックの布教活動に熱心だったから，現在でもラテンアメリカではカトリック教徒が多いことに注意してね！　それから，ラテン系ヨーロッパ人の中南アメリカへの移住は，熱帯地域での過酷な労働をともなったから，男性の単身移民が多かったんだ。だから現地で家族を作り，先住民との混血が進んだんだよ。もちろんcの説明文はアだ。

問題 36-5　外国人労働者

① ❷ ③ ④

解説

　サウジアラビア，シンガポール，ドイツ，日本の外国人労働者に関する設問だ。近年は日本もかなりの数の外国人労働者が流入し，その必要性や問題点が論議されているし，共通テストでも出題される可能性大なのでしっかり学習しよう！　まず，外国人労働者は高所得が得られ，就業機会が多い先進国や好景気の国々へ移動するということが重要な判定ポイントになるよ。

　①　ドイツについての説明だよ。1960年代の高度成長期には安価な労働力が不足してしまったから，トルコ政府と労働協定を結びトルコ人を大量に受け入れたんだね。石油危機以降は，新規の受け入れ停止と帰国奨励策をとっているけど，現実的にはなかなか難しいよ。トルコに戻っても，ドイツのような高所得は得られないし，子どもはドイツの生活習慣に慣れてしまっているしねえ。また，キリスト教文化圏のドイツ人とイスラム文化圏のトルコ人との文化的軋轢も生じていて，社会問題になっているんだ。

　②　世界最大の石油輸出国であるサウジアラビアは，1970年代の石油危機によって，原油価格が高騰したから大量のオイルマネー（石油収入）が流入して，好景気に沸いたんだ。そのオイルマネーを使って，インフラストラクチャー（産業基盤である道路，港湾，空港，橋，上下水道など）の整備に取り組んだんだよ。インフラの整備には多くの労働者を必要としたんだけど，国土の大部分がBWのサウジアラビアは人口が少ない（約3,400

万人）から，周辺地域よりど～っと外国人労働者が流入し，労働力の半分以上を外国人労働者が占めているんだよ。外国人労働者依存からの脱却が課題だ。

③　マラッカ海峡（かいきょう）に面する**島国のシンガポール**は，古くから**中継貿易港**（ちゅうけい）として発達し，1980年代からは急速に工業化を遂げアジア NIEs（ニーズ）と呼ばれるようになったよ。「**政府による制約**」があるのは当たり前だね。シンガポールは**人口が約580万人**しかいないから，規制を加えないとあっという間に，外国人労働者が人口を上回ってしまうもん。

④　**1980年代後半**（バブル景気）から，外国人労働者が急増したのは日本だよ。高所得を求めて**中国，フィリピンなどアジア諸国**を中心に流入してくるんだけど，注意しなければいけないのはブラジルとペルーからの労働者だ。特に**1990年代**には出入国管理法の改正が行われ，日系移民の子孫に対しては，**就労制限が撤廃された**（どんな職種に就くことも可能になったということ）ため，ブラジルやペルーからの外国人労働者が急増したんだよ。日本では外国人労働者に対して，いろんな規制があって，工場労働などの**単純労働は認められていない**んだけど，日系のブラジル人は日本人と同様に就労の自由が認められているから，愛知県，静岡県などの**自動車工場**は大人気で，ブラジル人が多数を占めている住宅団地もあるほどなんだ。在日外国人の国籍別人口は，中国，韓国・朝鮮，フィリピン，ベトナム，ブラジルの順だよ。世界同時不況以降は，日本の自動車メーカーが国内工場を縮小したこともあって，ブラジル人は停滞傾向だね。

問題 36-6　オーストラリア，オランダ，南アフリカ共和国，メキシコにおける人口偏在の度合いと1人当たり総生産の国内地域間格差

①　　②　　③　　**④**

解説

オーストラリア，オランダ，南アフリカ共和国，メキシコにおける**人口の偏在の度合い**（総人口のうち，人口密度の高い上位10% の地域に住む人口の比率）と**1人当たり総生産の国内地域間格差**を判定する問題だ。1人当たり総生産（1人当たり GNI と同じように考えていいよ）の国内地域間格差は，地域ごとの国民の収入の格差を示す指標なので，**先進国では地域による経済格差が小さく，途上国で大きい**と考えよう。先進国では，多少の差はあったとしても，国民全体が豊かになっているということと，格差是正のための努力が行われているんだ。ところが，発展途上国では一

部の大金持ちと多数の貧困層の存在は，途上国の経済発展や民主化の大きな障害になっているだよ。

　図を見てごらん。図中の日本，②，④が先進国で，②と④はオランダとオーストラリアのどちらかだよね。日本より人口の偏在の度合いが低い②がオランダだ。オランダは，国土の大半が**ライン川の低地**であり，**地形的な障害がほとんどないから**（ぜんぶ平野だということ！），均等に人口が分布しているよ。これに対し，**国土の50% 以上が砂漠などの乾燥地域**が占める**オーストラリア**は，温暖湿潤な南東部（人口最大都市のシドニー，第２の都市メルボルン）や南西部（パース）の都市に人口が集中しているため，人口の偏在の度合いが大きい**④**がオーストラリアになるよ。ここまでは，みんな判定できたんじゃないかな。①と③の判定はちょっとだけ難しくなかった？　長期間にわたるアパルトヘイト（人種隔離政策，1991年にアパルトヘイト法は撤廃）によって，**白人と黒人の所得格差が極めて大きく，人種による住み分けが行われている**南アフリカ共和国も地域間格差は大きいけど，それ以上にメキシコは格差が大きいよ。アメリカ合衆国企業などが多数進出している北部地域と首都のメキシコシティは経済発展が著しいんだけど，南部は発展が遅れているんだ。だから①が南アフリカ共和国，③がメキシコだよ。

問題 36-7　地域間の人口移動

① 　②　③　**❹**

解説

　東京都，大阪府，宮城県，秋田県，鳥取県，岡山県における１年間の人口転出入数の統計資料から，**鳥取県**を判定させる問題だよ。東京，大阪，名古屋を中心とする三大都市圏は雇用力がめちゃめちゃ大きいので，地方からの三大都市圏，特に**東京への人口移動が活発化**しているんだ。本問では，各都道府県の位置関係を把握していないと問題が解きづらいので，日頃から世界地図だけでなく，日本地図も見るようにしなくちゃね。「小学校の時は得意だったー」ではもったいなさすぎる。

　まずは，表中の都府県における**人口規模**を考えてみよう。東京都（1,392万人）と大阪府（881万人）は雇用機会に恵まれることもあって，群を抜いて人口が多いよね。東京や大阪から転出する場合には，**全国規模の企業の支社や支店が位置する県に移動する**（俗に言う転勤）傾向がある

ことは知っていていいかな。東京都からの転出先は大阪府とアが多いことから，アは東北地方の中心で広域中心都市の仙台が位置する**宮城県**だ。大阪府からの転出先は，東京都とイが多いことから，距離的に近い中国地方の広島市に次ぐ人口規模の**岡山市**が位置する**岡山県（189万人）**ということになるね。特に宮城県は他の3県と比較して人口が多いため（**231万人**），東京都への転出数が多いことも読み取れるしね。残るウとエが東北地方の秋田県と中国地方の鳥取県だけど，**鳥取県は人口規模が小さい（56万人）**ことから，表中の移動人口が少ないエを鳥取県と判定しよう。ウの秋田県（**96万人**）は，距離的に近い東京都や同じ東北地方のア（宮城県）に移動する人が多いことからも判定できるよね。

人口は，就労機会が少ない国・地域から多い国・地域に移動するのが原則。日本は1980年代後半から，たくさんの労働者を受け入れてきた。この点も，頻出ポイントだよ！

世界の人口問題・食料問題

知識・技能の整理

📍 先進国の人口問題

出生率の低下により人口増加は停滞し、少子化・高齢化問題が発生。

①**少子化** 晩婚化、非婚化、家族計画の普及、離婚率上昇、女性の高学歴化と社会進出などを背景として、先進国の大部分で少子化が進行。

a **合計特殊出生率**➡1人の女性が一生のうちに産む子どもの平均数。2.1以上なら人口再生産が可能だが、大部分の先進国では、2を下回る。日本は1.36で世界最低レベル（2019年）。

国　　名	合計特殊出生率
韓　　国	1.05
日　　本*	1.36
中　　国	1.63
アメリカ合衆国	1.77
スウェーデン	1.85
フランス	1.92
インド	2.30
エチオピア	4.08

統計年次は2017年。*2019年『データブック　オブ・ザ・ワールド』により作成。

b **少子化対策**➡女性の社会参加に対する理解・配慮（保育施設や育児休業制度の充実、出産後の復職保障など）、出産奨励金、児童手当など経済的なバックアップ。日本でも少子化社会対策基本法により仕事・家庭の両立を支援。

②**高齢化** 出生率の低下による少子化に加え、平均寿命の伸びによる高齢化が進行。

a **老年人口率**➡総人口に占める65歳以上人口の割合（高齢化率）。

年齢区分別人口割合

b　高齢化の速度➡ スウェーデンなど西ヨーロッパ諸国は高齢化の進行が比較的緩やかだが，日本や韓国では急速に高齢化。スウェーデンは老年人口率7.0%➡14%になるまで85年間かかったが，日本では7.0%➡14%までわずか24年で到達。

c　高齢化対策➡老人医療，年金制度，介護施設や介護者育成，老人ホームの充実，財源確保。高齢化が早く進展したスウェーデンなど北欧諸国は福祉国家を実現。

発展途上国の人口問題
人口急増にともなう失業・貧困問題。

①農 村 部　出生率が高く，人口急増によって余剰人口が都市へ流出。

②都 市 部　農村の余剰人口が大都市へ流入。十分な雇用がないため失業率が高くスラムを形成。生活環境が悪化し，子どもも教育を十分に受けられず貧困の悪循環。

③人口問題への対策

a　国家による人口抑制策➡ 晩婚化や家族計画の普及による人口抑制策。中国では「一人っ子政策」を実施（1979〜2015年）。

b　女性の地位向上➡女性の就学率や識字率を高め，社会進出を促すなど女性の地位を向上させることは人口抑制に効果的。

食料問題
先進国では飽食，発展途上国では飢餓が発生。食料需給の地域的偏りが問題。

①発展途上国　第二次世界大戦後の「人口爆発」にともなって食料不足・飢餓が発生。

a　アジア➡ 「緑の革命」の普及，中国の生産責任制導入などにより食料増産に成功，食料事情が改善。アジアNIEs，ASEANは順調な経済発展，西アジア産油国は石油収入により輸入食料の確保が可能。

b　アフリカ➡ 人口増加が食料生産を上回っているため，1人当たり食料生産は停滞。特に，中南アフリカは農業主体だが，モノカルチャー経済による商品作物栽培が中心で，穀類など主食の確保が困難。食料を輸入するには所得が低く，国民は購買力不足。

②先 進 国　余剰農産物問題。

a　アメリカ合衆国➡アジアの食料増産やEUの共通農業政策による輸出の減少で，余剰農産物が発生。減反など生産調整の実施。

b　E　U➡共通農業政策の実施で自給率が高まるが，保護貿易的政策を批判されたため，近年は輸入課徴金の廃止や農産物統一

価格の引き下げなどを実施。

c　日　　本➡先進国では最も食料自給率が低い。農産物の輸入自由化により安価な輸入農産物が大量に流入。農家は生産性や農産物の質的向上により輸入農産物に対抗。

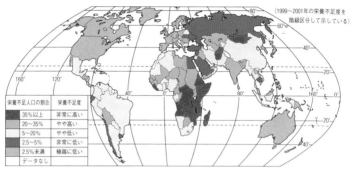

(1999〜2001年の栄養不足度を階級区分して示している)

栄養不足人口の割合	栄養不足度
35%以上	非常に高い
20〜35%	やや高い
5〜20%	やや低い
2.5〜5%	非常に低い
2.5%未満	極端に低い
データなし	

WFPの資料により作成。

世界の飢餓状況を示すハンガーマップ

重要用語を確認 ✔

▶合計特殊出生率：1人の女性が一生のうちに出産する子どもの平均数を示し，15歳から49歳までの女性の年齢別出生率を合計したものである。日本では晩婚化と非婚化が進行しており，人口再生産が可能となる2.1を大きく下回り，現在は1.36にまで低下している（2019年）。

▶食料援助：先進国から発展途上国への食料援助は，戦災，飢饉など一時的な救援には効果的だが，長期的な援助は以下のような問題を引き起こす可能性がある。まずは，食料援助により大量の穀物などが流入するため，発展途上国内の農産物価格が低下し，農民の生産意欲が減退することがある。また，発展途上国の農地では，穀物の流入により輸出用などの換金作物のみを栽培するようになると，恒常的に援助に頼らなくては食料を確保できない体質が生じてしまうことである。このため，食料問題への取り組みは援助だけでなく，発展途上国が自立した農業を行うことができるように技術的な指導も重要である。

問題 37-1

標準　□□□□□□□分

人口動態を示す指標の一つに，合計特殊出生率がある。次の図は，1960～2008年の合計特殊出生率を示したものであり，①～④は，タイ，中国*，日本，バングラデシュのいずれかである。タイに該当するものを，図中の①～④のうちから一つ選べ。

*台湾，ホンコン，マカオを含まない。

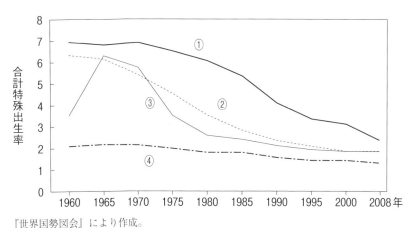

『世界国勢図会』により作成。

図

1
2
3
4
地形　5
6
7
8
地形図　9
10
11
12
気候　13
14
15
16
17
農業　18
19
20
水産業　21
林産資源　22
エネルギー資源　23
鉱産資源　24
25
工業　26
27
28
環境問題　29
30
村落　31
衣・食・住　32
33
都市　34
35
人口・　36
食料問題　37
国家・人種　38
・民族　39
交通・情報通信　40
システムの発達　41
貿易で結び　42
つく世界　43

グラフの見方のコツがわかると，とても楽しくなるよ！

人口問題は，世界の各国にとって重要な課題である。次の図は，インドとスウェーデンの総人口，出生率，死亡率の変化を示したものである。図の内容に関する文章として最も適当なものを，下の①～④のうちから一つ選べ。

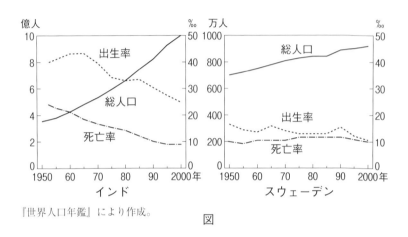

『世界人口年鑑』により作成。

図

① インドでは，1950年代以降，死亡率の低下が継続して見られた。この間，医療サービスの普及と並行して，日本を上回る高齢化が全国的に進行した。

② インドでは，1970年代以降，出生率が継続して低下しているにもかかわらず，総人口が増加を続けた。この間，外国からの大規模な人口流入があった。

③ スウェーデンでは，1950年代以降，死亡率が低い水準で推移した。この間，医療制度や高齢者福祉制度が充実した。

④ スウェーデンでは，1960年代と1980年代に出生率が上昇に転じた。これらの時期には，女性の社会進出を抑制し，出産を奨励する政策がすすめられた。

問題 37-3

やや難 □□□□□□□□分

　次の表1は，デンマーク，ポルトガル，エジプトの三か国について，出生率・死亡率の歴史的推移を示したものである。また，下の表2は，これら三か国の老年人口率（65歳以上の人口の割合）の推移を示したものである。表1中の国名a〜cと，表2中の国名ア〜ウのうち，デンマークに該当する正しい組合せを，下の①〜⑨のうちから一つ選べ。

(単位　‰)

国名\年	a		b		c	
	出生率	死亡率	出生率	死亡率	出生率	死亡率
1940	41.3	26.9	24.3	15.6	18.3	10.4
1960	43.0	27.0	24.2	10.8	16.6	9.5
1980	37.8	10.1	16.3	9.9	11.2	10.9
2000	27.0	6.4	10.8	10.4	12.4	11.1
2017	25.7	5.9	8.4	10.6	10.6	8.2

表1

国名\年	老年人口率(%)		
	ア	イ	ウ
1940	6.4	7.8	3.6
1960	8.2	11.4	3.5
1980	10.5	14.4	3.6
2000	15.3	14.8	3.4
2019	22.4	20.0	5.3

表2

表1・表2の一部の資料については，前後数年のずれがある。表1・表2とも『マクミラン世界歴史統計』，『国連世界人口年鑑』，『世界国勢図会』による。

	①	②	③	④	⑤	⑥	⑦	⑧	⑨
表1中の国名	a	a	a	b	b	b	c	c	c
表2中の国名	ア	イ	ウ	ア	イ	ウ	ア	イ	ウ

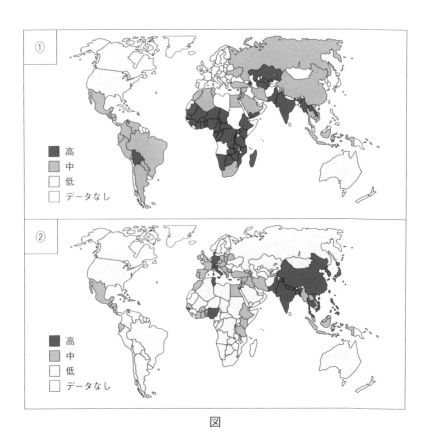

問題 **37-4** やや難 □□□□□□□□□分

次の図①〜⑤は，世界の国・地域におけるエイズ罹患率，人口密度，都市人口率，乳児死亡率，老年人口率のいずれかについて，その高低を示したものである。都市人口率と老年人口率に該当するものを，図中の①〜⑤のうちからそれぞれ一つずつ選べ。

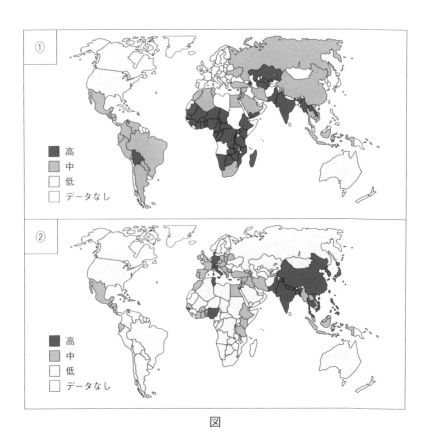

図

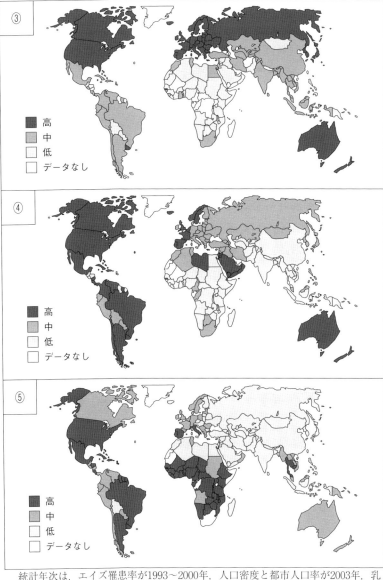

統計年次は，エイズ罹患率が1993〜2000年，人口密度と都市人口率が2003年，乳児死亡率が2002年，老年人口率が1988〜2003年『世界国勢図会』などにより作成。

1
2
3
4
地形 5
6
7
8
地形図 9
10
11
12
気候 13
14
15
16
17
農業 18
19
20
水産業 21
林産資源 22
エネルギー資源 23
鉱産資源 24
25
工業 26
27
28
環境問題 29
30
村落 31
衣・食・住 32
33
都市 34
35
人口・ 36
食料問題 37
国家・人種 38
・民族 39
交通・情報通信 40
システムの発達 41
貿易で結び 42
つく世界 43

問題 37-5

標準 ☐☐☐☐☐☐☐分

発展途上国の食料問題について述べた次の文①～⑤のうちから，**適当でないもの**を二つ選べ。 (本試)

① 熱帯アフリカでは，他の発展途上国と比べても食料問題が深刻で，災害や内戦によって，飢餓に直面することが多い。

② 発展途上国の食料問題の背景には，特定の輸出用作物の生産を行いながら，他方で膨大な食料を輸入する経済体制が存在することが多い。

③ 発展途上国の食料生産は，緑の革命などにより革新的農業技術が導入されたにもかかわらず，大部分の国で減少し続けている。

④ 食料問題の解決には，食料の国際流通を円滑にするとともに，発展途上国の人々が自立した生活ができるように技術的援助を進める必要がある。

⑤ 発展途上国では，食料を十分に取ることができない人々がいる一方で，自国で生産される穀物のほとんどが家畜の飼料に用いられている。

問題 37-6

易 ☐☐☐☐☐☐☐分

世界における食料増産と食料を確保する努力を説明した文として**適当でないもの**を，次の①～④のうちから一つ選べ。

① タイでは，伝統的な農業に代わって，灌漑施設をととのえた高収量の浮き稲の栽培が急速に普及した。

② アメリカ合衆国は，広大な農地を少人数で経営する効率的な農業生産により，世界の食料基地と呼ばれるほどになった。

③ EU は，EC 時代から実施された農産物の価格支持などの共通農業政策により，穀物の輸入地域から輸出地域へと変貌した。

④ ナイル川下流域では，アスワンハイダムの建設により，水の安定供給が可能になったので，米作が発展した。

問題 37-7

やや難 ☐☐☐☐☐☐☐☐分

次の表は，いくつかの国の健康に関する指標のうち，5歳未満児発育不良率，糖尿病患者の割合，男女別の喫煙率を示したものであり，ア〜ウは，アメリカ合衆国，インド，サウジアラビアのいずれかである。ア〜ウと国名との正しい組合せを，下の①〜⑥のうちから一つ選べ。

(単位：%)

	5歳未満児 発育不良率	糖尿病患者の 割合*	喫煙率	
			男　性	女　性
ア	47.9	7.8	28	1
イ	9.3	16.8	22	3
ウ	3.9	10.3	25	19

*糖尿病患者の割合は，20〜79歳人口に占める割合。
統計年次は，5歳未満児発育不良率が2004〜2009年，糖尿病患者の割合が2010年，喫煙率が2006年。
*World Development Indicators*により作成。

表

	①	②	③	④	⑤	⑥
アメリカ合衆国	ア	ア	イ	イ	ウ	ウ
インド	イ	ウ	ア	ウ	ア	イ
サウジアラビア	ウ	イ	ウ	ア	イ	ア

1
2
3
4
地形　5
6
7
8
地形図　9
10
11
12
気候　13
14
15
16
17
農業　18
19
20
水産業　21
林産資源　22
エネルギー資源　23
鉱産資源　24
25
工業　26
27
28
環境問題　29
30
村落　31
衣・食・住　32
33
都市　34
35
人口・　36
食料問題　37
国家・人種　38
・民族　39
交通・情報通信　40
システムの発達　41
貿易で結び　42
つく世界　43

問題 37-8

難 □□□□□□□□分

　人々の健康を取りまく状況は，生活習慣や医療制度など国により異なる。次の表は，いくつかの国における20歳以上の人口に占める肥満*の人の割合，医療費に占める公的支出の割合，人口1,000人当たりの病床数を示したものであり，①〜④は，アメリカ合衆国，アラブ首長国連邦，デンマーク，フィリピンのいずれかである。アラブ首長国連邦に該当するものを，表中の①〜④のうちから一つ選べ。

*体重（kg）を身長（m）の２乗で割って算出される値が30以上の状態。

	20歳以上の人口に占める肥満の人の割合(%)	医療費に占める公的支出の割合(%)	人口1,000人当たりの病床数(床)
①	33.7	74.4	1.9
②	31.8	45.9	3.0
③	16.2	85.2	3.5
④	6.4	33.3	0.5

統計年次は，20歳以上の人口に占める肥満の人の割合が2008年，医療費に占める公的支出の割合が2011年，人口1,000人当たりの病床数が2008年または2009年。
*World Development Indicators*などにより作成。

表

問題 37-9 難 ▭▭▭▭▭▭▭分

　1997年に中国に返還されたホンコンでは，政治体制や経済情勢の変化が住民の構成にも影響している。次の表は，ホンコンにおける，1996年と2016年の労働者総数，2016年の労働者総数に占める管理職・専門職*従事者の割合を国籍**別に示したものであり，①～④は，イギリス，タイ，日本，フィリピンのいずれかである。フィリピンに該当するものを，表中の①～④のうちから一つ選べ。

　*看護師，小学校教員，土木技術者などを含む。
**調査の際に回答された第1の国籍。

	労働者総数（人）		労働者総数に占める管理職・専門職従事者の割合（%）
	1996年	2016年	
①	115,102	177,984	2.6
②	96,272	19,468	83.6
③	9,663	5,589	81.9
④	9,444	6,145	8.6

1996年の値には，ホンコン居留権のみの保有者は含まない。
香港政府統計処の資料により作成。

表

問題 37−1　タイ，中国，日本，バングラデシュにおける合計特殊出生率の推移

① **❷** ③ ④

解説

　設問中にある「人口動態」というのは，人口に関するある数値の推移のことだよ。ところで，「合計特殊出生率」っていう用語は，聞いたことあるかな？　合計特殊出生率とは，**1人の女性が一生のうちに何人の子どもを産むかという平均出生数**のことを指すんだね。たとえば，一組の夫婦から子どもが2人生まれたとして，夫婦が年老いて死ぬと，残る子どもは2人だから人口に変化はないということになるよ。つまり**合計特殊出生率が2.1以上であれば，その国や地域の人口再生産が可能（人口置換水準）である**ということを意味するし，もし2.1を下回るような場合には将来の人口減少が予測されるよね。現在，**大半の先進国では少子化が進行**し，合計特殊出生率は2.1をはるかに下回っているんだ。

　でもアメリカ合衆国はちょっと高めだね。……それは，**アメリカ合衆国が移民受入国だから若年齢層が多く流入**し，結婚機会が増えて，**出生率が高くなる**からだよ。先進国でこのまま少子化が進むと，労働力が不足したり社会保障制度が成り立たなくなったりと，いろんな問題点が生じてくるんだ。

　少子化を早くから経験してきたスウェーデンやフランスなどヨーロッパ諸国では，**出産奨励金などの経済的支援，女性に対する仕事と育児・家事の両立支援**など，さまざまな試みを行っているから，**合計特殊出生率が回復しつつある国もある**よ。その点，日本はまだまだ制度や財源などが不十分で，少子化が深刻化しているよなぁ（;＿;）。じゃあ，図を判定してみよう！

　④は**合計特殊出生率が早くから低く，現在は2を下回っているため先進国の日本**だね。1974年以降，2.1を下回り続けていて，2019年現在で約1.36となり，先進国の中でも低い方だよ。

　①は**4か国中最も合計特殊出生率が高いから，経済発展が最も遅れているバングラデシュ**だ。降水や平野に恵まれていて**稲作が盛ん**だけど，人口増加率が高いことと国土の大部分が低平な**三角州（ガンジスデルタ）**なので，洪水やサイクロンの被害を受けやすく，米の生産量が不安定だから慢

性的な穀物輸入国なんだ。

②と③は，現在の合計特殊出生率ではほとんど見分けがつかないね？これでわかる人はいないはず（＾o＾）。こういうときには，ちゃんと**年代ごとの推移を比較してみる**といいよ。②は1960年代〜現在に至るまで緩やかに数値が低下しているけど，③は1960年代に急速に上昇していて，逆に**1970年代からは一気に低下し，1980年代以降②に追いついている**ということを読み取れるはずだ。このことから②が戦後徐々に経済発展を遂げ合計特殊出生率が低下していったタイと判定しよう。現在は1.47と日本とそんなに変わらないくらいだ。

③が中国で，1960年代には「人口は資源である」という考え方から人口増加策をとったけど，なかなか国民の生活水準が上がらなかったので，思い切って1970年代から人口抑制策に切り替え，さらに1979年から「一人っ子政策」を実施した結果，**急速に合計特殊出生率が低下**したんだよ（**2015年に「一人っ子政策」は廃止**）。現在は，1.63とフランスを下回る数値になっているから驚きだね！　フランスは逆に出産奨励など合計特殊出生率（1.92）を高める努力をしていることに注意しよう！

問題 37-2　インドとスウェーデンの人口問題

①　　②　　**❸**　　④

解説

①　インドでは，**出生率が先進国ほど低下していないのに，死亡率だけは先進国並みに低下している**から，人口が爆発的に増加してきたんだ。だって1950年には４億人もいなかったのに今は13億人を超えているんだからすごい！！！　「人口爆発」に悩むインドは，世界で初めて人口抑制策を導入したんだ。でも，ヒンドゥー教における**多産多福の考え方，子どもは農作業の貴重な労働力であるという考え方，親の老後の生活をみてもらいたいという考え方が根強く，出生率は日本よりはるかに高い**から，「日本を上回る高齢化」はしていないよ。もちろん，誤りだね。

②　**教育水準の向上や家族計画の普及によって徐々に出生率は低下しているけど，死亡率も同じように低下しているから，自然増加率は依然として高い**よ。左図をもう一度見てごらん！　1950年と2000年の「出生率−死亡率」を見れば一目瞭然！　ほとんど自然増加率が変わっていないから。また，「総人口が増加を続けた」のは当たり前で，自然増加率が低下して

も総人口は減少しないよ。**増加が鈍るだけの話で，自然増加率がマイナスにならない限り総人口は増加する**んだから，「外国からの大規模な人口流入」が誤りだ。こういう箇所でミスをするのはまずいから注意してね！

③　ヨーロッパでも**いち早く少産少死型に移行したスウェーデンでは，高齢化社会に対応するため医療制度や高齢者福祉制度が早くから整備された**んだ。この文は正しいよ。日本（28.4％，2019年）のほうがスウェーデン（20.2％，2019年）より老年人口率が高いのに，高齢者1人当たりのホームヘルパー数，介護施設数やその利用はスウェーデンのほうが圧倒的に多く，高齢者を社会から孤立させずに，ともに社会の一員として生活していけるような努力が行われているんだ。日本も準備が必要だね。

④　スウェーデンの出生率が上昇したのは，「女性の社会進出を抑制し，出産を奨励する政策」を進めたのではないよねえ。もちろん誤りだ。逆にこの時期に**出産・育児が女性の社会進出を妨げないような手厚い保護を政策として実施したからだ**よ。

問題 37-3　デンマーク，ポルトガル，エジプトの出生率・死亡率の推移，老年人口率

①　②　③　④　⑤　⑥　⑦　**❽**　⑨

解説

出生率が低いのは経済発展が進んだ先進地域の特徴だよね。最初に3か国の経済発展について考えてみよう。

デンマークは北欧の先進国で経済水準はかなり高いんだ。なんかデンマークっていうと酪農ばっかりやってる農業国で，あんまり経済発展していないと思ってる人がいるけど違うよ！　デンマークやスウェーデンなどの北欧諸国は人口が少ないけど，工業化も進展し，生活水準も高いんだ。だから国民の高負担による社会保障制度も成り立っているんだね。

ポルトガルはヨーロッパの国だけど，EUの中では，経済発展が遅れているなぁ（1人当たりGNIは，デンマークが55,330ドル，ポルトガルが19,930ドル）。

エジプトは産油国だけど，発展途上地域だね。じゃあ，表1を見てごらん。表中のaは出生率が高いからエジプトと判定しよう。死亡率は，経済発展が遅れていると乳児死亡率が高くなるけど，エジプトのような産油国では石油危機後の石油収入で経済が潤ったため，急速に乳児死亡率が低下したんだ。エジプト，デンマーク，ポルトガルの中では，最も高齢化が進

んでいないはずなので，表２中のウに該当するよ。

　デンマークとポルトガルの判断はやや難しいから，じっくり考えてみようか。

　表１中で2017年の出生率が最も低いｂを見て，あわてて「ｂはデンマークだ！」としてはいけないよ。落ち着いて1940年からの推移に注目してみよう！　統計推移は現在の数値を見るだけでなく，各年次の動きを見逃さないようにしなくちゃ。1940年から1980年までｃのほうが出生率（しゅっしょうりつ）が低いけど，2000年には上昇して，ｂを上回っているよ。つまり1980年にかなり下がった出生率を回復させる政策を実施したんじゃないかなぁ。たとえば，育児休暇の延長，税制優遇（ゆうぐう）などによる出産奨励策（しょうれいさく）とかね。ここではｃをデンマークと判定しよう。

　このような政策は同じ北欧のスウェーデンでも実施され，将来の人口減少にともなう労働力不足などを予測し行われているんだ。ｂはポルトガルで，近年は経済成長により出生率が急速に低下し，ｃのデンマークを下回っているよ。表２も同様に2019年ではアが最も老年人口率が高いけど，やはり早くから高齢化が進んでいるのがイのデンマーク，近年急速に高齢化していて，現在では３か国中最も老年人口率が高いのがアのポルトガルで，日本やイタリアなどと類似していることに注意しよう！　一般に先進国でも早くから経済発展し，高齢化が早かったスウェーデン，イギリス，フランスなどに比べ，ドイツ，イタリア，日本，ポルトガルなどは急速に高齢化が進展し，少子・高齢化が社会問題となっているよ。

問題 37-4　世界の国・地域におけるエイズ罹患率，人口密度，都市人口率，乳児死亡率，老年人口率

都市人口率 ❹	老年人口率 ❸

　世界の国・地域におけるエイズ罹患（りかん）率，人口密度，都市人口率，乳児死亡率，老年人口率を示す階級区分図を使用した出題だ。階級区分図は共通テストの頻出素材なので絶対に得意になろう！

　まず，それぞれの指標の特徴について確認しておこうかな。エイズ罹患（りかん）率は後に回すとして，人口密度は，アジアや西ヨーロッパで高いんだ。特に気候や土壌（どじょう）に恵まれたモンスーンアジアは稲作など農業生産による人口支持力が高いから注意してね！

　都市人口率は，第２次産業（鉱工業，建設業），第３次産業（商業，

サービス業，運輸業，通信業，金融業など）に従事する人が多く，多くの都市が発達する**先進地域で高くなる**よ。

乳児死亡率は，経済発展が遅れた**発展途上地域で高くなる**んだ（先進国より栄養状態，衛生状態が悪く，薬も手に入れにくいためだよ）。

老年人口率は，少子・高齢化が進む**先進地域で高くなる**ね。

ということは，経済発展の遅れている**アフリカ諸国**や**南アジア**，**中央アジア諸国**で高位の階級を示している①が乳児死亡率だね。

②は**日本，韓国，中国，インド**などのモンスーンアジアで高いから人口密度だ。

③は**日本，ヨーロッパ，アメリカ合衆国，オーストラリアなど先進国**で高いから老年人口率と判定しよう。

④は**西ヨーロッパと新大陸諸国で高い**から，都市人口率だよ。都市人口率が一般に先進地域で高いことはさっき説明したけど，注目してほしいポイントがあと2つあるんだ。

まずは**ラテンアメリカ諸国**だ。大部分が発展途上国からなるけど，**都市を中心に世界各地から入植や移民が行われたため，都市人口率が高いことに注意しよう！** 新規の移民は，まず最初に都市に入り仕事を探すんだ。

次に，もう一度④の図を見てごらん。**サウジアラビアとリビア**も高位の階級に属しているだろう？ 両国とも**BW（砂漠気候）が卓越**するため農業はあまり盛んでなく，ともに産油国であるため，**石油収入によって発達した都市部での工業，商業，サービス業に従事**する人々が多いから都市人口率が高くなっているんだね。

⑤はエイズ罹患率だよ。エイズは性交渉や，薬物使用などの際の注射器の使い回しなどによる感染が大部分であるため，**避妊具が普及していないアフリカ諸国や麻薬常用者が多いアメリカ大陸**での数値が高いんだ。⑤は消去法でいいよ！

階級区分図を使用した問題では，**世界各国の経済発展の段階を理解することが重要なポイント**になるから，『大学入学共通テスト　地理Bの点数が面白いほどとれる本』の地誌分野をよく読んで，世界の国や地域の特徴をしっかりつかんでいこうね！

問題 37-5　発展途上国の食料問題

① ② ❸ ④ ❺

解説

① 熱帯アフリカは，気候や土壌条件に恵まれないこと，人口増加が著しく食料生産が追いつかないことに加えて，**災害や内戦**によって著しい食料不足に陥ることが多いから，この文は正しいよ。

② 発展途上国の住民の大半は農業をやってるのに，食料不足って妙な感じがするよね。

それは**生産性が低い**こともあるけど，輸出用のプランテーション作物の生産だけは盛んで，結局自分たちの主食などを栽培できないから，**大量に穀物（こくもつ）なんかを輸入しなければいけない**っていう矛盾を抱えている国も多いよ。この文も正しいな。

③ どの発展途上国も食料増産の努力をしているから，**食料生産自体は増加傾向**にあるんだ。「大部分の国で減少し続けている」は誤りだね。特に，アジアでは「緑の革命」に成功したから米や**小麦**などの穀物の生産量が増加し，**食料自給率が上昇した国が多い**ことに注意しよう！

④ 世界の食料生産のトータルを世界の総人口で割れば食料不足にはならないはずなんだ。なのに先進国では**ダイエット**，発展途上国では**飢餓（きが）**っておかしいよね！！！ これを解決するためには④の文のように，スムーズに不足分を購入でき，さらに食料を買うか作るかを可能にする経済力を身につけられるようなバックアップを先進国がすべきだろうね。この文も正しいよ。

⑤ 前半はいいけど，後半が誤り。先進国では確かに生産される穀物の半分以上が**家畜飼料（かちくしりょう）**として使用されているけど，**発展途上国では生産される穀物の大半は食用**で，家畜飼育は牧草を利用しているところが多いんだ。

問題 37-6 世界の食料問題と対策

❶ ② ③ ④

解説

① タイでも「緑の革命」によって**灌漑（かんがい）施設**を整えた**高収量品種の稲**が栽培されるようになり，**土地生産性が向上**したけど，「浮き稲（うきいね）」じゃあないよ！ 浮き稲は雨季の増水の際，水田が増水するのにともなって数mも伸びる稲の仲間なんだ。古くから東南アジアなどのデルタ地帯などでは栽培されてきたんだけど，生産性が低いから，いまさら浮き稲栽培が急速に普及することはないよ。明らかに誤り！

②　アメリカ合衆国は，**大規模機械化農業**によって**労働生産性がものす**ごく高いよね。小麦，トウモロコシ，大豆，米など世界の輸出量に占めるアメリカ合衆国の割合はとっても高いから「世界の食料基地」と呼ばれるのも当たり前かな。もちろん，正しい文だ。

③　EU（ヨーロッパ連合）では，**域内で農産物をできるだけ自給できる**ように共通農業政策を実施し，輸入を抑制し輸出を奨励してきたから，**フランス，ドイツ，イギリス**などの小麦輸出をはじめ，かなり穀物も輸出できるようになったよ。この文も正しいね。

④　**第28回（開発と環境破壊）**（▶p.302～）のところでくわしく説明したけど，国土の大部分を **BW（砂漠気候）** が占めるエジプトでは，水の安定供給が重要な課題だったんだ。これを実現したのが1970年代に完成した**アスワンハイダム**で，これによって**米や綿花などの生産量が増加**したんだ。この文も正しいよ。もちろんいろんな弊害（へいがい）も生じたんだけど，それは**第28回**でしっかり学習しよう！

問題 37-7　アメリカ合衆国，インド，サウジアラビアにおける5歳未満児発育不良率，糖尿病患者の割合，男女別の喫煙率

①　②　③　④　**⑤**　⑥

解 説

アメリカ合衆国，インド，サウジアラビアの**5歳未満児発育不良率，糖尿病患者の割合，男女別喫煙率**から国名を判定する問題だ。しっかりと地理的思考力を使わないと，⑥を選んでしまうので，君たちにはがんばって正答できるようになってほしいし，医療や健康に関する問題は出題されやすいから，いっしょにスキルアップしよう！　5歳未満児発育不良率は，**経済発展して豊かになると低くなる**ことは，全員理解できるよね？　つまり5歳未満児に限らず，子どもの発育不良率は経済発展に反比例するはずだ。ということは，最も発育不良率が高いアがインドってことになるよね。インドは，近年の経済発展が目覚ましいけど，まだまだ先進国のアメリカ合衆国やアラブ産油国のサウジアラビアまでは遠い！　ウが5歳未満児発育不良率が最も低いから，この指標だけでアメリカ合衆国と判定してもいいんだけど，他の指標も確認しないと危ないからやっておこう。**糖尿病患者の割合**は，やっぱり**食料供給熱量が高い国ほど高くなる**傾向があるので，日本に比べてもびっくりするくらいカロリーを摂取しているアメリカ合衆国の値が高くなるはず。ところが，おどろくなかれイのほうが割合が高

生活と文化

1
2
3
4
地形 5
6
7
8
地形図 9
10
11
12
気候 13
14
15
16
17
農業 18
19
20
水産業 21
林産資源 22
エネルギー資源 23
鉱産資源 24
25
工業 26
27
環境問題 29
30
村落 31
衣・食・住 32
33
都市 34
35
人口・36
食料問題 37
国家・人種 38
・民族 39
交通・情報通信 40
システムの発達 41
貿易で結び 42
つく世界 43

い！！！　どうして大学入試センターは，こんな意地悪な問題を出題しているかというと，単純に所得と発育不良率の関係を知ってるだけじゃなく，あんまり見たことがない指標から，試験当日にその場で考えさせたいんだ（地理の基礎的知識をもとに，与えられた統計資料を的確に分析し，思考する能力を問うている）。つまり地理的思考力を使えっていうこと。中東産油国は，石油危機後にオイルマネーが大量に流入したから，短期間でお金持ちになったよね。すると急に食生活が豊かになって，糖尿病率が高くなってしまったんだ。大きな社会問題になっているんだよ。欧米先進国と同様のカロリーを摂取している割に，ダイエットの習慣がないこと（飽食が健康に悪いという意識が，先進国ほど高くないという思考を働かせたい），砂糖の消費量が極めて多いこと，都市生活者が多く運動不足になっていることなどがその背景にあるんだ。つまり，経済発展すると，まずは豊かになったから，とにかく今まで食べられなかったぶん，食が欧米化し思う存分に食べる→肥満，糖尿病など成人病が蔓延→このままではヤバイので，ダイエットの普及，適度な運動の奨励，日本食などの健康食に移行……という傾向があるってことだね。最後の喫煙率については，わかりにくいだろうけどこんなふうに考えてみたらどうかな。先進国では，ほとんどすべての指標において男女差は小さいけど，発展途上国では一般的に女性の地位が低い傾向が見られるんだ。ところが，イのサウジアラビアは所得水準が高い割に，男女差が大きい。つまりイスラム圏では女性の地位が低く，経済的実権を男性が握っていることが多いため，喫煙率が女性だけ低くなっているんだね。インドよりアメリカ合衆国の男性喫煙率が低いのは，先進国ほど健康志向（タバコは嗜好品なので自由に使えるお金がないと買えない）が高まっている結果かな。

問題 37-8

アメリカ合衆国，アラブ首長国連邦，デンマーク，フィリピンにおける20歳以上の人口に占める肥満の人の割合，医療費に占める公的支出の割合，人口1,000人当たりの病床数

❶	②	③	④

　やっぱり単年度のデータ分析は難しいよね。なんせ正答に至るのに時間がかかるもんなぁ。でも負けてはいられないから，やるだけやろうぜ！

　表を見てみよう。まずは**20歳以上の人口に占める肥満の割合**だね。この指標は，**1人当たり食料供給量とほぼ対応**するんだ。ということは最も低い④が発展途上国のフィリピンだということがわかるよ。この指標だけで

は，①～③の判定は難しいなぁ。アメリカ合衆国とデンマークは先進国だし，アラブ首長国連邦（UAE）はアラブ産油国でけっこう豊かだもんね。次の指標は，医療費に占める公的支出の割合だね。大人にとっては簡単でも，高校生にとってはあんまり実感わかないよなぁ。つまり，君たちが病院に行くだろ？　そのとき支払う診療費などについて，どれだけ国が負担をしてくれているかってことを聞いてるんだよ。日本では国と君たちの親，企業などがみんなでお金を出し合って，その結果が君たちの支払う診療費（実際にかかった費用の３割を受診者が負担）になっているよね（国民皆保険制度）。これはデンマークなどヨーロッパをモデルとして作られた制度なんだ。①～③のうち医療費に占める公的支出の割合が②だけ低いから，自由診療が中心のアメリカ合衆国だと判定できるんだよ。アメリカ合衆国という国は，経済的自由を重視する国で，「自分のことは自分でやりなさい。心配なら民間の保険会社と契約したらどうですか？」という姿勢を取っているんだね。だから，貧困層は保険料を払えないこともしばしばあるんだ。国民性ってやっぱりあるんだよねえ。残る人口1,000人当たり病床数は，資本と医療関係の人材に恵まれる先進国のデンマークとアメリカ合衆国が高いはずだから③がデンマークとなり，北欧は社会保障の制度が充実していて，医療費に占める公的支出の割合も極めて高いことも読み取れるよ。残った①がアラブ首長国連邦（UAE）で，問題37-7のサウジアラビアの糖尿病患者の割合と同様に，アラブ産油国は経済的に豊かで，飽食が進んでいることと，飲酒がタブー（禁忌）であることもあって男女ともにスウィーツ（デザート系の甘いやつ）を多く摂取する傾向があること，ダイエットの習慣が定着していないことなどから肥満の割合も高くなっているんだ。

問題 37-9　ホンコンにおける労働者総数と管理職・専門職従事者の割合

❶　　②　　③　　④　　⑤　　⑥

解説

　ホンコンにおける国籍別の1996年と2016年の労働者総数，労働者総数に占める管理職・専門職従事者の割合から，イギリス，タイ，日本，フィリピンを判定させる問題だね。受験生の立場からすると，「えーっ！こんなこと学校の授業で習ってない！」と思いがちだけど，もう一度設問を読んで，設問の意図を読み取る必要があるよ。

設問文に，「1997年に（イギリスから）中国に返還されたホンコンでは，政治体制や経済情勢の変化が住民の構成にも影響」とあるので，まずはホンコンはイギリス領として中継貿易などで栄えてきたこと，返還後は「一国二制度」のもと従来の市場経済や政治体制がある程度は維持されていること，現在は中国の経済発展に伴い，経済発展を遂げていることなどを考慮しつつデータの分析をしたらいいね。

　表中の②は，1996年→2016年において労働者総数が激減しているので，イギリスだ。ホンコンは，かつてはイギリス領だったから，イギリス企業に従事する労働者をはじめイギリス人が多く居住していたんだ。①は，4か国中最も労働者総数が多く，近年も増加を続けていること，③と④は減少傾向であることを読み取ることができたかな。でも，この指標だけでの国名判定は難しいので，次の労働者総数に占める管理職・専門職従事者の割合を分析するといいよ。労働者を管理職・専門職と現業労働（工場での製品組立，土木・建築現場での作業，清掃業などの単純労働）に大別した場合，前者は教育水準も高く優れた管理能力や技術を持つ先進国からの労働者が多く，後者は比較的低賃金の発展途上国からの労働者が多いと考えよう。すると，②と③で割合が高いことから②がさっきも説明したイギリス，③が日本だと判定できたね。次に，①と④が発展途上国のタイとフィリピンで，この判定は受験生にとってちょっと難しいかな。ホンコンは近年の経済発展に伴い所得も上昇していて，アジアNIEsと呼ばれている一方で賃料など物価が高いため，家事・育児は外国人メイドに任せて夫婦共働きをするのが一般的になっているんだ。なかでも古くから人気があるのがフィリピン人のメイドで，低賃金で雇用できることに加えて，英語圏であることから子どもの教育にも効果的だと思われているんだよ（さらに近年は，フィリピン人より賃金が安いインドネシア人のメイドも増加傾向）。したがって，最も労働者総数が多く，近年も増加を続けている①がフィリピン，残る④がタイである。④のほうが①より管理職・専門職の割合が高いところに注目し，経済発展の度合いはタイ＞フィリピンと考え，④をタイと考えてもいいからね。かなり面白い問題だ。

国家と国家群

 知識・技能の整理

📍 国家の三要素

① **領　域**　国家の主権が及ぶ範囲。

a　領　　土 ➡ 国家の主権が及ぶ**陸地**。

b　領　　海 ➡ 国家の主権が及ぶ**海域**で，沿岸から12海里を主張している国が多い。

● **排他的経済水域** ➡ EEZ（Exclusive Economic Zone）とも呼ばれる。沿岸（低潮線）から200海里の海域において沿岸国は水産資源，エネルギー・鉱産資源の**排他的管理権**を有する。EEZにおける他国の船舶航行，航空機の飛行，海底通信ケーブルの敷設などは認められる。

c　領　　空 ➡ 国家の主権が及ぶ**空域**で，領土と領海の上空が領空となるが，宇宙空間は領空には含まれない。

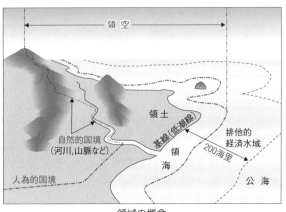

領域の概念

② **国　民**　国家を構成する成員であるが，出生地主義をとる国（アメリカ合衆国など）や血縁主義（ドイツなど）をとる国がある。

③**主　権**　国家が自らの意志で<u>国民・領土を統治する権利</u>で，主権があれば独立国となるが，主権が他国（宗主国など）にあれば植民地。

　a　**独　立　国** ➡ 2020年現在，**197か国**。

　b　植民地，自治領，海外県など ➡ **ニューカレドニア**（フランス領），**ジブラルタル**（イギリス領），**プエルトリコ**（アメリカ合衆国領），**グリーンランド**（デンマーク領）など。

📍 国家の形態

政体，経済体制，住民構成などによりさまざまな国家がある。

①**多民族国家と単一民族国家**　厳密な単一民族国家は存在しない。アメリカ合衆国やオーストラリアなど移民によって建国された国は典型的な多民族国家。

②**中央集権国家と連邦国家**　中央政府が直接国民や領域を統治するのが中央集権国家（日本，フランスなど）。中央政府は外交・軍事などを担当し，地方政府は行政，福祉，教育など内政を担当するのが連邦国家（アメリカ合衆国，ドイツ，スイス，ベルギー，ロシア，ナイジェリアなど）。

③**君主国と共和国**　世襲の君主を元首とする君主国（日本，イギリス，オランダなど）。国民が元首を選ぶのが共和国（アメリカ合衆国，フランスなど）。

④**資本主義国と社会主義国**　大部分の国が**市場原理に基づく資本主義**国だが，中国，北朝鮮，ベトナムなどは社会主義国。<u>かつてのソ連，東欧，モンゴルなども社会主義国だった。</u>

⑤**内陸国と臨海国**　海に出口をもたない国が内陸国。**スイス，オーストリア，ハンガリー，エチオピア，モンゴル，ボリビア**など。大部分の国は海岸を領有している臨海国。

📍 国　境

国家の領域は国境で境される。国境には河川，山脈など自然物を利用した自然的国境と，経緯線などを利用した人為的国境がある。

①**自然的国境**　海洋，河川，山脈，湖沼などを利用した国境。一般的には<u>古くからの民族や国の境界</u>。ヨーロッパに多いことに注意！

　a　海洋国境➡日本，フィリピン，ニュージーランドなどの島国の国境。

　b　河川国境➡交流性には優れるが，流路変更によるトラブル発生。**オーデル川**（ドイツ〜ポーランド），**リオグランデ川**（アメリカ合衆国〜メキシコ），**メコン川**（タイ〜ラオス）など。

    c   山岳国境➡隔離性には優れるが，交流性が劣る。ピレネー山脈
      （スペイン～フランス），スカンディナヴィア山脈（ノルウェー～
      スウェーデン），アンデス山脈（アルゼンチン～チリ）など。

    d   湖沼国境➡五大湖（アメリカ合衆国～カナダ），チチカカ湖
      （ペルー～ボリビア）など。

②**人為的国境**　経緯線（数理国境）や人工的な障壁を利用した国境。
<u>アフリカや北アメリカなど比較的新しい独立国</u>に多い。エジプト～
スーダン（22°N），エジプト～リビア（25°E），アメリカ合衆国～
カナダ（49°N），アメリカ合衆国アラスカ州～カナダ（141°W），
インドネシア～パプアニューギニア（141°E）など。

📍 国 家 群

世界の国々は互いに協力し合うために多くの国際組織を設立。

①**国際連合（United Nations）**　<u>国際平和と安全の維持や経済・社
会・文化など多方面における国際協力</u>を進める。1945年，第二次世
界大戦中の連合国を中心に51か国で設立。<u>1956年に日本も加盟</u>。
2020年現在の加盟国はバチカン市国，コソボ，クック諸島，ニウエ
を除く193か国。

②**東西冷戦と国家群**　<u>第二次世界大戦後から1990年前後</u>の東欧民主
化・ソ連解体時まで，アメリカ合衆国を中心とする資本主義国
（西）とソ連を中心とする社会主義国（東）が対立。

    a   マーシャルプランと COMECON

      アメリカ合衆国は西ヨーロッパ諸国を援助するためマーシャル
    プランと呼ばれる経済復興援助計画を実施。これに対抗してソ連
    は東欧諸国などと COMECON（経済相互援助会議）を結成。
    1991年，ソ連消滅とともに COMECON は解体。

    b   NATO と WTO

      第二次世界大戦後，東西冷戦の激化にともなって，<u>アメリカ合
    衆国を中心</u>に国際的軍事機構の NATO（北大西洋条約機構）を設
    立。これに対抗してソ連は東欧諸国と WTO（ワルシャワ条約機
    構）を設立したが，COMECON と同様に1991年解体。NATO は
    <u>冷戦後は東欧諸国やバルト三国も加盟</u>するなど地域の安全保障を
    目的とする組織に変容。

③**地域統合・地域協力**　近年は地域統合による経済のブロック化が進
   行。近隣諸国との市場統合が進展。

a　EU（ヨーロッパ連合）➡ <u>ヨーロッパ27か国が加盟</u>。

b　ASEAN（東南アジア諸国連合）➡ <u>東南アジア10か国が加盟</u>。

c　NAFTA（北米自由貿易協定）➡ <u>カナダ，アメリカ合衆国，メキシコの3か国</u>。2020年から USMCA へ。

d　AU（アフリカ連合）➡ 54か国と1地域（西サハラ）が加盟。

e　MERCOSUR（南米南部共同市場）➡ <u>ブラジル，アルゼンチン，ウルグアイ，パラグアイ，ベネズエラ，ボリビアが加盟</u>。

④<u>資源カルテル</u>　<u>資源価格の安定</u>を図り加盟国の利益を守るため，各種資源産出国により結成。

a　OPEC（石油輸出国機構）➡ <u>サウジアラビア，イラン，イラク，クウェート，UAE，リビア，アルジェリア，ナイジェリア，ベネズエラ，アンゴラ，ガボン，赤道ギニア，コンゴ共和国の13か国が加盟</u>（2020年）。

＊ カタール，エクアドルは2020年に脱退。

b　OAPEC（アラブ石油輸出国機構）➡ <u>サウジアラビア，イラク，クウェート，UAE，カタール，バーレーン，シリア，エジプト，リビア，アルジェリア，チュニジアの11か国が加盟</u>（2020年）。

c　石油以外にも銅鉱，ボーキサイトなどで資源カルテルが結成されたが，石油ほどには機能しなかった。

国境の具体例も
覚えておこうね！

地図帳をチェック ✓

□おもな自然的国境をチェックしよう！
- 山岳国境……スカンディナヴィア山脈（ノルウェー～スウェーデン），ピレネー山脈（スペイン・フランス），アンデス山脈（チリ・アルゼンチン）
- 河川国境……リオグランデ川（アメリカ合衆国～メキシコ），オーデル川（ドイツ～ポーランド）
- 湖沼国境……五大湖（カナダ～アメリカ合衆国），チチカカ湖（ペルー～ボリビア）

□おもな数理国境をチェックしよう！
141°W（アメリカ合衆国のアラスカ州～カナダ），49°N（カナダ～アメリカ合衆国），22°N（エジプト～スーダン），25°E（エジプト～リビア），141°E（インドネシア～パプアニューギニア）

□ヨーロッパの内陸国を地図帳でチェックしよう！
スイス，オーストリア，チェコ，スロバキア，ハンガリーなど。

重要用語を確認 ✓

▶独立国：2020年現在，世界には197の独立国があり，独立国とは主権，国民，領域をもつ国を指す。古くからの独立国が多いヨーロッパに対して，ラテンアメリカは第一次世界大戦前，アジアは1945～1959年，アフリカは1960年代，オセアニアは1970年代の独立国が多く，それにともなって国連の加盟国もその時期に増加していった。また，1990年代以降は，ソ連や東欧諸国など社会主義国家の崩壊にともなって成立した独立国が多く，ソ連からは15の共和国，ユーゴスラビアからは7つの共和国（コソボを含む）が誕生した。

問題 38-1

易 ☐☐☐☐☐☐☐☐分

国家の形態について述べた次の文①～④のうちから，**適当でないも**のを一つ選べ。

① 領土が海洋に面しない国を内陸国と呼び，モンゴルやボリビアがこれに該当する。

② 領土が島によって成り立っている国を島嶼国と呼び，フィリピンやキューバがこれに該当する。

③ 統治者（国家元首）が国民から選ばれた代表者である大統領や首相である国を共和国と呼び，イギリスやタイがこれに該当する。

④ 中央政府が外交や軍事を，州や共和国などの地方政府が教育や福祉など内政を担当する国を連邦国家と呼び，アメリカ合衆国やロシアがこれに該当する。

問題 38-2

易 ☐☐☐☐☐☐☐☐分

国境の多くの部分が経線・緯線などを利用した直線的な形態で設定されている例を，次の①～④のうちから一つ選べ。

① インドネシアとパプアニューギニアの国境

② スペインとフランスの国境

③ タイとラオスの国境

④ 中国とロシア連邦の国境。

現在広く見られる排他的経済水域の説明として最も適当なものを，次の①～④のうちから一つ選べ。

① 海岸線から水深200mまでの水域では，沿岸国以外の船舶の航行が規制される。
② 海岸線から24海里までの水域では，沿岸国以外の船舶による無線交信が規制される。
③ 海岸線から水深3,000mまでの水域では，沿岸国が独占的に海底ケーブルを敷設することができる。
④ 海岸線から200海里までの水域では，沿岸国が独占的に海洋資源を管理・利用することができる。

次の図は，軍事，資源，貿易の面で共通の利益があることから結びついた国家群を濃く示したものであり，ア～ウは，NAFTA（USMCA），NATO，OAPECのいずれかである。ア～ウと国家群結合の種類との組合せのうち，NATOとOAPECに該当するものを，下の①～⑨のうちからそれぞれ一つずつ選べ。

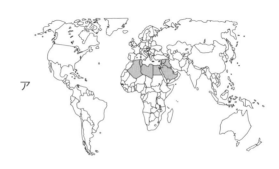

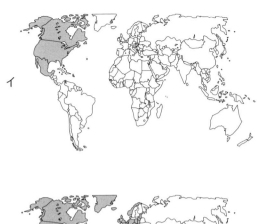

図

国家群結合の種類	①	②	③	④	⑤	⑥	⑦	⑧	⑨
	軍事	軍事	軍事	資源	資源	資源	貿易	貿易	貿易
地　図	ア	イ	ウ	ア	イ	ウ	ア	イ	ウ

次の図中のA～Dおよび日本の5か国すべてが加盟している国際的な組織の名称と，それを説明した文との正しい組合せを，次ページの①～④のうちから一つ選べ。

名称　APEC（アジア太平洋経済協力会議）

　　　OECD（経済協力開発機構）

説明　ア　自由貿易の拡大と発展途上国への経済援助をおもな目的として1961年に設立されたもので，本部をパリに置く。

　　　イ　加盟国間の経済および貿易関係の強化をおもな目的として1989年に結成されたもので，事務局をシンガポールにおく。

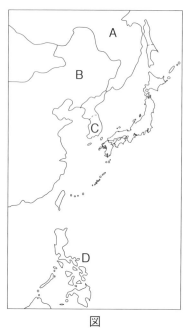

図

	名称	説明
①	APEC	ア
②	APEC	イ
③	OECD	ア
④	OECD	イ

1
2
3
4
地形 5
6
7
8
地形図 9
10
11
12
気候 13
14
15
16
17
農業 18
19
20
水産業 21
林産資源 22
エネルギー資源 23
鉱産資源 24
25
工業 26
27
28
環境問題 29
30
村落 31
衣・食・住 32
33
都市 34
35
人口 36
食料問題 37
国家・人種 38
・民族 39
交通・情報通信 40
システムの発達 41
貿易で結び 42
つく世界 43

問題 38-6   標準 □□□□□□□分

　EU（欧州連合）発足後のヨーロッパの地域経済について述べた文として適当でないものを，次の①〜④のうちから一つ選べ。

① 　EU域内の人々の移動が自由化され，国境を越えた通勤や貨物行動が活発になった。

② 　EUの東欧への拡大によってEU域内の経済関係が強化され，ヨーロッパ域外からの直接投資が減少した。

③ 　農業生産性が低い山間部の農業地域では，農業生産以外にも観光などの多面的機能が評価され，地域の活性化が図られている。

④ 　古くからの重工業地域に残る産業遺産の文化的価値が認められて，これが地域経済の再生にも活用されている。

国家群については，ただ略称を丸暗記するだけではなく，設立の目的や加盟国にも注意しよう！

問題 38-1　国家と領域

① 　② 　**❸** 　④

解説

①　領土が海に面している国を臨海国，海に面していない国を内陸国と
呼んでいるよ。世界の大部分の国は臨海国で，海洋への出入り口をもって
いるけど，**内陸国は交通や流通の面でちょっと不利**だよね。モンゴルとボ
リビアはもちろん内陸国だから，正しい文だよ。次の表でおもな内陸国を
まとめておくから地図帳を見ておいてね。

世界のおもな内陸国

地　域	国　　　　　名
アジア	モンゴル，ラオス，ネパール，アフガニスタン，カザフス タン，ウズベキスタン　など。
ヨーロッパ	スイス，オーストリア，チェコ，スロバキア，ハンガリー， 北マケドニア　など。
アフリカ	マリ，ニジェール，チャド，エチオピア，ザンビア　など。
北中アメリカ	な　し
南アメリカ	ボリビア，パラグアイ。
オセアニア	な　し

②　領土が島で構成されている国を島嶼国と呼んでいるよ。日本をはじ
め，東南アジアのフィリピン，インドネシア，西インド諸島のキューバ，
ジャマイカ，オセアニアのニュージーランド，パプアニューギニアなどが
代表的な島嶼国だね。ということは，正しい文だ。

③　統治者（国家元首）が国民から選ばれる国のことを共和国というの
は知ってただろう？　フランス，ドイツ，アメリカ合衆国，ブラジル，メ
キシコなど世界の大部分の国が共和国だ。これに対して，日本，イギリス，
オランダ，タイなどは**世襲的な君主**が統治者だから，君主国というんだ。
ほとんどの国は立憲君主制だけどね。ということは，イギリスもタイも君
主国で，共和国ではないからこの文は誤っているよ。

④　**中央政府が外交から内政まですべての業務を行うのが中央集権国家**
で，フランスや日本などが代表的だ。これに対して，州や共和国が連合し

て国家を形成している国を連邦国家と呼んでいるんだ。**地方政府**の権限が大きいことが特徴だよ。典型的な連邦国家にはアメリカ合衆国，ドイツ，スイス，ロシア，ブラジルなどがあるから，この文は正しいね。

問題 38-2　国家と国境

❶　②　③　④

　国境はそれぞれの国家の境界線で，**山地，河川**などの自然物を国境として利用した**自然的国境**と，**経緯線**などを利用した**人為的（数理）国境**があったよね。自然的国境は，古くからの自然の障壁が民族や国家の境界になったところが多いため，国家の成立が古い**ヨーロッパ**などにこのタイプの国境が多いよ。これに対して，数理国境は**アフリカ**や**北アメリカ**など比較的国家の成立が遅かった地域で見られるね。

　①　**インドネシアとパプアニューギニア**の国境は，ニューギニア島を通過する**141°E**の経線だ。これが正解だね。

　②　**スペインとフランス**の国境はピレネー山脈，③**タイとラオス**の国境はメコン川，④**中国とロシア**の国境はアムール川でともに自然的国境だ。その他の国境の例についても 知識・技能の整理 や『大学入学共通テスト地理Bの点数が面白いほどとれる本』で復習！

問題 38-3　排他的経済水域

①　②　③　**❹**

解 説

　排他的経済水域（EEZ：Exclusive Economic Zone）とは，**水産資源や鉱産資源などすべての海洋資源に対して，沿岸国に主権が与えられ，他国を排除できる**というもので，1973年の国連海洋法会議以降多くの国が200海里の EEZ を設定しているよ。

　①　排他的経済水域は，沿岸国の海岸線から200海里までの水域が一般的で，**水深は関係ない**よ。それから**船舶航行は公海と同様に自由**だから，この文はすべて間違っているね。

　②　「24海里」も誤り。それから**通信に関しては，交通とともに自由**だから，後半も誤りだよ。

　③　国際電話やインターネットなどに利用される海底通信ケーブルの敷設は，排他的経済水域内だからといって規制はないよ。この文も誤り。

　④　もちろんこれが正文だね。EEZ はもともと**発展途上国の天然資源を保護するため設定**されたものなので，EEZ の設定以降，**先進国の遠洋漁業は衰退傾向**にあるよ。もちろん日本も同様で**1973年をピークに激減**だ。

問題 38-4　NAFTA，NATO，OAPEC の加盟国

NATO	①	②	❸	④	⑤	⑥	⑦	⑧	⑨
OAPEC	①	②	③	❹	⑤	⑥	⑦	⑧	⑨

解説

　NATO 加盟国はやや難しいかもしれないけど，NATO が北大西洋条約機構つまり北大西洋に面している国々が中心であることがわかれば判定できるよ。国家群に関しては，略称（できるだけ原語で理解していると楽だよ），設立目的を学習しておこう。

　ア　加盟国が，西アジアのイラク以西の国々から成っていることから，アラブの産油国から構成される OAPEC（アラブ石油輸出国機構，Organization of Arab Petroleum Exporting Countries）だ。アラブ諸国の石油権益を守り，石油産業の発展を目指しているよ。参考までに OPEC（石油輸出国機構）との関係は，OPEC の協定を優先し，補完する役割を目指しているようだね。

　イ　カナダ，アメリカ合衆国，メキシコから成る NAFTA（北米自由貿易協定，North American Free Trade Agreement）だよ。域内の関税の撤廃，金融，運輸通信，サービス市場の開放など企業の投資自由化を目指しているんだ。まぁ，簡単に言えば加盟国間の貿易がしやすくなり，企業の進出も簡単に出来るようにしようということだね。1994年にスタートし，域内総生産は EU を上回るほどのかなり強力な地域経済共同体だよ！2020年に，新しい協定である USMCA（アメリカ合衆国，メキシコ，カナダ協定）が発効されたよ。

　ウ　北大西洋に面している国々が中心だから NATO（北大西洋条約機構，North Atlantic Treaty Organization）だとわかるよ。東西冷戦時代には，ソ連や東欧諸国からなる WTO（ワルシャワ条約機構）に対抗する西側の集団防衛機構としての役割を果たしていたけど，現在は東欧諸国やバルト三国など旧ソ連諸国の一部も加盟しているよ。『大学入学共通テスト　地理Bの点数が面白いほどとれる本』で国家群については確認しておこう！

問題 38-5　APEC と OECD

① **②** ③ ④

解説

APEC（アジア太平洋経済協力会議，Asia Pacific Economic Cooperation）と OECD（経済協力開発機構，Organisation for Economic Co-operation and Development）の設立目的と加盟国に関する問題だね。すべての加盟国を覚える必要はないけど，それぞれの組織の性格を理解していれば簡単に解けるよ。

APEC はオーストラリアの提唱で発足した組織で，**アジア・太平洋地域の貿易拡大や投資の促進**などを通して，加盟国の経済発展を目指そうとしているんだ。日本，韓国，中国などのアジア諸国やオーストラリア，ニュージーランドなどのオセアニアだけでなく，アメリカ合衆国，ロシア，チリなど広く環太平洋諸国が加盟しているのが特徴だね。ただ EU や NAFTA（USMCA）のような強力な組織じゃなくて緩やかな協力体だよ。

OECD は**自由貿易の拡大と発展途上国への援助促進**によって世界経済の発展を目指そうという組織だ。「先進国クラブ」というニックネームがついているように「自称」**先進国**が加盟しているんだよ。日本，アメリカ合衆国，EU，**カナダ**，**オーストラリア**をはじめとし，近年はメキシコ，韓国，**イスラエル**，チリなども加盟していることに注意しよう！

問題 38-6　EU（欧州連合）発足後のヨーロッパの地域経済

① **❷** ③ ④

解説

EU 発足後のヨーロッパの変化についての短文正誤問題だね。

①　EU 域内では，「EU４つの自由化」と呼ばれる「**人，モノ，資本，サービス**」が自由化（域内移動が自由にできるってこと）されているから，人やモノの移動が円滑化し，特に人については**シェンゲン協定**（1995年発効）によって**国境管理（国境を越えるときのチェック）も廃止**されたから，**通勤や買い物行動が活発化**しているよ。たとえば，国外に通勤したり，国外にちょっとしたショッピングに行ったり。日本にいるととても考えられないよねえ。もちろん，この文は正しいよ。

②　EU 域内の経済関係が強化され，域内の投資が増加しているのは確かだけど，「**ヨーロッパ域外からの直接投資が減少**」というのは，明らかに誤り！　日本やアメリカ合衆国など先進国からも東欧など新しい加盟国へ投資は増加しているよ。

③　これは日本も同様で，農村地域における農業生産以外の観光（**農村地域に滞在し，農家の生活や文化に触れるグリーンツーリズム**）などの機能を評価し，**地域の活性化**を図っているんだ。もちろん正しいよ。

④　現在は中心的な存在ではないんだけど，産業革命期などでは中心だった地域を**産業遺産**として評価する動きは日本でも活発だ（各地に産業遺産はあるから，大学生になったら行ってごらん！　時代の背景や人間の知恵や努力に感動するよ）。この文も正しい。

バッチリ
できたよね！

人種・民族と民族・領土問題

知識・技能の整理

📍人　　種

皮膚の色，毛髪の色や形，骨格など生物学的（身体的）特徴で人類を分類。ただし，混血が進むため厳密な区分は不可能。

①**モンゴロイド**（黄色人種）　アジア系人種で，東アジア，東南アジアを中心に居住。

②**コーカソイド**（白色人種）ヨーロッパ系人種で，ヨーロッパ，北アフリカ，西アジア，南アジアを中心に居住。ヨーロッパ人の移住先である新大陸にも分布。

③**ネグロイド**（黒色人種）アフリカ系人種で，中南アフリカを中心に居住。奴隷として強制移住させられた南北アメリカ大陸にも分布。

④**オーストラロイド**　ニューギニア～オーストラリアに居住。オーストラリアの先住民アボリジニー。

📍民　　族

言語，宗教，生活様式など文化的特徴で人類を分類。帰属意識や仲間意識は言語との関わりが大きいため，民族を語族に置き換えることが多い。

①**インド＝ヨーロッパ語族**　ヨーロッパ～インドにかけて分布。

　a　ゲルマン語派➡北西ヨーロッパ中心。英語，ドイツ語，オランダ語，ノルウェー語，スウェーデン語など。

　b　ラテン語派➡南ヨーロッパ中心。スペイン語，イタリア語，ポルトガル語，フランス語，ルーマニア語など。

　c　スラブ語派➡東ヨーロッパ～ロシア中心。ポーランド語，チェコ語，ロシア語など。

　d　そ の 他➡ヒンディー語（インド），ペルシャ語（イラン），ケルト語（アイルランド）など。

②**アフリカ＝アジア語族**　北アフリカ～西アジアにかけて分布。アラビア語，ヘブライ語（ユダヤ人）など。

③**ウラル語族**　フィンランド語，エストニア語，ハンガリー（マジャール）語など。

④**アルタイ諸語** トルコ語，モンゴル語など。トルコ～中央アジアにかけて分布。

⑤**シナ＝チベット諸語** 中国～チベットにかけて分布。**中国語**，チベット語，ミャンマー語など。

⑥**オーストロネシア**（マレー＝ポリネシア）**語族** 東南アジア島嶼部~オセアニアにかけて分布。マレー語，フィリピノ語，インドネシア語，マダガスカル語，マオリ語（ニュージーランド）など。

⑦**ニジェール＝コルドファン諸語** 中南アフリカにかけて分布。

⑧**インディアン諸語** アメリカ大陸に分布。南アメリカの**ボリビア**，**ペルー**ではインディオの言語も公用語に採用。

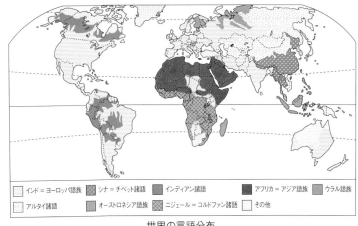

| インド＝ヨーロッパ語族 | シナ＝チベット諸語 | インディアン諸語 | アフリカ＝アジア語族 | ウラル語族 |
| アルタイ諸語 | オーストロネシア語族 | ニジェール＝コルドファン諸語 | その他 | |

世界の言語分布

📍 **公用語** 公的な場や書面で使用する言語。公用語を１つに定めている国が多いが，複数の公用語を採用している国もある。

複数公用語のスイス（ドイツ語，フランス語，イタリア語，レートロマン語），シンガポール（マレー語，中国語，タミル語，英語），ベルギー（オランダ語，フランス語，ドイツ語），カナダ（英語，フランス語）など。

言語	人口(百万人)
中国語	1,299
スペイン語	442
英語	378
アラビア語	315
ヒンディー語	260
ベンガル語	243
ポルトガル語	223
ロシア語	154
日本語	128

第一言語による区分。統計年次は 2018年。
世界のおもな言語人口

 宗　　　教　人生観・価値観を規定し，日常生活にも影響。

①**世界宗教**　不特定多数の人々に対する教えで，多くの<u>地域や民族を超えて伝播</u>。

　a　キリスト教➡パレスチナ（西アジア）が発祥地。イエス＝キリストが創始。ヨーロッパとその植民地に伝播。

　　(1)　ローマ＝カトリック（旧教）　おもにラテン系民族。

　　(2)　プロテスタント（新教）　おもにゲルマン系民族。

　　(3)　オーソドックス（正教会，東方正教）　おもにスラブ系民族。

　b　イスラム教➡アラビア半島が発祥地。ムハンマドが創始。アラビア人の交易やイスラム帝国の領土拡大により伝播。

　　(1)　スンナ派　多数派で，大部分のイスラム国家。

　　(2)　シーア派　少数派で，イラン，アゼルバイジャン。

　c　仏　　　教➡インド半島北部が発祥地。釈迦が創始。インドではヒンドゥー教やイスラム教に押され衰退。

　　(1)　上座仏教　スリランカ，ミャンマーなどインドシナ半島に分布。

　　(2)　大乗仏教　中国，朝鮮半島，日本，ベトナムに分布。

　　(3)　チベット仏教　チベット，モンゴルに分布。ラマ教ともいわれる。

②**民族宗教**　特定の民族や地域に結びついた宗教。

　a　ヒンドゥー教➡インドを発祥地とする多神教で，インド人の民族宗教。輪廻転生の思想とカースト制度が根幹。宗教人口はキリスト教，イスラム教に次ぐ。

466

b　ユダヤ教➡パレスチナを発祥地とするユダヤ人の民族宗教。選民思想が根幹。イスラエルやユダヤ人の移住地（アメリカ合衆国，ヨーロッパ諸国などにも散在）。

③**原始宗教**　中南アフリカなどには広く分布。アニミズム（霊魂崇拝），シャーマニズム（巫女信仰）など自然崇拝的な性格が強い。

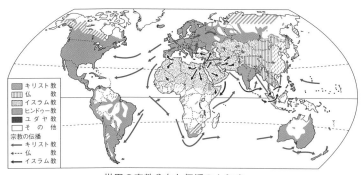

世界の宗教分布と伝播のようす

民族・領土問題

①**民族と宗教をめぐる問題**

a　パレスチナ問題➡**イスラエルの建国**にともなうユダヤ人（ユダヤ教徒）とアラブ人（イスラム教徒）の対立。**アラブ系パレスチナ人が難民化**。

b　北アイルランド問題➡イギリス系プロテスタントとアイルランド系カトリックとの対立。

c　ボスニア問題➡**ユーゴスラビア連邦**分裂の際，ボスニア＝ヘルツェゴビナの住民のうち，独立を望むボシュニャック人（**イスラム教徒**），クロアチア人（**カトリック**）と，連邦への残留を望むセルビア人（**正教徒**）が対立。和平成立により，ボスニア＝ヘルツェゴビナは独立し，連邦制に移行。

②**民族と言語をめぐる問題**

a　ベルギー➡北部のオランダ系フラマン人と南部のフランス系ワロン人が対立するが，近年連邦制に移行。オランダ語，フランス語，ドイツ語を公用語に指定。

b　カ　ナ　ダ➡**フランス系住民**が多いケベック州での分離独立運動。
　　イギリス系とフランス系の融和を図るため，英語とフランス語

を公用語に指定。

  c　スリランカ➡多数派のアーリア系シンハラ人（仏教徒）と少数派のドラヴィダ系タミル人（ヒンドゥー教徒）が対立。シンハラ語とタミル語を公用語に指定。

③**少数民族をめぐる問題**

  a　クルド人問題➡トルコ，イラク，イラン付近に広がるクルディスタン地方にはイスラム教徒のクルド人が居住するが，周辺各国で少数民族として抑圧され，イラン・イラク戦争，湾岸戦争など戦時には難民化。

  b　オーストラリアの先住民➡ヨーロッパ系白人の入植や開拓により先住のアボリジニーは激減したが，近年は保護政策や権利回復により6万人から20万人に増加。

④**領土と国境をめぐる問題**

  a　日　　本

  ⑴　北方領土問題　択捉島，国後島，歯舞群島，色丹島をめぐるロシアとの領土問題。

  ⑵　竹島問題　日本海上の竹島（島根県）をめぐる韓国との領土問題。

  ⑶　尖閣諸島問題　尖閣諸島（沖縄県）は，日本が実効支配を続けているが，中国が領有権を主張。

  b　南沙群島問題　南シナ海の南沙群島領有問題。水産資源と石油・天然ガスをめぐり中国，台湾，フィリピン，マレーシア，ブルネイ，ベトナムが領有権を主張。

  c　カシミール問題　インド北西部のカシミール地方帰属問題で，インドとパキスタンが領有を主張。

生活と文化

1
2
3
4
地形 5
6
7
8
地形図 9
10
11
12
気候 13
14
15
16
17
農業 18
19
20
水産業 21
林産資源 22
エネルギー資源 23
鉱産資源 24
25
工業 26
27
28
環境問題 29
30
村落 31
衣・食・住 32
33
都市 34
35
人口・ 36
食料問題 37
国家・人種 38
・民族 39
交通・情報通信 40
システムの発達 41
貿易で結び 42
つく世界 43

地図帳を チェック ✔

　フィンランド，エストニア，ハンガリーに「ウラル系」と書き込んでおこう！

　オーストラリア東方のフランス領ニューカレドニアをチェックして，「フランス領」と書き込んでおこう！

　パキスタンとバングラデシュをチェックして，ともに「イスラム教」と書き込んでおこう！

重要用語を 確認 ✔

▶**多言語国家**：世界には日本のようにほぼ単一の言語が使用されている国と，複数の言語が使用されている国があり，後者を**多言語国家**と呼んでいる。特に公用語が複数採用されている国はその典型で，スイス（ドイツ語，フランス語，イタリア語，レートロマン語），ベルギー（オランダ語，フランス語，ドイツ語），カナダ（英語，フランス語），ニュージーランド（英語，マオリ語），シンガポール（マレー語，中国語，タミル語，英語），スリランカ（シンハラ語，タミル語）などは頻出なので注意したい。

▶**北アイルランド問題**：アイルランドは，12世紀ごろよりイングランドの勢力が及び，1800年に正式にイギリス連合王国の一部となった。1922年に北部を除いたアイルランドが自治領となり，後に独立を達成した。北部アイルランドは17世紀以降イングランドやスコットランドから移住が行われたため，イギリス系のプロテスタントが多数を占める独自の社会を形成することになり，**アイルランドから分離し，北アイルランドとしてイギリス連合王国の一員**となっている。アイルランド系カトリック教徒による武力闘争が激化し，北アイルランド紛争が泥沼化したが，近年イギリス，アイルランド両国による北アイルランド問題に関する包括的な和平に合意した。

人種の分布に関して，下の問い（**問1・2**）に答えよ。

問1 次の図は，大航海時代が始まる以前の，地球上の人種の分布を大まかに示したものである。図中で，自然的要因が大きな障害となり，人種の分布の境界となっている例として**適当でないもの**を，下の①～④のうちから一つ選べ。

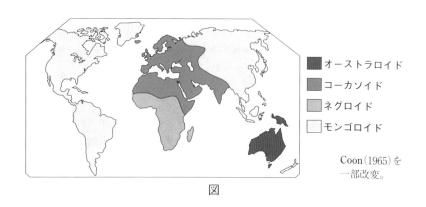

オーストラロイド
コーカソイド
ネグロイド
モンゴロイド

Coon(1965)を一部改変。

図

① 地中海を挟んだヨーロッパとアフリカ
② ヒマラヤ山脈を挟んだ中国とインド
③ 北大西洋を挟んだ北アメリカとヨーロッパ
④ サハラ砂漠を挟んだ北部アフリカと中部アフリカ

問2 上の図と今日の地球上の人種の分布を比べたとき，その間の分布の変化について述べた次の文①～④のうちから，最も適当なものを一つ選べ。

① コーカソイドの分布域が，おもにヨーロッパ地域で縮小した。
② モンゴロイドの分布域が，おもにアフリカ地域で拡大した。

③　オーストラロイドの分布域が，おもにオセアニア地域で拡大した。

④　ネグロイドの分布域が，おもに南北アメリカ地域で拡大した。

問題 39-2

標準　□□□□□□□□分

　右の図は，ユーラシア大陸西部における言語分布を，ウラル系，ゲルマン系，スラブ系，ラテン系，その他の五つに大別して示したものである。この図を参考に，当地域の言語分布に関して述べた次の文①〜④のうちから，**適当でないもの**を一つ選べ。

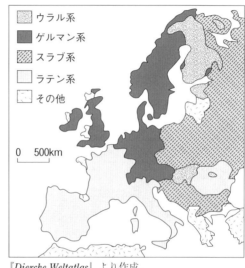

凡例
- ウラル系
- ゲルマン系
- スラブ系
- ラテン系
- その他

0　500km

『*Diercke Weltatlas*』より作成。

図

①　ヨーロッパの言語分布には，複雑な民族移動の結果が反映されている。

②　ゲルマン系言語の分布とラテン系言語の分布の境界は，現在の国境と完全に一致する。

③　東ヨーロッパに孤立する形で分布しているラテン系言語は，ルーマニア語である。

④　図中に「その他」で示されている言語の分布には，ギリシャ語やトルコ語の分布地域が含まれている。

世界の宗教に関して，下の問い（**問1・2**）に答えよ。

問1 ある言語を共有する社会集団が，特定の宗教・宗派と結びつく例として最も適当なものを，次の①〜④のうちから一つ選べ。

① チベット語とヒンドゥー教　　② ヘブライ語とユダヤ教

③ ポルトガル語と正教会　　　④ マレー語と仏教

問2 次の写真は，それぞれある宗教に見られる建築様式を示している。これらの宗教のおもな伝播範囲について述べた次ページの文①〜⑤のうちから，写真ア・イに該当するものをそれぞれ一つずつ選べ。

写真ア　　　　　　　　　　　写真イ

① 東アジア・東南アジアのモンスーン地域のほか，アジア内陸の高地やステップ地域にも及んでいる。

② 中央アジアを除く旧ソ連地域と東ヨーロッパの一部が中心となる。

③ 西アジア・中央アジア・北アフリカの乾燥気候地域が中心だが，東南アジアの一部の国にも広がっている。

④ 北ヨーロッパと北アメリカのアングロサクソン系住民の分布範囲とよく対応する。

⑤ 南アメリカ大陸を含むラテン系言語の使用地域のほとんどが含まれる。

問題 39-4

標準 □□□□□□□□分

　世界各地で発生してきた国家の独立や自治権拡大を求める運動について述べた文として最も適当なものを，次の①〜④のうちから一つ選べ。

① 北アイルランドでは，アイルランド系のプロテスタントが，カトリックの多いイギリスからの分離とアイルランドへの帰属を求める動きがある。

② 華人の割合が高いシンガポールは，マレー系住民の割合が高いインドネシアから分離して独立した。

③ ヒンドゥー教徒が多数を占めるバングラデシュは，イスラム教徒が多いパキスタンから独立した。

④ フランスとスペインの国境地帯にまたがるバスク地方には，独立国家の建設や自治権拡大を求める動きがある。

　多くの人種・民族により構成される国々では，多様な人種・民族の共存への取組みが行われている。その取組みとそれに関することがらについて述べた文章として下線部が**適当でないもの**を，次の①〜④のうちから一つ選べ。

① オーストラリアでは，長い間実施されてきた白豪主義政策が廃止され，多文化社会の実現が目指されてきた。移民が急増し，<u>ラテンアメリカ出身者が移住者の大半を占めるようになり，先住民の復権もすすめられている</u>。

② シンガポールでは，中国系住民のほか，インド系，マレー系住民が居住しているため，公用語は英語，タミル語，中国語，マレー語であり，<u>教育現場では，英語がおもに用いられている</u>。

③ フランスでは，南太平洋，インド洋，カリブ海などにある海外県にも本国と同じ制度が導入されており，<u>海外県は国会議員をパリに送り，高等学校の卒業資格試験などの国家試験を本国と同じように行っている</u>。

④ 南アフリカ共和国では，長年にわたり白人が先住民を支配する政策が行われてきた。国際社会からの批判もあり，1991年までに<u>人種差別に関連する法律が廃止</u>されたが，今なお白人の経済的優位は続いている。

解答・解説

問題 39-1　人種の分布

問 1

❶　②　③　④

解説　人種分布の境界

　人種は，人類集団を肌（はだ）の色や骨格などの生物学的（身体的）特徴（とくちょう）で分類したものだったね。図の凡例（はんれい）にあるオーストラロイド，コーカソイド（白色人種），ネグロイド（黒色人種），モンゴロイド（黄色人種）に大別されるよ。特に人口が少ないオーストラロイドを除いて，**3大人種区分を用いる**ことが多いね。厳密には人種区分そのものがあやしい区分（世界の人類はみんな混血をしてきたから）だけど，おおよその分布は学習しておこうね！

　設問文に「**大航海時代以前**」とあるから，この図は15世紀末以降にヨーロッパ人がアジア，アフリカ，南北アメリカなど**世界各地に進出し，植民活動を行う前の人種分布**を示しているということだよ（つまり世界各地の住民があまり移動していないということ）。図をしっかり見れば，この問題は全員正解のはず！(^o^)

　①　地中海を挟んでヨーロッパとアフリカには**コーカソイド（白色人種）が居住**していたから，地中海は人種分布の境界にはなっていないよね。これは誤りだ。今でも，**北アフリカから西アジアにかけてはコーカソイド（アラブ人など）が居住**していることに注意しよう！

　②　ヒマラヤ山脈は，**モンゴロイドとコーカソイドの境界**になっているから正しいね。ヒマラヤ山脈の**南側**（現在のインド付近）は**コーカソイド**，北側（チベット付近）は**モンゴロイド**が分布しているよ。

　③　アメリカ大陸発見前，南北アメリカ大陸に居住していたのは，**モンゴロイド**だったんだ。もちろんかれらは氷期（ひょうき）の海面低下時に陸化したベーリング海峡を通って，ユーラシア大陸から移動してきたモンゴロイドの子孫で，アメリカ大陸先住民のイヌイット，インディアン，インディオ（インディヘナ）のことだから，この文も正しいよ。

　④　サハラ砂漠を挟んで北アフリカには**コーカソイド**，中南アフリカには**ネグロイド**が居住しているから，これも正しいね。

問2

| ① | ② | ③ | **④** |

解説 大航海時代以前と現在の人種分布の変化

① ヨーロッパにおけるコーカソイドの分布地域は，ほとんど今と変わらないから，誤りだね。

② モンゴロイドの移住は，アフリカ地域にはほとんどなかったよ。もちろん誤りの文だ。例外は**マダガスカル**で，マダガスカルには**インドネシア付近から移動してきたモンゴロイドの子孫も居住**していたんだ。

③ オーストラロイドは，**オーストラリアの先住民**であるアボリジニーやニューギニアに居住している人々なので，ほとんど拡大してないよ（逆にヨーロッパ人の入植によって縮小している）。これも誤りだ。

④ これが正文だね。もちろん，**ヨーロッパ人によるネグロイド（アフリカ系黒人）の強制移住（奴隷）**のことを言いたいんだろうな。奴隷貿易は19世紀末まで行われ，数千万人というものすごい数の黒人奴隷が輸出されたんだ。輸出された奴隷は，**アメリカ大陸やカリブ海地域でプランテーション労働力**に利用されたんだね。一時期はアフリカ大陸の人口減少を招いたというとんでもない話だ。

問題 **39**-2　ヨーロッパの言語分布

1
2
3
4
地形　5
6
7
8
地形図　9
10
11
12
気候　13
14
15
16
17
農業　18
19
20
水産業　21
林産資源　22
エネルギー資源　23
鉱産資源　24
25
工業　26
27
28
環境問題　29
30
村落　31
衣・食・住　32
33
都市　34
35
人口・　36
食料問題　37
国家・人種　38
・民族　39
交通・情報通信　40
システムの発達　41
貿易で結び　42
つく世界　43

①　**②**　③　④

　民族は，**人類集団を文化的な特徴によって分類**したものだね。もっと言葉を砕いて説明すれば，連帯意識（自分たちは仲間なんだ！　っていうこと）をもっている集団ということだよ。お互いの意思を伝えるには，言語が同じだと簡単だよね（それでもなかなかわかり合えないときもあるけど……）。つまり**民族は語族と置き換えて考えればいい**ということだ。

　ヨーロッパには，インド＝ヨーロッパ語族に属する言語を話す人々が多く，特に**ゲルマン系，ラテン系，スラブ系**の分布地域に注意しようね！図中のウラル系は，**もともとアジア系の言語**だったんだけど，**フィンランド，エストニア，ハンガリー**などでも使用されているよ。

　①　正しい文だね。古代ヨーロッパでは，地中海沿岸にラテン系，北西ヨーロッパには**ケルト系**（**ヨーロッパ先住民**で，現在の**アイルランド**などに居住）民族が居住していたんだ。その後，ゲルマン系民族の移動などにより，現在のような「**南ヨーロッパにラテン系，北西ヨーロッパにゲルマン系，東ヨーロッパにスラブ系**」という分布が確立していったんだよ。

　②　確かに，ゲルマン系言語の分布とラテン系言語の分布の境界は，現在の国境と似てるけど，「**完全に一致**」はしていないよね。たとえば，**スイス**（**ドイツ語，フランス語，イタリア語，レートロマン語**）や**ベルギー**（**オランダ語，フランス語**など）は国内にラテン系言語地域とゲルマン系言語地域があるから。この文は誤りだね。

　③　ルーマニア（**Romania** ➡ スペルを見たら，意味がわかるよね？「ローマ人の国」の意味だ）は，古代ローマから移住した人々の子孫，つまり**ラテン系言語を使用する人々**が居住しているんだ。東ヨーロッパには**スラブ系言語**が広く分布しているのに，ぽつりと**ラテン系ルーマニア語**が分布しているんだね。この文は正しいよ。

　④　ちょっぴり難しいけど，この文は正しいね。ギリシャでは**インド＝ヨーロッパ語族のギリシャ語**，トルコは**アルタイ諸語のトルコ語**を使用する人々が多いから，図中の「その他」に含まれているよ。ただせっかく言語系統がわかっていても，地図上でギリシャとトルコの位置がわからなければ解答できないので，**国名と位置は十分に注意してね！！！**

問題 39-3　世界の宗教

問1

| ① | ❷ | ③ | ④ |

解説　民族と宗教との結びつき

　① チベット語は**シナ＝チベット諸語**に属する言語で，チベット仏教（ラマ教）との結びつきはあるけど，ヒンドゥー教とは関係がないよ。もちろん**ヒンドゥー教はヒンディー語との結びつきが深い**からね。

　② ヘブライ語は，アラビア語と同じように**アフリカ＝アジア語族**に属する言語で，ユダヤ人が使用する言語だから，**ユダヤ教との結びつきが深い**んだ。キリスト教やユダヤ教の聖典の一つである『旧約聖書』は，ヘブライ語で書かれていたんだよ。これが正解だね。

　③ キリスト教（ここでは，その一派である**正教会**）とイスラーム（イスラム教），④仏教はともに「世界宗教」と呼ばれ，特定の民族集団と結びついているわけではないよ。ヒンドゥー教やユダヤ教のような民族宗教とは違うんだ。だから③と④はともに誤りだね。宗教がちょっとやばいなぁと感じる人は，**知識・技能の整理**と『大学入学共通テスト　地理Bの点数が面白いほどとれる本』でしっかりと確認をしておこう！

問2

| ア | ❶ | ② | ③ | ④ |
| イ | ① | ② | ❸ | ④ |

解説　宗教施設

　まず，写真を見て宗教施設を判定してみよう！　**ア**は仏教寺院で，ストゥーパ（名前を覚える必要はないが，これは「天と地を結ぶ軸」を表している）と呼ばれる塔が林立しているのがわかるね。日本の仏教寺院とは明らかに造りが違うなぁ。**イ**は中央のドーム型のモスクと呼ばれる**礼拝堂**からイスラム教寺院だと判定しよう。では，次に選択肢の文に宗教をあてはめてみるよ。①は仏教，②はキリスト教のオーソドックス（**正教会，東方正教**），③はイスラーム（イスラム教）の記述で，**東南アジアの一部とはインドネシア，マレーシア，ブルネイ**などのこと，④はキリスト教のプロテスタント（**新教**），⑤はキリスト教のカトリック（**旧教**）に関する記述だ。ということは，**ア**が①の仏教，**イ**が③のイスラム教だ。宗教の分野

が頭の中でごちゃごちゃして整理されていない人は，**簡単にノートにでも**
まとめておこう！ 民族や宗教などの分野は，ある程度の**知識がないとそ**
の場で考えてもわからないからね。

問題 39-4 民族問題

① ② ③ **❹**

解説

① 北アイルランドは，アイルランド島の北部を占める地域で，**イギリ**
スの一部だよ。もちろんアイルランド島の大部分はアイルランドなんだけ
どね。北アイルランドでは，**イギリス系のプロテスタント**と先住の**アイル**
ランド（ケルト）系カトリック教徒との間で対立が見られるんだ。した
がって，文中の「アイルランド系のプロテスタントが，カトリックの多い
イギリスからの分離……」の部分が誤っているね。

② **中国系住民が約80％を占めるシンガポール**は，マレー系住民が多数
を占める**マレーシアから分離独立**したんだ。この文も誤りだよ。インドネ
シアから分離独立したのは，**東ティモール**（2002年）だね。間違えないよ
うにしてよ！

③ バングラデシュは，第二次世界大戦後に**イギリス領インド**から，パ
キスタンの一部（かつての東パキスタン）**として独立**したんだ。当時のパ
キスタンは**イスラム教国として独立**したんだから，その一部であったバン
グラデシュも住民の大部分が**イスラム教徒**（ムスリム）だよ。「ヒンドゥー
教徒」が誤りだね。

④ **スペイン～フランスの国境付近**に居住するバスク人は，言語系統が
不明で，スペインやフランスなどのインド＝ヨーロッパ語族とは異なる語
族みたいだね。スペイン，フランス両国のバスク人が統一して**独立しよう**
という運動も続けられているよ。この文が正文だ。

問題 39-5　人種・民族の共存への取組み

❶　②　③　④

解説

　世界の国々にはさまざまな人種や民族が居住していて，各地で共存への取組みが行われているんだ。人種・民族を苦手としている受験生が多いので，できるだけていねいに説明しておこう。

　①　オーストラリアは**イギリス領**時代，**イギリス系白人**によって入植，開拓が行われたよ。最初のころは鉱山などでの労働力を確保するため**中国などアジア系住民**も受け入れたんだけど，だんだん考え方が変わってくるんだ。イギリス系移民にとって快適なイギリス風国家を建設したかったことと，白人の雇用を確保したかったことから，**有色人種の移民を制限する**「白豪主義」政策をとるようになったんだよ。でも1970年代にオーストラリアの政策は大きく変わるんだ！　**イギリス*のEC（現EU）加盟**による国際関係の変化や労働力不足による**経済停滞**をきっかけとして，1970年代に「白豪主義」を撤廃し，「多文化主義」政策に大転換を図ったんだよ。ここから，オーストラリアは，「自分はアジア・太平洋諸国の一員だ！」と自覚を新たにし，アジア・太平洋諸国を中心に経済や文化交流を図っているんだ。だから，「ラテンアメリカ出身者が移住者の大半」というのは誤りだね。**近年，増加している移住者は，東南アジアや中国などアジア出身者が多い**ことに注意しよう。*2020年にEUを脱退。

　②　「シンガポールは，住民の約80％が中国系だ」という話を**問題39-4**の②でしたよね。シンガポールの公用語は何だか知ってる？　公用語は中国語だけじゃないんだよ。中国語に加え，マレー語，タミル語，英語と全部で4つの言語を指定し，全民族の協調を図っているんだね。マレー語は先住のマレー系住民，タミル語は移住者の**インド系住民の言語**で，学校教育では国際語としての英語教育に力を入れているんだよ。すごいねえ，人口はわずかに570万人強しかいないのに，**公用語が4つもあるなんて！**　したがって，この文は正しいよ。

　③　フランスは，**イギリスとともにかつては多くの植民地を領有していた**んだったね。現在はそのほとんどが独立するかフランスの海外県となっているよ。**メラネシアのニューカレドニア，タヒチ島などフランス領ポリネシア，南アメリカのギアナ，西インド諸島のマルチニーク島，インド洋のレユニオン島**などフランスの海外県は，制度的には**フランス本国と同じ**

制度が導入されてるし，国会議員を送ったり，国家試験も行われているんだ。したがって，この文は正しいよ。

④　南アフリカ共和国は当初，オランダ系**白人**やイギリス系**白人**の入植によって開拓が始められ，後にイギリス領になったことは知っているよね？　白人の入植以来，長年にわたって**白人が先住のアフリカ系黒人を支配する政策**が行われてきたんだ。これこそが悪名高い「アパルトヘイト（人種隔離政策）」だよ。この政策は白人政権によって非白人（アフリカ系黒人，アジア系，混血など）を生活のすべての面で差別し，低賃金労働者として利用していこうとする政策だったんだよ。でも，黒人の解放闘争と国際社会からの強烈な批判を受け，本文中にあるように1991年，**すべてのアパルトヘイト法は廃止**されることになるんだ。だけど長い間の差別や白人の搾取によって**多くの黒人は貧困層を形成**することになっているのが現実だ。したがって，この文は正しいよ。

民族・領土問題では，国名，民族名を覚えるだけじゃなく，背景やそれぞれの関係性をとらえておかなければならないよ。

交通の発達

知識・技能の整理

📍 **交通の発達** 交通機関の発達は，時間距離を短縮。

① **人の移動** 人々の行動範囲を拡大し，人や文化の交流を活発化。

② **物の移動** 貿易を拡大し，経済発展を促進。さらに流通産業の発達や産業の地域分化も進展。

③ **発達の歴史** 産業革命前，人（物）の移動手段は徒歩（担夫），馬車，帆船などに限られていたが，18世紀後半の産業革命以降，蒸気船，蒸気機関車が発達・普及。19世紀末に自動車が発明され，20世紀以降急速に普及。第二次世界大戦前後から航空機が発達し，1970年代以降は大型ジェット旅客機の運航により，航空交通が大衆化。

📍 **陸上交通** 産業革命後は鉄道が陸上交通の主役であったが，第二次世界大戦後，旅客・貨物ともに自動車による輸送が著しく増加。

① **鉄道交通** 長距離大量輸送が可能で，定時性に優れるが地形的な障害に弱い。近年は，道路輸送の発達により地位低下。

  a 大陸横断鉄道 ➡ 北アメリカやロシア（シベリア鉄道）など広大な土地の開拓に大きく貢献（開拓鉄道）。近年は，韓国，台湾，中国なども導入。

  b 高速鉄道 ➡ 先進国では大都市間の中長距離旅客輸送で発展。日本の新幹線やフランスの TGV に倣い導入が進展。

  c 大都市圏内の旅客輸送 ➡ 大都市圏内では通勤・通学などの旅客輸送に地下鉄，近郊鉄道などが発達。渋滞を起こさず，大気汚染物質も排出しないため，環境に優しい輸送手段として見直しの方向。ヨーロッパでは LRT（新型路面電車：郊外では鉄道並みの速度で運行し，市街地では路面電車として運行）の導入も進む。

  d 都市や人々の生活の変容

  （1） 都 市 駐車場をもたない古くからの駅前商店街などが衰退。郊外に大規模な駐車場をもつショッピングセンターが立地するなど都市郊外が発展（郊外化）。

(2)　生　　活　　行動範囲が拡大しただけでなく，ワンストップ
　　ショッピングといわれる<u>自動車によるまとめ買い</u>が増加。

②<u>自動車交通</u>　20世紀以降急速に発展。特に<u>第二次世界大戦後の高速</u>
　<u>道路網の整備</u>，一般道路の拡幅，駐車場の整備などによって，<u>陸上</u>
　<u>交通の主役</u>となる。

　a　モータリゼーション ➡ 先進国では所得の向上にともない<u>自動</u>
　　<u>車の普及率が上昇</u>し，<u>人々の生活に自動車が欠かせない社会</u>とな
　　る。

　b　戸口輸送➡<u>最終目的地まで輸送が可能</u>（door to door），利便
　　性に富むため特に貨物輸送では鉄道を圧倒。

　c　高速道路 ➡ かつては短距離輸送を担ってきたが，<u>第二次世界</u>
　　<u>大戦前後</u>から世界各地で高速道路の建設が進み，自動車による長
　　距離高速輸送が可能となる。アウトバーン（ドイツ），アウトス
　　トラーダ（イタリア）など。

　d　自動車社会の問題点 ➡ 窒素酸化物などの大気汚染物質を排出
　　し，温室効果ガスのCO_2排出量も多いため，都市部では乗り入
　　れ規制，パークアンドライド（自動車を都市郊外の駐車場にとめ
　　て，鉄道などに乗り換えて都心に入る），ロードプライシング
　　（入域課金制）を導入している国や都市もある。

📍 水上交通

　　　　　　　　産業革命後，蒸気船の発明・普及により飛躍的
　　　　　　　　に発展。速度は遅いが，大量にしかも安価な輸送
が可能。近年は，貨物の積み下ろし時間の短縮を図るため，コンテ
ナ船，オイルタンカー，鉱石専用船，自動車運搬船など，<u>船舶の高</u>
<u>速化・専門化</u>が進展。

①<u>内陸水路交通</u>　ヨーロッパでは産業革命期以降，<u>内陸の工業地域</u>
　<u>（ルール工業地域など）の発展</u>に貢献。河川勾配が緩やかで，<u>水量</u>
　<u>が安定</u>しているヨーロッパではライン川，ドナウ川などの可航河川
　が多く，<u>運河網も整備</u>され内陸水路交通が発達。

②<u>海上交通</u>　輸送コストが安く，長距離大量輸送が可能なため，<u>世界</u>
　<u>貿易の中心的な輸送手段</u>。

📍 航空交通

　　　　　　　　<u>輸送コストは高い</u>が，長距離を最も高速で輸送
　　　　　　　　することが可能。近年は，大型ジェット旅客機の
就航により<u>航空旅客輸送の大衆化</u>が進展。貨物輸送でも軽量・小
型・高付加価値製品（IC などの電子部品，精密機械，貴金属）の
輸送が増加。

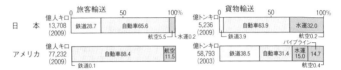

		旅客輸送					貨物輸送		

日　本 億人キロ 13,708 (2009)　鉄道28.7　自動車65.6　航空5.5　水運0.2

億トンキロ 5,236 (2009)　鉄道3.9　自動車63.9　水運32.0　航空0.2

アメリカ 億人キロ 77,232 (2009)　鉄道0.1　自動車88.4　航空11.5

億トンキロ 58,793 (2003)　鉄道38.5　自動車31.4　水運15.0　パイプライン14.7　航空0.4

日本とアメリカ合衆国の国内輸送量における輸送手段別割合

 **パイプライン**　石油，天然ガスなど流体の物質を長距離輸送。陸上輸送が主だが，大陸棚（たいりくだな）など浅海にも建設。

地図帳をチェック ✓

　地図帳で，東京中心の正距方位図法を探してみよう！ 東京からロンドン，ニューヨークなど主要都市に向かう際の，最短コースを確認してごらん。東京から各都市への直線が最短コース（大圏コース）になるよ。

重要用語を確認 ✓

▶モータリゼーション：**自動車が普及**し，単なる輸送機関としてだけでなく，人々の日常生活に欠かせない社会になることを指す。アメリカ合衆国で最も早く，日本では1960年代の高度経済成長期以降，進行が著しい。

▶ハブ空港：複数のローカル空港から航空路線が集まる**拠点空港**（きょてん）のことで，自転車などの車軸のようになることからハブ（hub）と呼ばれる。ハブ空港でできるだけ多くの乗客を乗せ，他の拠点空港へ輸送する方式をハブアンドスポーク方式と呼んでいる。

グローバル化する現代社会

1
2
3
4
地形 5
6
7
地形図 9
10
11
12
気候 13
14
15
16
17
農業 18
19
20
水産業 21
林産資源 22
エネルギー資源 23
鉱産資源 24
25
工業 26
27
28
環境問題 29
30
村落 31
衣・食・住 32
33
都市 34
35
人口・食料問題 36
37
国家・人種・民族 38
39
交通・情報通信システムの発達 40
41
貿易で結びつく世界 42
43

問題 40-1

標準 □□□□□□□□分

次の図は，アメリカ合衆国，ドイツ，日本について，国内旅客交通における鉄道，自動車，航空機，船舶による輸送量（輸送人員×距離）の構成比を示したものである。ア〜ウは，アメリカ合衆国，ドイツ，日本のいずれかの国を示している。図中のア〜ウに該当する国名の組合せとして正しいものを，下の①〜⑥のうちから一つ選べ。

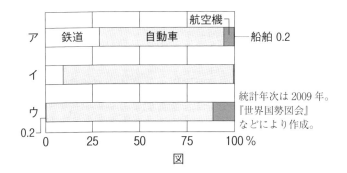

統計年次は 2009 年。
『世界国勢図会』
などにより作成。

図

	ア	イ	ウ
①	アメリカ合衆国	ドイツ	日 本
②	アメリカ合衆国	日 本	ドイツ
③	ドイツ	アメリカ合衆国	日 本
④	ドイツ	日 本	アメリカ合衆国
⑤	日 本	アメリカ合衆国	ドイツ
⑥	日 本	ドイツ	アメリカ合衆国

問題 40-2

19世紀に比べて，現在の交通機関の発達はめざましく，世界を移動する人の数も飛躍的に増えた。現在の交通に関して述べた次の文①〜④のうちから，最も適当なものを一つ選べ。

① 航空機の便数および旅客数は，アジアと北アメリカの間よりも，北アメリカとヨーロッパの間のほうが多い。

② ユーロトンネルの開通により，ロンドンとパリの間では，航空機の便数はトンネル開通前の半分以下となった。

③ 日本と中国の間は，航空機を利用する旅客の数より船を利用する旅客の数のほうが多い。

④ アメリカ合衆国では，大西洋岸の諸都市から太平洋岸の諸都市へと移動するほとんどの旅客は，飛行機よりもバスを利用する。

問題 40-3

自動車社会はアメリカ合衆国において出現したといわれる。同国における自動車社会の実状について述べた文章として最も適当なものを，次の①〜④のうちから一つ選べ。

① 全国に張りめぐらされた高速道路のほとんどは有料である。そのため一般道路の利用者が多く，混雑や渋滞などの問題が生じている。

② 都市周辺には大規模な駐車場を備えたショッピングセンターがある。利用者の多くは自動車で来店し，食料品などのまとめ買いをしている。

③ 複数の自動車を保有する家庭が一般的である。そうした自動車の多くは外国で製造されたものであり，輸入に大部分を依存している。

④ 自動車が普及したために，鉄道による貨物輸送は姿を消してしまった。現在の鉄道が果たす役割は長距離の旅客輸送が中心となっている。

問題 40-4

標準 □□□□□□□□ 分

国際航空交通の発達と現状について述べた次の文①～④のうちから，下線部が**適当でないもの**を一つ選べ。

① 世界の遠距離旅客交通の主役は航空交通で，<u>西ヨーロッパと北アメリカとを結ぶ路線は就航便数が最も多く</u>，航空会社間の競争も激しい。

② 日本とヨーロッパとを結ぶ幹線航空路は，北極海を通過するコースから飛行距離が短縮できる<u>南アジア上空を通過するコース</u>に変わった。

③ 陸上交通の発達が遅れたアフリカや南アメリカの内陸部では，航空交通の発達によって<u>主要都市間の旅客と物資の流動が容易になった</u>。

④ 国際間の航空交通については，<u>国家間の航空協定で便数や利用できる空港が決められ</u>，航空ルートも国際間の協定で定められている。

都市部の環境保全に向けた取組みの例として，パークアンドライド方式とロードプライシング制度がある。次の図は，パークアンドライド方式を推進するヨーロッパのある都市の交通網を模式的に示したものであり，凡例のアとイは，無料駐車場と有料駐車場のいずれかである。また，次ページのＡとＢの文は，パークアンドライド方式とロードプライシング制度のいずれかの特徴を説明したものである。図中の無料駐車場の凡例とパークアンドライド方式の説明文との正しい組合せを，次ページの①～④のうちから一つ選べ。

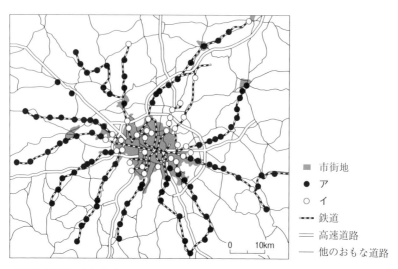

	市街地
●	ア
○	イ
┅	鉄道
═	高速道路
─	他のおもな道路

交通局の資料により作成。

図

A　都市部への移動に公共交通機関の利用を促し，自動車通行を抑制する。

B　都市部へ乗り入れる自動車に課金し，都市部の交通渋滞を緩和する。

	①	②	③	④
無料駐車場の凡例	ア	ア	イ	イ
パークアンドライド 方式の説明文	A	B	A	B

次の図中のア～ウは，アメリカ合衆国，ドイツ，日本のいずれかの国について，それらの国からの渡航者数上位10か国との首都間距離と渡航者数とを示したものである。国名とア～ウとの正しい組合せを，下の①～⑥のうちから一つ選べ。

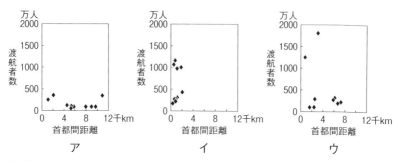

統計年次は2008年。
JNTOの資料などにより作成。

図

	①	②	③	④	⑤	⑥
アメリカ合衆国	ア	ア	イ	イ	ウ	ウ
ド イ ツ	イ	ウ	ア	ウ	ア	イ
日 本	ウ	イ	ウ	ア	イ	ア

解答・解説

問題 40-1　アメリカ合衆国，ドイツ，日本の国内旅客輸送分担率

① ② ③ ④ ⑤ **❻**

解説

　やっぱり交通機関は経済発展が進む先進国で整備されているね。でも同じ先進国でも旅客や貨物の輸送機関別分担率は，国や地域によって大きな違いが見られるよ。経済発展，交通機関の発達における歴史的背景，国土の形態などさまざまな要因が絡み合っているんだね。じゃあ，図を見てみよう！　旅客輸送では，ほとんど鉄道を利用していないウがアメリカ合衆国だ。アメリカ合衆国では，東部のメガロポリスなど一部の地域を除いては，鉄道網が密ではなく，旅客輸送の大部分が自動車によって行われているんだよ。でもアメリカ合衆国みたいにでかい国では，長距離移動を自動車だけで行うのは辛いよね。そこで航空機が活躍することになるんだよ。図のようにほとんどの人が鉄道を利用しないっていうのは，日本ではとても考えられないなぁ。ただし，貨物輸送では鉄道の割合が最大だから注意してね！

　日本とドイツの判定は，鉄道利用が多いアが日本で，残るイがドイツだよ。日本は国土が山がちでもともとは鉄道の敷設には不利だったんだけど，国家の政策で国有鉄道（現在は民営化されて JR）が平野部のいたるところに敷設されていったから，現在でも鉄道の利用がさかんなんだよ。欧米諸国より自動車の普及が遅れたことも一因だけどね。この問題も結構面白いね！

問題 40-2　交通機関の発達

❶ ② ③ ④

解説

　設問にある「19世紀」っていうのは産業革命後で，蒸気船，蒸気機関車が発達し，後半には自動車が登場したころだ。この時代に比べると現在の交通機関の発達は著しいよね。石油を燃料とする大型船舶が就航し，鉄道は電化されて高速鉄道も各国で導入されてるし，自動車も大型化・高速化

され高速道路の建設も進んだし……言い出せばきりがない。このおかげで時間距離はめちゃめちゃに短縮され，あっという間に（ちょっとおおげさかな）いろんなところに行けるようになったもんなぁ。毎週何回も飛行機と新幹線を使って全国を移動している俺は特に感謝しなくちゃね（＾o＾）。

①　航空機の利用は，**経済活動が活発で海外旅行者も多い先進国でさかん**だから，**北アメリカ**（アメリカ合衆国やカナダ）**～ヨーロッパ間の北大西洋航空路の便数と旅客数が最大**なんだ。この文は正しいよ。最近は，アジア諸国も経済発展が進んでいるので，**日本，韓国，中国と北アメリカを結ぶ便数や旅客数も増加**はしているけどね。ちなみに日本の国内における航空機の便数や旅客数が多い路線はどこかわかる？　……**東京～札幌**，**東京～福岡**が二大「ドル箱路線」だよ。

②　**イギリスとフランスは距離的には近い**んだけど，ドーヴァー海峡を隔てているから，**航空機か船舶による移動しかできなかった**んだ。近年，ユーロトンネル（参考までにこれは海底部が世界最長のトンネルだよ。関門トンネルや青函トンネルは残念ながら負けてる）の開通によって，ロンドン～パリ間がなんとわずか３時間で結ばれたから，航空機の便数は減少したけど，まだまだ**航空機を使用したほうが速い**ので，「半分以下となった」というのは誤りだね。ちなみにロンドン～パリ間には**ユーロスター**というかなりかっこいい特急が走っているよ。

③　近年は，航空路線が拡大し，**航空運賃も以前よりは値下がりしている**ので，**日本～中国間は航空機を利用する旅客数が圧倒的に多い**よ。船のほうが多いというは明らかに誤りだ。参考までに，日本からの海外旅行者数は，国別では**ハワイ，グアムを含むアメリカ合衆国がずっと No.1**で，それ以外は中国，韓国，**台湾，タイ，シンガポール**のような**アジア諸国**からが多いよ（2017年）。

④　メジャーリーガーの移動距離がすごいって話を聞いたことがない？　大西洋岸の**ニューヨーク**から太平洋岸の**シアトル**まで毎回バスで移動してたら，いくら強靭な肉体をもつ選手たちでもやばい！　ほとんどの人は航空機を利用するはずだね。④を正文だと判定した人は反省して，今日は一日中地理の勉強をしなさい（＾o＾）。

問題 40-3 アメリカ合衆国の自動車社会

① **②** ③ ④

解説

① アメリカ合衆国の主要都市は，インターステートハイウェイなどで結ばれているんだ。しかもうらやましいことに無料だもんね。誤り。

② モータリゼーションが世界で最も進んでいるアメリカ合衆国では，中高所得層を中心に快適な居住空間を求めて郊外への移動が顕著だよね。つまり購買力がある富裕層が郊外に住んでいれば，大型ショッピングセンターも郊外に立地するはずだ。郊外は地価が安いから大規模な駐車場も整備しやすいし，高速道路も整備されているから広い範囲から来客も可能になるもんね。せっかく自動車で来たならまとめて買って帰れるから（ワンストップショッピングと呼ばれてるよ），この文は正しいよ。

③ 前半は正しいよね。東部など一部の地域を除いては人口密度も低く，公共交通機関の発達も日本ほど進んでいないから，みんなが自動車で活動しているんだ。後半はどうかなぁ？ アメリカ合衆国のカフェで外を眺めていると確かにいろんな国の自動車が走ってて，自動車好きの俺はとても楽しい（＾o＾）。つまりアメリカ合衆国は，かなり多くの自動車を輸入しているけど，「輸入に大部分を依存」というのは誤りだね。だってアメリカ合衆国は，中国に次ぎ，日本と並ぶ世界最大級の自動車生産国で，国内での販売台数もすごいもん。

④ 問題40-1でもアメリカ合衆国の輸送機関分担率について説明したけど，覚えてる？ アメリカ合衆国では，貨物輸送について鉄道の占める割合が大きいんだったよね。広大な国土を長距離・大量輸送するにはやっぱり鉄道の果たす役割が大きいんだ。日本のような島国と違って，船舶が使いにくいから（だってあまりにも国土が広いから船舶では時間がかかりすぎるし，内陸部までの距離も長すぎるから）鉄道が主流になってるんだよ。ということはこの文も誤りだね。

問題 40-4　国際航空交通の発達と現状

① ❷ ③ ④

解説

　航空機の登場は船舶や鉄道，自動車よりはるかに遅かったことは知ってるよね？　20世紀の初めにライト兄弟が飛行に成功して以降，二度の世界大戦を通じて急速に発展していったんだ。特に**1970年代**になって**大型ジェット旅客機が就航**するようになると，運賃が安くなり一気に大衆化が進んだんだよ。

　①　これはもう大丈夫だよね？　**問題40-2**の①で説明したから頼むよ。正文だ。

　②　う～ん……これはどうかな？　日本からヨーロッパに行こうと思ったら**シベリアや北極経由が最短コース**だから，「飛行距離が短縮できる南アジア」コースはまずいよね！　明らかに誤り。

　③　道路や鉄道の敷設が十分ではない発展途上国では，**航空交通が重要な輸送手段**なんだよ。もちろん空港や空港からの交通アクセスの整備は必要だけど，熱帯雨林や砂漠など開発が容易ではない地域では欠かせない輸送手段なんだ。この文は正文だよ。ただし，まだまだ**発展途上国の航空路線は，先進国の大都市との直行便が少ない**なぁ。

　④　これは当たりまえだろうな。国家間の航空協定で便数などの運送条件をいろいろ決めておかないと空港がめちゃめちゃになってしまうもんね (^o^)。もちろん正文。

問題 40-5　パークアンドライドとロードプライシング制度

❶ ② ③ ④

解説

　Aは，パークアンドライドの説明だ。パークアンドライド（Park and Ride）とは，自宅などから自家用車で最寄りの駅やバス停まで行き，駐車場に停めて公共交通機関を利用することによって，都心部の目的地に向かうシステムのことだよ。交通渋滞の緩和，大気汚染の軽減，二酸化炭素排出量削減などに効果があるんだ。ヨーロッパでは，郊外に大規模で，安価なまたは**無料の駐車場を整備**し，路面電車（LRT，トラム）を駐車場

と都心に往復させるなどの政策が採られたり，日本でもJRの駅や空港での駐車場料金割引制度などが実施されているよ。きっと君たちも近い将来利用するんじゃないかな。

　Bは，ロードプライシングの説明だ。ロードプライシング（Road Pricing）とは，入域課金制度のことで，都心部などに自家用車などを乗り入れる際，料金を徴収することで，自動車の交通量を抑制し，パークアンドライドと同様の効果があるよ。ヨーロッパでは，積極的に導入している国もあり，ロンドン，ストックホルム，ミラノ，シンガポールなどが有名だ。

　図中の凡例については，ヨーロッパの都市の郊外に多い●アが無料駐車場で，ここから公共交通機関を利用することを促していて，都心部に多い○イが有料駐車場だね。設問自体は易しいからみんな正答だったかもしれないけど，せっかくなのでこれらの文を利用して，実力アップを図ろう！

問題 40-6　アメリカ合衆国，ドイツ，日本における渡航者数上位10か国との首都間距離と渡航者数

① ② ③ ④ ⑤ ❻

解説

　アは，渡航者数が全体に少ないことから，島国で周囲に多くの国がない日本だと判定しよう。中国，韓国からの渡航者はやや多いけど，それでもイ，ウとは比較にならないよ。イは，周辺諸国との首都間距離が短いことから，ヨーロッパに位置するドイツだ。周辺諸国と距離的に近いことと，EU域内における人の移動は自由化（シェンゲン協定による国境管理の廃止）されていることから，容易に判定できる。残るウはアメリカ合衆国だね。ウの図中で，群を抜いてアメリカ合衆国からの渡航者が多い国が2か国あるよね。さぁ，この2か国の国名は？……経済的な結びつきが強く，さらに国境を接しているカナダ（1,800万人）とメキシコ（1,300万人）だよ！

情報・通信システムの発達と流通業の変化

知識・技能の整理

情報・通信システムの発達

①**通信技術の発達**　国際郵便（当初は船便・馬車）➡無線電信・電報➡国際電話へと変化。

②**国際電話**　海底ケーブルや通信衛星を利用。

 a　海底ケーブル ➡ 情報のやりとりが多い地域に敷設され，近年は同軸ケーブルから情報量と速度に勝る光ファイバーケーブルへと移行しつつある。電話回線を利用してのパソコン通信，ファクシミリなどの利用が増加。

 b　通信衛星➡CS（通信衛星）や BS（放送衛星）により，各地の映像をリアルタイムで受信。各国所有の衛星や INTELSAT（国際電気通信衛星機構）などへの加盟で利用が可能。

 c　GPS（Global Positioning System）➡通信衛星の電波を受けて自動車（カーナビゲーション），航空機，船舶などの位置を知ることができるだけでなく，地殻変動やプレート運動の観測，測地測量などにも利用。近年は，アメリカ合衆国の GPS のほか世界各国の測位システムの総称として GNSS（Global Navigation Satellite System）という用語も使用される。

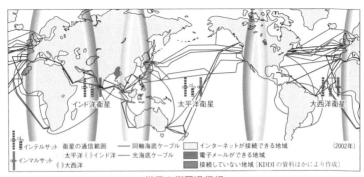

世界の衛星通信網

情報ネットワーク社会

コンピュータの普及により大量の情報処理，高速での通信・伝達が可能に。

① **データ通信**　コンピュータへデータを入力することによって，大量のデータの処理と通信を一体的に行う。電話回線や**光ファイバーケーブル**に接続し，高速で伝達できるため，企業の業務効率化に著しく貢献。航空機や新幹線の座席予約システム，銀行の預け入れ・引き出しなどのオンラインリアルタイムシステム，スーパーなどのPOSシステムなどが普及。

② **インターネット**（internet）　世界各国のコンピュータを電話回線，衛星回線などを利用して接続した情報ネットワークで，情報入手や発信が可能。1990年代から急速に普及。

③ **デジタルデバイド**（情報格差）　所得や教育水準が高いヨーロッパやアングロアメリカなどの先進国ではパソコンやインターネットの普及率が高いため，先進国間では情報交換が円滑に進み，発展途上国の情報量との格差が拡大。

ICT（情報通信技術）革命

1990年代のインターネットの急速な普及，携帯電話などのモバイル（移動）通信の発達などにより，場所や時間を選ばず大量・高速の情報伝達や双方向通信が可能になるなど，ICT(Information and Communication Technology：情報通信技術）の進歩は地球的規模での社会の変化をもたらした。

	携帯電話加入契約数 （百人当たり, 2018年）	インターネット利用者数 （百人当たり, 2017年）
日　　本	141.4	84.59
アメリカ合衆国	129.0	87.27
フランス	108.4	80.50
ロ　シ　ア	116.2	76.01
韓　　国	129.7	95.07
中　　国	115.5	54.30
マレーシア	134.5	80.14

「ICT統計」より作成。

携帯電話,インターネットの普及

重要用語を確認 ✓

▶情報化社会：一般の職場や家庭にコンピュータやインターネットなどの**情報技術が普及し，情報の重要性が増した社会**のこと。つまり情報が，資源や製品などの物質と同等またはそれ以上の価値をもつようになった社会のことである。情報化社会の到来により情報関連産業も著しく発達している。

▶情報通信技術（ICT）革命：1990年代以降，**情報通信技術（ICT）**の急激な発達により，産業革命以来の工業社会から情報化社会への転換や時間距離の短縮など地球的規模で産業・社会などを劇的に変化させた現象を指す。世界に先駆けて ICT 革命をおこしたのは**アメリカ合衆国**である。

問題 41-1

易 ▢▢▢▢▢▢▢分

　国境を越えた情報の流れについて述べた文として下線部が**適当でな
いもの**を，次の①〜④のうちから一つ選べ。

① 　日本とアメリカ合衆国を結ぶ海底通信ケーブルは，<u>通信衛星に
取って代わられたので，現在ではその役割を終えた</u>。
② 　インターネットは，放送のような一方通行の情報発信だけでな
く，<u>双方向の情報交換を実現する</u>。
③ 　衛星放送は，国境を越えて受信できるので，<u>国内での情報の統制
を無力化する可能性がある</u>。
④ 　外国為替の取引は，時差のある世界各地の市場との情報交換によ
り行われるので，<u>東京市場の閉じている時間帯でも日本から取引に
参加できる</u>。

問題 41-2

易 ▢▢▢▢▢▢▢分

　現代世界の通信手段の発達について述べた文として**適当でないもの**
を，次の①〜④のうちから一つ選べ。

① 　光海底ケーブルは，大量の情報を安定して送受信することができ
るため，コンピュータによる通信の発展に役立っている。
② 　情報通信技術は，地域間で普及の度合いに大きな格差があり，そ
の克服が国際的な課題になっている。
③ 　携帯電話は，北ヨーロッパ諸国においては早くから普及し，お金
の振込みなどにも利用されている。
④ 　インターネットは，通信衛星の利用が始まった1960年代のアメリ
カ合衆国では，すでに家庭にまで普及していた。

問題 41-3

標準 □□□□□□□分

　次の図に引かれた実線群は，あるもののルートをおおまかに表したものである。このルートに該当するものを，下の①～④のうちから一つ選べ。

太平洋のルートは省略した。2004年現在。
プリメトリカ社の資料により作成。

図

① 　原油タンカーの航路

② 　石油パイプライン

③ 　定期客船の航路

④ 　光海底ケーブル

問題 41-4

やや難 □□□□□□□□分

次の図は，いくつかの国におけるインターネットの普及動向を示したものであり，①〜④は，アメリカ合衆国，韓国，日本，ロシアのいずれかである。○はインターネット普及率が10％を超えた時点を，●は50％を超えた時点をそれぞれ示している。韓国に該当するものを，図中の①〜④のうちから一つ選べ。

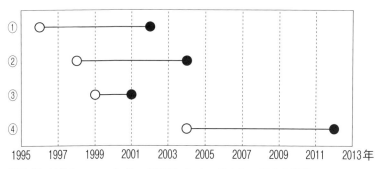

ITU, *World Telecommunication / ICT Indicators Database* により作成。

図

問題 41-1　国境を越えた情報通信網

❶　　②　　③　　④

解説

　第40回で学習した交通機関だけでなく，通信技術の発達によっても世界各地の時間距離（きょり）は縮まり情報化社会が出現したんだ。

　①　「海底通信ケーブル」は第二次世界大戦後，太平洋や大西洋を横断して敷設（ふせつ）されたんだ。当初は同軸ケーブルが国際電話やデータ伝送などに利用されていて，1960年代に衛星通信が実用化されるといったんは敷設が減少したんだ。ここまでだと，選択肢の文が正文みたいだけど，ここから先が重要だよ！　通信容量が莫大な光ファイバーケーブル（光の透過率（とうかりつ）が高い繊維（せんい）で，従来の銅を用いた同軸ケーブルと比べ大容量の情報を伝達できる）が実用化されると，再び盛り返し，現在は**海底通信ケーブルと国際通信衛星が役割を二分している**よ。ということは，この文は誤りだ。

　②　君たちもインターネットを利用しているだろうから，わかるよね？
　もちろん正文だよ。インターネットに接続すれば情報を得るだけではなくて，君たちの要求によってサービスが提供されるだろう？　たとえば，インターネットでこの本を買うとか（^o^）。つまりこれが双方向通信（そうほうこう）だ。

　③　これも正しいよね。どんなに国内で「地理は面白くない！」って情報統制しても，世界各国の衛星放送では「**地理は最高に面白い♥**」って流れてたら「あれ〜???」ってなるよね。国民を騙（だま）しにくくなるね。

　④　東京の外国為替市場（かわせ）（国際的な貸し借りを現金輸送をしないで決済するところ）が閉じている時間でも，世界各地の市場がオンラインでコンピュータに接続されているので，**東京から接続さえすれば外国為替取引が可能**なんだ。もちろん正文だよ。

問題 41-2　現代世界の通信手段の発達

①　　②　　③　　❹

解説

　①　問題41-1の①でも説明したように，光ファイバーを使用した海底

通信ケーブルは，大量の情報をしかも通信衛星以上に安定して（だって電波障害なんかがないからね。ただ敷設（ふせつ）するのはかなり大変！）供給できるから，インターネットでは大活躍だ。もちろん正しいよ。

②　情報通信技術の普及はすごいスピードで進んでるよね。でも**資本不足**によってこれらの技術を活用できなかったり，**教育の遅れ**によって技術を習得できない国や地域もあるんだ。デジタルデバイド（情報格差）と呼ばれているよ。**インターネットを使える人と使えない人の格差は大きい**もんねえ。ということは正文だね。

③　日本も**スマートフォン**とかの**携帯電話（けいたい）の普及率は高い**よね。最近は小中学生からおじいちゃんやおばあちゃんまで使いこなしてるもんなぁ。でも日本より早くから携帯電話が普及していたのがスウェーデンやフィンランドなどの北欧諸国なんだ。どうしてなのか考えたことある？　それはね，とっても**厳しい自然環境と少ない人口**に背景があるんだ。いくら偏西（へんせい）風の影響があるとはいえ，緯度が60〜70度と高いから，**冬季はかなり低温になる**よ。すると人々は屋外に出ないで（出先で外に出たくても出られないことがあるし）電話をかけたり，情報を得たり，取引をしたりする必要が出てくるんだ。さらに人口の多い日本と違って，ただでさえ**人口密度が低い**国のさらに人口密度が低い地域に，支店などの出先機関を設置すると，ほとんどお金の無駄遣い（むだづか）になってしまうだろう？　だからネットバンキング（携帯電話やインターネットを利用した銀行からの預金出し入れや取引）なんかが普及したんだよ。覚えなくていいけど，スウェーデンのEricsson（エリクソン）やフィンランドのNokia（ノキア）などの世界的な携帯電話メーカーが発達した理由もわかるよね。この文も正しいよ。

④　アメリカ合衆国でいつからインターネットが一般化したか大人はリアルタイムで知ってるから簡単だけど，君たちはちょっと悩むよねえ。

もともとアメリカ合衆国での学術・軍事研究用として開発された**インターネットが一般に開放されるようになったのは，1990年代**なんだ。わずかな期間で，世界中に普及していったんだね。ということで，この文は誤りだ。君たちが大学生になったら，もっともっとインターネットのありがたみがわかるはずだよ。レポートとか試験とか論文とか……。

問題 41-3　大西洋を取りまく地域における人や物の移動

①　　②　　③　　**❹**

解説

　あんまり見たことない図かもしれないけど，大丈夫！　しっかり図を見て「地理的思考力・分析力」を使って解こう！　入試当日でも，見たことがない地図が出るかもしれないよ。でも，こういうときにこそ君たちの地理の実力が発揮できるんじゃないかなぁ。

　①　原油タンカーの航路は，産油国から消費国への移動が中心になるから，アメリカ合衆国～ヨーロッパ間の往来はほとんどないはずだよね。ということは，「原油タンカーの航路」は誤りだね。「世界有数の産油国であるアメリカ合衆国はヨーロッパに輸出しているはずだ！」と考えた人は，大反省！！！(^o^)　確かに，アメリカ合衆国は世界的な産油国だけど，消費量が群を抜いて多いから，**世界最大の石油輸入国**だったよねえ。ラテンアメリカのベネズエラ，メキシコ，西アジアのアラブ首長国連邦，サウジアラビアから多くの原油を輸入しているんだ。

　②　パイプラインっていうのは，石油や天然ガスなどを輸送する管路で，でっかい水道管やガス管みたいなものだと思えばいいよ。輸送の起点から圧力をかけ石油などを輸送するんだ。**陸上での石油や天然ガスの長距離輸送手段としては，コストが低く最適**なんだよ。でもこの図は該当しないね。判定のポイントの一つは，①でも説明したように，**ともに石油が不足しているヨーロッパとアメリカ合衆国の間に多くの実線が示してある**ことだ。もう一つのポイントは，**水深が浅い大陸棚を除いては，海底にパイプラインを敷設することは難しい**ということだね。大西洋を横断する海底パイプラインが多数あるはずはないから，明らかに誤りだよ。

　③　定期客船の航路の判定はやや難しいね。ヨーロッパとアメリカ合衆国を結ぶ航路は確かに多いはずだけど，**ヨーロッパとラテンアメリカ，アメリカ合衆国とアフリカを結ぶ航路がほとんどない**のはおかしいし，ブラジル国内にこんなに多くの定期客船の航路があるのもおかしいから誤り。

　④　海底ケーブルは**国際間の通信施設**の１つで，情報の交換が多い地域間（図中のヨーロッパとアメリカ合衆国など）に多く敷設されているから，これが正解だ。近年，急速に発展し，情報量や速度が著しく向上した**光ファイバー**を使用し，**インターネットや携帯電話の利用**に対応しているよ。光海底ケーブルなら③の定期航路と異なり各地域を経由して情報を伝達できるから（陸上の光ファイバーケーブル網など），ヨーロッパとラテンアメリカ，アメリカ合衆国とアフリカが直接結ばれていなくてもいいんだ。

問題 41-4　アメリカ合衆国, 韓国, 日本, ロシアにおけるインターネットの普及動向

① 　 ② 　 **❸** 　 ④

解説

　アメリカ合衆国, 韓国, 日本, ロシアにおけるインターネットの普及動向のデータから国名を判定する問題だ。インターネットは, もともと**アメリカ合衆国で開発された学術・軍事用の情報ネットワーク**だったんだけど, **東西冷戦の終結を受け, 1990年代にインターネットの自由化を実施した**から, 飛躍的に普及したんだよ。冷戦後は, 情報ネットワークをクローズドするんではなくオープンにして, 利益をあげようとしたんだね。インターネットの自由化によって, 情報通信の端末などが急速に発達し, **ICT（情報通信技術）革命**と呼ばれたんだ。図中で, 最初にインターネットの普及が進んだ①がアメリカ合衆国ということになるよね。続いて, 先進国の日本で普及が進んだはずだから, アメリカ合衆国に次いで, 普及率が10%に達している②が日本だな。③のデータを見て, 「なんだ！！！これは？」と驚いた読者も多いんじゃないかな？　③の国は, 1999年に普及率が10%に達し, な・な・なんとそのわずか2年後には50%を超えているんだから。③は韓国だ！　韓国は, 1999年に「サイバーコリア21」計画を策定し, 国をあげて**情報インフラの整備, 国民へのパソコン普及を積極的に推し進めた**んだよ。すごいね！　パソコンを利用できるスキルを定着させるため, いち早く**学校教育にインターネットを導入**, 全学校・全教職員・全教室にパソコンを導入し, また政府による住民登録番号制度（日本でも導入）の完備により, **電子政府サービスは日本をはるかに上回っている**！　もちろん急速に普及させたことによる弊害もあるんだけどね。ここまで説明したことを, すべて覚える必要はないよ。でも, 韓国はインターネットの普及や利用について, 日本よりスタートが遅かったにもかかわらず, あっという間に日本を抜き去ったということだけは知っておいてほしいな。日本も2000年代にはかなり普及の努力をしたから, かなり追いついてきたけどね。残る④がロシアだね。ロシアに限らず**旧ソ連や東欧など**の旧社会主義国では, **情報通信サービス業の発達が遅れている**ことから判定したらいいよ。情報通信だけでなく, **第3次産業全般が日本や欧米先進国より遅れている**かな。ちょっと難しい問題だったから疲れただろ？ちょっと休憩してもいいよ（笑）。問題は連続した時間で解く必要はないけど, 1問1問には時間厳守（小問1問を1.5分程度）で集中して解こう！

世界の貿易

知識・技能の整理

📍 国際的分業

自国に有利な生産物を輸出し，不得手な生産物を輸入。

①**垂直的分業**（すいちょく）　農林水産物や資源などの一次産品と工業製品の取引。

②**水平的分業**　工業製品と工業製品の取引。

📍 先進国の貿易

農産物や資源などの一次産品を輸入し，工業製品を輸出（近年は，工業製品の輸入も増加）。世界貿易の約50%。

📍 発展途上国の貿易（はってん と じょうこく）

工業製品を輸入し，一次産品を輸出。世界貿易の約50%。アフリカなど後発の発展途上国では，特定の一次産品に依存するモノカルチャー経済の国も多いが，近年は NIEs（ニーズ），ASEAN（アセアン）など工業製品が主要輸出品となっている国々もある。

📍 貿易政策と貿易のタイプ

①**貿易政策**　国家が経済発展を図るために貿易政策を実施。

　a　自由貿易政策➡国家が企業の貿易活動に干渉しない貿易形態。

　b　保護貿易政策➡国家が国内産業を保護（ほご）するため，輸入品に高率の関税（かんぜい）をかけたり，輸出品に奨励金を出すなどの統制を行う貿易形態。

②**貿易のタイプ**

　a　中継貿易（ちゅうけい）➡交通の要衝（ようしょう）に位置する国で行われ，輸入品をほとんど加工せず保管し再輸出。かつてのホンコンやシンガポールなど。

　b　加工貿易（かこう）➡一次産品を輸入し，これを製品に加工して輸出。かつてはイギリス，日本，ドイツなどが典型であったが，近年これらの国では輸入も工業製品が大半を占める。

📍 国・地域別の貿易

①**国別の貿易額**　1990年代以降，輸出額はアメリカ合衆国が首位だったが，2003〜2004年は自動車の輸出好調によりドイツが首位。中国

の伸びが著しく，<u>2009年から最大の輸出国</u>となる。

a　輸出額上位国（2018年）：中国，アメリカ合衆国，ドイツ，日本，オランダ，韓国，フランス。

b　輸入額上位国（2018年）：アメリカ合衆国，中国，ドイツ，日本，イギリス，フランス，オランダ。

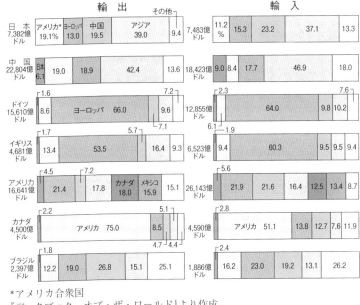

＊アメリカ合衆国
『データブック　オブ・ザ・ワールド』より作成。

おもな国の貿易相手国・地域構成（2018年）

📍 WTO と FTA

①GATT（関税と貿易に関する一般協定）　関税の軽減や輸入制限撤廃を目指す協定で，第二次世界大戦後の世界貿易の発展に貢献した協定だが，1994年発展的に解消し，<u>1995年国連関連機関のWTOに改組</u>。

②WTO（世界貿易機関）　世界貿易の自由化を実現するため，関税以外の貿易障壁の撤廃を目指す。物品の貿易だけでなく金融，情報通信などのサービス貿易や知的所有権も監視の対象となり，ルール違反をした国に対しては経済的な制裁を行うことができる。加盟国は160か国と３地域，EU（2020年）。

③FTA（自由貿易協定）　WTOは加盟国が多く迅速な対応が困難なため，近年は二国間や一定地域における<u>FTA</u>締結が増加。

グローバル化する現代社会

1
2
3
4
地形 5
6
7
8
地形図 9
10
11
12
気候 13
14
15
16
17
農業 18
19
20
水産業 21
林産資源 22
エネルギー資源 23
鉱産資源 24
25
工業 26
27
28
環境問題 29
30
村落 31
衣・食・住 32
33
都市 34
35
人口・食料問題 36
37
国家・人種・民族 38
39
交通・情報通信システムの発達 40
41
貿易で結びつく世界 42
43

▶WTO：第二次世界大戦前，欧米列強の保護貿易による摩擦が大戦の原因の１つとなったことを反省した結果，自由貿易を目指し，世界の国々はGATT（関税と貿易に関する一般協定）を締結した。GATT体制の下，関税の引き下げ，輸入制限の縮小などが行われ，1967年のケネディラウンド，1979年の東京ラウンド，1994年のウルグアイラウンド（いずれも年次は交渉妥結年）などで大幅な関税引き下げが行われた。1995年にはGATTに代わる国際組織としてWTO（世界貿易機関）が設立され，サービス貿易の自由化や知的所有権の監視も新たに行われるようになった。また，貿易紛争を解決する機能も大幅に強化されている。加盟国は，160か国とホンコン，マカオ，台湾の３地域，EU。

相変わらずアメリカ合衆国，ドイツ，日本の貿易額は大きいけど，近年の中国の伸びはすさまじいものがあるね！

グローバル化する現代社会

1
2
3
4
地形 5
6
7
8
地形図 9
10
11
12
気候 13
14
15
16
17
農業 18
19
20
水産資源 21
林産資源 22
エネルギー資源 23
鉱産資源 24
25
工業 26
27
28
環境問題 29
30
村落 31
衣・食・住 32
33
都市 34
35
人口・ 36
食料問題 37
国家・人種 38
・民族 39
交通・情報通信 40
システムの発達 41
貿易で結び 42
つく世界 43

問題 42-1　標準 □□□□□□□分

　第二次世界大戦後の国際貿易と世界経済に関して述べた文として**適当ではないもの**を，次の①〜⑤のうちから一つ選べ。

① 　第二次世界大戦後の世界貿易は，GATT（関税と貿易に関する一般協定）とIMF（国際通貨基金）の取決めによって，自由貿易の維持・拡大が原則とされてきた。

② 　先進国と発展途上国との間の経済的格差は，一部の発展途上国を除いて拡大する傾向にあり，いわゆる南北問題は依然として解決されていない。

③ 　世界の貿易額のほぼ半分は発展途上国間の貿易であり，発展途上国の多くは，工業化を進めて貿易の品目や貿易相手国の数を増やすことに努力している。

④ 　一部の発展途上国は，先進国から，機械などの生産財を輸入して工業化を積極的に進め，繊維・衣類，家庭電化製品など労働集約的な製品を先進国に輸出している。

⑤ 　航空機・自動車・コンピュータをはじめとする各種の工業製品を各国間で取引し，相互の経済を補い合い，競い合う国際貿易のあり方を垂直貿易（分業）という。

やや難　□□□□□□□□分

次の表は，アメリカ合衆国の輸入相手国のうち，イギリス，カナダ，韓国，ドイツ，日本の5か国の貿易に関する統計を示したものである。表中のAおよびBに該当する国名を，下の①～⑤のうちからそれぞれ一つずつ選べ。

	輸出総額 （2016年）	輸入総額 （2016年）	輸出依存度* （2015年）	輸出総額に占めるアメリカ合衆国向けの割合 （2015年）
	億ドル	億ドル	％	％
A	13,359	10,563	39.4	9.6
B	6,449	6,070	14.3	20.2
C	5,357	4,437	38.2	13.3
D	4,073	5,885	15.4	14.6
E	3,894	4,044	26.3	76.7

表

＊国内総生産に対する輸出総額の割合。『世界国勢図会』による。

① イギリス　　② カナダ　　③ 韓国
④ ドイツ　　　⑤ 日本

グローバル化する現代社会

1
2
3
4
地形 5
6
7
8
地形図 9
10
11
12
気候 13
14
15
16
17
農業 18
19
20
水産業 21
林産資源 22
エネルギー資源 23
鉱産資源 24
25
工業 26
27
28
環境問題 29
30
村落 31
衣・食・住 32
33
都市 34
35
人口・ 36
食料問題 37
国家・人種 38
・民族 39
交通・情報通信 40
システムの発達 41
貿易で結び 42
つく世界 43

$\boxed{問}\boxed{題}$ **42-3** $\boxed{標準}$ ☐☐☐☐☐☐☐分

　次の図は，輸出入品目の第1位が機械類である，いくつかの国・地域間における貿易額を示したものであり，A～Cは，ASEAN（東南アジア諸国連合），アメリカ合衆国，中国*のいずれかである。A～Cと国・地域名との正しい組合せを，下の①～⑥のうちから一つ選べ。

*台湾，ホンコン，マカオを含まない。

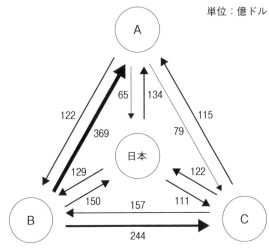

統計年次は2013年。
ジェトロの資料により作成。

図

	A	B	C
①	ASEAN	アメリカ合衆国	中　国
②	ASEAN	中　国	アメリカ合衆国
③	アメリカ合衆国	ASEAN	中　国
④	アメリカ合衆国	中　国	ASEAN
⑤	中　国	ASEAN	アメリカ合衆国
⑥	中　国	アメリカ合衆国	ASEAN

次の表は，モロッコ，ケニア，コートジボワール，ナイジェリア，リビアの5か国の主要輸出品とその主要輸出相手国を示したものである。下の図中の国A・Bに該当するものを，表中の①～⑤のうちからそれぞれ一つずつ選べ。

国名	主要輸出品（%）		主要輸出相手国（%）	
①	カカオ豆	27.9	オランダ	11.9
	カシューナッツ	9.7	アメリカ合衆国	9.4
②	原油	83.8	イタリア	42.3
	天然ガス	5.7	フランス	15.5
③	原油	82.3	インド	15.9
	LNG	9.9	オランダ	10.7
④	機械類	17.9	スペイン	23.7
	自動車	13.2	フランス	22.9
⑤	茶	22.7	ウガンダ	10.1
	野菜と果実	9.8	パキスタン	9.7

統計年次は2018年。数値は輸出総額に占める割合。『データブック　オブ・ザ・ワールド』による。

表

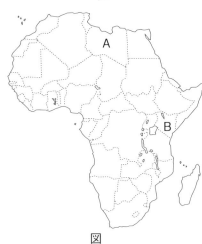

図

グローバル化する現代社会

1
2
3
4
地形 5
6
7
8
地形図 9
10
11
12
気候 13
14
15
16
17
農業 18
19
20
水産業 21
林産資源 22
エネルギー資源 23
鉱産資源 24
25
工業 26
27
28
環境問題 29
30
村落 31
衣・食・住 32
33
都市 34
35
人口・ 36
食料問題 37
国家・人種 38
・民族 39
交通・情報通信 40
システムの発達 41
貿易で結び 42
つく世界 43

問題 42-5　　　やや難 ⬚⬚⬚⬚⬚⬚⬚⬚▨ 分

　現在の世界では国境を越えたサービスのやり取りが増加し，モノだけでなくサービスも輸出入の対象となっている。次の図は，いくつかの国における金融・保険サービス，輸送サービス，旅行サービスに関する貿易収支を示したものであり，①～④はオランダ，カナダ，シンガポール，スイスのいずれかである。スイスに該当するものを，図中の①～④のうちから一つ選べ。

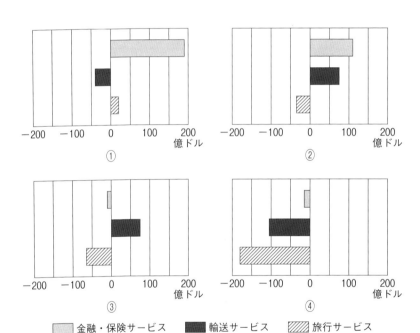

統計年次は2012年。
World Development Indicators により作成。

図

問題 42-1　世界貿易の拡大

① 　② 　③ 　④ 　**⑤**

解説

①　GATT（関税と貿易に関する一般協定）は世界貿易の拡大と自由貿易を推進するための協定で，関税・課徴金以外の貿易障壁の撤廃や関税の引き下げを実施してきたんだ。1995年からはWTO（世界貿易機関）にその役割をバトンタッチしてるよ（WTOに改組）。IMF（国際通貨基金）は通貨の安定を図り，債務国の救済や経済危機の際の支援など貿易の拡大や自由化をバックアップしてきたんだ。ということは，下線部は正しいよね。

②　韓国やシンガポールなどのNIEs（新興工業経済地域），ASEAN（東南アジア諸国連合），中国などの一部の国は，すごい勢いで経済発展してるけど，アフリカ諸国などなかなか進まない国も多いよ。だから先進国と発展途上国の経済格差にともなう南北問題の解決までは道のりが長いなぁ。下線部は正しいよ。

③　アメリカ合衆国，ドイツを抜いて最大の輸出国となった中国をはじめ，発展途上国の貿易額の伸びは大きいけど，まだ世界貿易の約50%を占めているから，下線部は正しいよ。

④　中国，ASEAN，インドなどの発展途上国では，安価で豊富な労働力をいかして，労働集約的な製品である衣類などの繊維品，テレビやパソコンなどの家電製品を日本やアメリカ合衆国などの先進国に輸出しているよ。下線部は正しいな。

⑤　「各種の工業製品を各国間で取引」するのは，「垂直貿易（製品と一次産品の取引）」ではなく，「水平貿易」のことだね。下線部は誤りだ。先進国間の貿易は，水平貿易であることが多いんだけど，先進国と発展途上国の間では垂直貿易が行われてきたんだ。

グローバル化する現代社会

1
2
3
4
地形 5
6
7
8
地形図 9
10
11
12
気候 13
14
15
16
17
農業 18
19
20
水産業 21
林産資源 22
エネルギー資源 23
鉱産資源 24
25
工業 26
27
28
環境問題 29
30
村落 31
衣・食・住 32
33
都市 34
35
人口・ 36
食料問題 37
国家・人種 38
・民族 39
交通・情報通信 40
システムの発達 41
貿易で結び 42
つく世界 43

問題 42-2　先進国の貿易

A　① 　②　　③　　❹　　⑤
B　① 　②　　③　　④　　❺

解説

　アメリカ合衆国は**世界最大の輸入国**だ。輸出は中国に首位を奪われて**貿易額（輸出額＋輸入額）**では，中国に次いで世界2位になってしまったんだよ。

　まずは，**A がドイツ**だ。アメリカ合衆国と並ぶ輸出国だからなぁ。ヨーロッパ諸国の貿易の中心にあって，**EU 域内やロシアとの貿易が盛ん**だから，輸出入額ともに表中では No.1 だね。表の右端にある輸出総額に占めるアメリカ合衆国向けの割合が他国より低いのも，ヨーロッパ諸国との関係が深いからだよ。

　B が日本だね。表中では，ドイツに次いで輸出額が大きいこと，輸出依存度が表中の国の中では低いこと，**アメリカ合衆国への依存度が高いこと**から判定しよう。輸出依存度とは，**GDP（国内総生産）**に占める輸出総額の割合だから，日本やアメリカ合衆国のように**人口が多く，国内市場の購買力が大きいと，輸出依存度が低め**になるんだ。なんとなく日本は輸出依存度が高い感じがするだろう？　受験生がよくやられるんだよねえ。**シンガポールやオランダなどのように人口が少なくて輸出が多い国は，輸出依存度が高く**なるんだ。

　E は輸出総額に占めるアメリカ合衆国向けの割合が76.7%とめちゃめちゃに高いので，アメリカ合衆国の隣国であり，アメリカ合衆国，メキシコとともに **NAFTA（北米自由貿易協定，2020年より USMCA）**を結成しているカナダだね。

　残る C と D は判定できなくてもいいけど，輸出総額が大きく，輸出依存度が高い **C が韓国**で，残る **D がイギリス**だよ。

問題 42-3　ASEAN, アメリカ合衆国, 中国, 日本の貿易

① 　② 　③ 　❹ 　⑤ 　⑥

解 説

　共通テスト頻出の形式なので，日ごろから練習をしておこうね。いろんなアプローチの方法があるけど，日本を中心に考えると，**日本の最大の貿易相手国（輸出入の合計額）は，中国**なので，日本との貿易額が最も多いBが中国だ。日本が輸入超過（貿易赤字）になっていることからも確信をもって答えられたはず。Aは，日本にとって中国に次いで貿易額が多いことと，日本が大幅な輸出超過（貿易黒字）になっていることから，**アメリカ合衆国**と判定できるね。1980年代ほどではないにしろ，今でも**貿易摩擦**は生じているよ。Aは**中国との貿易額が極めて大きい**こと，中国に対して極めて**深刻な貿易赤字**であることからも判定できるよね。米中貿易摩擦は本当に深刻だもん。残ったCは ASEAN（東南アジア諸国連合）だ。ASEAN の経済成長は著しいけど，アメリカ合衆国，中国，日本と比べるとまだまだだね。ちなみに，**日本の最大の輸出相手国はアメリカ合衆国，最大の輸入相手国は中国だ！**

問題 42-4　アフリカ諸国の貿易

A ❷ 　B ❺

解 説

　図中のAはリビア，Bはケニアだよ。表では，それぞれの国の自然環境，産業の特色と旧宗主国（きゅうそうしゅこく）を中心とした国家間の関係（どこの国と結びつきが深いか）を正確にとらえておきたいね。それから貿易をするときは遠いと**輸送費がかかる**から，なるべく**近い国と貿易しようとする**ことを忘れちゃだめだよ！

　①　カカオ豆の生産が盛んなのは，ギニア湾岸のコートジボワールかナイジェリアだなぁ。でも主要な輸出品目だということを考えると，**ナイジェリアはアフリカ最大の産油国**で，石油輸出が経済を支えているはずだよね。そこで①は，カカオ豆の輸出に経済が依存している，コートジボワールだと判定しよう（**カカオ豆の生産は世界最大！**）。ちなみに，オランダは世界最大のカカオ豆輸入国で，チョコレートやココアバターに加工

516

して輸出しているよ。

　②　主要輸出品のほとんどが原油だから，OPEC〔オペック〕加盟国のリビアかナイジェリアだね。注目したいのは，**イタリアが最大の輸出相手国である**ということだ。このことから，②は旧イタリア領であったリビア，つまりAと判定しよう。

　③　リビアが②と判定できれば，同じように原油輸出の割合が大きい③がナイジェリアだね。でも旧イギリス領だったナイジェリアの上位輸出相手国にイギリスが現れないのはどうしてかなぁ？　それはね，**イギリスもナイジェリアと同じように原油輸出国**だからってこともあるよ。

　④　コートジボワールと同じように，旧フランス領だったモロッコだよ。モロッコの沿岸部は Cs（地中海性気候）で，乾燥気候が広がる北アフリカでも気候的には恵まれてるから，**農業も盛んで観光収入も多い**よ。また，アフリカ諸国の中では工業化も進んでいるほうだから，繊維工業や電気機械工業，**自動車工業**も発達しているんだ。EU の自動車メーカーがいっぱい進出しているよ。でも**石油はほとんど産出しない**ことに注意しようね！

　⑤　茶は，**古くからアジアで飲まれていた**けど，アフリカではどうかなぁ？　アフリカのお茶の生産は，**イギリス領時代のプランテーション**をもとに発達したんだ。イギリス人はお茶が大好きだということは知ってるよね？　だけどイギリスの気候（Cfb）では茶の栽培が難しいから，東アフリカにあるBのケニアで栽培させたんだ。ケニアは，**同じ旧イギリス領のインド，スリランカなどとともに輸出量が多い**よ。農作物の特徴については，知識・技能の整理　と『大学入学共通テスト　地理Bの点数が面白いほどとれる本』で完璧に！　表中の輸出相手国としては近隣の**ウガンダ**がヒントになるけど，これはちょっと難しいね。

　それから，近年はオランダ，ドイツなどの園芸産業の進出も活発化していて，野菜・果実に加え，バラやチューリップ，ヒヤシンスなど花卉〔かき〕の**輸出額が増加**（輸出品目の第3位）していることにも注意してネ！

問題 **42-5** オランダ, カナダ, シンガポール, スイスの貿易収支

❶ ② ③ ④

　スイスを判定するのは, そんなに難しくないけど, 残りの３つはなかなかの難問だから, がんばろうね！　①は, **金融・保険サービスの収支が大幅な黒字**なので, 古くから国際金融業が発達している**スイス**だ。スイスは, 古くから欧米先進国の富裕層を相手とする**プライベートバンキング（個人資産管理）を得意**としてきたんだよ。簡単に言えば, 世界中の大金持ちがスイスの銀行に多額の預金をしてきたということだ。背景には, 長年の個人資産管理の経験と実績, 経済的・政治的な安定, 銀行秘密法による世界中の**個人資産に関する秘密主義**があるよ。誰に何と言われたって, 預金者の情報をがんとして漏らさないということで, すごい信用があるんだけど, ブラックマネーの流入など国際的な批判もあるんだけどね。君たちだって, きっとどこかでこの手の話を聞いたことがあるんじゃないかな？　**スイスの国際金融業の発展**を考えさせ, データを判定させる問題も出題されているので, 要注意だ！

　②～④の判定では, まず**輸送サービスが赤字**である④を**カナダ**と判定しよう。カナダは, 交通や輸送の拠点に位置するわけではないため, 輸送サービス業は赤字だよ。旅行サービス業においても, アメリカ合衆国への旅行者は多いけど, **寒冷な気候もあってヨーロッパなどからの旅行者はあまり多くないから, 旅行収支も大幅赤字**になっているんだ。②と③がオランダかシンガポールで, やや難しいから判定できなくてもいいけど, 手も足も出ない内容ではないのでチャレンジしておこう。

　オランダは, ライン川の河口付近に位置し, **ロッテルダムのユーロポート（ヨーロッパのハブ港）**, 首都**アムステルダムのスキポール空港（ヨーロッパ有数の国際ハブ空港）**などが立地していて, **輸送サービス業もかなり有名**！

　このあたりでちょっと復習しとこうか。ライン川の河口の地形はなんだった？もちろん……三角州だよね。遠浅だから大型船舶が入港できるように, **ユーロポートは掘り込み式港湾**になっているので注意！　また, シンガポールも交通の要衝であるマラッカ海峡に面しているから, アジアのハブ港としての**コンテナ専用埠頭を有する港湾（コンテナ取扱量はシャンハイに次ぐ）やチャンギ空港（アジアの国際ハブ空港）が建設されている**

んだ。つまり両国とも輸送サービス業が発達しているはずなので，輸送サービス業では判定ができないなぁ。

②と③の大きな違いは，**金融・保険サービス業の収支**だ。②は金融・保険サービス業の黒字幅が，図中ではスイスに次いで大きいことからシンガポールだね。シンガポールは，キャピタルゲイン（債券，株式，不動産など資産価値の上昇による利益）課税や相続税を免除することで，**証券ビジネスや富裕層向けの金融ビジネスが発達**してきたことに加え，国際金融センター（証券取引所）としての役割も担っていることから，黒字が大きくなっているよ。残る③がオランダだ！前述のように輸送サービス業が発達していて黒字だけど，金融・保険サービスは±0，**近隣諸国への海外旅行者も多いため，旅行収支はカナダに次いで赤字幅が大きい！**

貿易による日本と世界の結びつき

知識・技能の整理

📍 日本の貿易の変化

第二次世界大戦前は発展途上国型，第二次世界大戦後は先進国型の貿易に変化。

① **第二次世界大戦前**（1930年代）綿花，羊毛などの繊維原料，石油などの燃料，機械類を輸入し，繊維製品を輸出。

② **第二次世界大戦後**

a　1950年代➡安価な労働力をいかし繊維製品を輸出。

b　1960年代〜1970年代➡高度経済成長にともない，重工業化が進展し，鉄鋼，船舶の輸出が増加。最大の輸入品目は原油。

c　1980年代➡1973年，1979年の石油危機で，産業構造が転換。自動車，電気機械などの機械工業製品が増加。特に1980年代後半からは円高の影響もあり，最大の輸入品は原油から機械類に変化。

d　現　在➡1980年代以降，エレクトロニクス産業の発達によりハイテク製品など，より付加価値の高い製品輸出が増加。

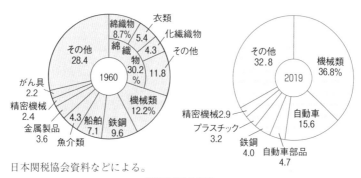

日本関税協会資料などによる。

輸出品目の変化

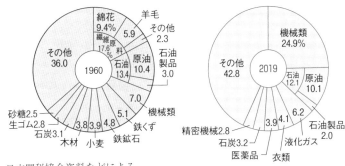

日本関税協会資料などによる。

輸入品目の変化

日本の貿易相手国・地域 (2019年)

①**輸出相手国・地域** アメリカ合衆国・中国・韓国・(台湾)・(ホンコン)・タイ・シンガポール・ドイツ・オーストラリア・インドネシア・イギリス。

②**輸入相手国・地域** 中国・アメリカ合衆国・オーストラリア・韓国・サウジアラビア・(台湾)・アラブ首長国連邦・タイ・ドイツ・ベトナム。

 貿易収支と貿易摩擦

①**貿易収支** 1970年代まで，輸出入額はほぼ均衡を保ってきたが，1980年代後半から著しく輸出額が輸入額を上回る貿易黒字額となった。2011年の東日本大震災以降赤字に転落したが，2016年には資源安による輸入の減少で黒字に転じた。2018〜2019年は再び赤字に！

②**貿易摩擦** 日本の大幅な貿易黒字は貿易摩擦を引き起こし，特にアメリカ合衆国とは，1960年代〜1980年代にかけて，繊維➡カラーテレビ➡自動車などの品目で深刻な貿易摩擦を引き起こした。近年，アメリカ合衆国では対中国貿易における赤字拡大が問題視されている。

グローバル化する現代社会

1
2
3
4
地形 5
6
7
8
地形図 9
10
11
12
気候 13
14
15
16
17
農業 18
19
20
水産業 21
林産資源 22
エネルギー資源 23
鉱産資源 24
25
工業 26
27
28
環境問題 29
30
村落 31
衣・食・住 32
33
都市 34
35
人口・食料問題 36
37
国家・人種・民族 38
39
交通・情報通信システムの発達 40
41
貿易で結びつく世界 42
43

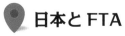 **日本とFTA**　EU，NAFTA(USMCA)，ASEANなど域内貿易の推進に対抗するためFTA(自由貿易協定)やEPA(経済連携協定)にも積極的な動きをみせている。

①**FTAとEPA**

a　FTA ➡ 特定の地域・国との間で，物品にかかる<u>関税やサービス貿易に対する障壁の撤廃</u>を目指す協定。

b　EPA ➡ FTAに加えて，<u>人的交流の拡大</u>，<u>投資規制撤廃</u>，<u>知的所有権の保護</u>，幅広い経済関係の強化を目指す協定。

②**日本のEPAの現状**　2002年にシンガポール，2005年にメキシコとEPA発効。近年は，**マレーシア，チリ，タイ，インドネシア，ブルネイ，ASEAN，フィリピン，スイス，ベトナム，インド，ペルー，オーストラリア，モンゴル，EU**と締結。

重要用語を確認 ✓

▶**天然ガス**：地下から産出する可燃性のガスで，大部分が**メタン**系の炭化水素からなる。**石炭，石油**より**汚染物質**を排出しないため，クリーンエネルギーとして需要が増加しているが，海上輸送の際には冷却・加圧してLNG(Liquefied Natural Gas)にし，LNG専用船で運搬する必要がある。

▶**WTOのセーフガード**：WTO協定によって認められた**緊急輸入制限措置**のこと。海外からの輸入増加によって，国内産業に深刻な損害が発生したり，国民経済に著しい支障を与える場合には，緊急の避難措置として，一定期間関税引き上げか数量制限を実施することが認められている。

グローバル化
する現代社会

1
2
3
4
地形 5
6
7
8
地形図 9
10
11
12
気候 13
14
15
16
17
農業 18
19
20
水産業 21
林産資源 22
エネルギー資源 23
鉱産資源 24
25
工業 26
27
28
環境問題 29
30
村落 31
衣・食・住 32
33
都市 34
35
人口・ 36
食料問題 37
国家・人種 38
・民族 39
交通・情報通信 40
システムの発達 41
貿易で結び 42
つく世界 43

問題 43-1

易　□□□□□□□分

　次の図中の X ～ Z は，日本の，原油，石炭，天然ガスのいずれかの輸入先国別割合を示したものである。エネルギー資源名と X ～ Z との正しい組合せを，下の①～⑥のうちから一つ選べ。

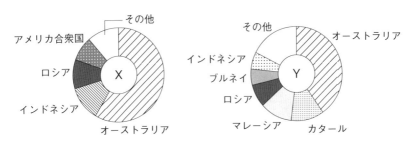

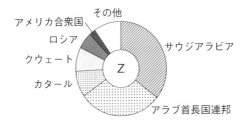

統計年次は 2019 年。『日本国勢図会』により作成。

図

	①	②	③	④	⑤	⑥
原　油	X	X	Y	Y	Z	Z
石　炭	Y	Z	X	Z	X	Y
天然ガス	Z	Y	Z	X	Y	X

次の図は，東アジアの３か国間における野菜の貿易量を示したものであり，図中のA～Cは韓国，中国*，日本のいずれかである。A～Cと国名との正しい組合せを，下の①～⑥のうちから一つ選べ。

*中国の数値には台湾を含まない。

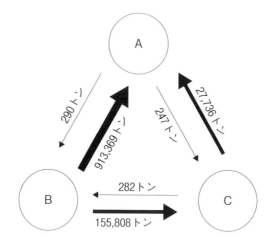

統計年次は 2000 年。財務省『日本貿易統計』などにより作成。

図

	①	②	③	④	⑤	⑥
A	韓国	韓国	中国	中国	日本	日本
B	中国	日本	韓国	日本	韓国	中国
C	日本	中国	日本	韓国	中国	韓国

グローバル化する現代社会

1
2
3
4
地形 5
6
7
8
地形図 9
10
11
12
気候 13
14
15
16
17
農業 18
19
20
水産業 21
林産資源 22
エネルギー資源 23
鉱産資源 24
25
工業 26
27
28
環境問題 29
30
村落 31
衣・食・住 32
33
都市 34
35
人口・36
食料問題 37
国家・人種 38
・民族 39
交通・情報通信 40
システムの発達 41
貿易で結び 42
つく世界 43

問題 43-3　　標準　　　　　　　分

　次の図は，日本における肉類，牛乳・乳製品，米，豆類，野菜類の自給率*の推移を示したものである。野菜類に該当するものを，図中の①〜④のうちから一つ選べ。　*重量ベース

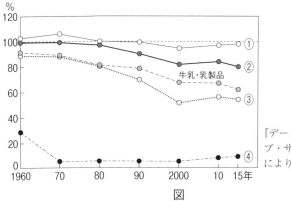

『データブック　オブ・ザ・ワールド』により作成。

図

問題 43-4　　易　　　　　　　分

　次の表は，日本のおもな輸入相手国である4か国について輸入額上位5品目を示したものであり，①〜④はアメリカ合衆国，オーストラリア，韓国，中国*のいずれかである。オーストラリアに該当するものを，表中の①〜④のうちから一つ選べ。

*台湾，ホンコンを含まない。

順位	①	②	③	④
1位	液化天然ガス	機械類	機械類	機械類
2位	石炭	石油製品	航空機類	衣類
3位	鉄鉱石	鉄鋼	医薬品	金属製品
4位	肉類	プラスチック	科学光学機器	家具
5位	銅鉱	有機化合物	肉類	がん具

統計年次は2019年。『日本国勢図会』により作成。

表

問題 43-5

標準 □□□□□□□□分

　次の図は，日本とマレーシアとの間の貿易額上位 4 品目の構成比を示したものである。図中のア〜ウは，マレーシアから日本への輸出（1993年），マレーシアから日本への輸出（2019年），日本からマレーシアへの輸出（2019年）のいずれかである。ア〜ウと輸出国・輸出相手国（年）との正しい組合せを，下の①〜⑥のうちから一つ選べ。

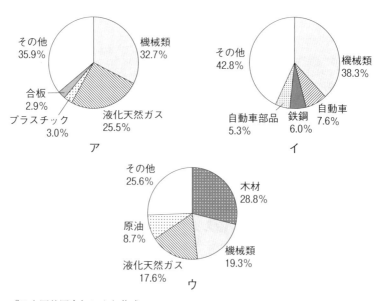

『日本国勢図会』により作成。

図

	①	②	③	④	⑤	⑥
マレーシアから日本への輸出（1993 年）	ア	ア	イ	イ	ウ	ウ
マレーシアから日本への輸出（2019 年）	イ	ウ	ア	ウ	ア	イ
日本からマレーシアへの輸出（2019 年）	ウ	イ	ウ	ア	イ	ア

526

解答・解説

問題 **43-1** 日本のエネルギー資源輸入相手国

① ② ③ ④ ❺ ⑥

解説

　日本は，石炭，石油，天然ガスのほとんどすべてを輸入に依存しているんだったよね。このグラフを見るだけで，世界の国々とよい関係を築いていかないと日本はやっていけないということを実感するなぁ。

　Xはもちろん，オーストラリアからの輸入が50%以上を占めているから石炭だね。オーストラリア東部のグレートディヴァイディング山麓（古期造山帯）で良質な石炭が豊富に産出するんだよ。輸入してきた石炭は火力発電の燃料や鉄鋼業の原料として利用されているんだ。

　Yは天然ガスだよ。天然ガスはLNG（液化天然ガス）として輸送されるんだ。LNG専用船による輸送はコストがかかるから，できるだけ近いオーストラリアやマレーシアやインドネシアなどの東南アジアから輸入しているんだよ。LNGは火力発電の燃料や都市ガスなんかに使われているからね。

　残るZは見た瞬間判定できるよね？（^o^）もちろん原油だよ。サウジアラビア，アラブ首長国連邦（UAE），カタール，クウェートって上位はぜんぶ西アジア諸国だ！！！　めちゃめちゃ中東への依存度が高いことに注意しよう！　ということで解答は⑤だね。

問題 **43-2** 東アジア諸国における野菜の貿易

① ② ③ ④ ⑤ ❻

解説

　図を見たとき「えっ！　こんなの見たことないし，野菜の貿易とか覚えてないや！」って思った人もいるよね。でも大丈夫！　必ず本番でも目新しい問題が出るけど，落ち着いて今まで鍛え抜いてきた（または鍛えてる真っ最中？）地理的思考力を駆使しよう！　野菜栽培はなかなか手間がかかるので，安価で豊富な労働力を利用できる国が有利だよ。ということは，最も賃金が安い中国からは安い野菜が，日本と韓国へ，次に賃金が安い韓国からは日本へと野菜が輸出されるはずだよね。ということは⑥が正解

だ！　ちょっと面白かっただろう？　とは言っても日本の野菜類の自給率はけっこう高くて79%（2017年）！　やっぱり安全で安心なのは国産野菜だもんね。

問題 43-3　日本の食料自給率

①　❷　③　④

解説

　日本では戦前戦後を通じて，米は凶作による不足以外，**原則として輸入を制限**してきたんだ。でも，外国からの圧力や1993年の東北日本（やませによる冷害）の大凶作における緊急輸入，さらに**1995年**からは**部分自由化**（ミニマムアクセスと呼ばれる最低輸入量の義務づけを実施），**1999年**には他の農産物と同様に**関税化による自由化**に踏み切ったんだ。タイやアメリカ合衆国のすごく安い米が大量に流入することをかなり恐れていたんだけど，高品質で日本人の口に合う国産米の人気が高くて，思ったほど輸入米が売れなかったことが自由化を決断させたんだ。だから最も自給率が高い①が米だね。

　④は牛肉，牛乳・乳製品，米，豆類，野菜の中で最も自給率が低い大豆だ。豆腐や納豆などの食料だけじゃなく，**油脂原料や飼料**としても重要な農作物なんだけど，**消費量の大部分をアメリカ合衆国から輸入している**んだね。あまりの自給率の低さにびっくり！

　牛肉は**1991年から自由化**するけど，1980年代末から部分自由化が行われていたので，1980年代末から自給率が急速に低下する③が牛肉だね。近年はBSE（狂牛病）の影響があったので，**アメリカ合衆国からの輸入が減少**し，**オーストラリア（49.2％），アメリカ合衆国（43.1％）**の順になっているよ（2018年）。肉類全体では，**アメリカ合衆国（25.8%），オーストラリア（14.3%），タイ，カナダ**の順だ（2019年）。

　残った②が野菜だね。野菜は鮮度が重要になるから，かつては需要の大部分を国内産が占めていたんだけど，近年は流通機構の発達（航空貨物の利用など）により**安価で迅速な輸送**ができるようになって，中国などから安価な野菜が流入し，日本との間に貿易摩擦が生じているよ。近年は，輸送技術の向上により**生鮮野菜**だけでなく，**冷凍野菜**も増加しているんだ。

問題 **43-4** 日本の貿易相手国

❶ ② ③ ④

日本の貿易相手国は，第二次世界大戦後ずっと輸出入ともにアメリカ合衆国が首位だったんだけど，近年は輸出1位がアメリカ合衆国，輸入1位が中国となっていることに注意しよう！

①は，液化天然ガス（LNG），石炭，鉄鉱石など資源（しげん）が上位にあるから，オーストラリアだね。特に石炭の輸入量が多いことに注意！

次に③の航空機類に注目しよう。航空機の開発・製造には莫大（ばくだい）な資本と高度な技術力が必要になるから，アメリカ合衆国の世界生産や輸出に占める割合がものすごく高いんだ。③はアメリカ合衆国だね。もちろん，肉類からアメリカ合衆国かオーストラリアって考えたり，医薬品からかなり高度な技術レベルを持っている国だからアメリカ合衆国かなと，いろいろなアプローチをしてもいいよ！

②は先進国かそれと同じくらい工業化のレベルが高い国だね。④よりも高付加価値な製品を輸入していることから NIEs（ニーズ）の韓国だ。

④は家電製品などの機械類だけでなく，衣類，家具，がん具など安価な労働力を大量に必要とする製品を輸入しているため中国だと判定しよう。

問題 43-5　日本とマレーシアの貿易

① 　② 　③ 　④ 　❺ 　⑥

近年，しばしば出題されている形式だね。まず，**日本はマレーシアに工業製品しか輸出していない**はずだから，2019年の日本からマレーシアへの輸出がイと判定できるよ。

残るアとウは近年のマレーシアの急速な工業化や経済発展を考えれば，**より高度な工業製品が上位を占めているア**が2019年のマレーシアから日本への輸出，**木材が首位を占めるウ**が1993年のマレーシアから日本への輸出だと判定ができるから，これで完璧！

わずか26年でこれほどの変化をするのだから驚きだ。特に**1980年代以降，日本の家電メーカーがマレーシアに多数進出していった**ことを忘れないようにね！

みんな，よくがんばったね！　一生懸命，俺の話に耳を傾けてくれてありがとう。地理の問題を緊張感をもって解いた後に，解説を読むって面白いだろう？　ちょっとでも面白いと感じた人は，もう大丈夫！　地理的思考力が身につき始めているよ。「系統地理編」で培った地理的思考力を駆使して，次は「地誌編」にチャレンジしてみよう！　苦しいときこそ俺が君たちを応援してるから，最後までがんばってね！　この問題集と『大学入学共通テスト　地理Bの点数が面白いほどとれる本』で大学入試を大成功させよう！　次ページ以降の「さくいん」も有効活用してくれよ！

INDEX

この「さくいん」には,
共通テスト「地理B」
攻略のための重要用語
が掲載されているよ。
積極的に活用しよう！

世界地図

0 5,000km

―― 海岸線　　―― 国境

瀬川　聡（せがわ　すなお）
　西南学院高等学校教諭を経て、現在、河合塾地理科講師。
　東京書籍・文部科学省検定教科書『地理総合』『地理探究』編集協力者。
　大学入学共通テスト対策から東大対策の授業まで幅広く担当。毎週、全国の校舎を飛び回るも、疲れは一切見せず、どの校舎でも熱意あふれる授業を展開。
　また、全国に配信されている「河合塾マナビス」での映像授業にも出講し、夏期講習、冬期講習は毎年必ず満員御礼となるなど、絶大な人気と実績を誇る「地理」受験指導の第一人者。河合塾の授業以外にも模試作成、テキスト執筆に加え、全国の高校地理教員研修（河合塾、教育委員会、私学協会、地理部会）、各種講演会など活動は多岐にわたる。
　著書は、本書の姉妹版『瀬川聡の　大学入学共通テスト　地理B［地誌編］超重要問題の解き方』のほか、『改訂版　大学入学共通テスト　地理Bの点数が面白いほどとれる本』（以上、KADOKAWA）、『瀬川＆伊藤のSuper Geography COLLECTION 01 大学入試　カラー図解　地理用語集』（共著、KADOKAWA）、『大学入学共通テスト　地理Bが1冊でしっかりわかる本［系統地理編／地誌編］』（かんき出版）、『大学入学共通テスト　瀬川聡　地理B講義の実況中継［系統地理編／地誌編］』（語学春秋社）、『地理用語完全解説G』（共著、河合出版）など多数。
　また、多くの人々に地理の楽しさ・面白さを伝えるためのYouTubeチャンネル『瀬川聡と伊藤彰芳のジオラジ』を配信中。

せがわすなお　　だいがくにゅうがくきょうつう
瀬川聡の　　大学入学共通テスト
ちり　けいとうちりへん　ちょうじゅうようもんだい　と　かた
地理B［系統地理編］超重要問題の解き方

2020年11月6日　初版発行
2023年9月15日　　9版発行

せがわ すなお
著者／瀬川　聡

発行者／山下　直久

発行／株式会社KADOKAWA
〒102-8177　東京都千代田区富士見2-13-3
電話　0570-002-301（ナビダイヤル）

印刷所／株式会社加藤文明社印刷所